Alain Ernoult
LA SIXIÈME EXTINCTION

Le règne animal en péril

E/P/A

AVANT-PROPOS
Les photos animalières *no limit* d'Alain Ernoult

Alain Ernoult parcourt le monde en photographiant les animaux sauvages menacés dans leur environnement naturel. Son projet sur la sixième extinction est fait pour souligner la richesse de notre écosystème. Ce n'est pas uniquement une question d'esthétique. Il s'agit d'une conviction de la force de l'image. Il admet bien volontiers que c'est extrêmement difficile de tout raconter en une photo. Car la photo parle sans mots et va plus loin que l'anecdote : elle traite du sujet.

De l'Amazonie à l'Afrique, il essaye de percer les secrets de la Terre et de son histoire naturelle. Aventurier, il admet qu'il faut prendre certains risques au milieu des animaux sauvages. Celui qui s'essaye à la photographie de la faune connaît l'extrême difficulté de l'exercice. L'environnement peut être dur et complexe et les animaux difficiles d'accès. Il faut s'armer de patience, il faut s'adapter à eux, connaître leur comportement, passer des heures, des jours quelquefois, pour une seule image. Ce qu'il recherche toujours, c'est la proximité, l'échange, la complicité, un regard. Il traduit en images le caractère unique de chaque rencontre. Il photographie souvent de très près pour révéler l'animal en détail, dans toute sa beauté et sa vérité. Pour obtenir des images exceptionnelles, il a besoin de se trouver face à face avec l'animal. Même avec le plus dangereux, il est *no limit*, les yeux dans les yeux. En effet, si l'on est trop loin de l'animal, l'émotion est moins perceptible, comme il le dit lui-même : « La photographie d'animaux sauvages est une photographie instantanée. L'animal ne pose pas, il est toujours imprévisible et il n'y a de décor que l'environnement. L'Afrique regorge des créatures parmi les plus majestueuses de notre planète. Mais lorsque l'environnement n'offre aucune cachette, la peur raidit les membres – dont la puissance est essentielle – et impose la fuite. Les springboks, ces antilopes sauteuses, n'ont que leur pointe de vitesse, leur extrême agilité pour échapper au guépard. Ce qui m'intéresse, à ce moment-là, c'est de dompter le mouvement, de capturer la peur dans le regard de l'animal, et d'admirer les trésors déployés pour sa survie.

Voir les gorilles… un rêve d'enfant devenu réalité sur les flancs du volcan Sabyinyo qui culmine à 3 645 m, à la frontière entre le Rwanda, l'Ouganda et la République démocratique du Congo, là où se trouvent les derniers gorilles d'Afrique de l'Est.

Au lever du jour, nous sommes partis escalader la montagne, à la recherche des gorilles, avec Edward, notre guide, ancien braconnier, comme pratiquement tous les guides. Une initiative du gouvernement que je trouve formidable. Il nous ouvre un chemin avec sa machette dans cette forêt dense et glissante. Il faut faire attention aux fourmis urticantes qui se mettent sur les chaussures et attaquent les jambes. Edward est sur ses gardes car, à tout moment, les éléphants peuvent apparaître. Ce sont eux les plus gros dangers. Nous croisons un groupe armé de fusils d'assaut, présent pour défendre les gorilles contre les braconniers.

Après quelques heures d'escalade, les premiers gorilles apparaissent. Je suis totalement subjugué par eux, leur taille, l'émotion qui se dégage de leur regard. Je n'ai qu'une envie : aller plus près pour ressentir cette émotion encore plus fort. Je m'approche tout doucement d'une femelle avec son petit… Elle me laisse faire. Je suis heureux de ce moment que je vis et des photos que je fais… Soudain, le mâle dominant alpha, une montagne de muscles, se rapproche de nous. Mon guide s'enfuit très vite, et sans que j'aie le temps de réaliser quoi que ce soit, ce grand mâle me donne un coup de poing sur l'épaule. Je suis désarçonné et je me blesse au genou. C'était sa manière de m'avertir qu'il ne fallait pas que je reste là. Car, s'il avait voulu me tuer, rien de plus facile pour lui. Cet « affrontement » restera un moment privilégié dans ma vie.

Une autre fois, en Afrique du Sud, je photographiais les crocodiles. J'étais à environ 3 m de face, car je souhaitais faire un portrait serré du crocodile gueule ouverte. J'étais si concentré… je n'ai pas remarqué que, derrière, ce que je prenais pour un arbre était un crocodile qui se dirigeait droit vers moi. Heureusement un ami veillait…

L'été dernier, également en Afrique du Sud, un jeune rhinocéros que je cherchais à photographier a chargé, mais il s'est heureusement arrêté net devant l'appareil photo que j'avais mis entre lui et moi pour me protéger !

La première fois que j'ai observé une baleine à bosse à la surface de l'eau, je n'ai eu qu'une pensée : plonger avec elle, m'immerger dans son environnement et immortaliser ce moment.

Bien qu'inoffensive pour l'homme, la baleine à bosse est remarquable par sa taille et sa vitesse de déplacement est impressionnante. Quand on plonge dans l'océan, on se retrouve près d'un animal de 30 tonnes ! Accompagnée de son baleineau, elle déploie des trésors de tendresse envers lui. C'est ce lien qui les unit que j'ai cherché à montrer. On perçoit son intelligence et elle s'intéresse à moi, petit moustique près d'elle.

C'est l'animal qui m'accepte, ou pas, et me donne la possibilité de faire la photo. C'est toujours lui qui a le mot de la fin. Un matin, en Arctique, par -30 degrés, je suis sur la banquise et le soleil se lève peu à peu. Les ours ne sont pas loin. L'ours polaire compte parmi les dix animaux les plus dangereux pour l'homme. C'est le plus grand consommateur de viande sur terre. Pour le prendre en photo, je me suis approché à 3 m. S'il est grand et myope, son odorat est puissant. Naturellement agressif, il peut me décapiter d'un coup de patte ! Son corps massif ne l'empêche pas de se déplacer rapidement si besoin. Il sera de toute façon plus rapide que moi sur la glace ! Mon cœur bat la chamade, mais je suis heureux de pouvoir le photographier dans son environnement et de faire comprendre sa situation précaire, due au réchauffement climatique.

En tentant de percer avec passion et émerveillement la beauté de ces animaux en disparition, j'espère permettre au plus grand nombre de mieux percevoir l'unité écologique et systémique de notre Terre. Si je parviens à vous transmettre mon émerveillement sans limite à travers mes photos, je n'aurai pas pris ces risques pour rien. »

SOMMAIRE

INTRODUCTION
La vie sauvage les yeux dans les yeux
9

GÉANTS
11

PRÉDATEURS
47

PRIMATES
97

HERBIVORES
121

AILÉS
153

REPTILES
215

NAGEURS
245

BIOGRAPHIE
253

INDEX DES ANIMAUX
255

REMERCIEMENTS
256

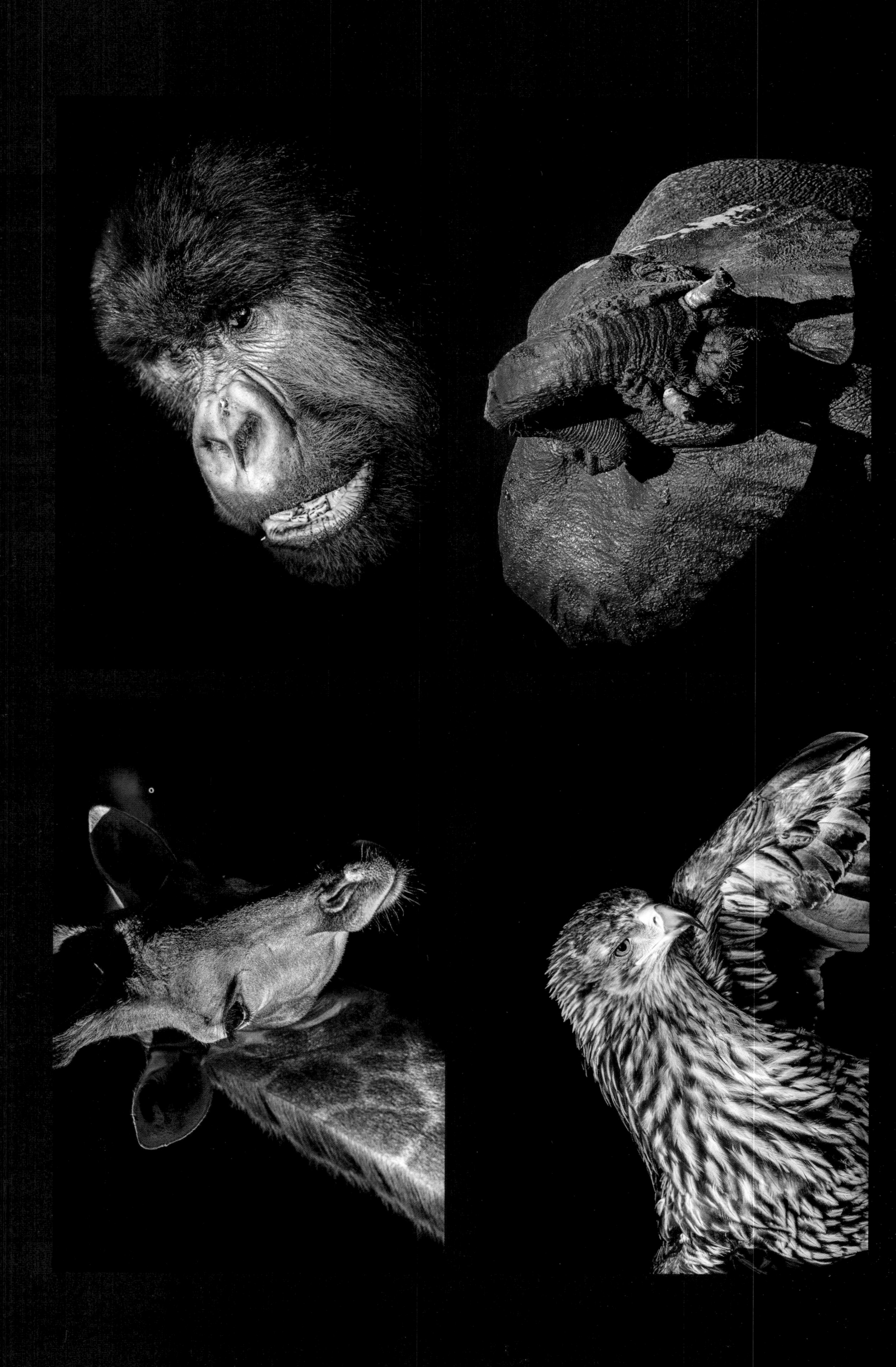

INTRODUCTION
La vie sauvage les yeux dans les yeux
— Par Alain Ernoult

Photographier la vie sauvage aux quatre coins de la planète est ma passion. Depuis de nombreuses années, je souhaitais développer un projet artistique, mettre mon travail au service de la protection animale, sensibiliser sur la fragilité de la biodiversité et de la richesse de la faune. Très attaché à la préservation et la protection de la vie sauvage, j'ai décidé de raconter en images cette passion et de consacrer ce projet aux animaux en voie d'extinction. Ce travail sur la sixième extinction vise à éveiller les consciences sur la précarité des espèces de notre monde, par le biais d'un concept photographique centré sur la transmission de l'émotion que j'aimerais partager avec le lecteur.

Qu'il soit ému par la beauté de la nature, par ses animaux prestigieux au comportement à la fois proche du nôtre et en même temps si brut. La splendeur énigmatique de ces animaux, leur puissance, leur agilité, leur persévérance, leur ingéniosité, leur ruse, leur liberté… tout m'émerveille, m'éblouit. Leur beauté me fascine, leur intensité m'impressionne.

En présentant les photos de ces espèces menacées d'extinction, dont certaines, emblématiques, sont si chères à nos enfants, j'ai voulu dresser un bestiaire non exhaustif. Devant l'anéantissement fatal de certains animaux, j'ai fait un travail visuel de mémoire sur ce qui, peut-être bientôt, ne sera plus.

Notre planète a subi cinq extinctions massives d'espèces animales depuis l'apparition de la vie, toutes dues à des catastrophes naturelles. La toute dernière, il y a soixante-cinq millions d'années, était celle des dinosaures.

Désormais, on associe le changement environnemental à la naissance des premiers hommes. « L'essor des humains a depuis le début été un désastre pour la plupart des animaux sur terre, sauf exceptions, comme les rats et les cafards¹. » Notre espèce a entraîné l'extinction de la moitié des grands mammifères terrestres avant même d'inventer la roue !

L'homme a toujours été un tueur en série écologique. La révolution industrielle, nouvelle ère, appelée Anthropocène, dans l'échelle des temps géologiques, marque la disparition des espèces à un rythme exponentiel et l'apparition d'évènements extrêmes : canicules, tornades…

En seulement deux siècles, l'homme a durablement transformé le système terrestre par le développement des civilisations modernes. Aujourd'hui, tous les continents sont concernés par l'érosion spectaculaire de la biodiversité. Le monde fait face à un anéantissement biologique, une sixième extinction massive du biotope, avec un risque existentiel majeur.

La diversité, c'est le tissu vivant de notre planète, c'est la somme des espèces qui la peuplent. « Le patrimoine environnemental mondial est en train d'être altéré à un niveau sans précédent². »

Depuis l'an 1500, 680 espèces de vertébrés ont disparu, davantage en milieu terrestre qu'en milieu aquatique. Entre 1900 et 2015, tous les groupes ont perdu 30% de leur étendue géographique, si ce n'est davantage. Le rythme des disparitions atteint un niveau comparable aux grands épisodes d'extinction de masse des ères géologiques.

Aujourd'hui nous connaissons bien les causes de cette apocalypse environnementale : la destruction des habitats, la surexploitation des ressources, la pollution, les espèces invasives et le changement climatique. L'augmentation de l'agriculture intensive et la déforestation massive ont laissé une empreinte indélébile. Par exemple, plus de 400 millions d'oiseaux européens ont disparu en 40 ans et le nombre de vertébrés a diminué de 60% depuis 1970. Dans les océans, l'acidification liée à l'absorption du dioxyde de carbone de l'atmosphère a créé plus de 400 zones mortes. Les métaux lourds, les solvants, les engrais, les boues toxiques, et autres déchets issus des sites industriels, déversés dans les eaux du monde sont également en cause.

« Une grande partie de la nature est déjà perdue, ce qui reste continue de décliner³. » Environ 500 000 à 1 million d'espèces animales sur les 8 millions qu'on estime présentes sur terre (dont 5,5 millions d'insectes) sont menacées d'extinction, dont beaucoup dans les prochaines décennies.

Les espèces charismatiques – le lion, l'éléphant, la girafe, le léopard, le panda, le guépard, l'ours polaire, le loup, le gorille – sont souvent des espèces ingénieures qui façonnent les écosystèmes. L'éléphant par exemple empêche la savane de devenir une forêt. On parle également d'espèces « parapluies » : leur préservation protège indirectement toutes les autres espèces qui vivent dans le même habitat. Et ces grands mammifères, moins diversifiés, sont plus vulnérables. Que pourra-t-on répondre à nos petits-enfants quand ils nous demanderont à quoi ressemblait un guépard ?

L'émoi est suscité par la possible disparition de certaines espèces animales ou végétales mais aussi par l'altération de nos propres conditions de vie. La dégradation des sols et de leurs organismes a considérablement réduit la productivité de l'ensemble de la surface terrestre mondiale⁴. Une partie de la production agricole annuelle est confrontée au risque de disparition des pollinisateurs. « La nature est essentielle à l'existence humaine et à une bonne qualité de vie », disent les chercheurs. Une molécule sur deux fabriquées par les végétaux est récoltée par l'humain.

Les conséquences sur l'évolution biologique seront une prolifération des maladies infectieuses et un déclin des grands mammifères. La fin des régions tropicales comme moteurs de l'évolution de nouvelles espèces et la perte de la biodiversité s'étendront sur des millions d'années. Selon les estimations actuelles, nous ne retrouverons pas un niveau équivalent d'espèces avant cinq millions d'années, si ce n'est dix, temps qu'il faut à la planète pour récupérer après une extinction. Voilà une injustice majeure pour les futures générations.

Signe alarmant de la gravité de l'extinction biologique : le nombre d'espèces communes s'effondre. Si on perd la variété, on finit par perdre la biologie, la vie. L'extinction d'une espèce peut déclencher une avalanche d'extinctions d'espèces co-dépendantes.

Quelle est la gravité des effets en cascade entraînés par la disparition ou la raréfaction d'un grand prédateur ? Que se passe-t-il quand le nombre d'insectes pollinisateurs diminue en raison des pesticides, au point de nuire à la flore d'une région ? Quelle est l'importance du rôle des grands animaux par la dissémination des nutriments contenus dans leurs excréments ? Qu'en est-il des charognards comme les vautours, des nettoyeurs de rivière comme les amphibiens, des créatures qui dispersent les graines en les mangeant ou des animaux à sabots qui les plantent en foulant le sol ? Quel est le rôle des grands herbivores dans l'entretien d'une mosaïque équilibrée de forêts et de pâturages ? Bien que libérés des contraintes de l'évolution, les humains restent dépendants des systèmes biologiques et géochimiques de la Terre. En bouleversant ces systèmes, nous mettons notre survie en danger. « Il est possible que l'*Homo sapiens* soit non seulement l'agent de la sixième extinction de masse, mais aussi une de ses victimes⁵. »

Un des grands enseignements de l'évolution du vivant est que les espèces sont mortelles, leurs durées de vie finies et leurs capacités d'adaptation limitées. Ce constat invite au respect de toutes les espèces vivant sur terre et de leur environnement. L'homme est la principale menace qui pèse sur la biodiversité mais il peut agir pour contrer l'effondrement et ainsi éviter l'extinction massive. L'effondrement peut être limité, alors qu'une crise d'extinction est irréversible. Le succès adaptatif de l'homme est fondé sur les modifications qu'il a imposées à son milieu proche. Mais ces modifications peuvent nous mettre en danger. La meilleure des motivations pour gérer notre environnement, c'est de nous préserver. L'homme doit gérer de façon pérenne les richesses de la planète, ce patrimoine exceptionnel.

---

1 : Yuval Noah Harari, *Sapiens*, Albin Michel, Paris, 2015.
2 : https://ipbes.net/news/Media-Release-Global-Assessment-Fr, 6 mai 2019.
3 : *Ibid.*
4 : La productivité de la surface terrestre a été réduite de 23% par la dégradation des sols.
5 : Richard Leakey, cité par Elizabeth Kolbert, *La Sixième Extinction*, Vuibert, 2015.

GÉANTS

BISON D'AMÉRIQUE
Bison bison

Le bison d'Amérique est l'une des deux espèces de bisons encore vivantes, l'autre étant le bison d'Europe. Ce bison d'Amérique semble léthargique mais peut surprendre et, chaque année, l'animal cause la mort de dizaines d'imprudents : souvent, seul son regard permet d'appréhender le danger que constitue une approche, en général, à moins de 40 m. Les troupeaux actuels sont presque tous partiellement issus de croisements avec d'autres bovins et, sur quatre troupeaux génétiquement distincts, il ne s'en trouve souvent qu'un seul indemne de brucellose, une maladie qui nécessite l'abattage, chaque année, de milliers de bisons, pour éviter la contagion. Le bison d'Amérique fait figure de symbole dans de nombreux États américains, comme allégorie de la culture amérindienne.

L'animal est un exemple de réintroduction réussie d'une espèce à l'état sauvage, qui avait presque disparu à la fin du XIXe siècle. En cause, la chasse, tant pour sa fourrure et sa viande que pour protéger les chemins de fer des troupeaux qui bloquaient parfois les voies. Ou encore, pour affamer les Indiens et ainsi les soumettre facilement.

Ainsi, alors qu'on ne comptait plus que 750 bisons d'Amérique du Nord en 1890, une partie du troupeau conservé en captivité par le zoo du Bronx fut transportée au parc national de Yellowstone où le braconnage avait réduit les troupeaux autochtones à quelques dizaines d'individus.

La population américaine a connu, depuis, une croissance rapide, pour culminer actuellement à quelque 350 000 individus, dont une grande partie en captivité. Ce chiffre, quoique réjouissant pour la survie de l'espèce, est à relativiser : au cours du deuxième quart du XIXe siècle, la population des bisons d'Amérique variait selon les estimations de 60 à 100 millions d'individus. Actuellement, un bison sur dix ne survit pas à l'hiver dans le Yellowstone.

De nombreuses menaces pèsent encore sur l'espèce, qui souffre de la perte de son habitat, de la réduction de la diversité génétique, d'une reproduction croisée avec le bétail domestique ainsi que de l'abattage massif des bisons sauvages pour éviter la propagation des maladies bovines.

Dans ce cadre, les parcs nationaux, tant des États-Unis que du Canada, comme ceux du Yellowstone ou du Wood Buffalo, permettent de stabiliser la population des troupeaux et garantir la pérennité de l'espèce. Espèce quasi menacée.

« Notre planète abrite plus de 8,7 millions d'espèces vivantes. Des organismes de toutes les tailles et de toutes les formes. L'évolution nous a laissé un héritage prodigieux… »

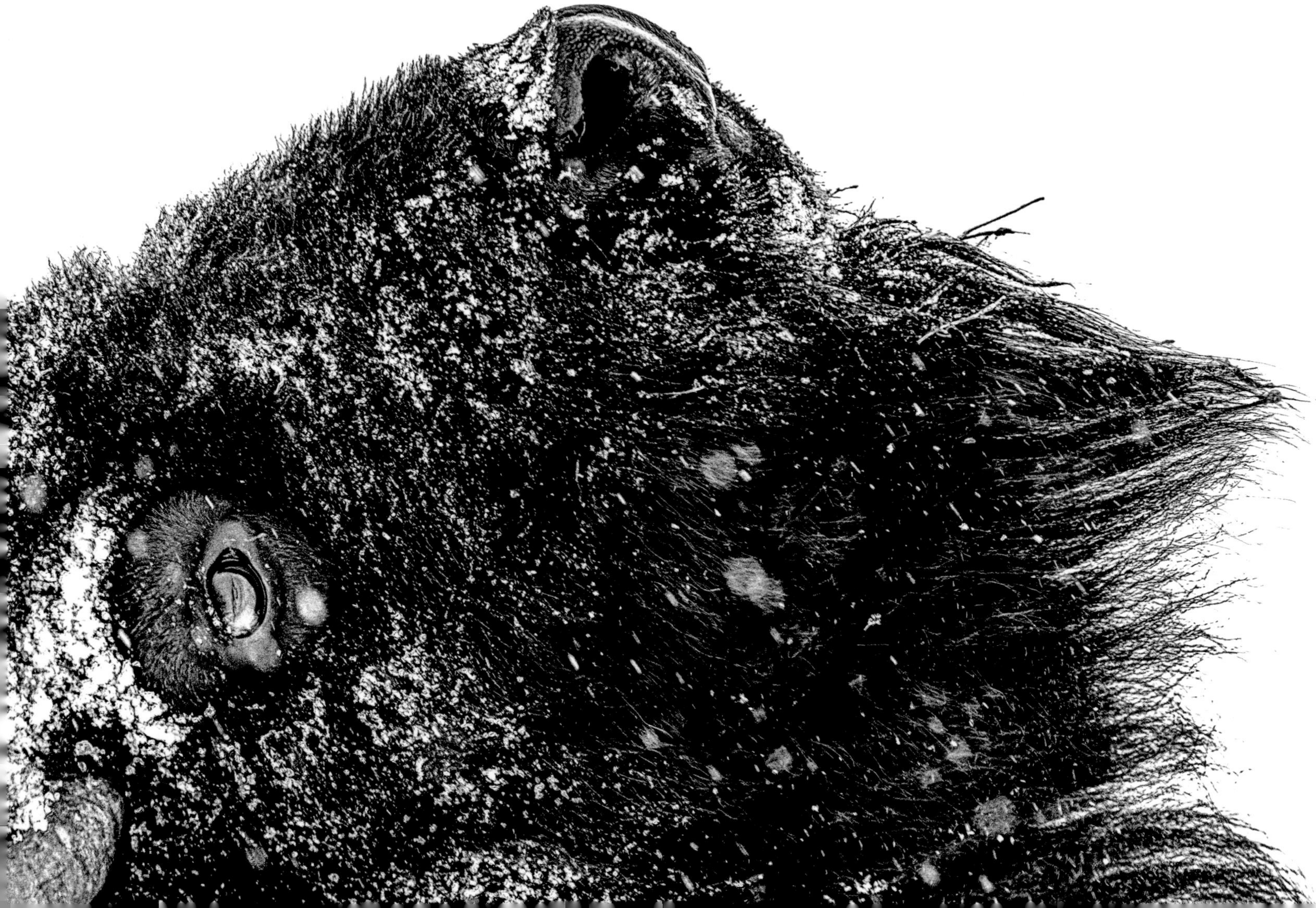

BALEINE À BOSSE
Megaptera novaeangliae

C'est un spectacle fascinant, voire effrayant, qu'offrent ces gigantesques créatures en bondissant hors de l'eau. Parades, sauts, charges et esquives suscitent ainsi le désir de plonger pour… s'approcher. L'œil de l'animal laissait paraître une surveillance constante tandis qu'un mètre séparait la baleine et son petit de l'appareil photo.

Sans l'institution d'un moratoire, en 1966, pour empêcher l'extinction de l'espèce, nous aurions probablement perdu à jamais le chant émouvant de la baleine à bosse, alors que 90% de cette population avaient déjà disparu.

La dernière évaluation de l'UICN indique un passage au statut de préoccupation mineure, à l'exception de deux sous-espèces, la baleine à bosse d'Océanie et celle du golfe Persique.

Évoluant dans les océans et les mers du monde, la baleine à bosse appartient à la famille des baleines à fanons dont la moitié des 13 espèces encore en vie se trouve menacée.

Sa grande nageoire caudale noire et blanche, large et puissante avec son envergure de 4 m, sort entièrement de l'eau quand la baleine plonge en profondeur. Le bord postérieur de cette nageoire est ondulé, les motifs de sa face ventrale sont propres à chaque individu et ne changent pas au cours de sa vie, permettant sa facile identification.

Véritables pompes à carbone, ces animaux migrateurs parcourent mers et océans en semant derrière eux leurs excréments, particulièrement riches en fer et en azote, dont le phytoplancton se délecte. Ce dernier est essentiel pour la planète : à lui seul, il produit plus de 50% de l'oxygène et absorbe 40% du CO^2 sur la Terre, soit presque 37 milliards de tonnes. À titre de comparaison, cela équivaut à la quantité de dioxyde de carbone absorbée par 4 forêts amazoniennes, soit… 1 700 milliards d'arbres.

Par ailleurs, les baleines à bosse, qui se nourrissent notamment de plancton, stockent du carbone dans leur corps tout au long de leur vie : lorsque le mammifère meurt, il emmène au fond de l'océan quelque 33 tonnes de carbone, le supprimant de l'atmosphère pour plusieurs siècles, quand un arbre, lui, n'absorbe que 48 kg de gaz carbonique par an.

La population de ce géant des mers – aujourd'hui quelque 80 000 individus – est en augmentation. L'exploitation à grande échelle de l'espèce a cessé, mais la chasse pour la consommation locale se poursuit au Groenland et sur l'île de Bequia (Caraïbes orientales). Les baleines à bosse sont également les objets mondialement populaires du tourisme d'observation des cétacés. Préoccupation mineure.

« Mon métier consiste à révéler une nature insondable. Un fragment de réalité naît de mon regard. Je traduis mes émotions en images dans le but de les transmettre et les partager. »

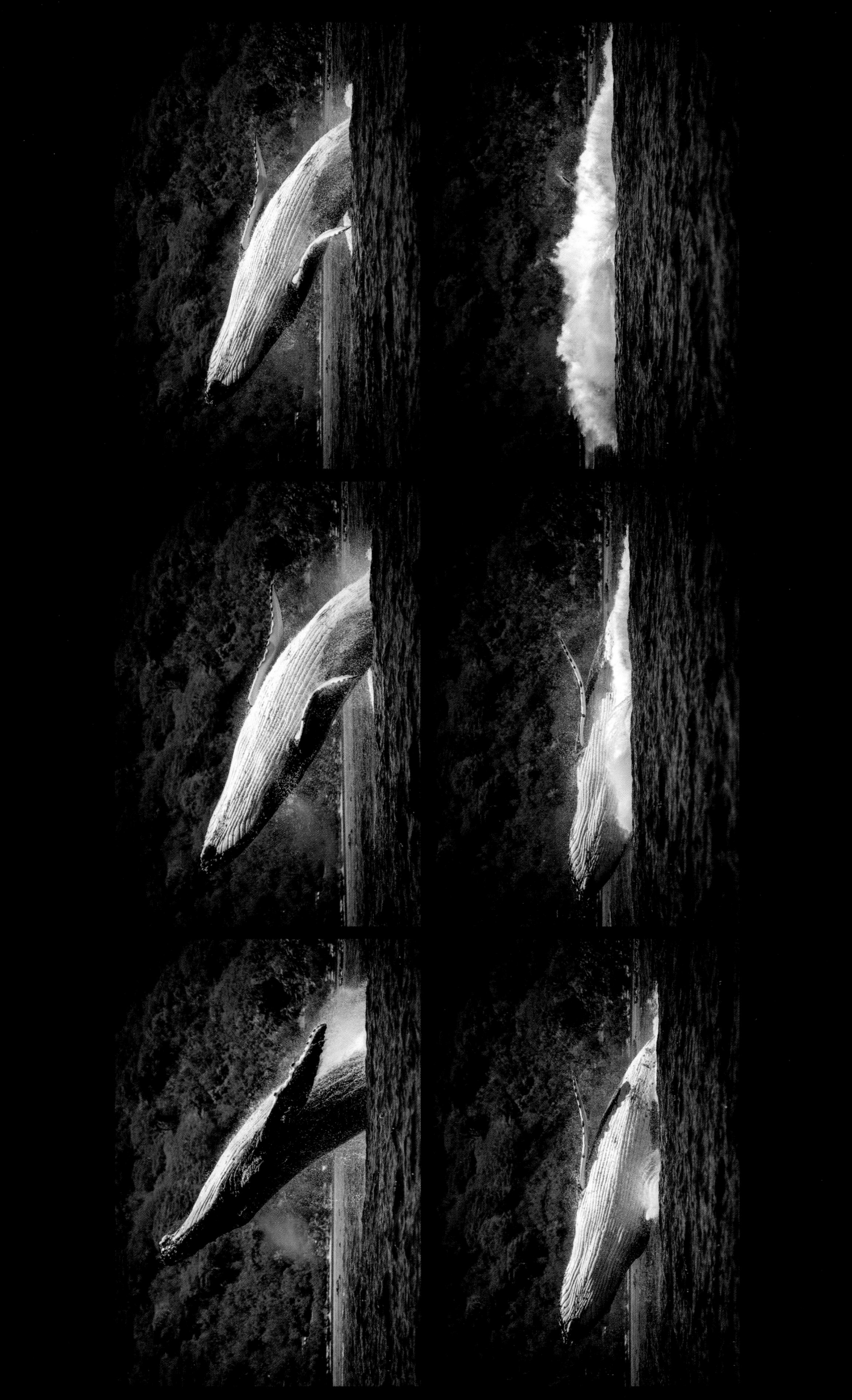

HIPPOPOTAME
Hippopotamus amphibius

« L'hippopotame au large ventre / Habite aux Jungles de Java / Où grondent, au fond de chaque antre, / Plus de monstres qu'on n'en rêva », écrivait Théophile Gauthier. Bien qu'il existe encore quelques hippopotames sur l'île de Sumatra, c'est en Afrique subsaharienne que l'hippopotame règne depuis des milliers d'années. Animal amphibie dont les plus proches parents sont les cétacés, l'hippopotame entend et voit sous l'eau, et peut passer sa journée sous la surface avec seuls les yeux, les oreilles et les narines émergés. L'accouplement peut se réaliser en milieu aquatique ainsi que la tétée des petits et le repos, par petits sommes périodiques. Le bébé hippopotame apprend d'ailleurs à nager avant de marcher sur la terre ferme, où il est beaucoup moins agile. Polygame, l'hippopotame vit en grandes meutes dominées par une femelle. Réputé l'animal le plus dangereux d'Afrique par son caractère irascible et sa puissance de charge, il peut atteindre la vitesse de 30 km/h, pour un poids moyen de 2,5 à 3,5 tonnes. Herbivore, il mange frugalement la nuit en envoyant des signaux acoustiques à l'unisson de ses congénères, perceptibles à 1 km. Ce sont les chœurs d'hippopotames composés de cris, de mugissements et de grognements.

Sa gueule comporte des canines inférieures pouvant mesurer 60 cm et peser jusqu'à 1 kg, aiguisées comme des rasoirs et poussant à l'extérieur comme des défenses. Elles s'opposent aux canines supérieures et s'aiguisent entre elles, formant une arme redoutable. Les incisives poussent presque horizontalement comme chez de nombreux porcins. La mandibule s'ouvre à 150° et lors de combats de mâles – quelquefois mortels –, il arrive que des canines soient brisées, détail que l'on observe chez les sujets déjà âgés. Leur peau grisâtre sécrète un écran de protection solaire naturel, rougeâtre et liquide, appelé « sueur de sang ». Cette sécrétion a un effet antibiotique et permet de panser les blessures.

Ses prédateurs, très peu nombreux, varient en fonction de l'âge de l'hippopotame : par exemple, les lions, les hyènes et les crocodiles s'attaquent aux jeunes. Mais le seul prédateur pour ce véritable maître de la savane lorsqu'il atteint l'âge adulte est... l'homme, qui le braconne pour ses dents, qui remplacent progressivement les défenses d'éléphant dans le commerce illicite de l'ivoire. L'hippopotame n'a malheureusement pas de cuirasse, contrairement à ce qu'écrivait Victor Hugo, et succombe aux balles des trafiquants. Dernièrement, 5 tonnes de dents d'hippopotame ont été saisies en Ouganda, ce qui représente 2 000 individus mis à mort. Et malheureusement, ce n'est qu'une infime partie de ce commerce illicite. Espèce vulnérable.

BUFFLE D'AFRIQUE
Syncerus caffer

Aisément reconnaissable à ses grandes oreilles et ses redoutables cornes, le buffle d'Afrique, connu aussi sous le nom de buffle noir des savanes ou grand buffle noir des savanes, peut peser jusqu'à 900 kg. Sa taille peut atteindre 1,70 m en hauteur et 3,40 m en longueur, et ses cornes dépasser 1,50 m d'envergure. Quoiqu'impressionnant, ce mammifère des savanes africaines ne se nourrit que d'herbes, de graminées et de feuilles, qu'il collecte dans des habitats variés : prairies, savanes côtières, forêts pluviales humides de basses terres, forêts montagnardes, buissons semi-arides, bois d'acacias. Le grand buffle n'est absent que dans les déserts et les sous-déserts, notamment ceux du Namib, de la Corne aride de l'Afrique, du Kalahari, ainsi que de la transition saharienne et sahélienne. En dehors des zones protégées, l'animal est essentiellement menacé par la perte de son habitat, causée par l'expansion de l'agriculture et l'établissement humain, ainsi que par l'extension des surfaces de pâturage du bétail et le défrichement des forêts.

Ce bovidé est en outre la cible privilégiée des chasseurs de viande dans de nombreux pays : quoique protégé, l'animal fait l'objet de braconnage, y compris dans des parcs nationaux, lequel a largement participé au déclin de l'espèce. Il est malheureusement une cible prisée des chasseurs de trophées, surtout en Afrique australe, où les guerres et troubles civils des trente dernières années rendent difficile sa protection. Sensible à la sécheresse, l'espèce a été fortement affectée par le manque d'eau au Sahel depuis la fin des années 1960 et au cours des années 1990, périodes lors desquelles sa population a chuté. Le buffle est enfin sensible à de nombreuses maladies importées ou indigènes, et a souffert de l'épidémie de peste bovine en 1890, qui, associée à la pleuro-pneumonie, a anéanti jusqu'à 95% du bétail et des ongulés sauvages. Espèce quasi menacée.

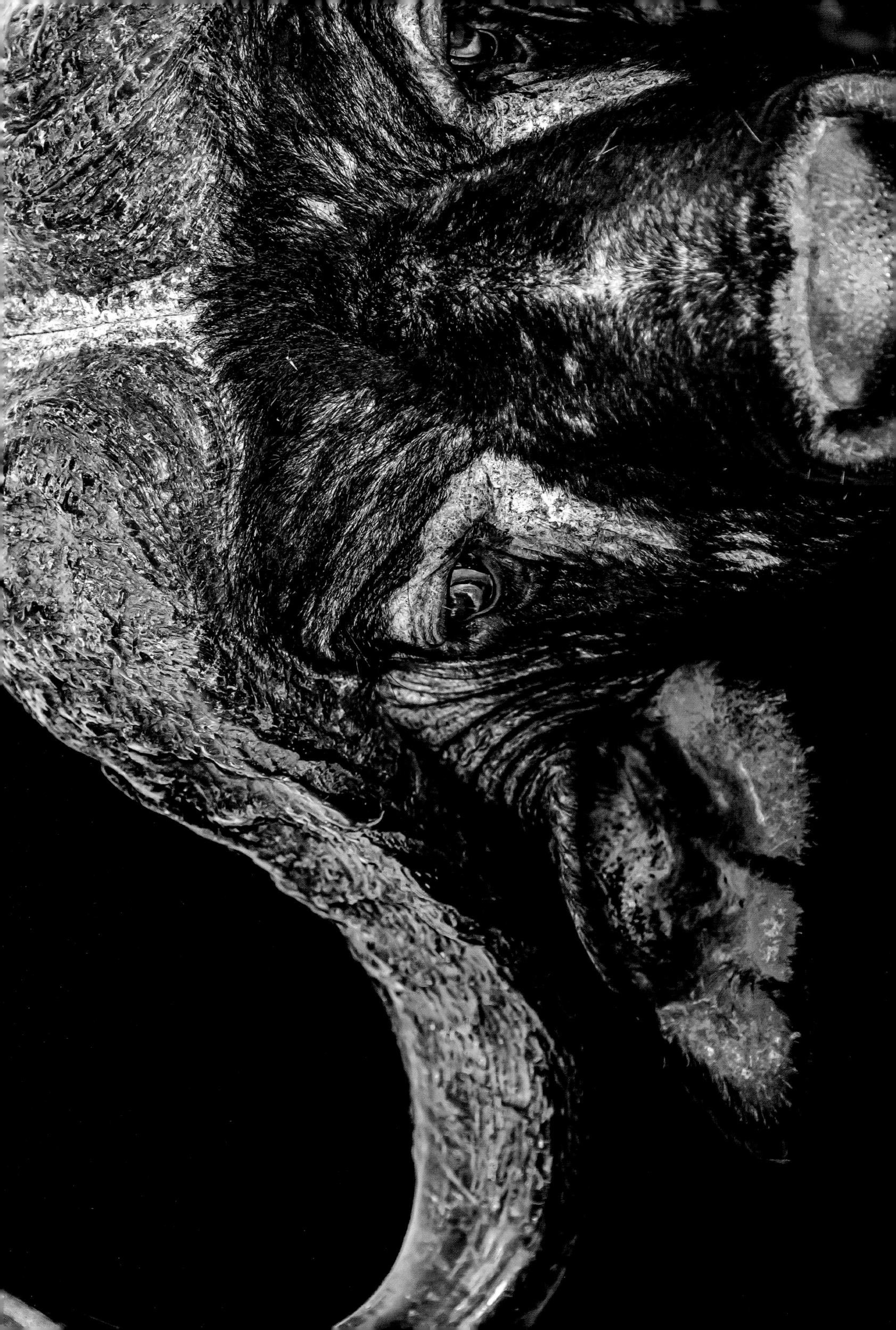

GIRAFE
Giraffa camelopardalis

Ce ruminant au long cou vit dans la savane, en Afrique de l'Est subsaharienne sur un territoire qui s'étend du Tchad à l'Afrique du Sud, bien que son domaine de prédilection soit le Kenya. C'est l'animal le plus grand en hauteur de notre planète : elle peut atteindre 5,50 m pour les mâles et 4,30 m en moyenne pour les femelles. Son poids varie entre 700 et 1 100 kg. Son cou possède une anatomie remarquable et unique : lorsqu'elle le baisse, les valvules de la veine jugulaire empêchent le sang de remonter au cerveau. Sa pression artérielle est deux fois supérieure à celle des humains. Sur sa tête, se dressent deux ossicônes qui sont des appendices osseux recouverts de peau. Son mode de communication est basé sur des postures et des mouvements car elle est réputée muette. Toutefois, dans l'obscurité, elle produit un bruit sourd à peine audible pour l'oreille humaine. Petite dormeuse, elle sommole peu : 2 heures par jour maximum. En course, elle va à l'amble 15 km/h mais peut accélérer jusqu'à 56 km/h.

Elle se nourrit de feuilles d'arbres (des légumineuses), riches en sels minéraux car elle a besoin de 20 g par jour de calcium. Avec sa grande langue bleue – 55 cm – préhensile et puissante, elle se délecte des feuilles d'acacia dans la savane. La girafe donne naissance à un seul petit et met bas debout. Le bébé réalise alors une chute de 2 m et peut se briser la nuque s'il tombe mal, ce qui arrive heureusement fort rarement.

Ses prédateurs habituels, si l'on excepte l'homme, sont les lions, les hyènes et les léopards, pour les plus faibles et les plus jeunes, ainsi que les crocodiles aux abords des points d'eau. Son espérance de vie est de 26 ans en milieu sauvage et 36 en captivité. Si elle est chassée pour sa viande par les populations locales, sa peau, au graphisme caractéristique, est par ailleurs prisée comme élément décoratif par les trafiquants.

Son cou ne compte que 7 cervicales, comme celui de l'être humain, mais chacune mesure 25 cm de longueur. Ce qui est encore trop court pour lui permettre de s'abreuver confortablement. Aussi, doit-elle plier ou écarter laborieusement les jambes, s'imposant par la parfois de périlleuses contorsions. Faiblesse, son cou est aussi une force lorsqu'elle doit se nourrir et atteindre les hauts feuillages encore indemnes des végétations africaines. Relativement sobre, elle peut résister plusieurs jours sans s'hydrater directement, grâce à l'eau présente dans les végétaux qu'elle ingère en grande quantité. La girafe a un appétit quasiment inextinguible…

La longueur et la puissance de son cou permettent à cet extraordinaire mammifère de s'en servir aussi comme arme. Il n'est pas rare d'assister à des affrontements spectaculaires entre mâles où les combattants heurtent avec fracas leurs deux cous, cherchant à déstabiliser l'autre.

Le graphisme de son pelage, propre à chaque spécimen, comme une sorte d'empreinte digitale, n'est pas le fruit du hasard. Certes, ces dessins lui permettent de se camoufler facilement dans son environnement, mais remplissent également une fonction assez particulière : les grandes taches brun roux qui parsèment sa peau jaune sont en réalité des zones de forte capillarité. Ces réseaux de veinules font office de régulateur thermique et lui permettent ainsi de supporter les grandes chaleurs et de maintenir une température équilibrée aussi bien au sommet du cou que sur les jambes. Espèce vulnérable.

« J'espère, avec mes photos prises aux quatre coins du monde, inviter chacun à découvrir les splendeurs de notre Terre et à réfléchir sur leur aspect éphémère... »

ÉLÉPHANT D'AFRIQUE
Loxodonta africana

Sur le continent africain, l'espèce comprendrait actuellement environ 352 000 individus (contre 3 à 5 millions au début du XXe siècle). La valeur de l'ivoire attise la cruauté des braconniers qui tuent, chaque année, entre 20 000 et 30 000 éléphants. Cette mortalité induite surpassant le taux de natalité de l'animal, l'éléphant d'Afrique est condamné à disparaître.

Ses défenses constituent son talon d'Achille : celles-ci ont été photographiées grâce à la curiosité de l'animal qui s'est approché avec une douceur extrême, et paradoxale, compte tenu de son imposant gabarit. L'éléphant semble souvent afficher une certaine mélancolie ; le regard de celui-ci en est l'illustration. Une bienveillance incroyable de la part de cette mère à l'égard de ses petits… joueurs. Les éléphants ont la plus longue période de gestation de tous les mammifères terrestres : elle dure de 20 à 22 mois. Le bébé éléphant pèse 100 kg et tête sa mère jusqu'à ses 2 ans. La trompe de l'animal, nez et main de ce compagnon d'un instant, rappelle à son observateur que l'homme est bien petit…

Doté d'une rare sensibilité malgré sa puissance, le plus grand mammifère terrestre possède, comme nous, la conscience de lui-même, rendant particulièrement cruels et intolérables les sévices dont il est victime. Il pratique, comme les grands singes, des rites funéraires et garde la mémoire de ses défunts proches.

Le braconnage intensif a provoqué un déséquilibre génétique au sein des différentes espèces. Un nombre croissant d'éléphanteaux naissent sans défenses. En effet, les spécimens dotés d'incisives extérieures étant tués, ils ne se reproduisent pas, laissant la place aux spécimens dépourvus de défenses. Progressivement, cette sélection forcée entraînera à l'avenir une modification complète du code génétique de l'éléphant d'Afrique, lui faisant perdre ses défenses dès la naissance. C'est peut-être le prix de sa survie. Espèce vulnérable.

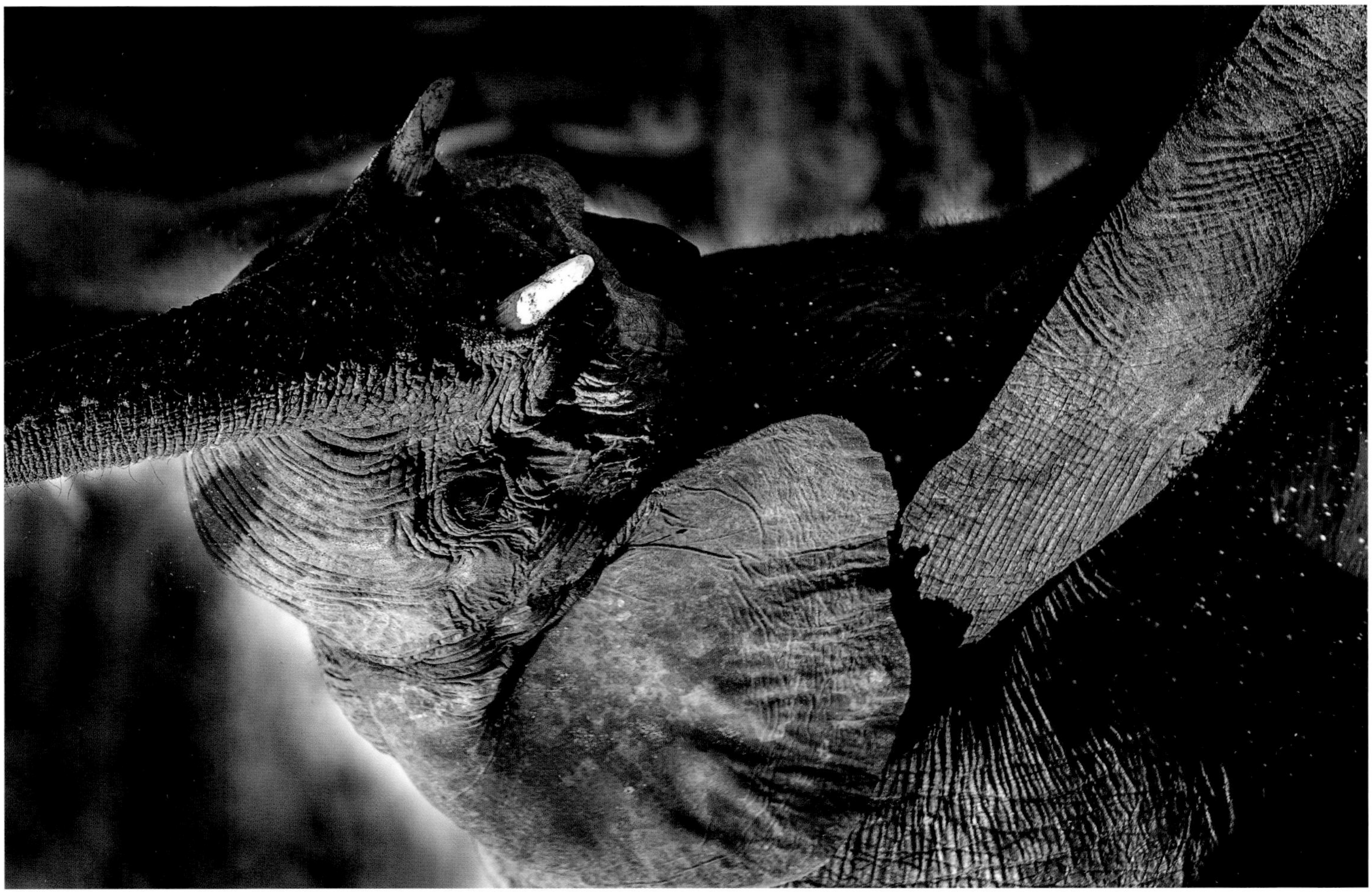

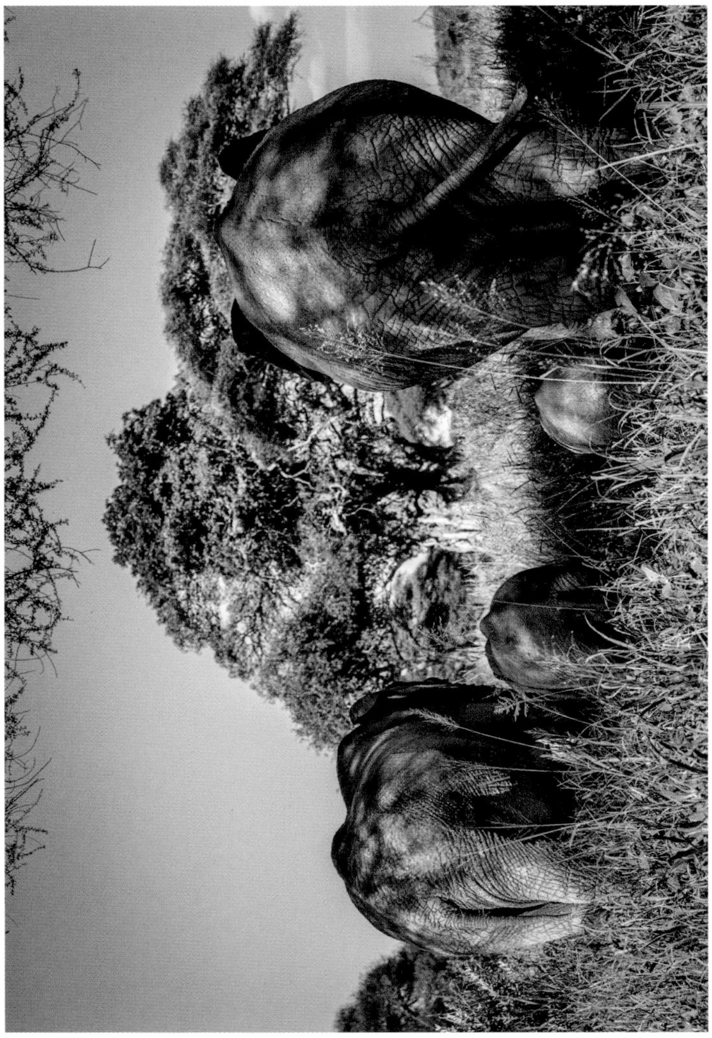

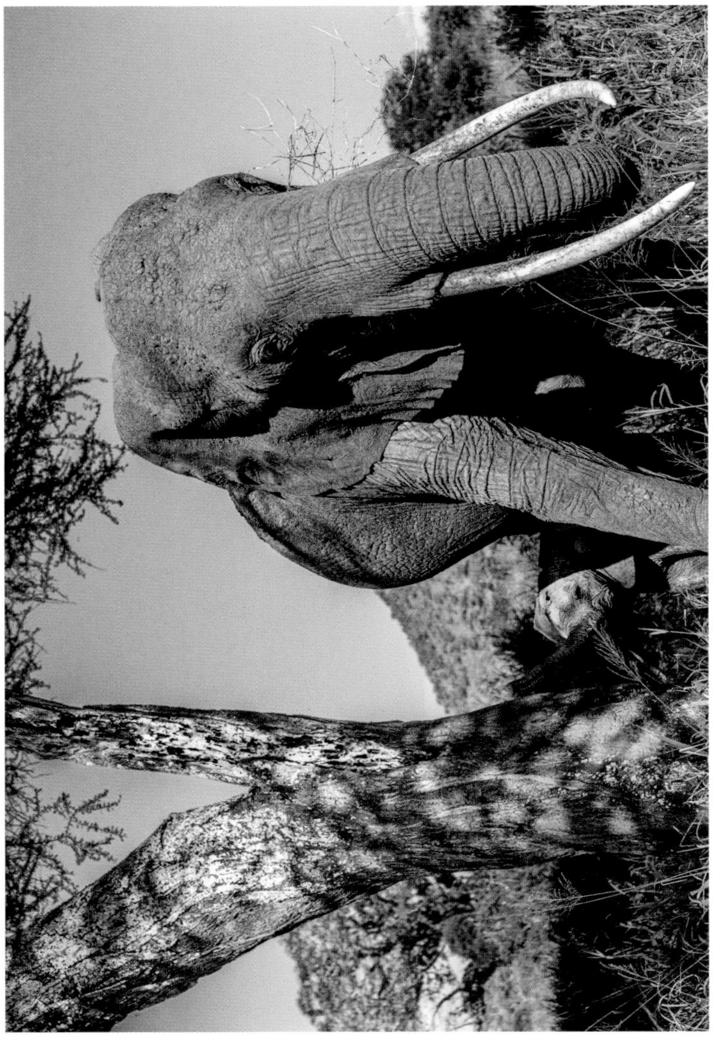

ÉLÉPHANT D'ASIE
Elephas maximus

De son pas lent et chaloupé, l'éléphant d'Asie déambulait auparavant sur la totalité du continent asiatique. Il n'en occupe aujourd'hui qu'un peu plus du dixième. Reconnaissable à la taille de ses oreilles, plus petites que celles de son lointain cousin africain, l'éléphant d'Asie partage avec ce dernier une triste qualité : celle d'être en danger d'extinction. Sa population, de 30 000 à 50 000 individus à l'état sauvage, représente aujourd'hui moins de la moitié de celle qui existait au milieu du XXe siècle. Bien qu'il ait été adoré dans la culture hindouiste sous le nom de Ganesh, son statut de divinité, symbole de puissance et de paix, ne l'a pas protégé du braconnage, ni de la dégradation de son environnement naturel. Souvent maltraité en captivité, entravé par des chaînes ou blessé, l'éléphant d'Asie a développé un caractère plus ombrageux que l'éléphant d'Afrique. Les conditions difficiles de cette prise de vue en témoignent.

À l'état sauvage, ce mammifère herbivore particulièrement sociable vit en troupeau, mené par une femelle. Il apprécie les forêts ombragées plutôt que la savane. Domestiqué depuis 5 000 ans, il a souvent été utilisé comme monture ou animal de trait. Malgré son gabarit, il peut se déplacer, s'il en éprouve le besoin, à une vitesse allant jusqu'à 20 km/h. Contrairement à l'éléphant d'Afrique, sa trompe ne porte qu'une seule excroissance en forme de poire à son extrémité. Son espérance de vie est de 60 ans, mais le plus souvent de 40 ans en captivité. La dégradation de son habitat, la déforestation, la chasse pour son ivoire ou sa viande font qu'il ne reste que peu d'éléphants sauvages. On les trouve encore dans l'Inde et l'Asie du Sud-Est. En danger de disparition.

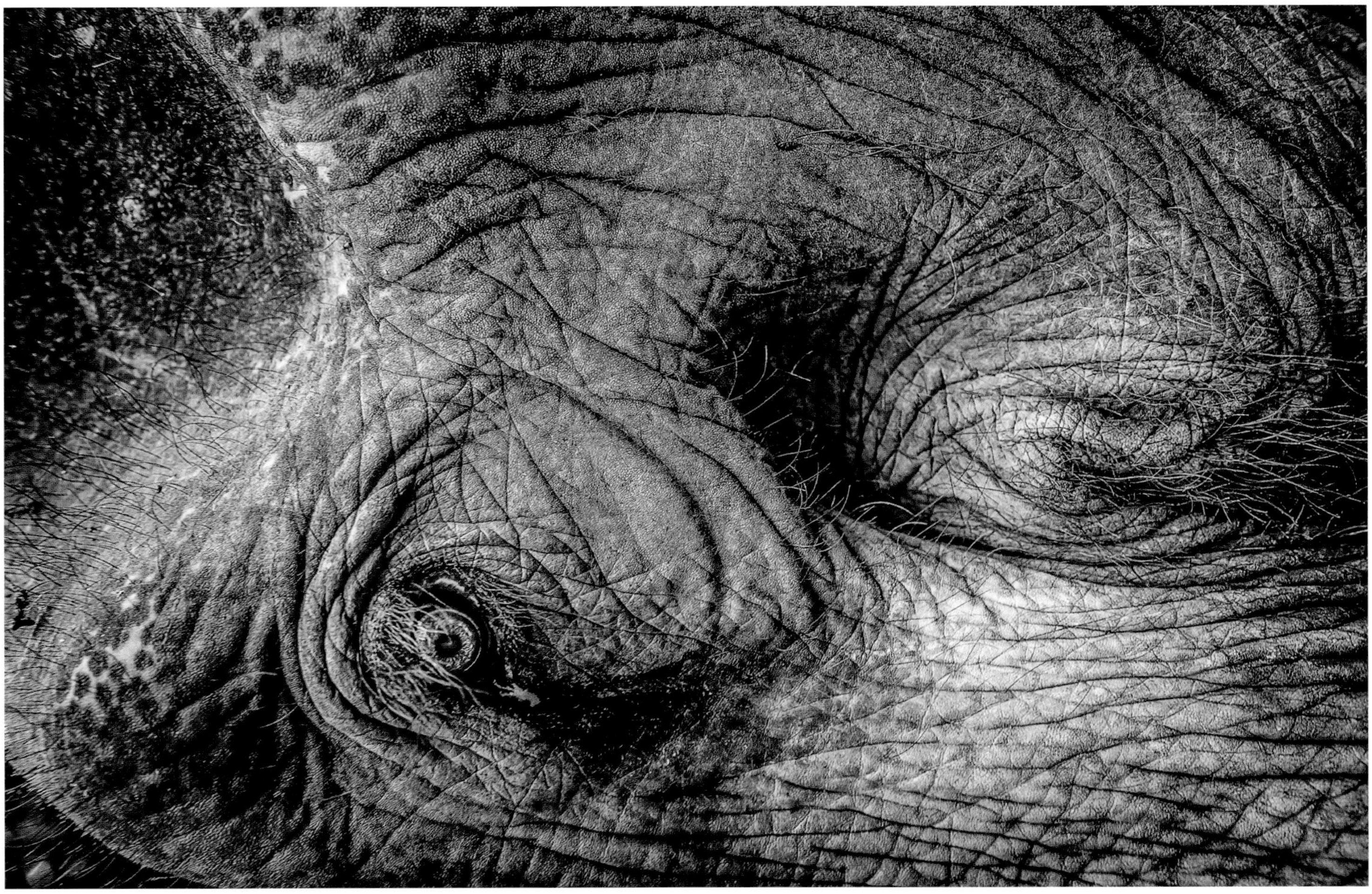

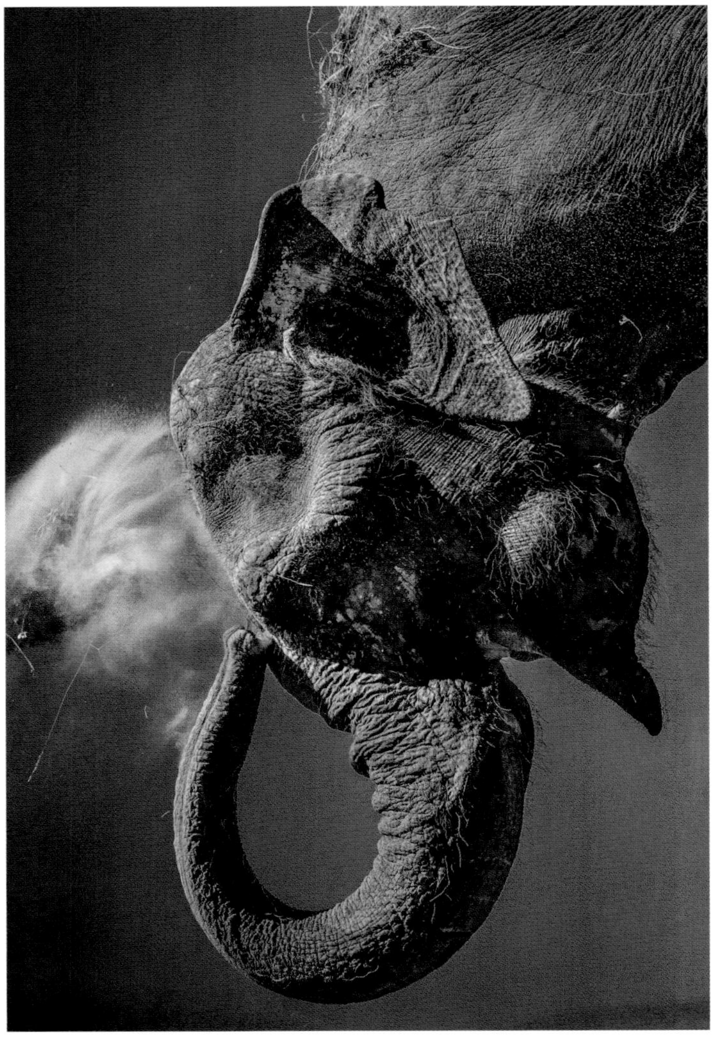

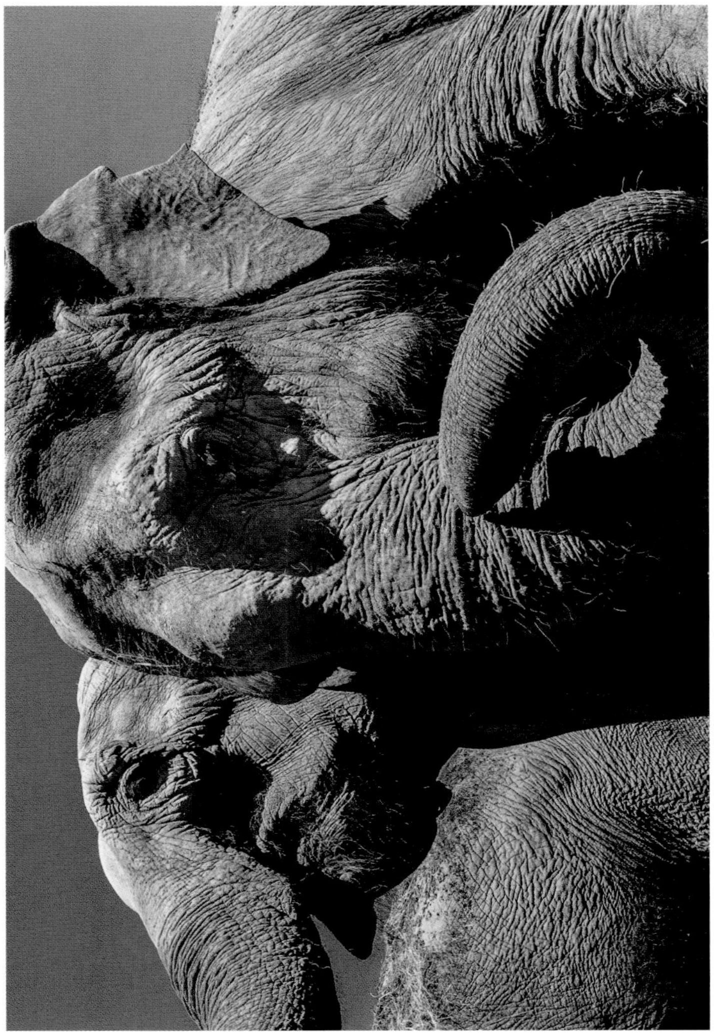

« Une bonne photo animalière doit être la symbiose des yeux, de la tête et du cœur. »

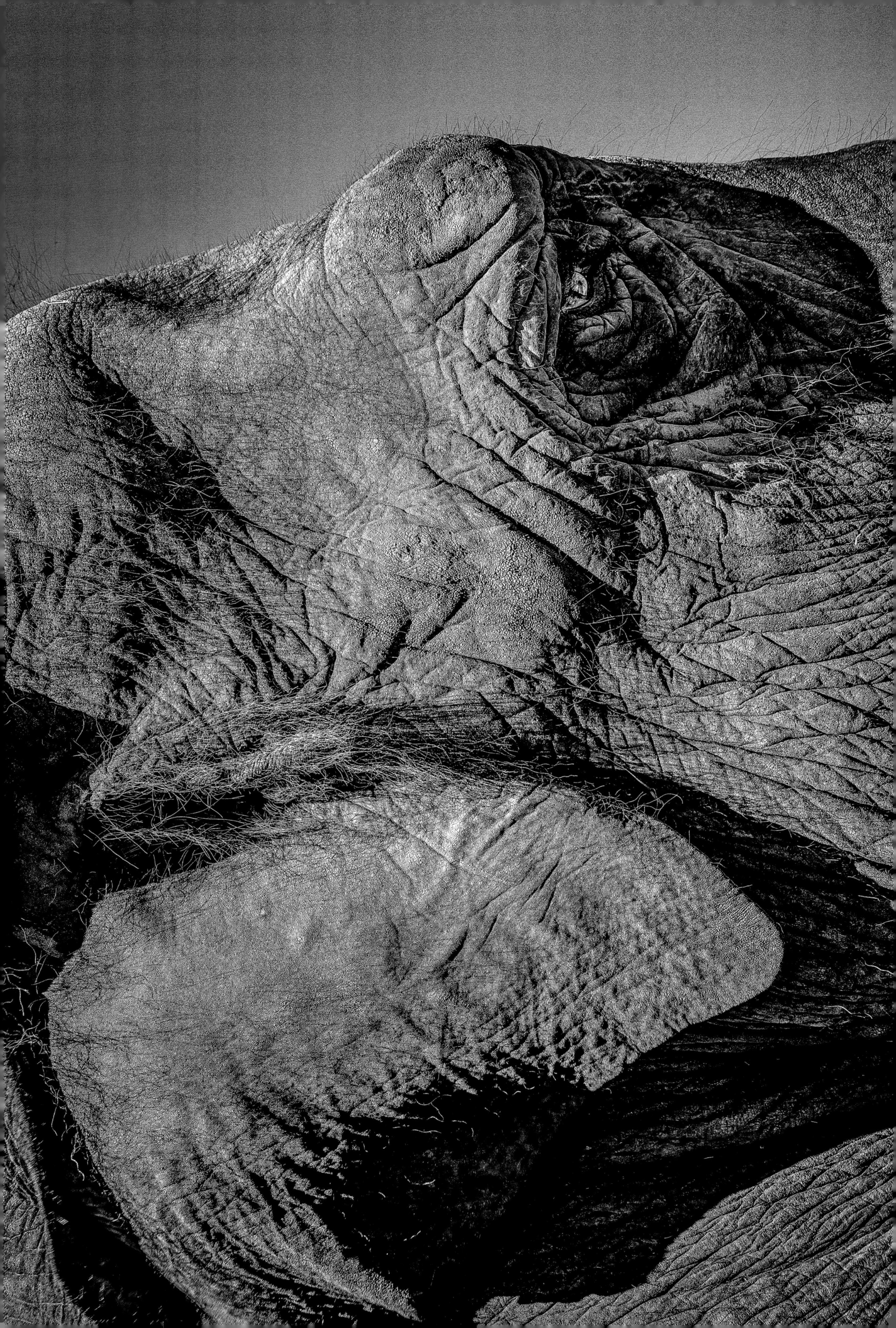

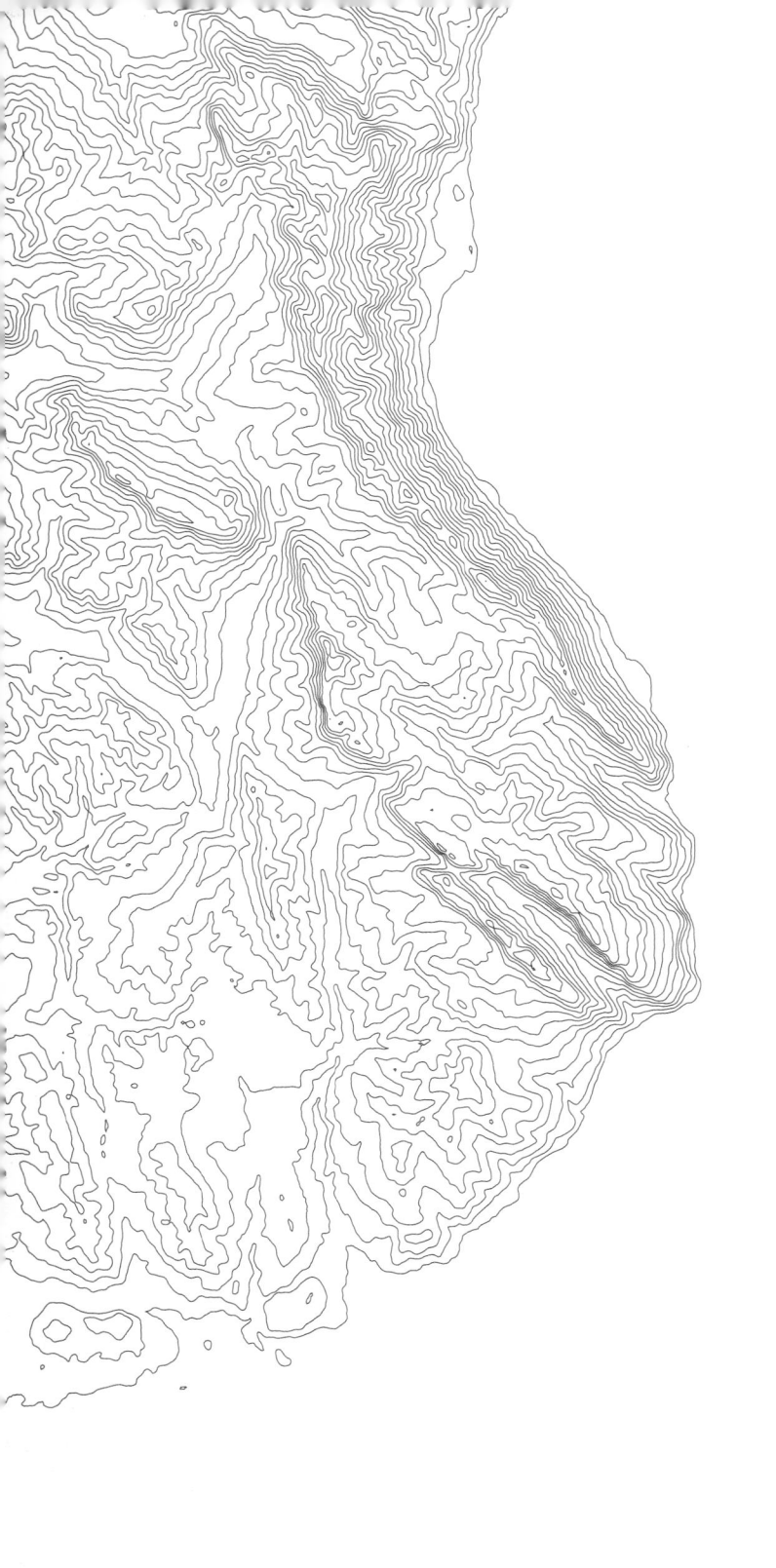

RHINOCÉROS INDIEN
Rhinoceros unicornis

Ce rhinocéros unicorne est présent en Asie, surtout en Inde et au Népal où il évolue dans des réserves. C'est un herbivore qui a une excellente ouïe et un bon odorat. Il affectionne les plaines et les marais où il se baigne pour s'enduire de boue, ce qui le protège des parasites. Avec sa peau brune marquée de profonds plis, surtout aux épaules et aux cuisses, évoquant une armure, il semble tout droit sorti du Jurassique.

Ses pattes courtes et cylindriques sont informes et recourbées comme celle d'un basset. Bien que visuellement comparable, la peau de son corps est plus dure et plus sèche que celle de l'éléphant. Elle est recouverte de petites écailles irrégulières, arrondies et plus ou moins lisses et cornées. La tête présente des bosses frontales en avant des oreilles et d'autres au-dessus des yeux. Elle est surplombée d'une corne en kératine pure qui peut atteindre 60 cm de long, conique, et un peu recourbée en arrière. Ce mammifère peut courir jusqu'à la vitesse de 55 km/h. Il fut autrefois un animal très répandu mais la chasse et le développement de l'agriculture ont entraîné l'effondrement de sa population, qui ne comptait plus que 100 à 200 animaux au début du XXe siècle. Protégé à partir de 1910, et bien que victime de braconnage pour sa corne, le rhinocéros indien a vu sa population s'accroître pour atteindre environ 2 700 individus en 2010. Ce chiffre demeure en deçà de sa population initiale, mais fait de lui l'espèce de rhinocéros asiatique la moins rare. Espèce vulnérable.

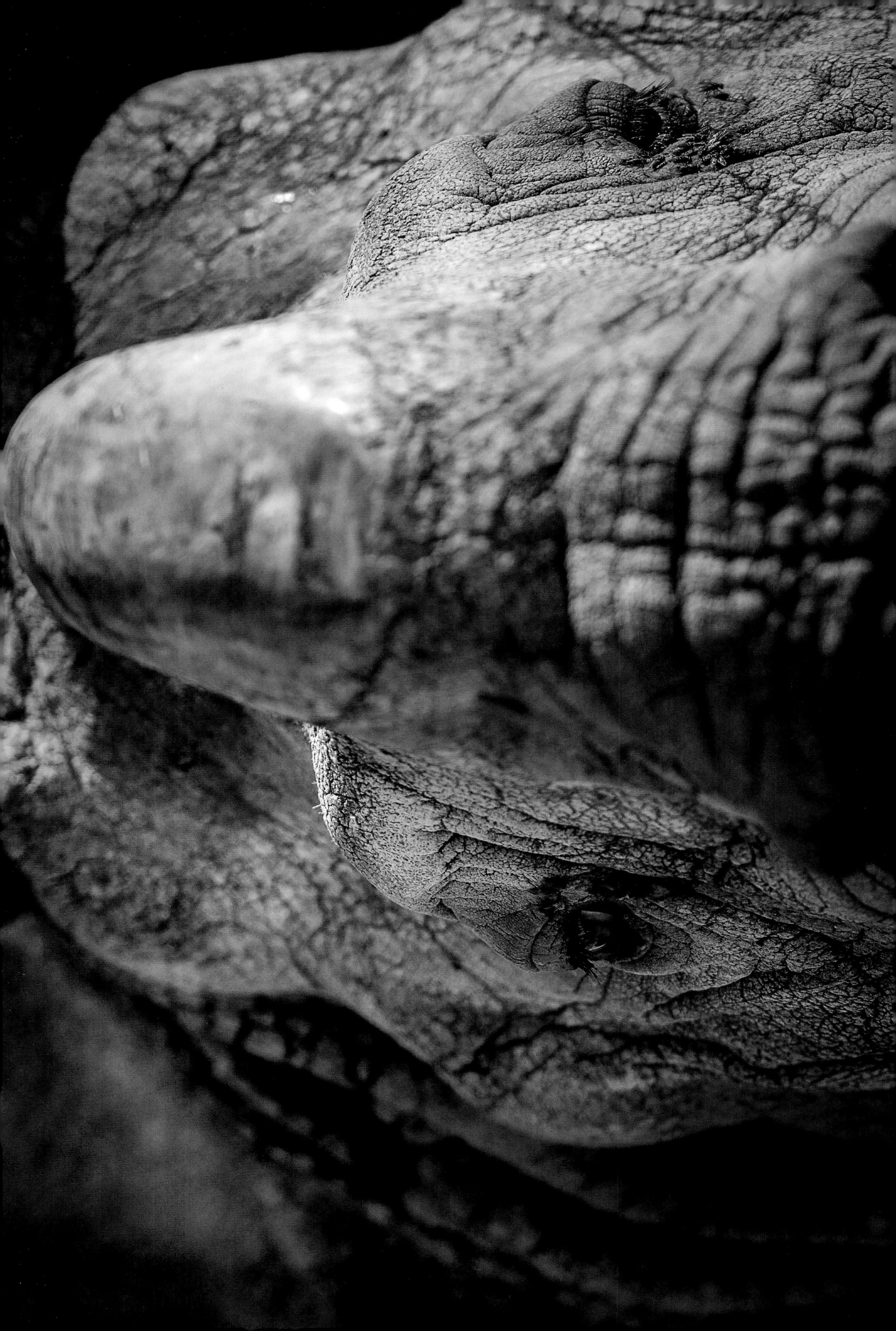

RHINOCÉROS BLANC
Ceratotherium simum

Ces habitants d'Afrique subsaharienne sont les plus gros mammifères terrestres, après les éléphants. Seule espèce de rhinocéros du genre *Ceratotherium*, elle se divise en deux sous-espèces, la sous-espèce du Nord et celle du Sud. Contrairement à ce que son nom semble indiquer, il est de couleur gris clair : le mot blanc proviendrait plus d'une confusion linguistique que de sa couleur véritable. Jusqu'au milieu du XIXe siècle, les rhinocéros étaient largement répandus dans les savanes d'Afrique et les forêts tropicales d'Asie. Aujourd'hui, presque toutes ces espèces sont menacées de disparition en raison essentiellement de leur corne, qui est plus recherchée et onéreuse que l'or ou la cocaïne. Sur les marchés parallèles, les cornes se négocient entre 40 000 et 50 000 euros le kilo. Ce trafic aurait causé la mort de 7 000 individus en 10 ans. Vendue entière, ou réduite en poudre, la corne est destinée à des consommateurs d'Asie. Cette photographie est le témoignage d'une véritable mise en danger. Ce rhinocéros, rendu craintif certainement par l'habitude des attaques, ne s'est arrêté qu'en raison du bruit du pare-soleil qui venait de se casser sous sa charge. Exemple qui démontre que le matériel du photographe peut parfois lui sauver la vie !

Le dernier mâle de la sous-espèce du Nord est mort en 2018, ne laissant que deux femelles vivantes. Seuls les individus de la sous-espèce du Sud comptent encore quelques milliers d'individus. Les larmes de ce spécimen, dès lors, doivent être un signal d'alarme à notre humanité. Espèce quasi menacée.

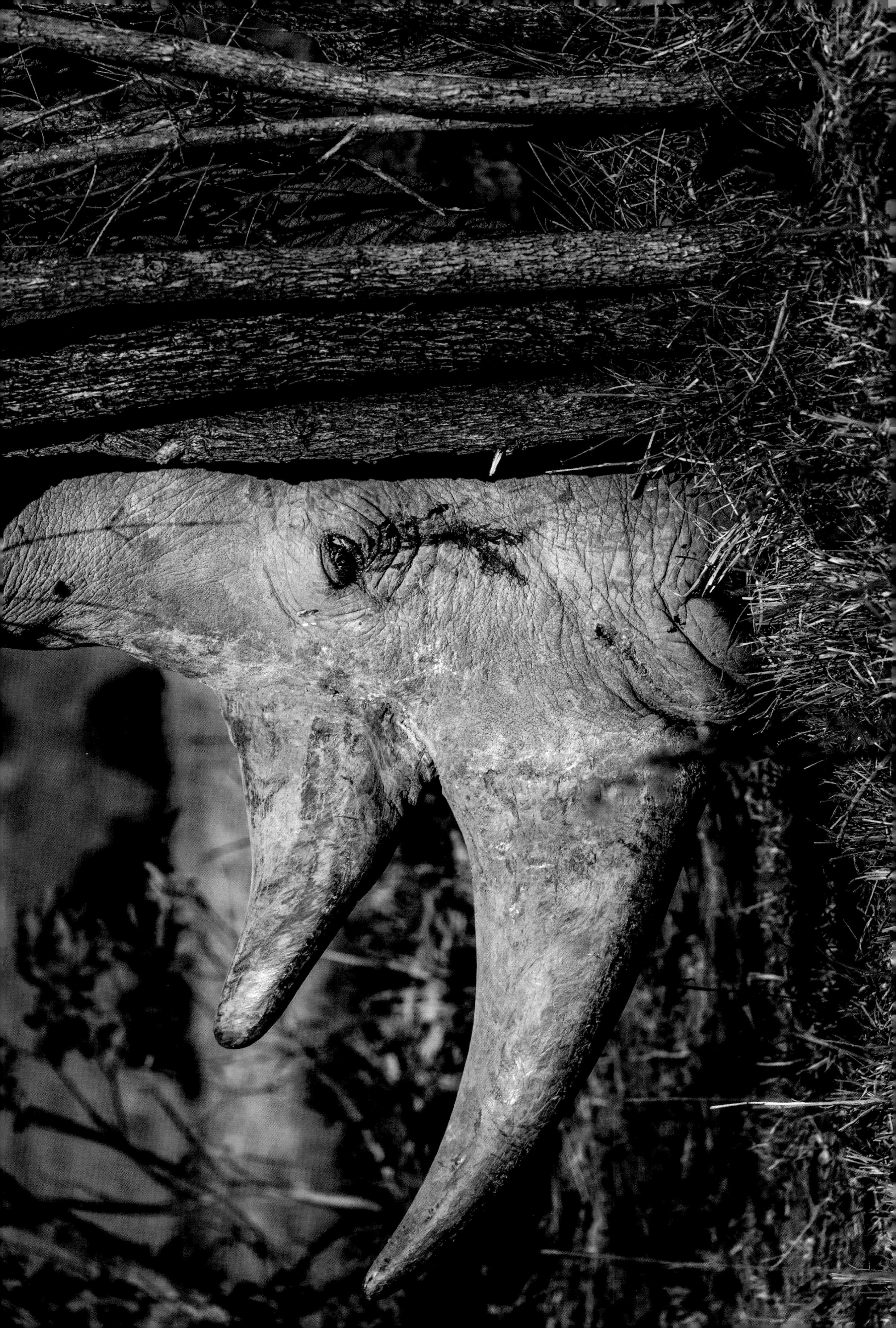

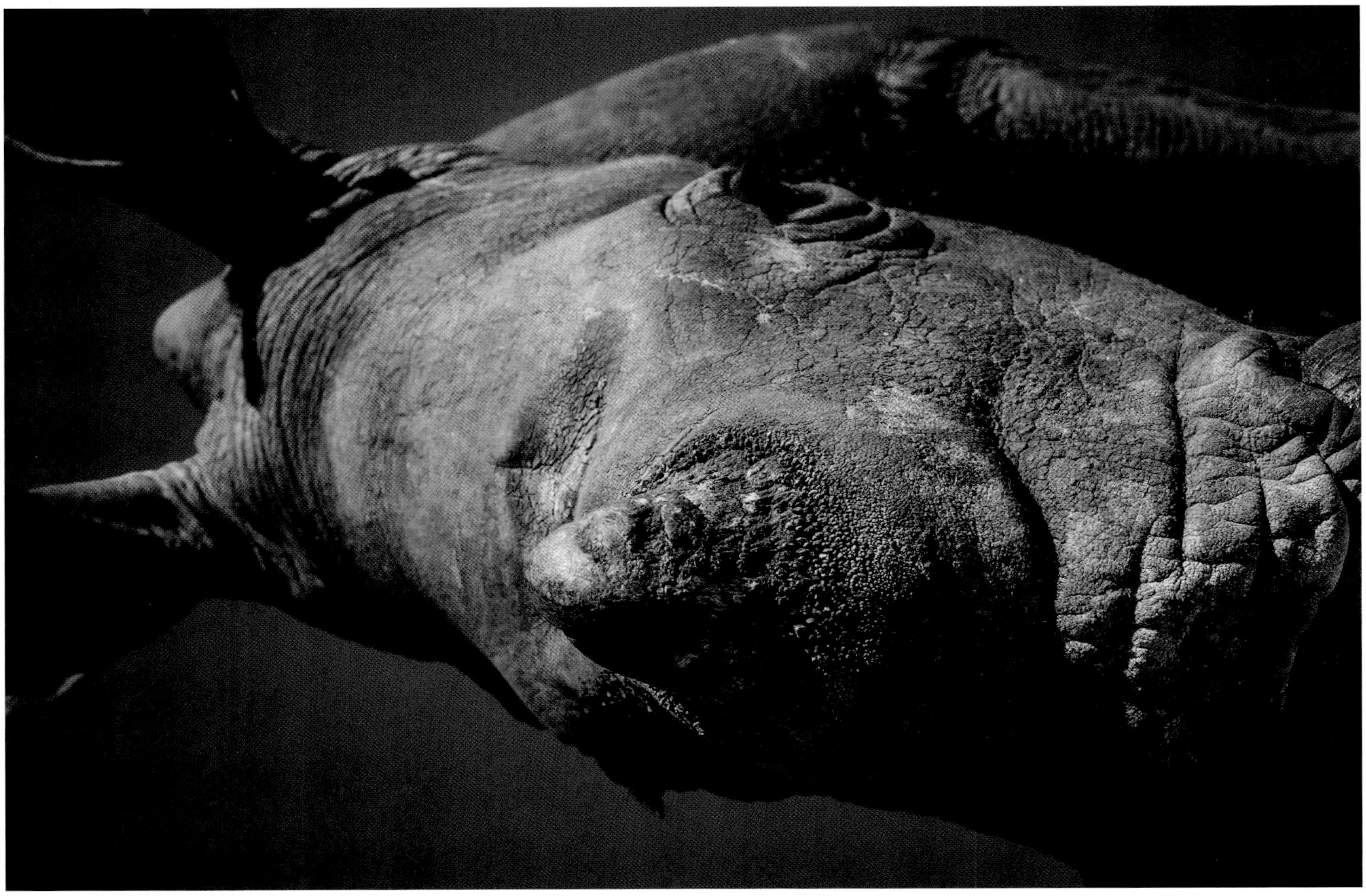
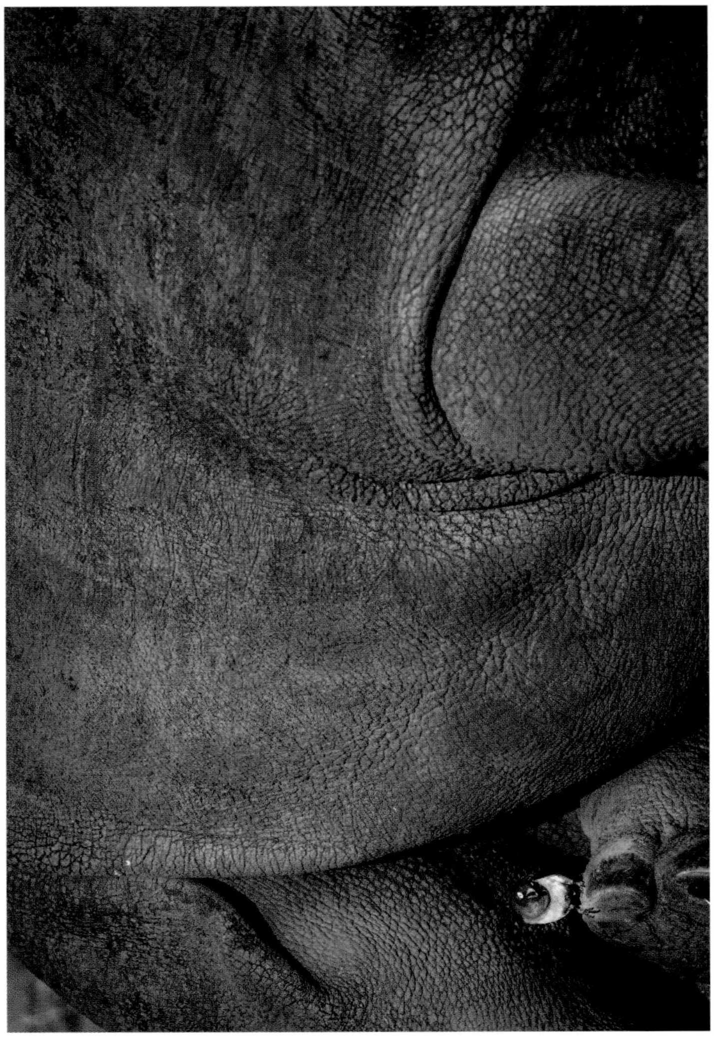
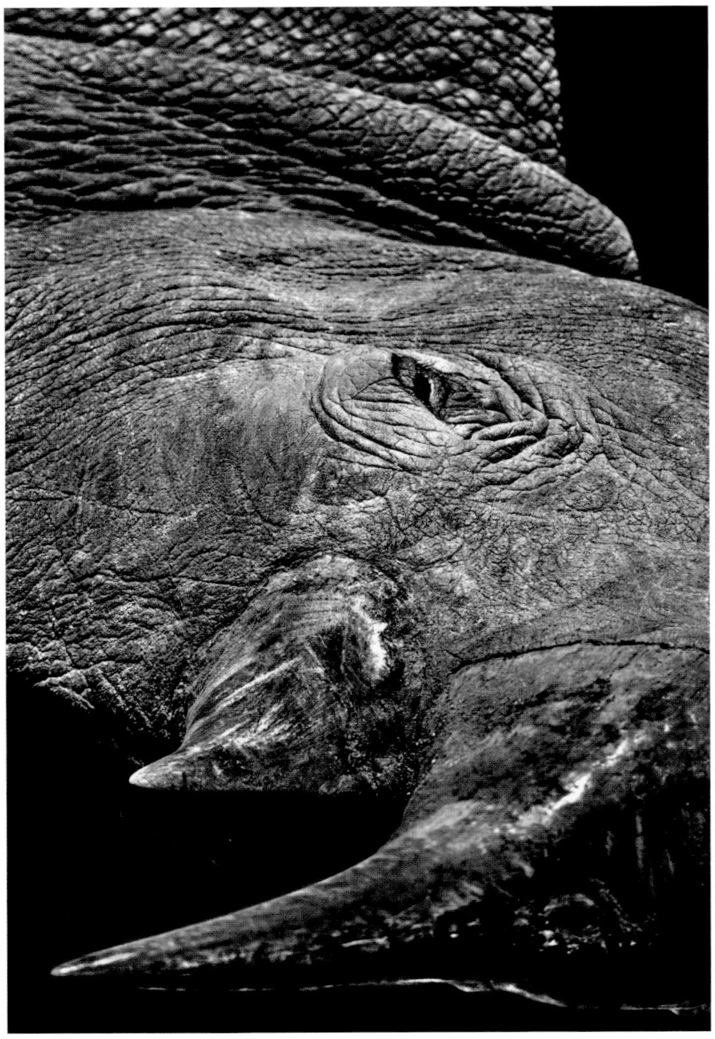

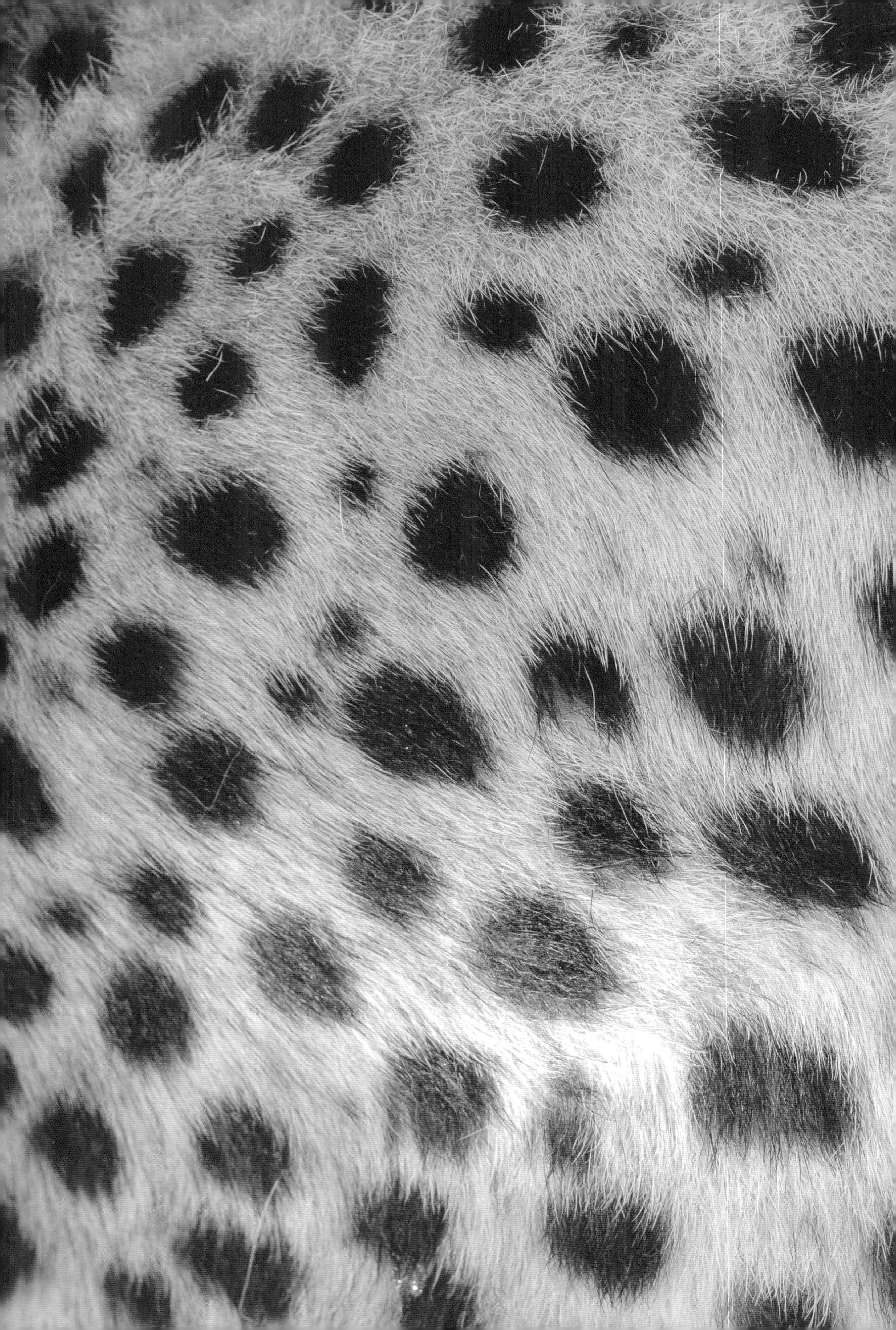

PRÉDATEURS

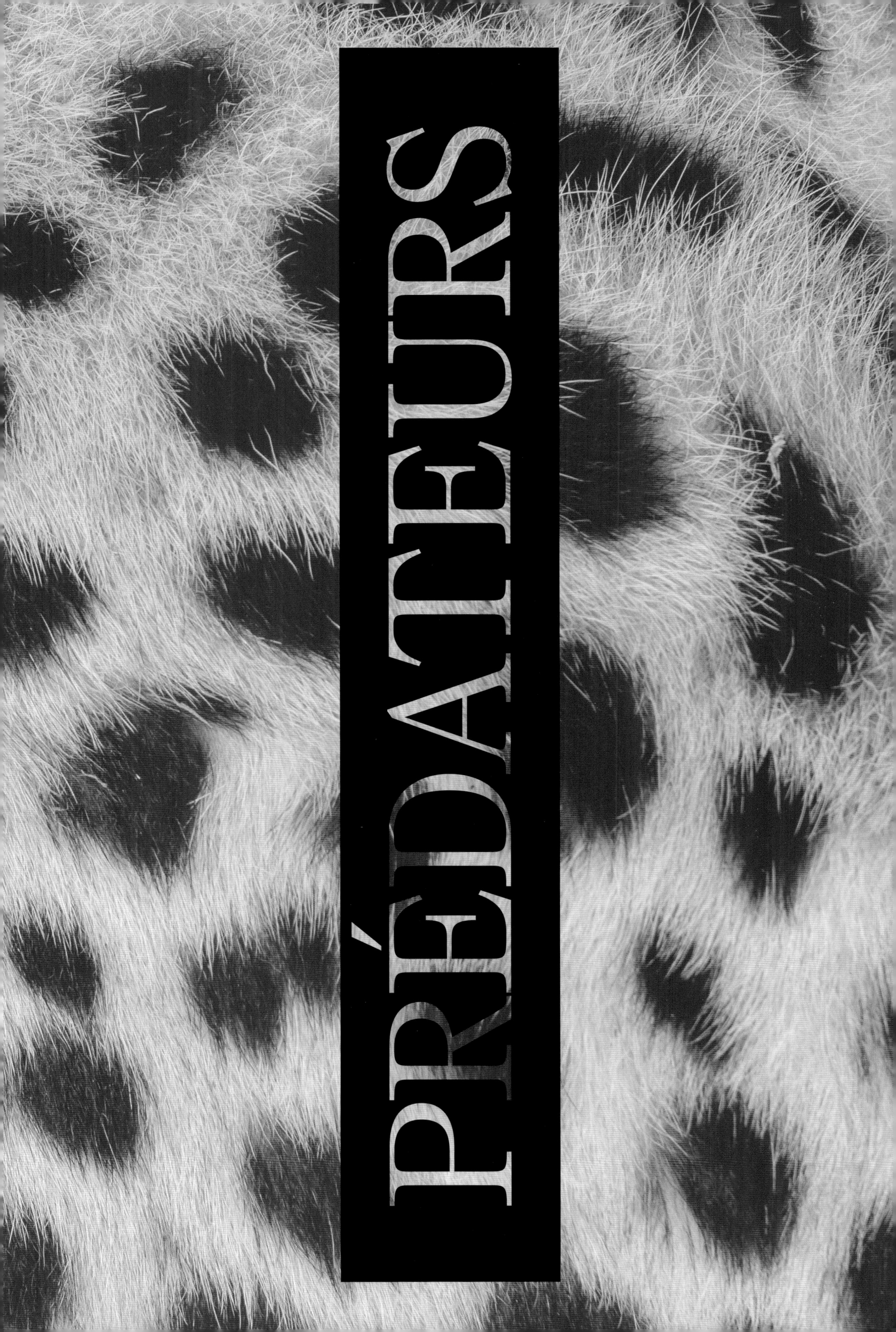

LION
Panthera leo

Le lion est le plus grand carnivore d'Afrique. S'il est un habitant emblématique de la savane, sa répartition actuelle est limitée à l'Afrique subsaharienne, en particulier dans les parcs nationaux. Il pèse entre 145 et 225 kg, pour un mâle adulte. C'est un animal grégaire, contrairement aux autres fauves, c'est même le seul félin à avoir un comportement social. Ses rugissements caractéristiques s'entendent à plus de 5 km, et constituent avec ses grondements et ses sifflements une palette de moyens de communication très large. Le langage corporel est lui aussi primordial, et la gestuelle du lion mâle est accentuée par son imposante crinière qu'il utilise pour intimider les hyènes tachetées. Cette couronne de pelage brun foncé est d'une taille et d'une couleur qui varient en fonction des conditions génétiques, de la maturité sexuelle, du climat et de la production de testostérone des individus. Elle pourrait être une forme de protection contre les coups de griffes lors de combats entre mâles rivaux, ou contre le froid. Sa teinte sombre ainsi que sa densité constituent une marque de bonne santé. Comme chez les tigres, certains spécimens sont atteints de leucistisme et arborent un pelage blanchâtre. C'est une mutation génétique dont l'allèle responsable est récessif, c'est pourquoi les lions blancs restent rares dans la nature. Leur plus grande population se trouve dans les zoos ou les réserves naturelles. On distingue enfin le lion d'Afrique du lion d'Asie, qui ne se trouve plus à l'état sauvage que dans la réserve faunique de la forêt de Gir, en Inde.

Comme tous les félins, le lion possède des vibrisses, qu'on appelle communément les moustaches, grâce auxquelles il peut se diriger dans l'obscurité. Elles lui permettent de chasser au crépuscule et aux heures fraîches du matin plutôt qu'aux heures les plus chaudes de la journée.

Ces heures chaudes sont réservées à la sieste, qu'il pratique à hauteur de 10 à 15 heures par jour : le temps de digérer les 7 kg (en moyenne) de viande qu'il consomme quotidiennement.

Pour se procurer cette quantité de viande, ces grands fauves possèdent une organisation très précise et des tactiques très bien rodées. Alors que les mâles sont chargés de protéger le territoire des autres lions, et des hyènes tachetées, prédatrices des lionceaux, ce sont les femelles qui s'occupent de l'approvisionnement en viande. Elles ont plusieurs atouts pour la chasse. D'abord, elles sont plus rapides et agiles que les mâles : elles peuvent atteindre la vitesse de 60 km/h en pointe, et font des sauts très impressionnants. Leurs mâchoires puissantes sont munies de canines d'environ 7 cm de long ; un seul coup de leurs pattes, très musclées, suffit à provoquer la rupture des organes internes d'une proie. Mais la plus grande force des lionnes n'est pas physique : c'est le groupe. Leur chasse en équipe est très élaborée. Chacune y joue un rôle spécifique, partagé entre celles qui se mettent à l'affût, encerclant les troupeaux ciblés, et celles (aux mâchoires les plus puissantes) qui mettent à mort la proie.

Enfin, le lobe frontal du lion, particulièrement développé pour un fauve, lui permet de prendre des décisions rapides et de résoudre des problèmes complexes lorsqu'il chasse. Pour toutes ces raisons, le lion peut s'attaquer à des proies nettement plus grosses que celles du tigre par exemple, qui chasse en solitaire. Outre les antilopes, les gnous ou les cobes, le lion est capable de s'attaquer à des animaux autrement plus imposants comme le buffle noir du Cap, surnommé « diable noir », réputé pour sa férocité, et qui pèse pas moins de 900 kg.

La réduction de leur habitat, mais aussi les maladies (comme la tuberculose et le virus de l'immunodéficience féline), ainsi la perte de la diversité génétique, contribuent à la forte diminution du nombre de lions. La population est aujourd'hui de 16 000 à 30 000 individus, avec une baisse de près de 40% ces vingt dernières années, alors qu'elle se situait autour de 300 000 individus il y a un siècle.

L'Afrique du Sud a pris des mesures de conservation aux fins de protection du lion, qui se sont révélées une véritable réussite. Mais l'espèce est toujours classée dans la catégorie « vulnérable » sur le plan mondial à cause de son déclin dans d'autres régions. Selon l'IUCN, « la sous-population d'Afrique de l'Ouest est classée "en danger critique d'extinction" en raison de la dégradation de son habitat, du déclin de ses proies, dû à la chasse non durable, et des conflits avec les humains. Un déclin rapide est également constaté en Afrique de l'Est, où l'espèce était pourtant historiquement abondante, principalement en raison des conflits avec les humains et du déclin de ses proies. Le commerce des os et d'autres parties du corps, utilisés en médecine traditionnelle, tant dans la région elle-même qu'en Asie, apparaît comme une nouvelle menace pour l'espèce. »

Le contraste est saisissant entre ce lion et ce papillon qui l'amuse. Le rugissement de ce lionceau est l'appel au secours d'une bête malade qui a contracté le FIV (le virus du sida félin). Cette photo est la capture d'un regard complice, mais aussi de la tristesse qui émane régulièrement de ces animaux qui semblent conscients de leur vulnérabilité. Espèce vulnérable sur le plan mondial. Espèce en danger critique d'extinction en Afrique de l'Ouest.

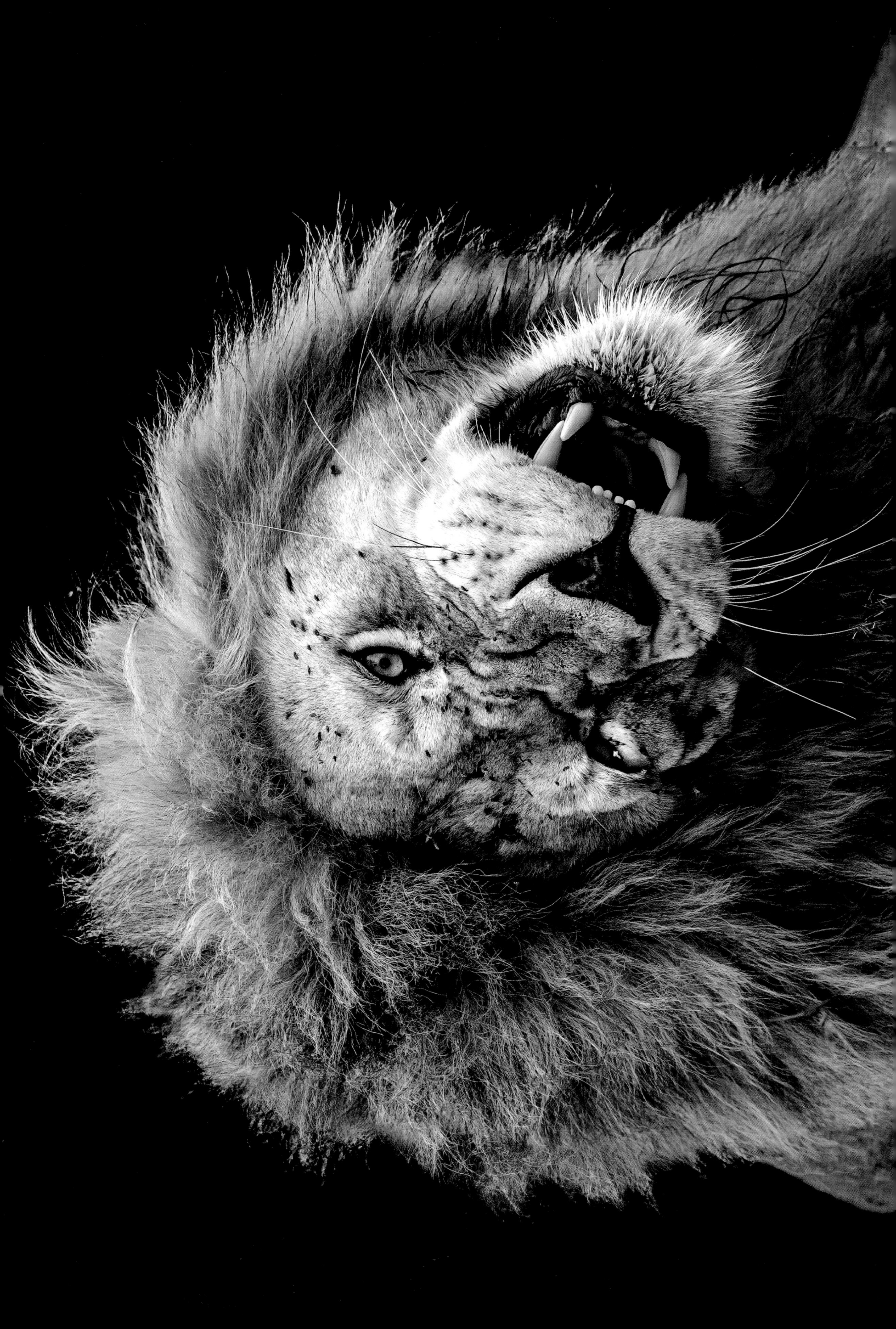

« Avec beaucoup de sensibilité et de délicatesse, un regard plein d'humilité se pose sur la nature, le mystère de la création et de la vie, toujours source d'émerveillement. »

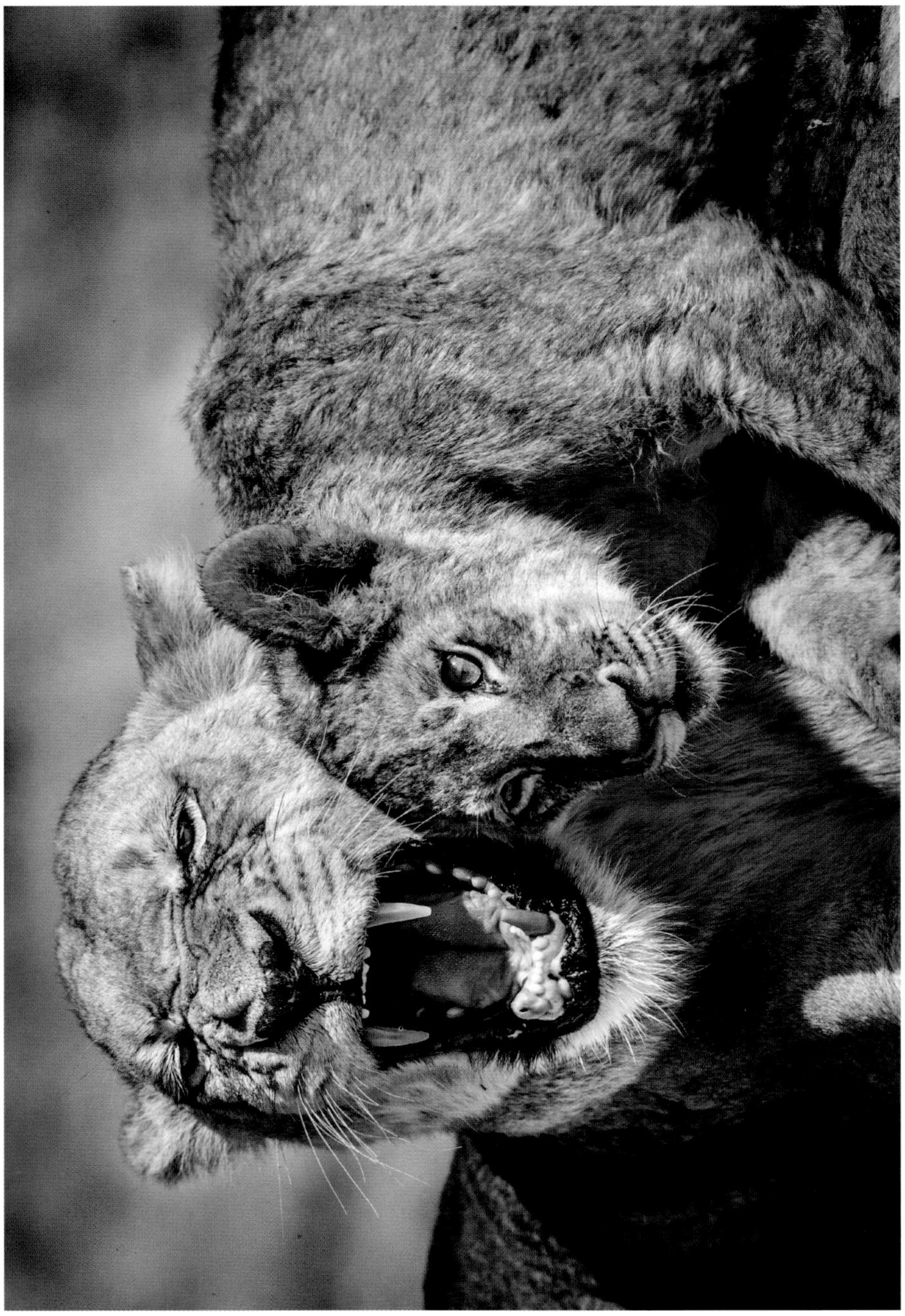

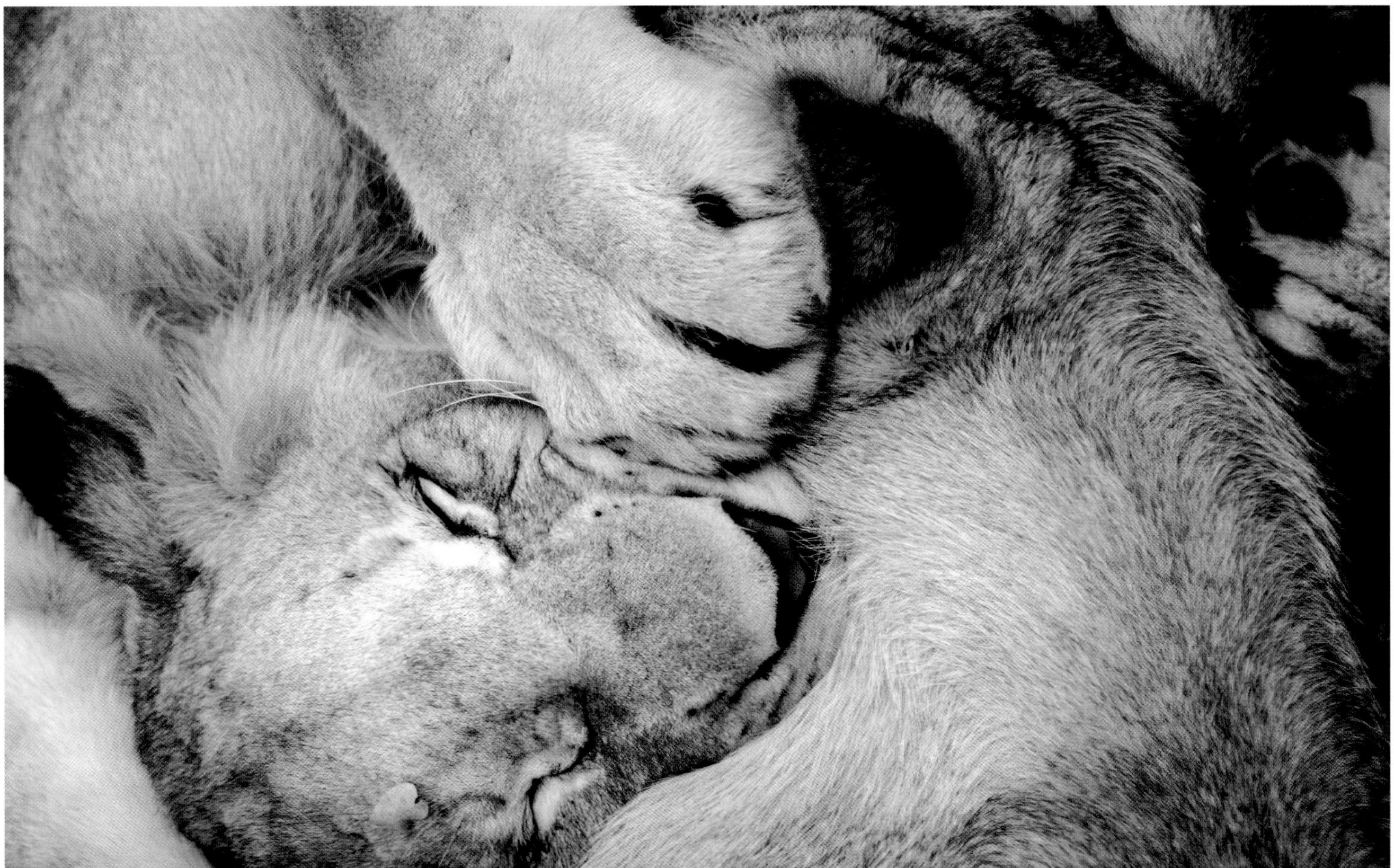

52

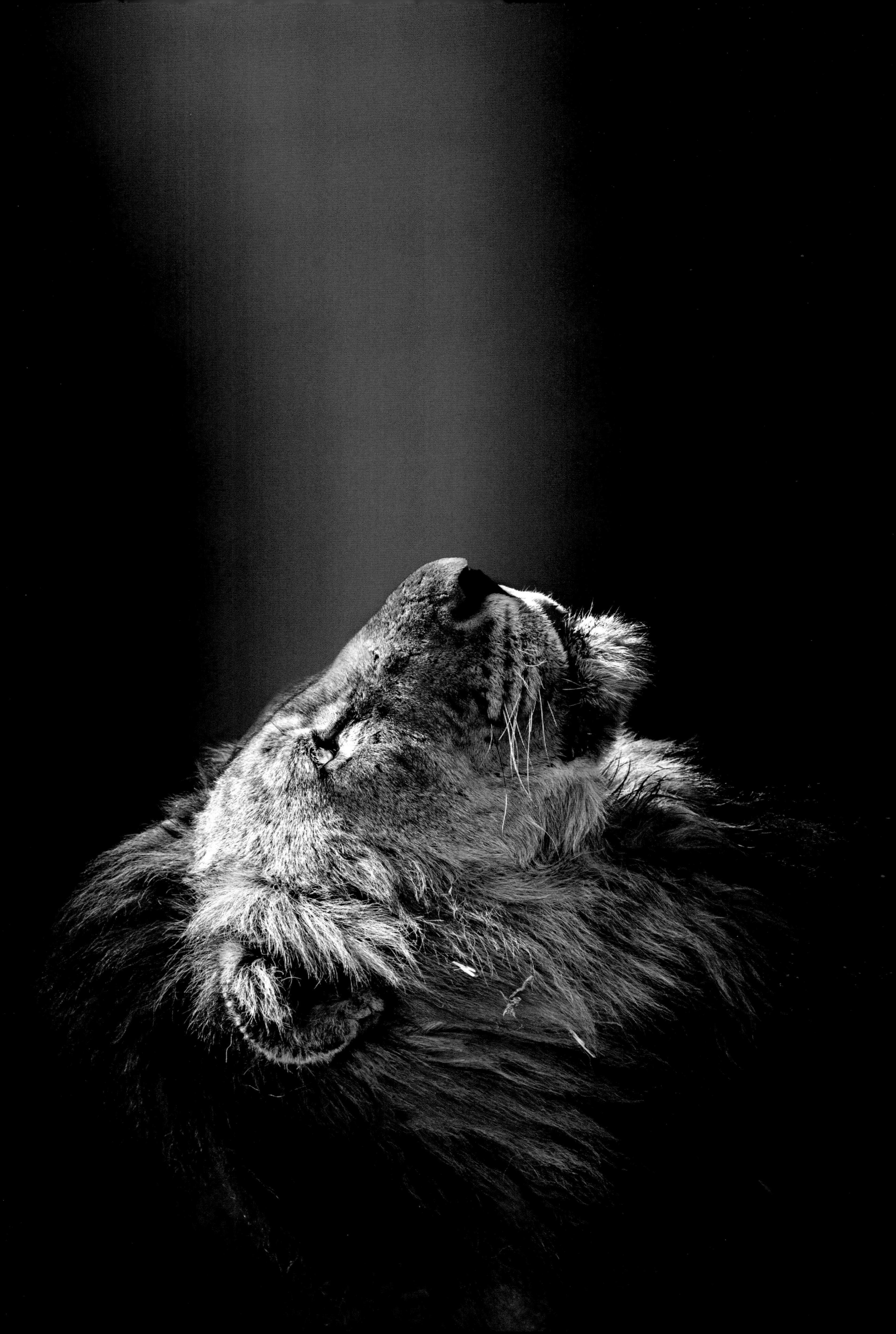

« Il faut parfois prendre des risques, faire preuve d'une immense patience et accepter que seuls les animaux décident... je dois entrer dans le cercle et non imposer ma présence, mon tempo. »

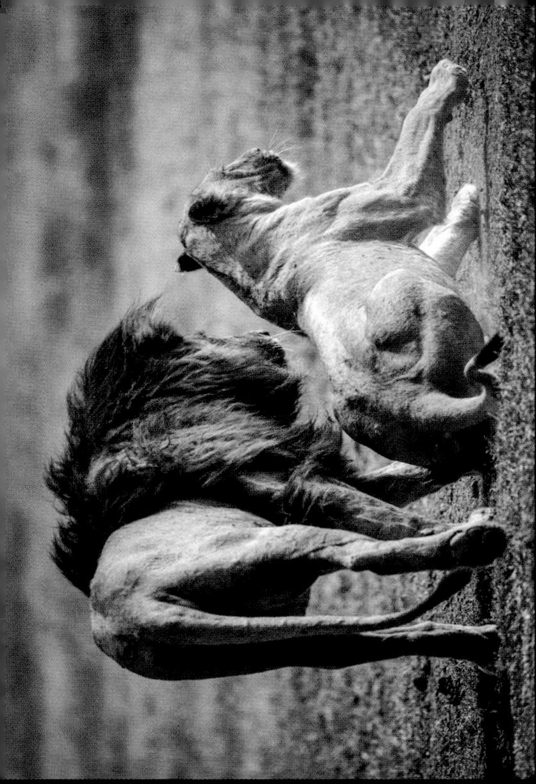
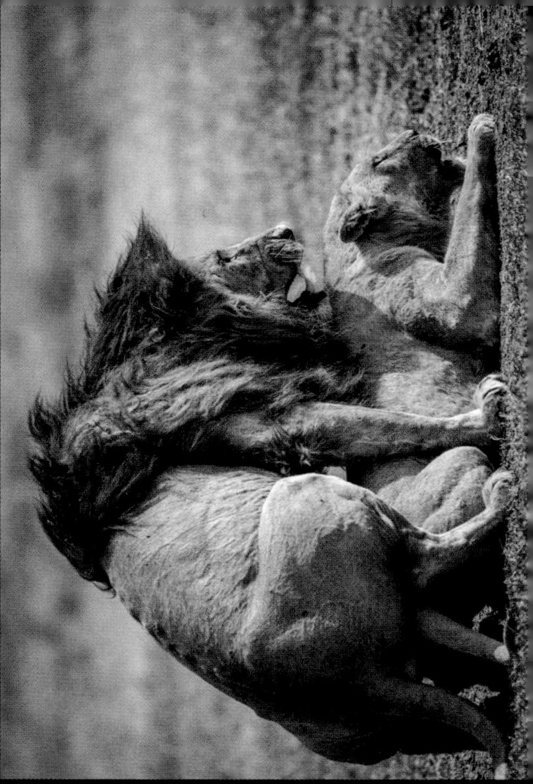
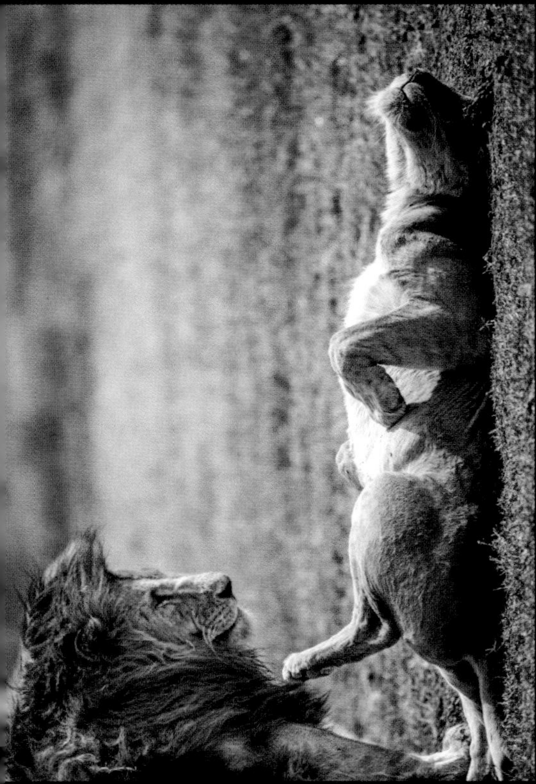
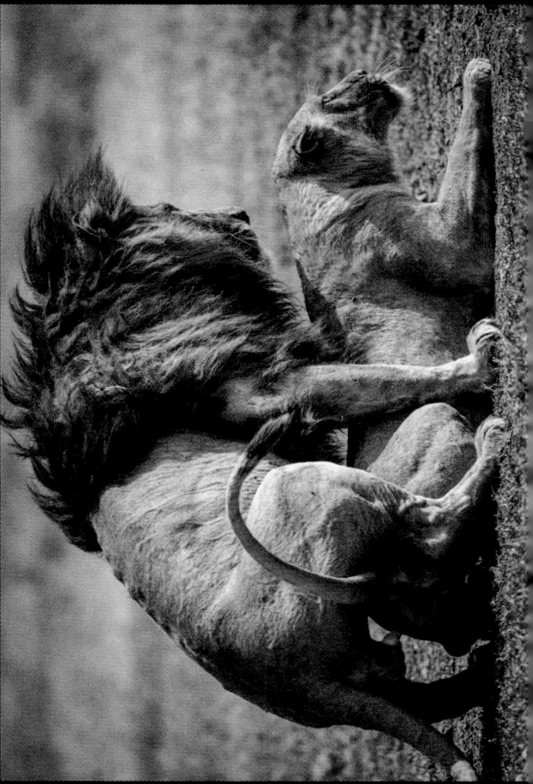
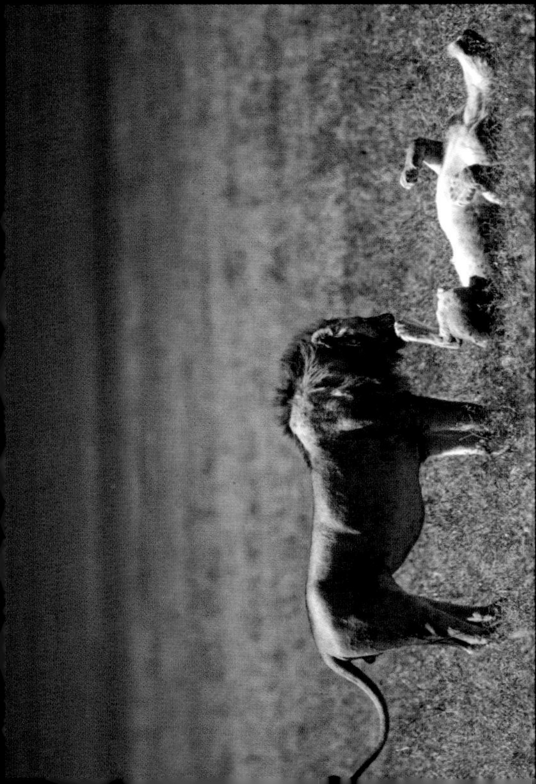
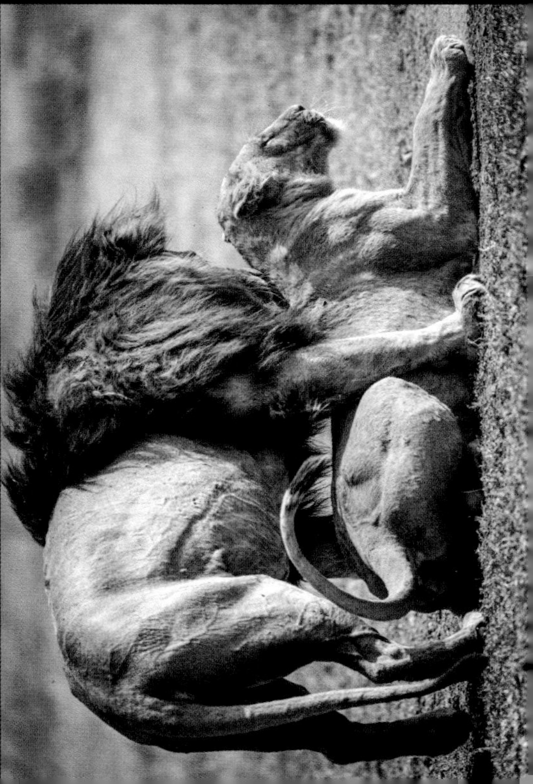

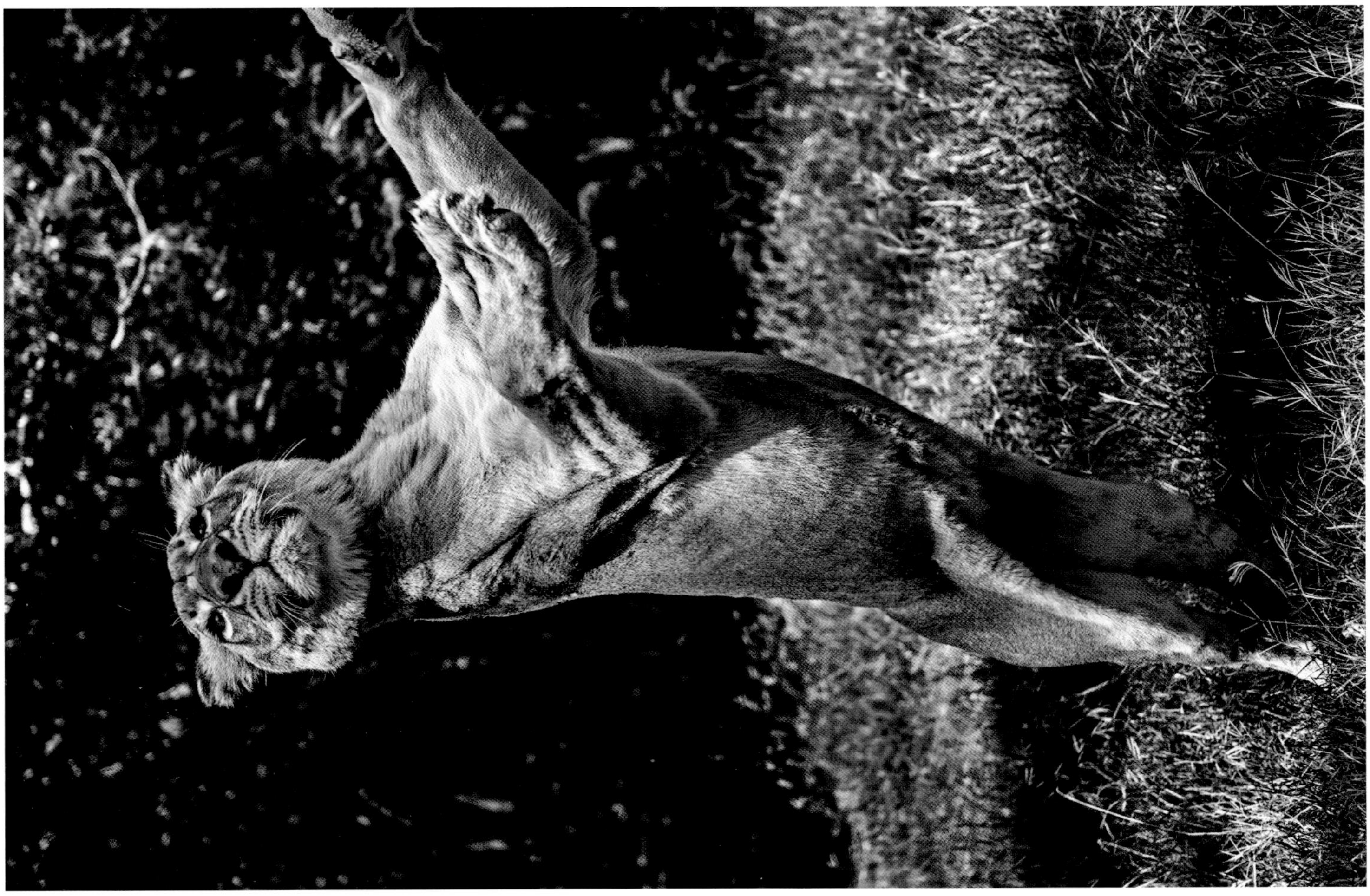

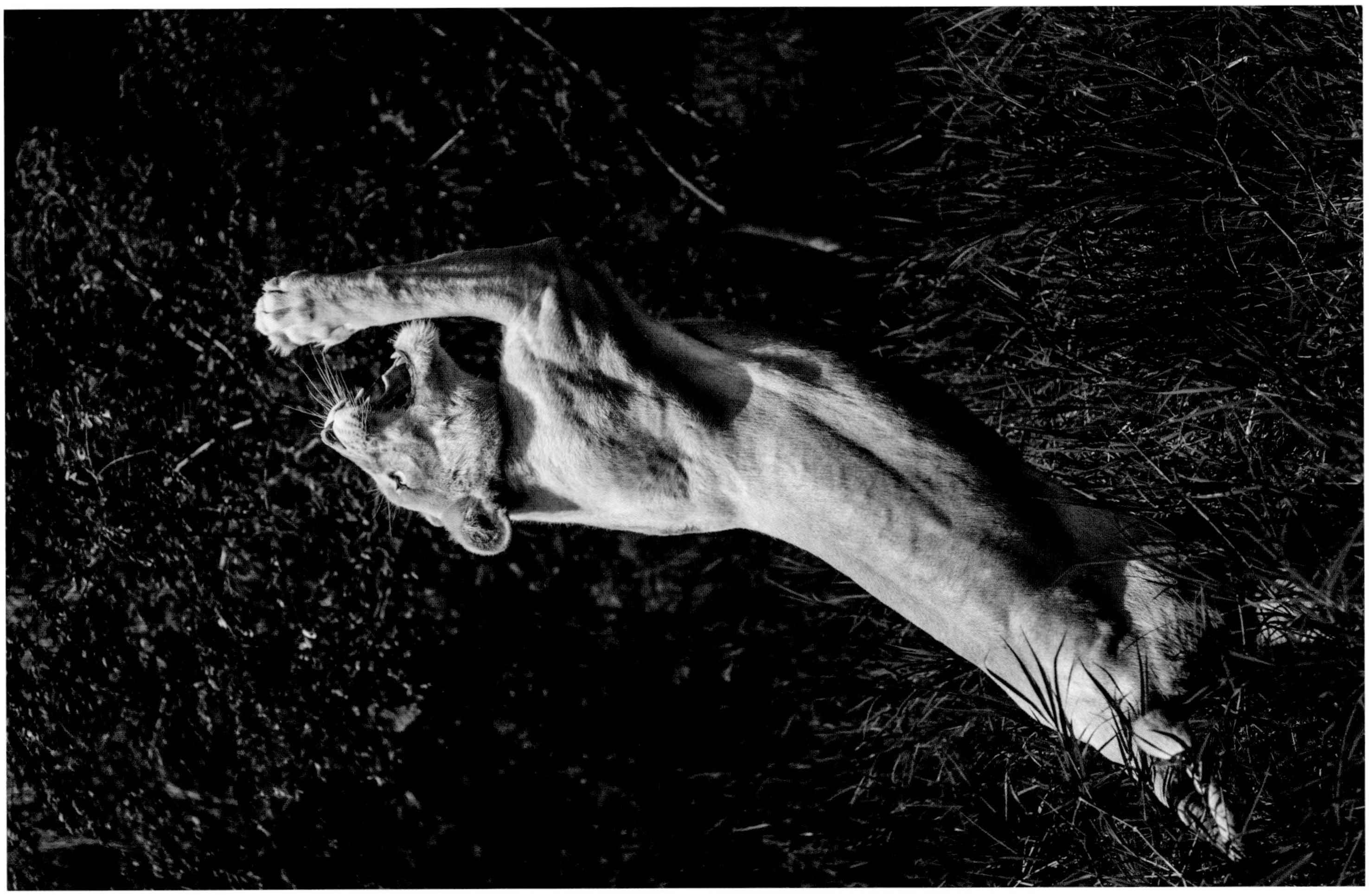

TIGRE DU BENGALE
Panthera tigris tigris

Le plus grand félin sauvage, ainsi que l'un des plus grands carnivores, se rencontre dans toute l'Asie : forêt, bois, mangrove. Polyvalent en matière d'habitat, c'est un animal solitaire qui chasse au crépuscule grâce à une vision nocturne 6 fois supérieure à celle d'un humain, permise par une couche de cellules réfléchissantes. Après avoir repéré sa proie à l'aide de sa vue et de son ouïe, il s'approche à l'affût en rampant avec une démarche caractéristique. Il bondit sur sa proie et la tue en brisant ses vertèbres cervicales ou en la mordant à la gorge. Il est aidé pour cela par des dents très impressionnantes, au nombre de 30 : 12 incisives, 4 canines, 10 prémolaires et 4 molaires. Il emploie ses canines ou crocs de 7,5 cm pour déchiqueter la chair de ses proies et les tuer. Il lui faut une proie assez grosse tous les 7 à 10 jours, et il peut manger de 14 à 40 kg de viande en une seule fois. Il se nourrit de viande en début de décomposition. Quand il rugit, on peut l'entendre jusqu'à 1 km à la ronde. C'est un excellent nageur, puissant et rapide sur de courtes distances, et sa vitesse maximale en course sur la terre ferme est de 50 km/h. Les rayures de sa robe sont différentes d'un tigre à l'autre : elles sont la carte d'identité de l'animal. Son pelage lui assure en outre un camouflage idéal. Le tigre blanc n'est pas une sous-espèce. Il s'agit d'une mutation autosomale (génétique) récessive. Mâles et femelles sont semblables et difficiles à distinguer de loin, si ce n'est par les moustaches du mâle qui sont plus longues que celles de la femelle. La curieuse couleur jaune de l'iris a fait que le nom « œil-de-tigre » a été attribué à une variété de quartz qui allie la froideur de la pierre à l'éclat du jaune mordoré. L'habitat de ce félin se répartit entre le Bengale, le Bangladesh, la Birmanie, le Népal et l'Inde du Nord.

C'est un animal en voie de disparition, en raison du braconnage et de la perte d'habitat. Tenu pour responsable d'attaques de bétail, il est en outre chassé pour sa peau et victime du braconnage pour fournir la médecine traditionnelle asiatique. Le tigre du Bengale a perdu 97% de son aire de répartition originelle. Espèce en danger.

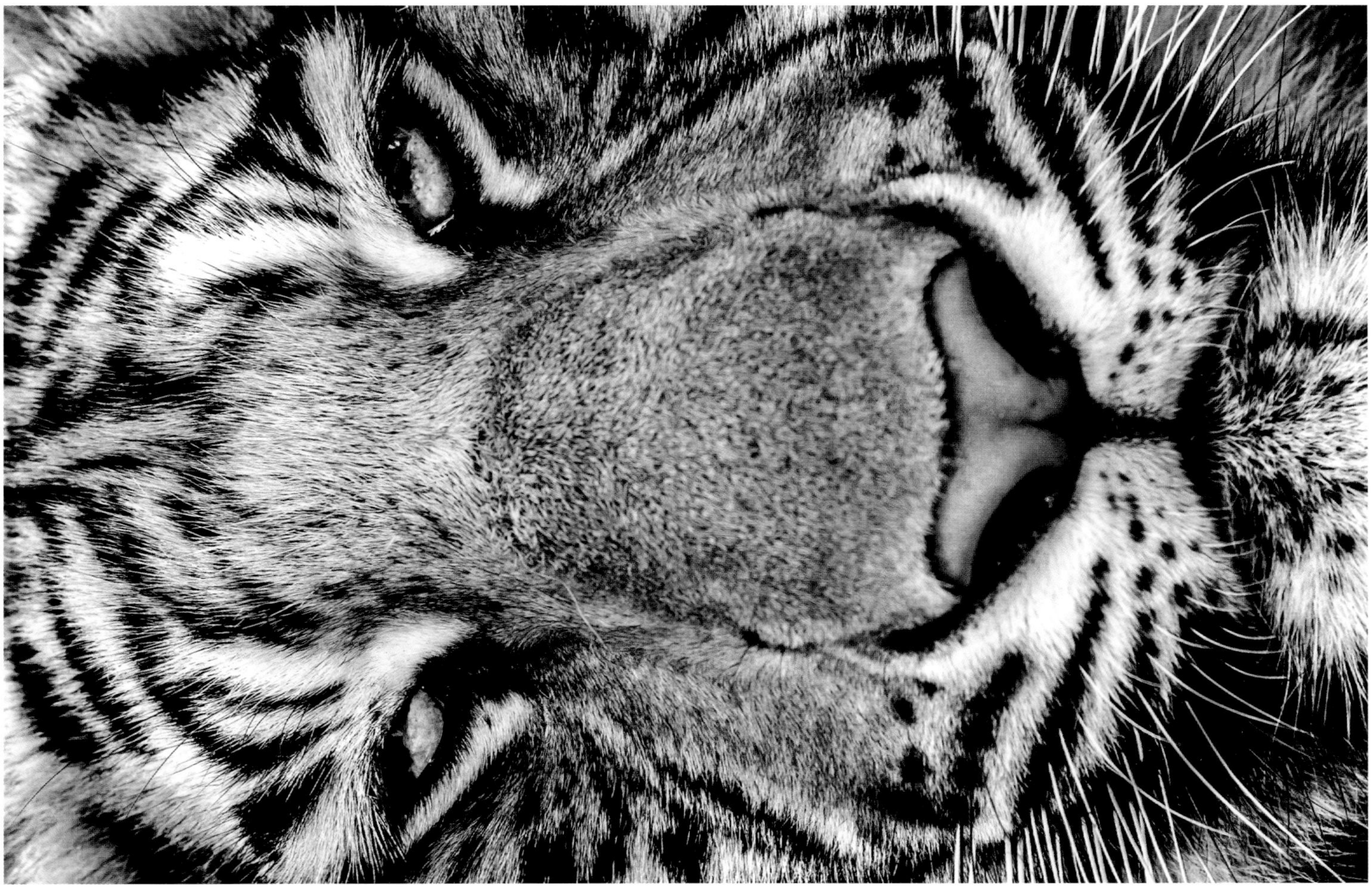
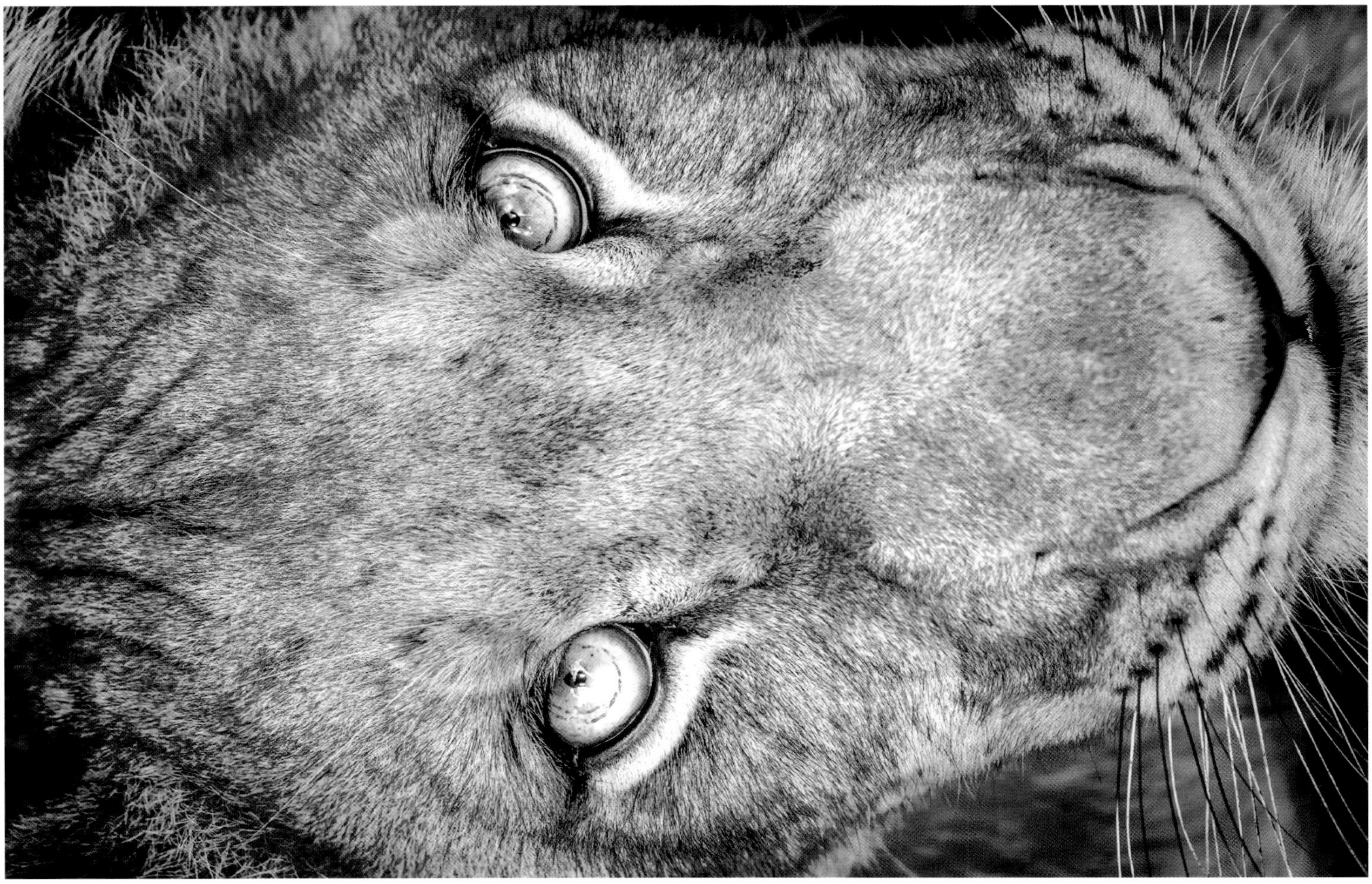

TIGRE BLANC
Panthera tigris tigris

Le tigre blanc est un tigre du Bengale né avec une mutation génétique qui a rendu complètement blanc son pelage : la majorité des tigres blancs en captivité sont des descendants de Mohan, un tigre du Bengale sauvage capturé dans les années 1950. Comme les autres sous-espèces de tigres, le tigre blanc est aujourd'hui proche de l'extinction, sa couleur blanche, trop voyante, hypothéquant ses chances de survie dans la nature. Chassé pour sa fourrure, il est voué à l'extinction dans les zones sauvages non protégées. Espèce en danger.

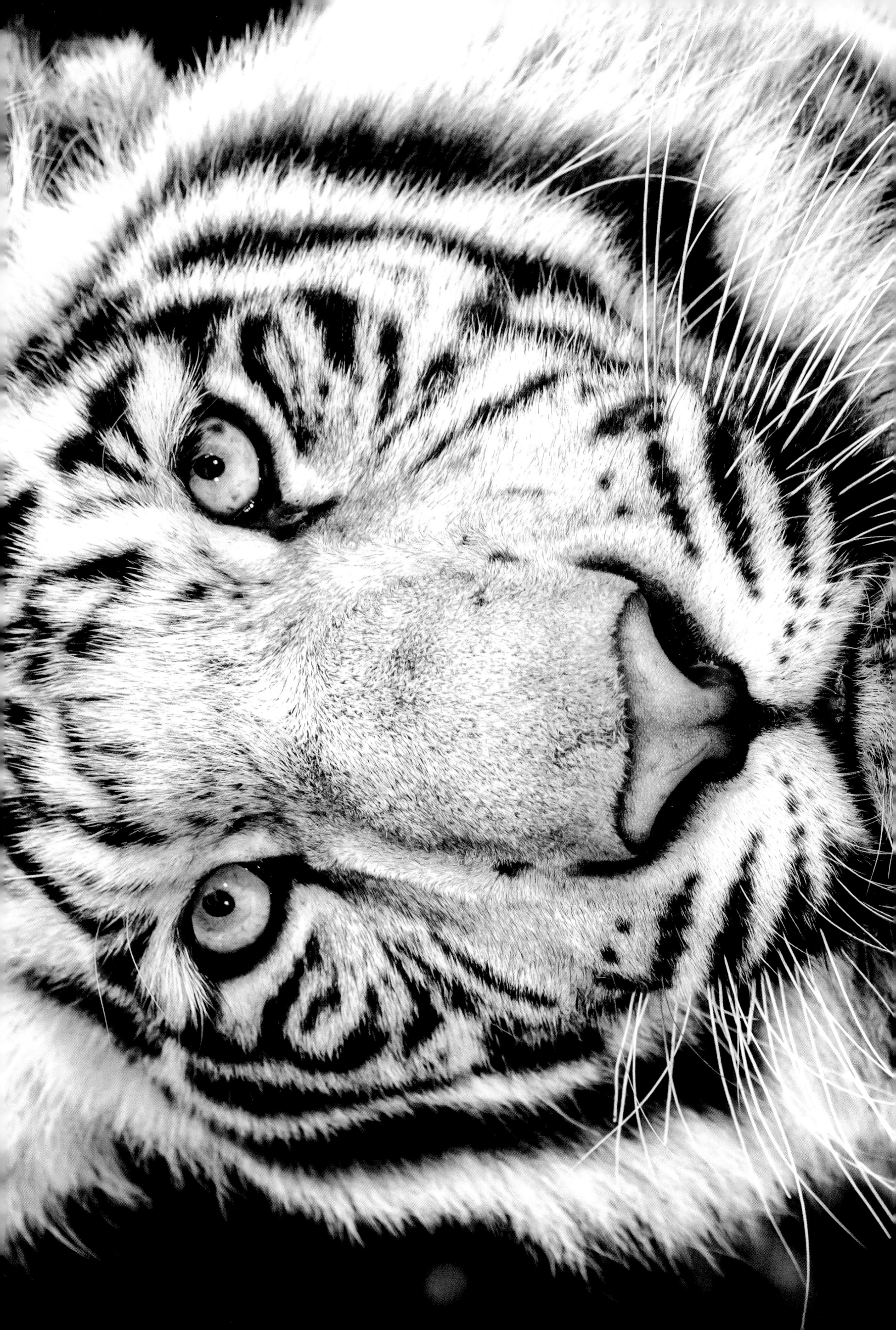

OURS BLANC OU OURS POLAIRE
Ursus maritimus

Originaire des régions arctiques, c'est l'un des plus grands carnivores terrestres. La lignée de cet animal majestueux a divergé de celle de l'ours brun et du grizzly il y a respectivement 150 000 et 200 000 ans. L'ours blanc possède une épaisse couche de graisse et une fourrure qui l'isolent du froid. Sa peau est noire pour conserver la chaleur corporelle, et son pelage blanc lui assure un camouflage parfait sur la banquise. Les poils ne sont pas blancs mais translucides et creux. C'est la réflexion de la lumière qui les fait apparaître blancs. La fourrure de 5 à 15 cm d'épaisseur absorbe les rayons ultraviolets, c'est pourquoi elle paraît souvent jaunâtre. Son corps allongé ainsi que sa petite tête fuselée résultent de son adaptation à la natation. Sa masse ne l'empêche pas en outre d'être véloce sur la terre ferme.

Ses larges pattes et ses pieds massifs distribuent son poids également et lui évitent de s'enfoncer dans la neige. La femelle hiberne dans une tanière à terre et y met bas. Ses fonctions sont alors ralenties, mais la température corporelle ne s'abaisse pas, et elle vit sur ses réserves de graisse pendant ce long sommeil. La période de reproduction a lieu au printemps, mais le développement de l'embryon ne débute qu'à l'automne pour que la femelle ait le temps de stocker assez de graisse : c'est l'implantation retardée.

Si ce stock n'est pas suffisant, l'embryon ne se développera pas. Après leur naissance, les petits ours restent 30 mois avec leur mère, et parfois jusqu'à plus de 3 ans. À cet âge, certains jeunes adultes dépassent déjà la taille de leur génitrice.

La banquise est le lieu d'approvisionnement et de reproduction de l'ours. Il chasse à l'affût, c'est-à-dire qu'il se dissimule pour attaquer ses proies par surprise. Sa principale source de protéines est le phoque, mais l'ours blanc peut se montrer opportuniste et manger du morse ou des bélugas.

Cette espèce, qui est un des symboles du réchauffement climatique, est aussi emblématique des peuples Inuits et de nombreuses autres cultures. Le mot « arctique » même vient du grec ancien *arctos* qui signifie « ours », et les célèbres constellations de la Grande Ourse et de la Petite Ourse ne sont, comme l'ours blanc, visibles que dans l'hémisphère nord. Métaphorique de toute cette partie du globe, l'ours blanc est considéré en danger. On pourrait s'imaginer en voyant cet animal faire une grimace qu'il saura s'adapter à la disparition progressive de son habitat, pourtant celle-ci pourrait bien se produire trop rapidement pour lui en donner le temps. La chasse pratiquée par les Inuits et les amateurs de trophées, ainsi que la pollution aux métaux lourds et aux pesticides, sont d'autres facteurs de mise en danger de l'animal. L'emmagasinement des substances toxiques accumulées dans les organismes de ses proies attaque son système nerveux et cause des anomalies génétiques sérieuses.

L'espèce ne compte aujourd'hui plus que 20 000 individus, et les prévisions sont alarmantes. Certains scientifiques prévoient que la quasi-totalité de la glace de l'océan Arctique pourrait disparaître en été dès le milieu de notre siècle. Bien que sa survie dépende en grande partie de l'intégrité de la banquise et de son écosystème fragile, aucune solution de long terme n'est à ce stade mise en œuvre pour sauver l'ours blanc des menaces qui se multiplient et le mettent en péril.

Le Soleil à moins de 30°- 40° au-dessus de l'horizon, une brume à plus de 50 m, et voilà un arc blanc ou arc-en-ciel blanc qui contemple les ours polaires. Ce phénomène lumineux météorologique est dû essentiellement à la réfraction et à la réflexion de la lumière solaire par de très petites gouttes d'eau. Ces arcs blancs, extrêmement rares, ne s'observent que sous certaines latitudes. Espèce vulnérable.

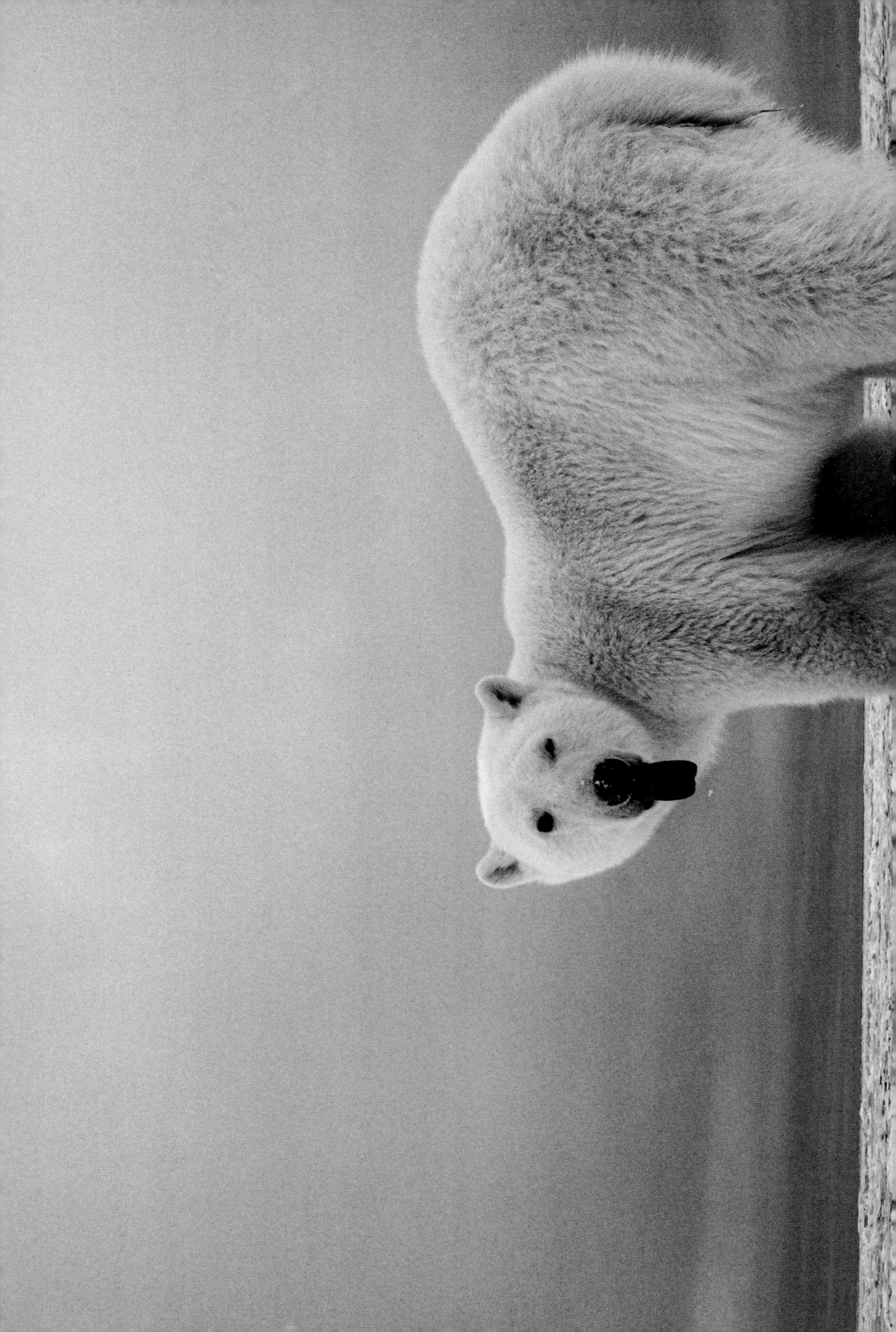

« C'est une hérésie de croire que l'Homme peut détruire autant d'espèces animales ou végétales sans être lui-même directement menacé… »

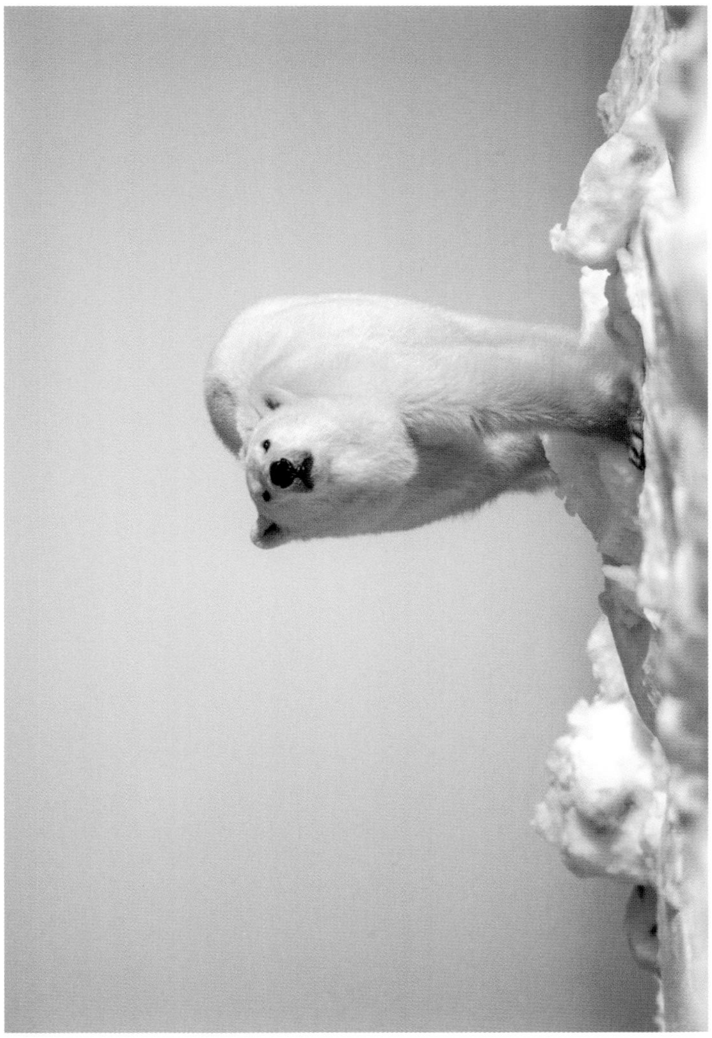
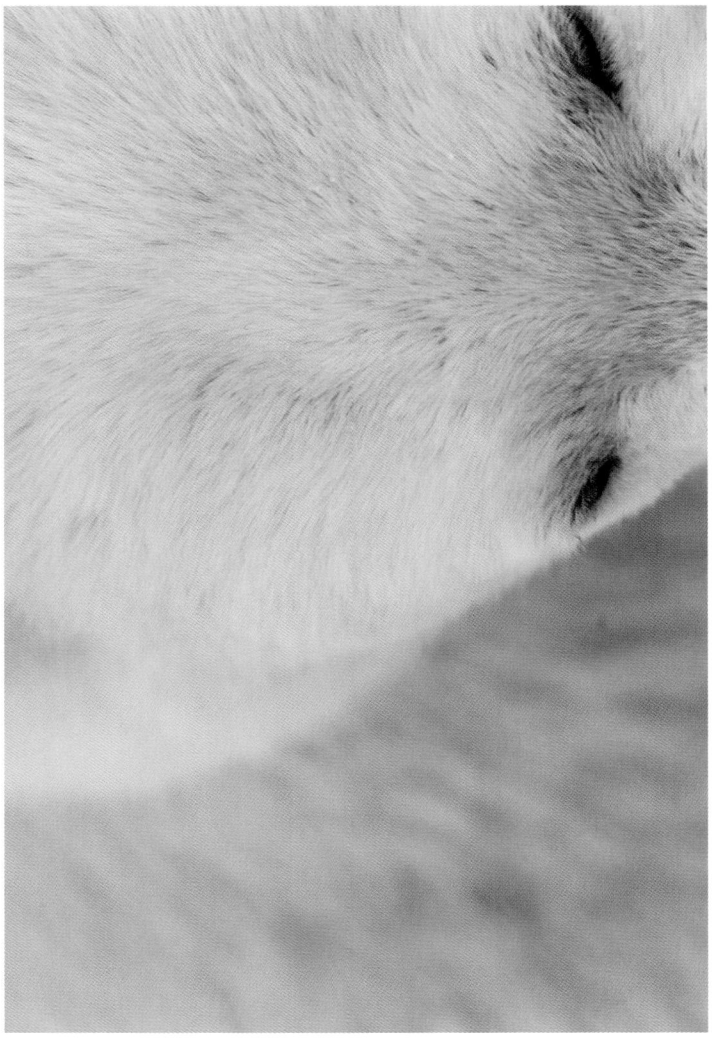
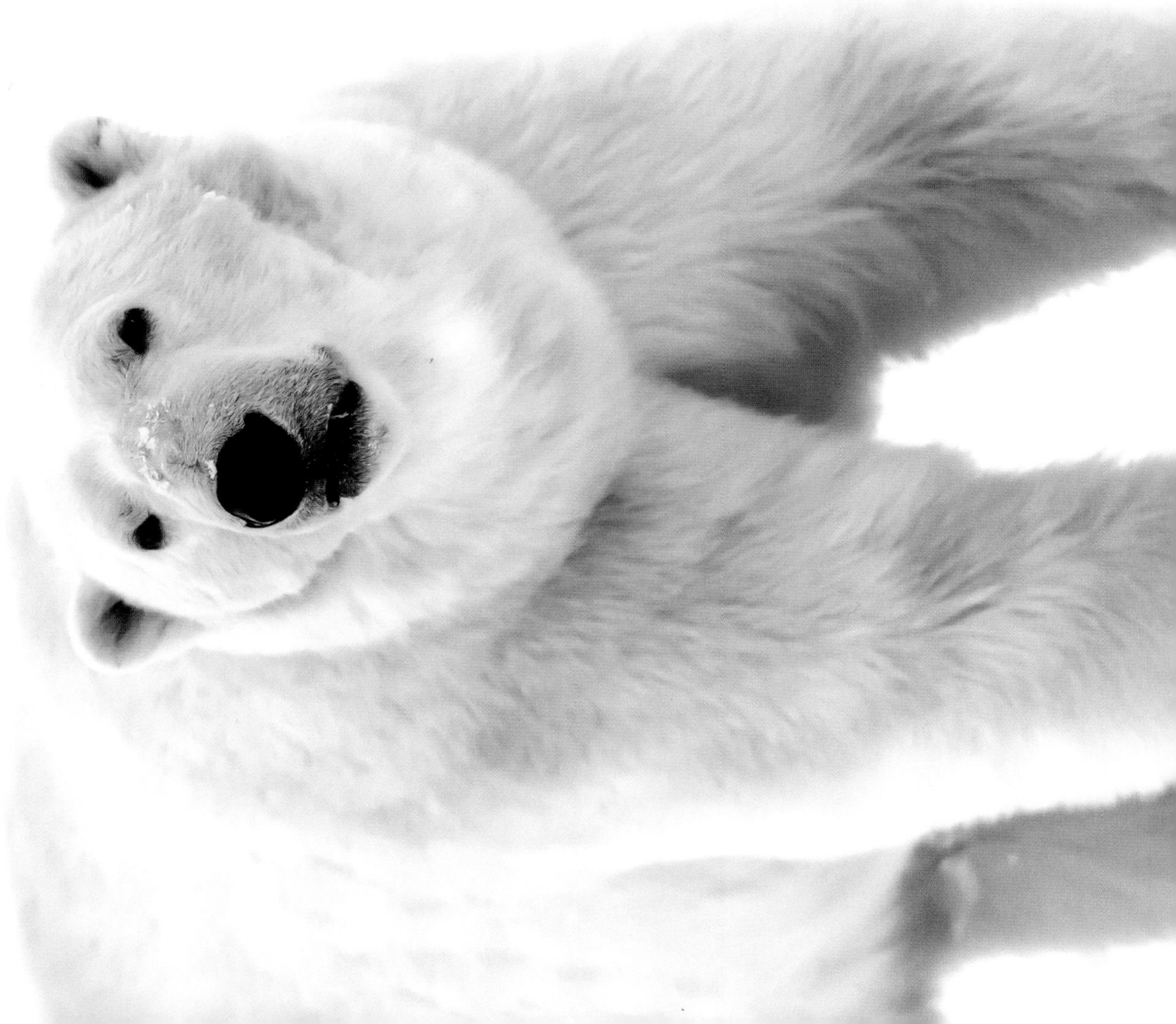

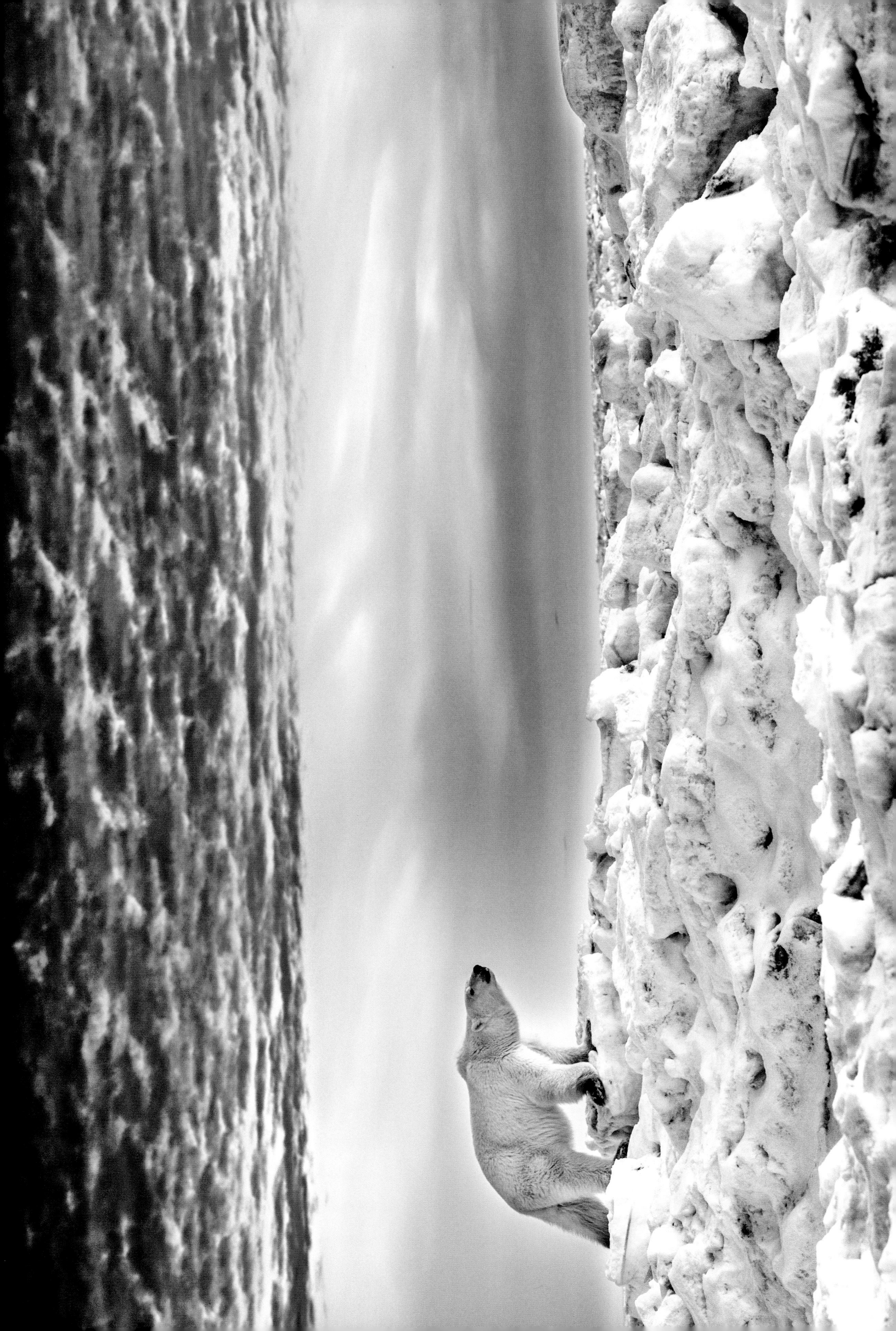

« Les sensations sont fortes et servent de catalyseur à mon expression artistique, toujours poétique et riche en émotion. »

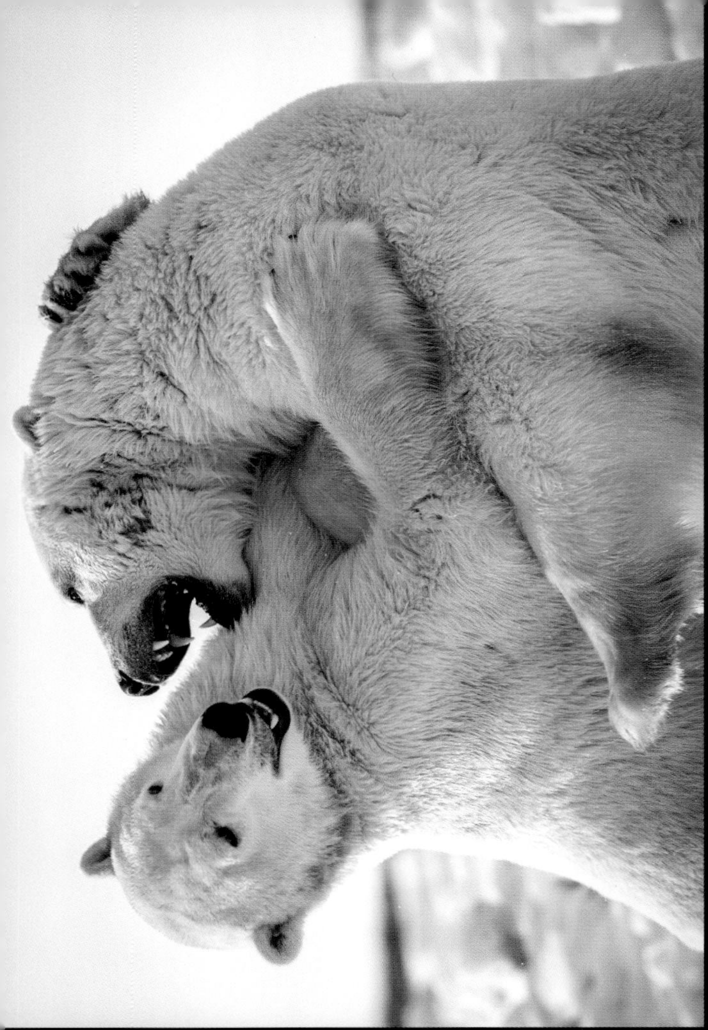
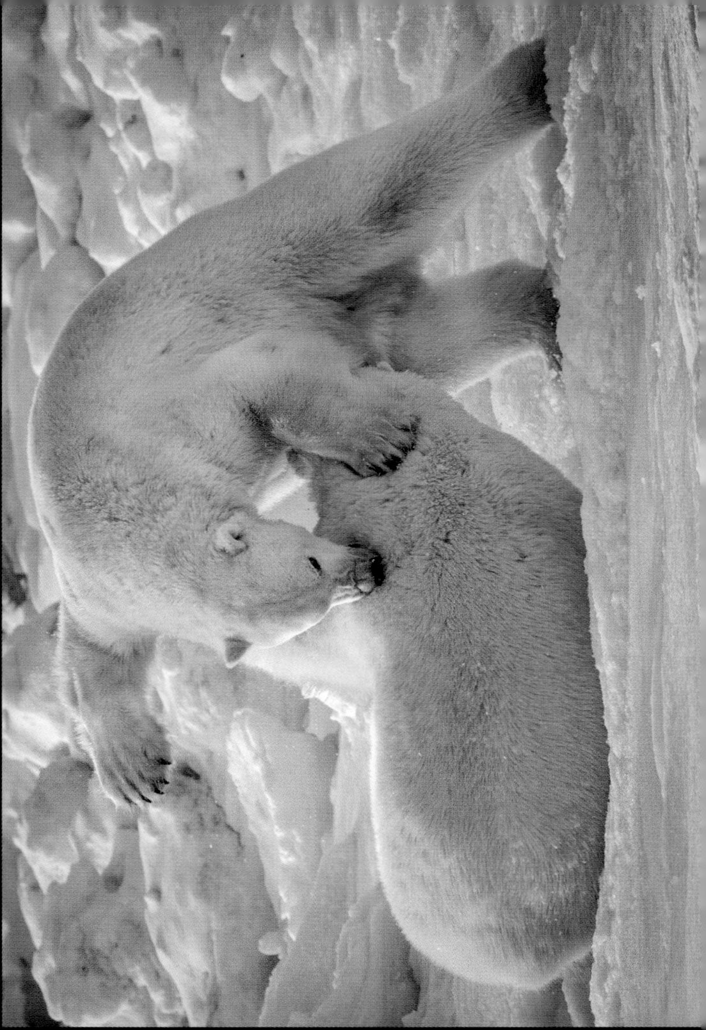
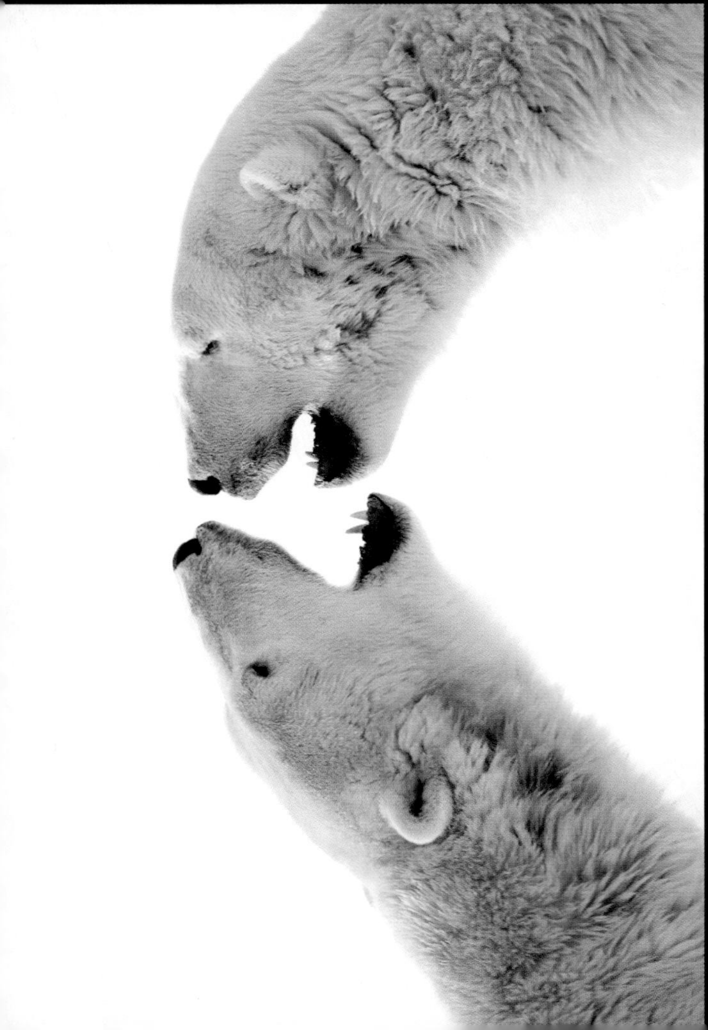
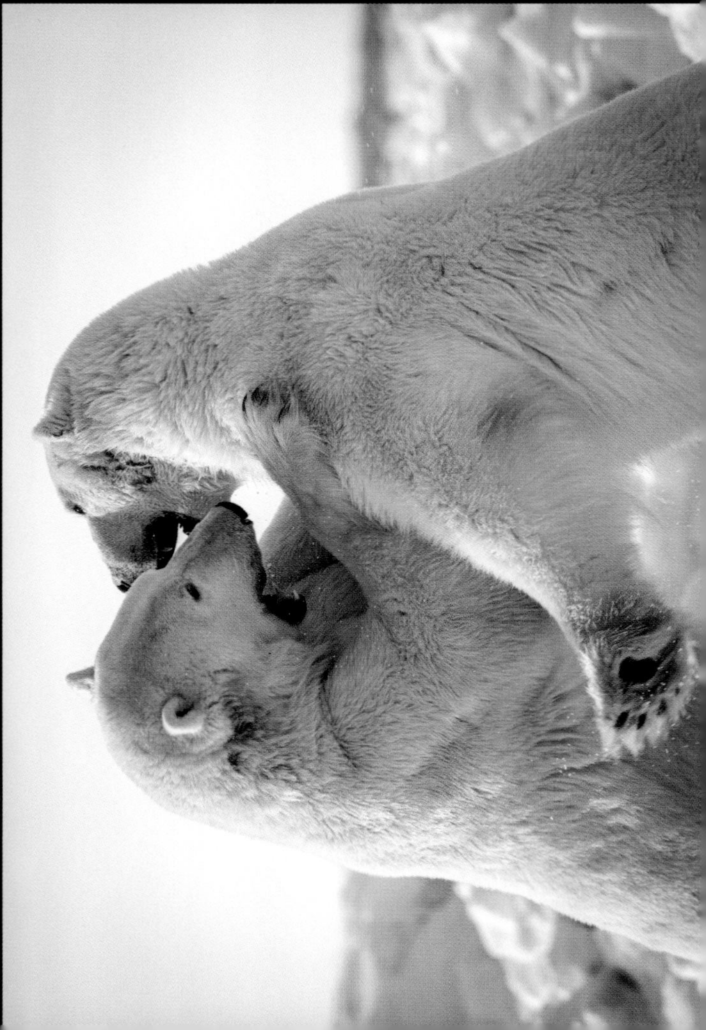

OURS BRUN
Ursus arctos

Cette espèce, dont le plus gros de la population est réparti entre la Russie, les États-Unis et le Canada, est fort loin de l'image du « petit ours brun », naïf et pêcheur. Cet ursidé est couvert d'une fourrure de couleur brune et uniforme qui peut varier en une robe plus ou moins claire. Massif, il peut atteindre plus de 3 m de haut. Sa tête ronde munie de petites oreilles est surplombée d'une bosse qui marque sa nuque. C'est un animal plantigrade, ce qui veut dire que, ses pattes étant munies de cinq doigts et d'un talon, ses empreintes ressemblent à celles de l'homme. Il se tient debout essentiellement en raison d'une vue médiocre, compensée toutefois par un flair exceptionnel, de 10 fois supérieur à celui d'un limier. Omnivore à tendance végétarienne, il a une alimentation composée à 80% d'aliments d'origine végétale, quand la part carnée se situe aux alentours de 10%. C'est un animal qui n'est actif qu'une partie de l'année. De la fin de l'automne à l'aube du printemps, il trouve refuge dans sa tanière, où il hiberne pendant l'intégralité de la saison froide. Il dort d'un sommeil léger, et fonctionne pendant plusieurs semaines avec un métabolisme au ralenti. Il a été chassé depuis la préhistoire ; on a très tôt dégusté sa viande et utilisé sa fourrure pour se couvrir. L'importance de l'animal lui a donné une place de choix dans les diverses mythologies et légendes des peuples qui l'ont rencontré.

Aujourd'hui, la population totale des ours bruns est estimée à environ 200 000 dans le monde. Les plus grandes aires de peuplement sont la Russie (120 000 individus), les États-Unis (32 500), et le Canada (21 750). On trouve des foyers de peuplement d'ours bruns d'Europe entre l'Espagne et la Russie, mais ils sont peu nombreux et disséminés, liés à des programmes de conservation. Répartis en 10 populations, on dénombre 14 000 individus à l'heure actuelle. À titre d'exemple, en France, l'ours brun « des Pyrénées » comptait une population réduite à 5 individus en 1995. Elle se situe aujourd'hui autour d'une quarantaine d'individus craintifs qui doivent leur préservation à des campagnes de réintroduction et de protection contre la chasse, interdite depuis 1972. L'ours brun d'Europe est menacé par le braconnage, et par sa réputation depuis longtemps inscrite dans les esprits, d'animal nuisible qui menace les troupeaux. La réduction de son habitat au profit des infrastructures routières ou de loisirs (stations de sports d'hiver, par exemple) menace la tranquillité, nécessaire à cet animal peu enclin à la communication avec les humains. C'est qu'il a des raisons de se méfier : la tradition des « montreurs d'ours » en Ariège est un parfait exemple du traitement réservé à l'ours par l'homme. Afin d'en capturer certains pour les montrer au public ou pour en faire des animaux de cirque, les montreurs étaient souvent obligés d'en chasser, voire d'en tuer plusieurs. La réputation de l'ours menaçant pour les troupeaux semble alors bien mal venue, comparée au type de prédation dont ils ont été, et continuent, d'être les victimes sans défense, à des fins de divertissement. Préoccupation mineure.

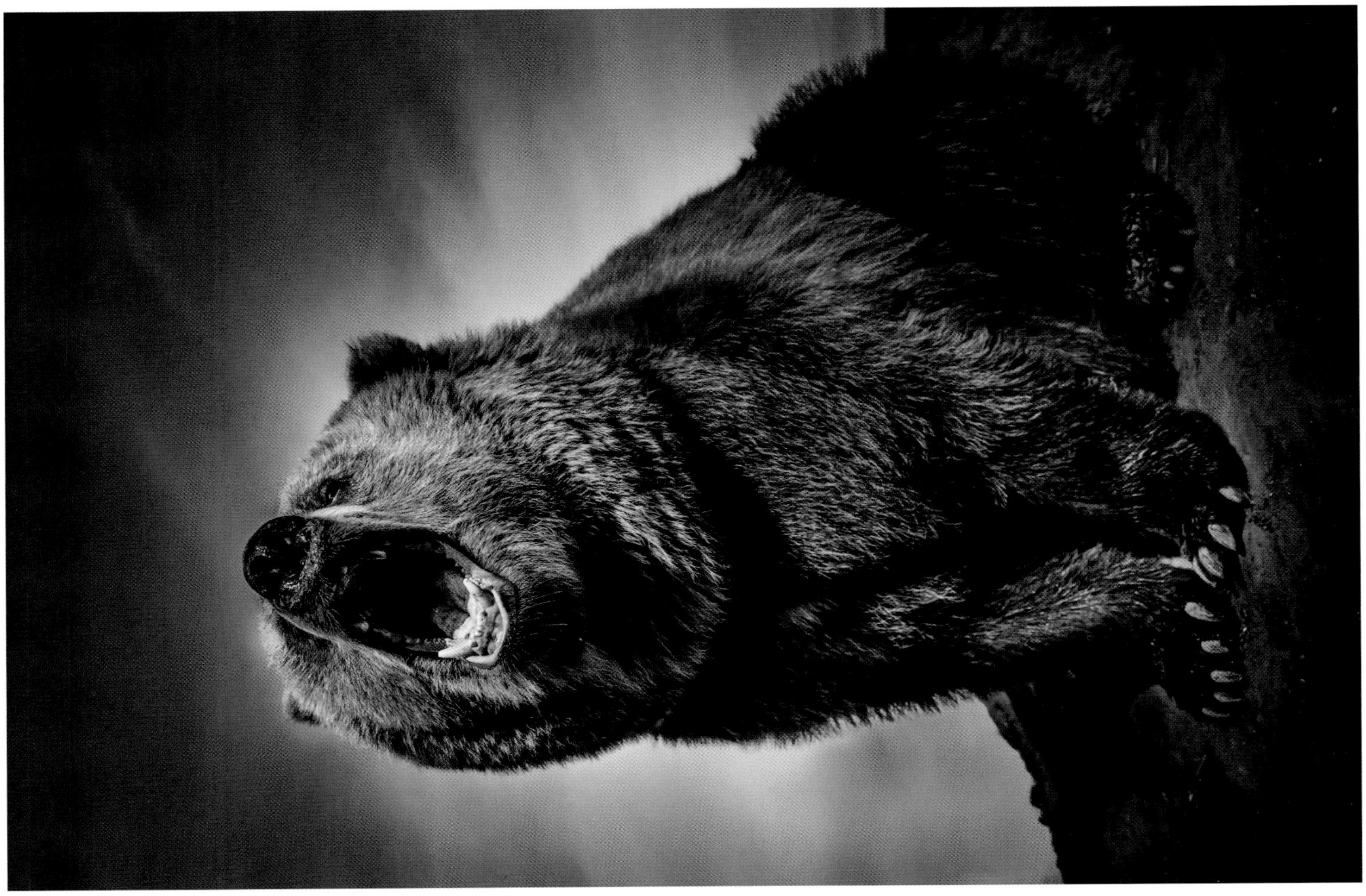

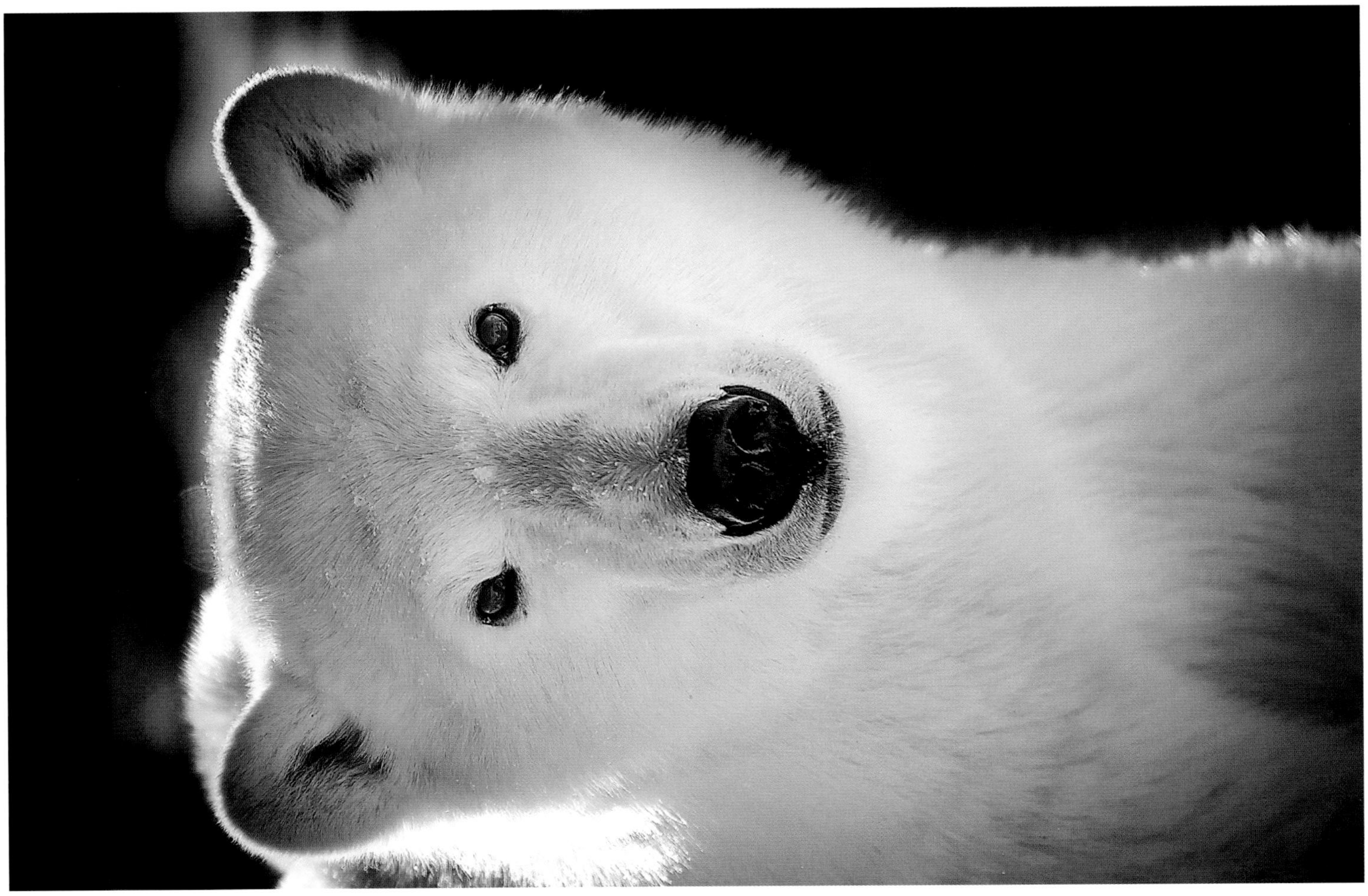

72

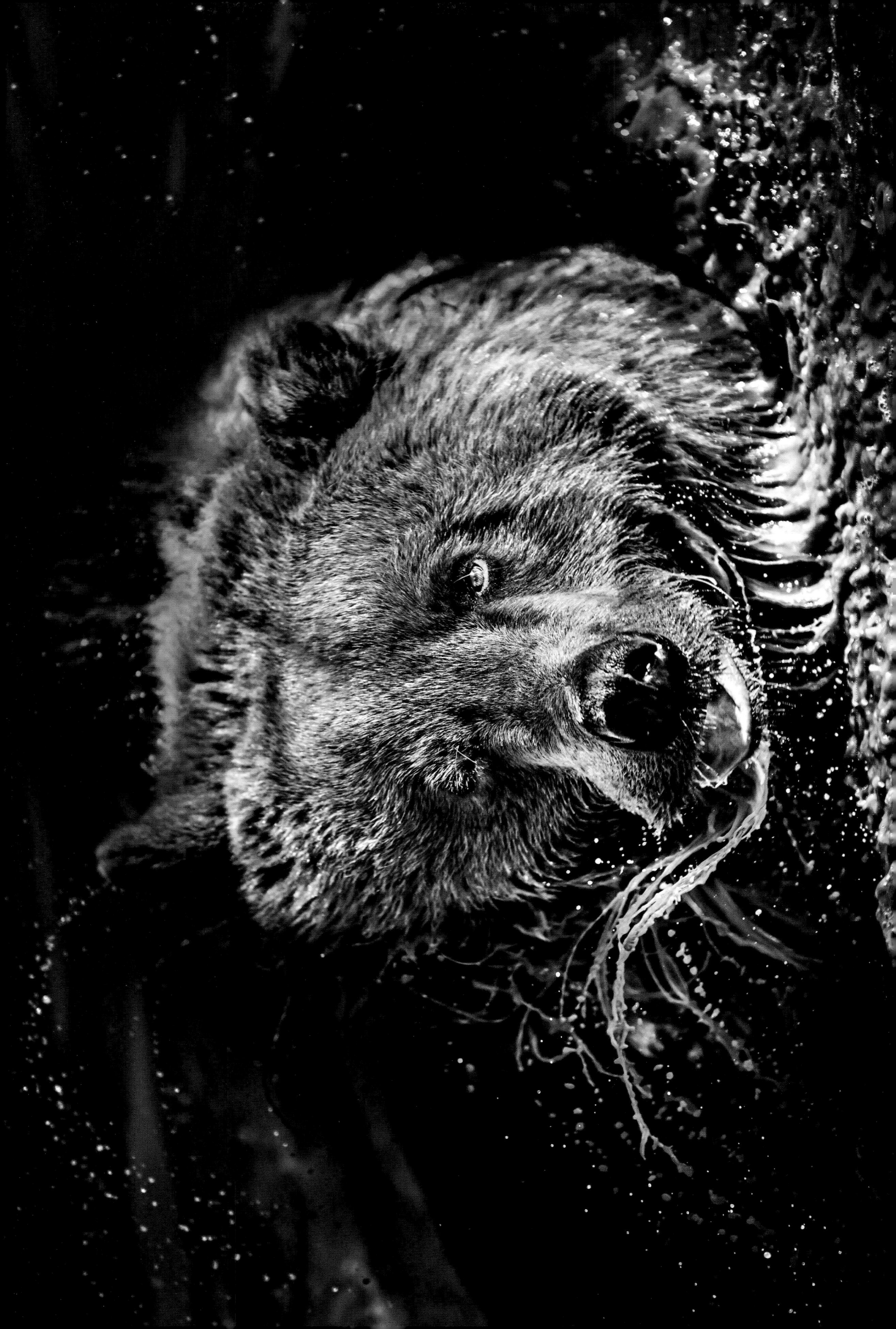

« Ce n'est pas moi qui fais la photo. C'est l'animal qui décide d'accepter ou non le court échange et m'autorise à lui prêter mes yeux. »

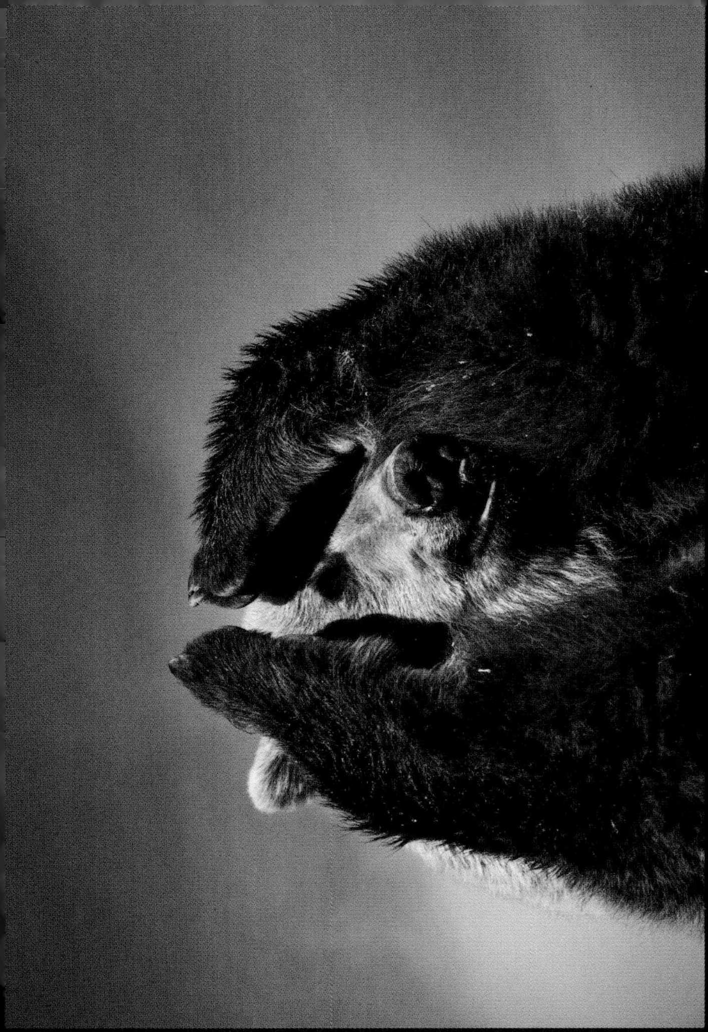

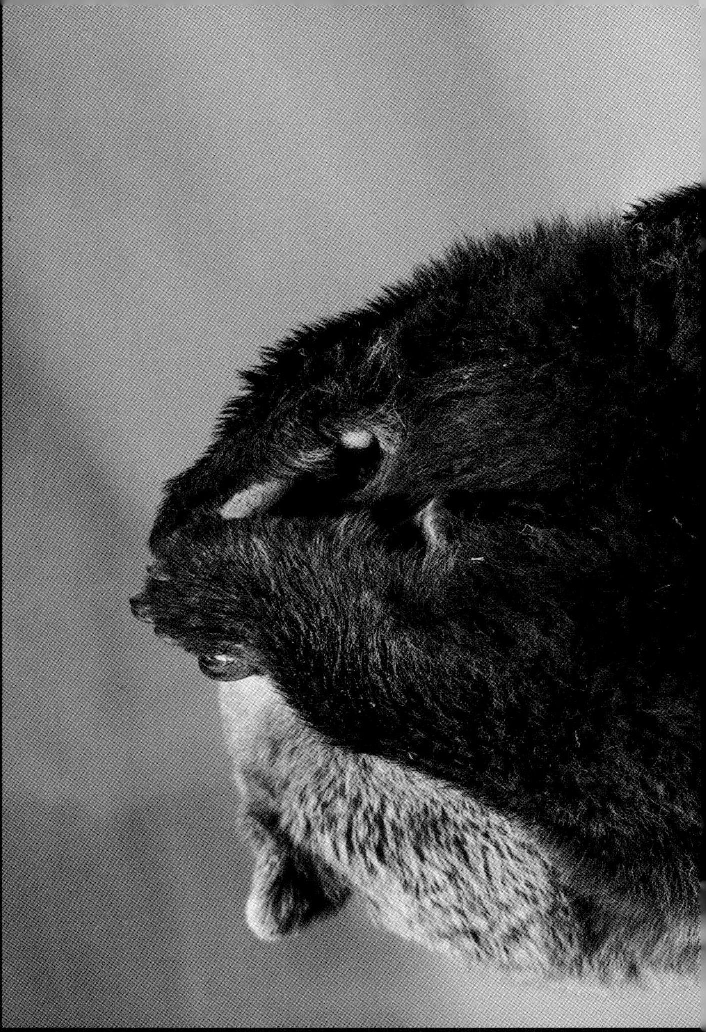

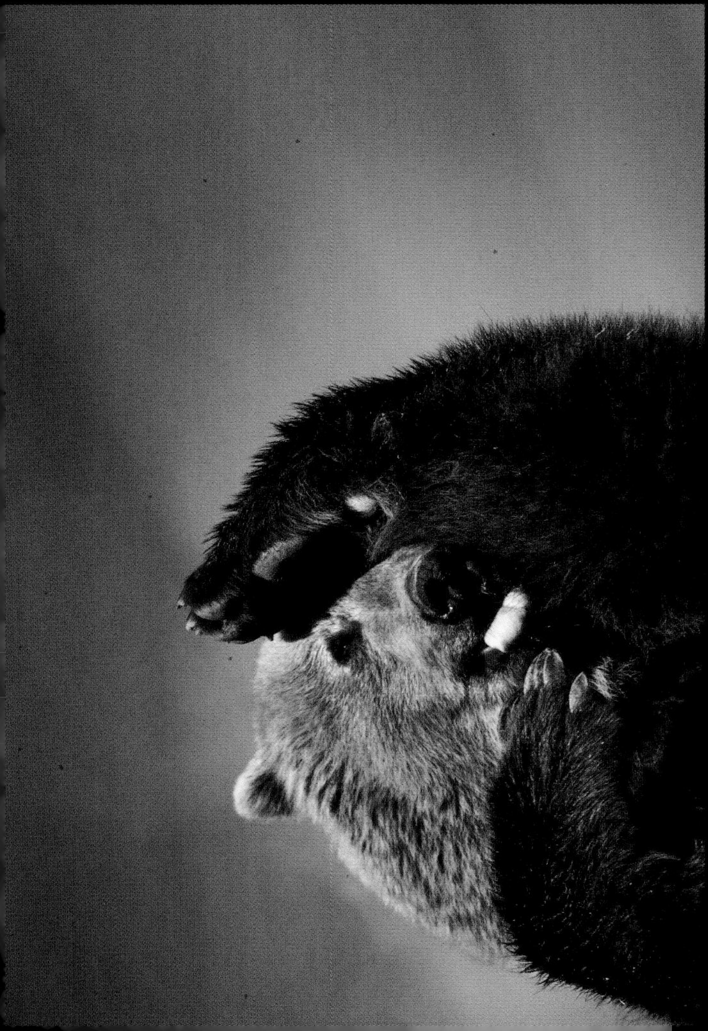

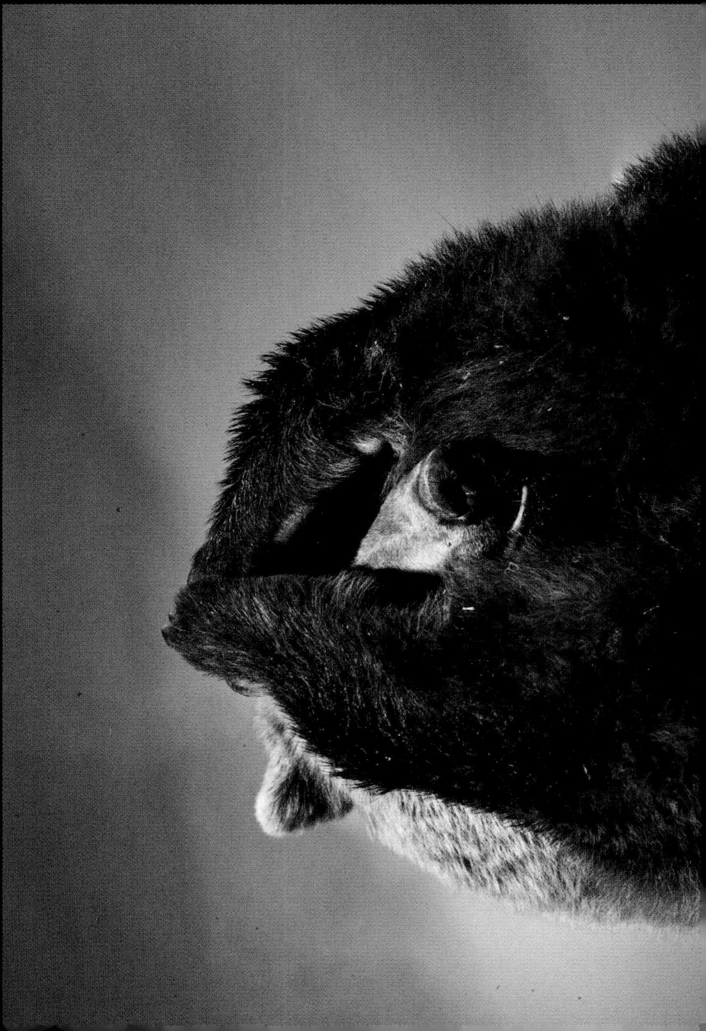

CROCODILE DU NIL
Crocodylus niloticus

Dieu majeur du fleuve Nil dans la mythologie égyptienne, ce crocodile serait né d'une mèche de cheveux de Ré, dieu de la Terre, plongée dans les eaux du fleuve. Comme il était un emblème de fertilité, les archéologues ont pu mettre au jour des momies de crocodiles du Nil.

Contemporain des dinosaures selon certaines études, le crocodile du Nil est le plus grand crocodile du monde. D'une longueur moyenne de 4 m, il peut atteindre parfois 7 m pour les plus beaux spécimens. La force de préemption de sa mâchoire est de 2,2 tonnes, ce qui lui permet de s'attaquer à d'autres animaux de belle taille, comme l'éléphant. Sa technique de chasse est immuable : il reste immobile, le corps sous l'eau et la tête aux aguets. Puis il se saisit de sa proie et l'entraîne dans les profondeurs du fleuve pour la noyer. Il s'aventure également sur la terre ferme et, malgré ses courtes pattes, sa vitesse peut atteindre 17 km/h. Dans l'eau, il se déplace grâce à la puissance de sa grande queue.

Le crocodile du Nil possède un très bon odorat et jouit d'une excellente vision nocturne. Il possède au niveau du palais un repli dit « gulaire » qui isole totalement la bouche du pharynx, lui permettant de rester sous l'eau la gueule ouverte sans se noyer. Ce grand saurien peut demeurer immobile pendant plus d'une heure, les yeux affleurant, et prend l'aspect d'un tronc flottant. Quand il est en apnée, les battements de son cœur descendent à 2 ou 3 pulsations par minute. Le crocodile porte des organes sensoriels tégumentaires, ou récepteurs de pression, en forme de dôme sur tout le corps. Ces organes contiennent des canaux sensoriels mécano-thermo-chimio-récepteurs. Ainsi, il peut détecter les ondes de pression émises à la surface de l'eau, même dans l'obscurité. Ses écailles sont donc à la fois un blindage et des détecteurs hypersensibles. Il évalue la salinité de l'eau grâce à une glande se trouvant sur sa langue.

D'une manière générale, le crocodile du Nil est herbivore et se nourrit d'algues et de plantes aquatiques. Mais il arrive qu'il se transforme en omnivore et même en charognard, selon son environnement et ses besoins. Il se nourrit alors d'antilopes, de buffles, de jeunes hippopotames, de poissons, de reptiles. Capable de jeûner pendant de longues périodes, il ne fait pas plus d'une cinquantaine de repas par an. Les dents du crocodile du Nil ont toutes la même forme conique et sont logées dans des alvéoles. Chaque cavité comporte une dent de remplacement. Celle-ci se renouvelle tous les 2 ans en moyenne. La mâchoire supérieure porte 28 à 32 dents : s'il en casse une, elle peut repousser jusqu'à 50 fois, et la quatrième dent de la mâchoire inférieure est visible quand sa bouche est fermée. Ses puissantes mâchoires ne permettent pas des mouvements latéraux, aussi, l'animal ingère ses proies entières. Même s'il en contrôle parfaitement la pression, les extrémités de ses mâchoires ne déploient pas beaucoup de force, qu'il concentre plus en arrière. Organisé en groupe, le reptile peut vivre de 50 à 70 ans. On estime que le crocodile est responsable de la mort de 450 personnes par an au moins, ce chiffre augmentant chaque année du fait du rétrécissement de son territoire. Il est présent dans la plupart des régions d'Afrique hormis l'Afrique du Nord.

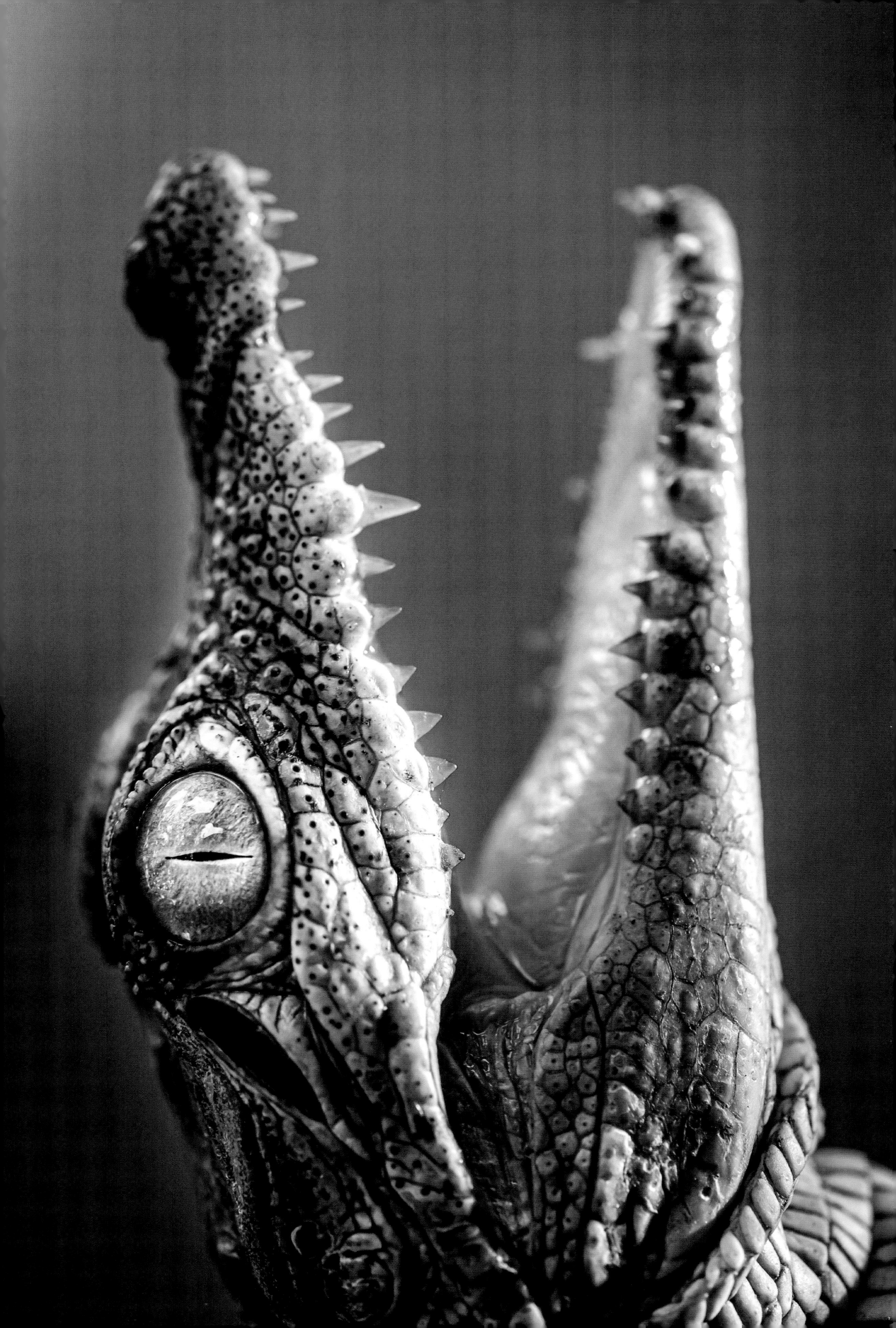

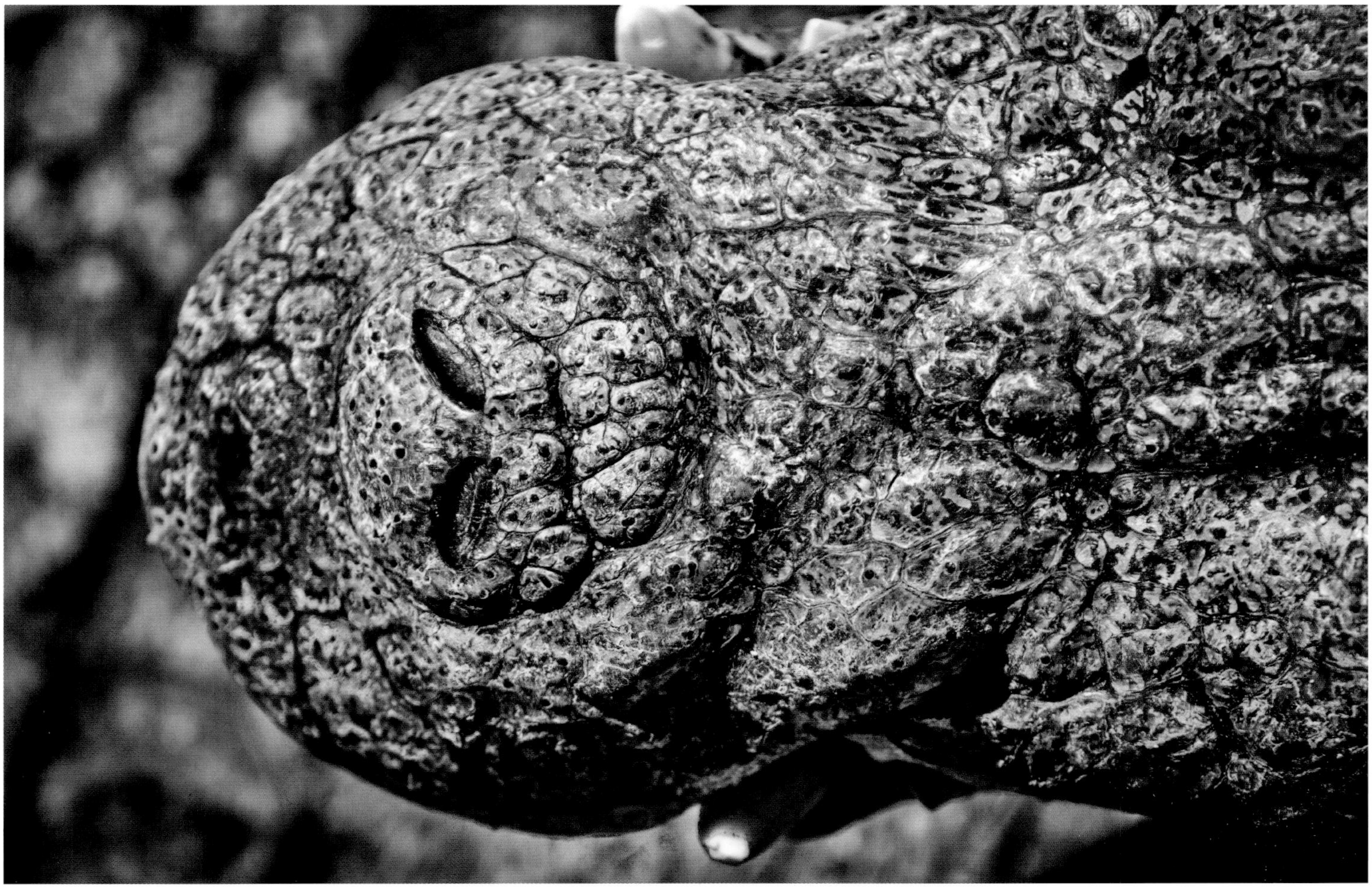

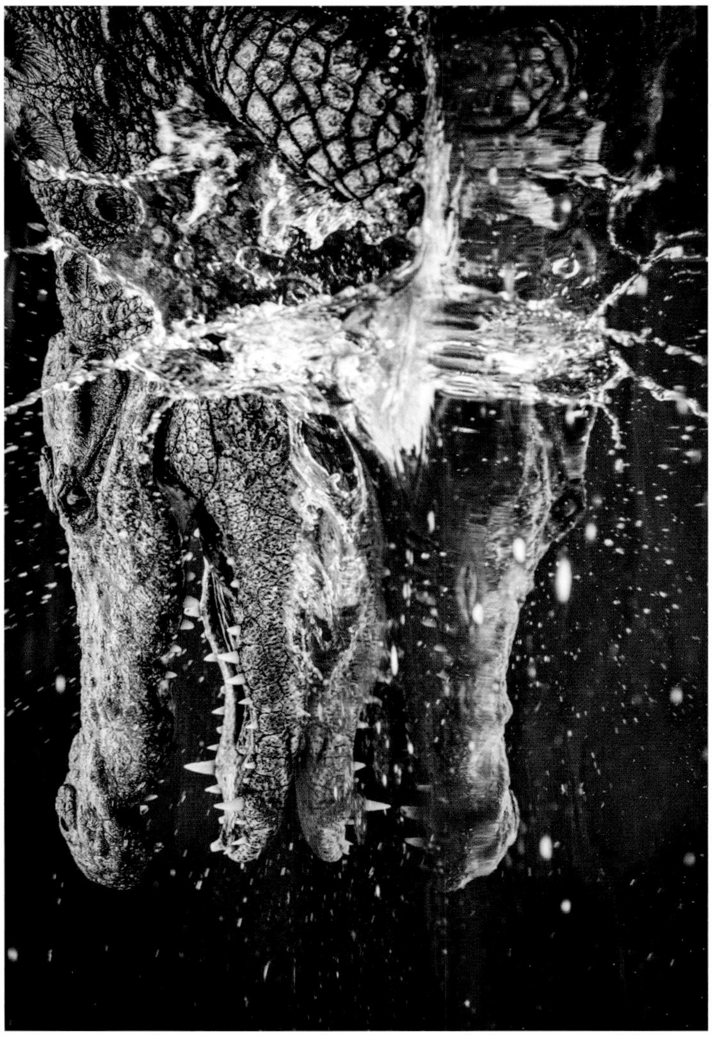

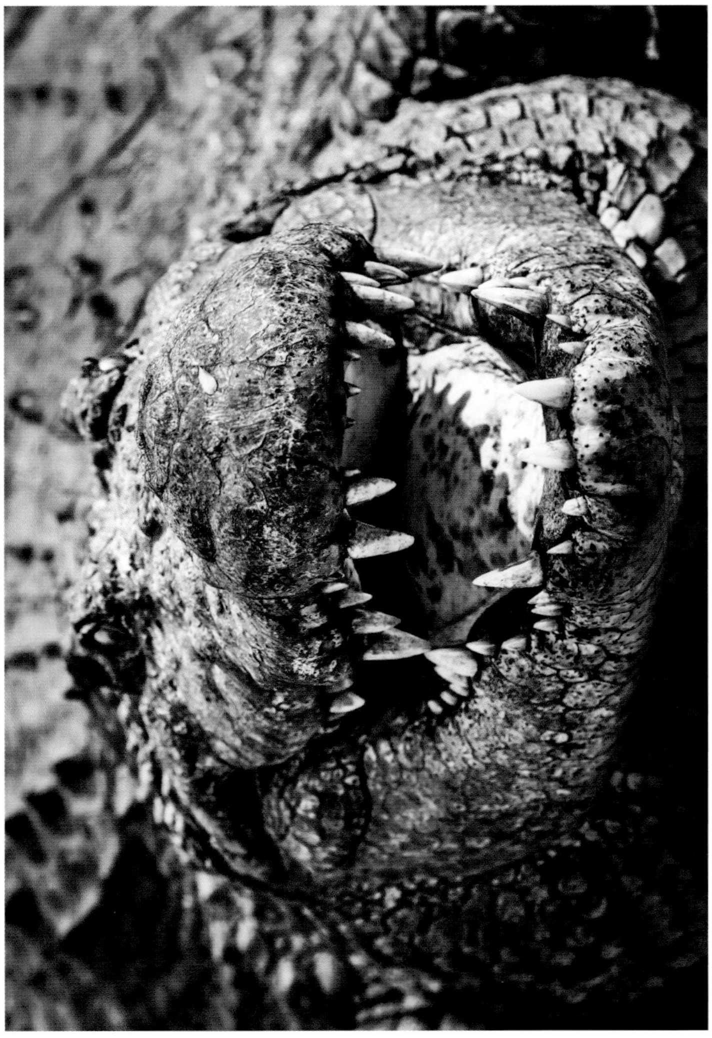

GAVIAL DU GANGE
Gavialis gangeticus

Ce saurien asiatique, qui porte également le nom de « gharial », tient son patronyme de l'appendice que le mâle possède au bout du museau et qui rappelle un pot façonné par les Indiens nommé *ghara*. Cette excroissance lui permettrait, lors de parades nuptiales, de produire des sons et des bulles dans l'eau, très appréciés des femelles. Vieux de quelque 8 millions d'années et associé à la divinité Vishnu, le gavial du Gange ne hante guère plus le fleuve sacré de l'Inde du Nord. L'espèce, dont le caractéristique museau long et étroit pointait dans la majorité des cours d'eau des pays frontaliers – Bangladesh, Pakistan, Bhoutan, Myanmar – n'est présente qu'au Népal et dans certaines zones aquatiques de l'Inde septentrionale, principalement dans la rivière Chambal. Pourchassé pour la qualité de sa peau et victime de la modification de son habitat, il figure depuis 2007 dans la liste rouge de l'IUCN. En 2006, sa population était estimée à 600 individus, aujourd'hui elle en compte peut-être 2 000 mais peine à se reproduire. Espèce en danger critique d'extinction.

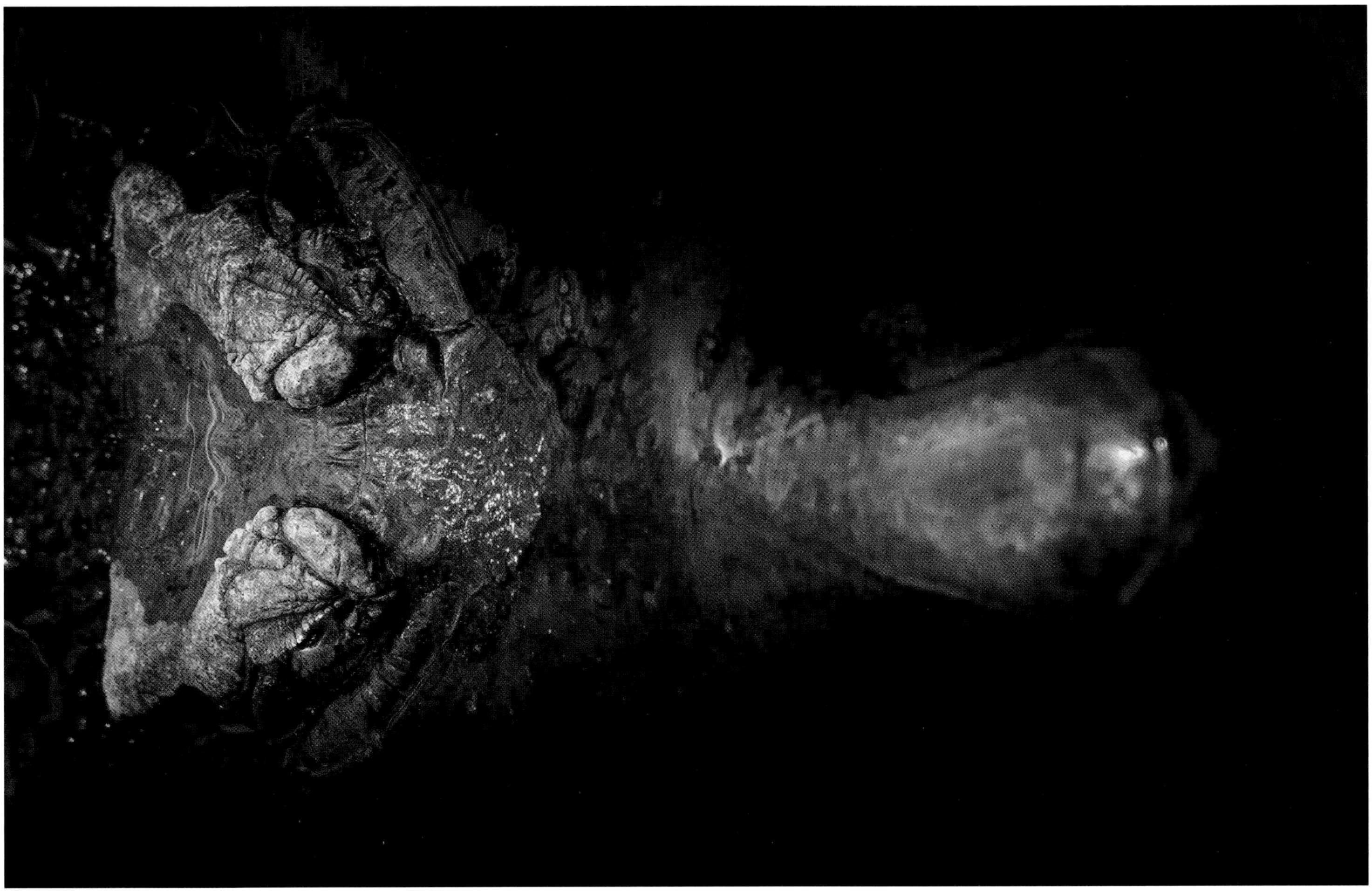

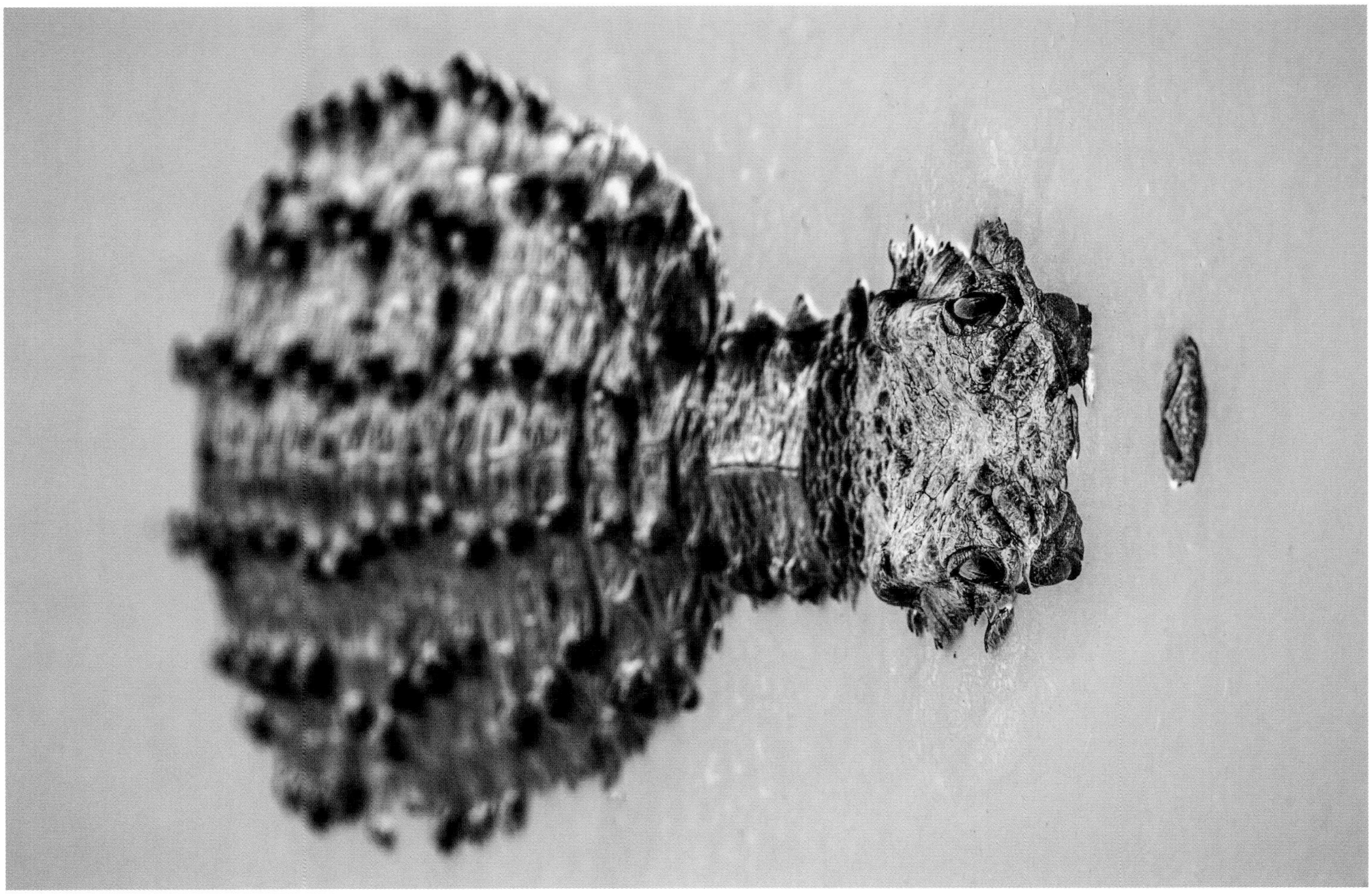

LÉOPARD
Panthera pardus

Le léopard, que l'on appelle parfois panthère, est un mammifère carnivore de la famille des félins, réputé pour l'acuité de ses sens et sa discrétion, qui font de lui un chasseur redoutable. On trouve le léopard en Afrique, en Asie ainsi qu'au Moyen-Orient, dans les savanes, les montagnes, les déserts et les forêts. Si elle affectionne les régions boisées, l'espèce, très adaptable, peut s'épanouir dans des habitats tant semi désertiques qu'au milieu des neiges éternelles. Pourchassé pour sa fourrure jaune et couverte de taches en rosettes noires, l'espèce est classée comme vulnérable.

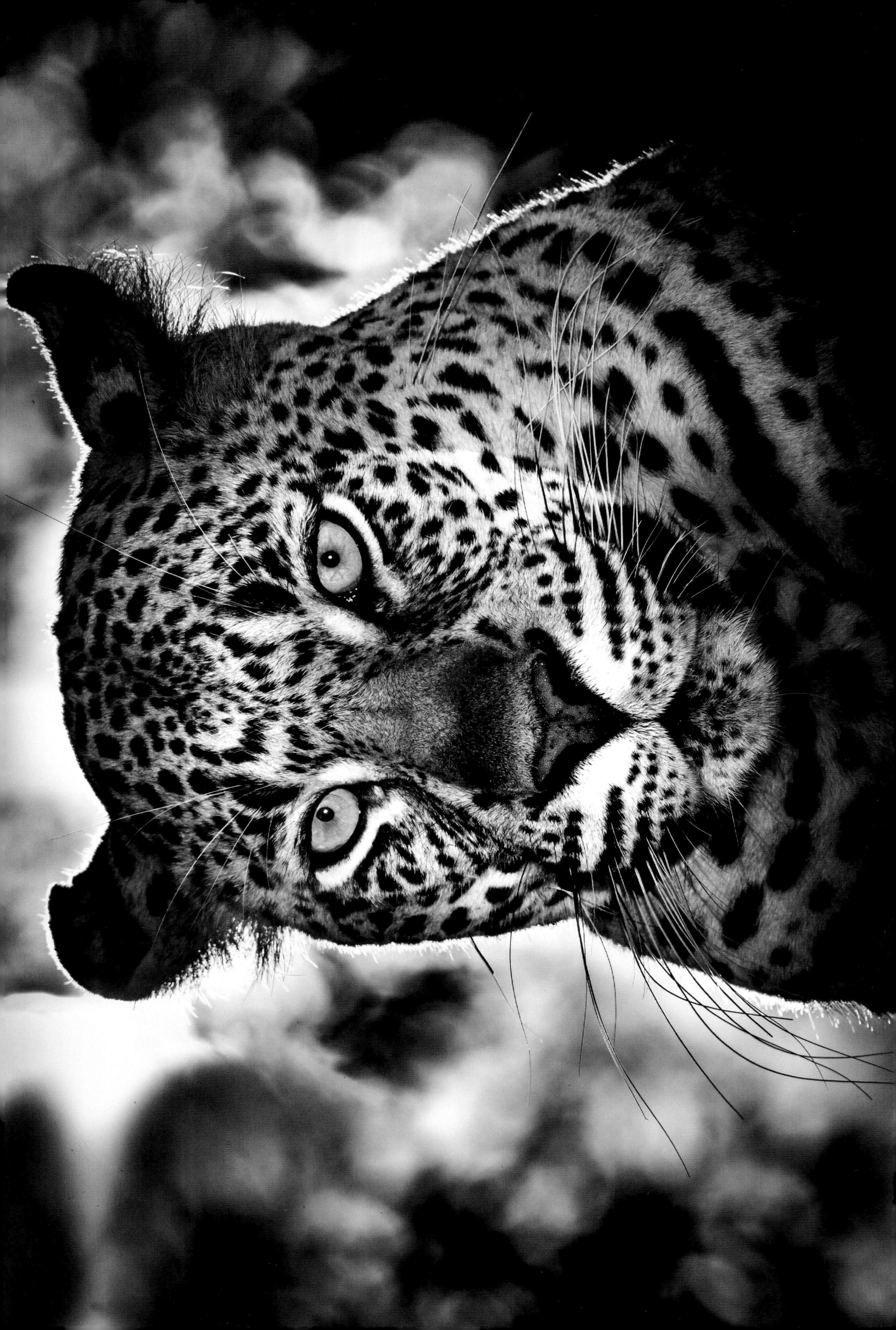

84

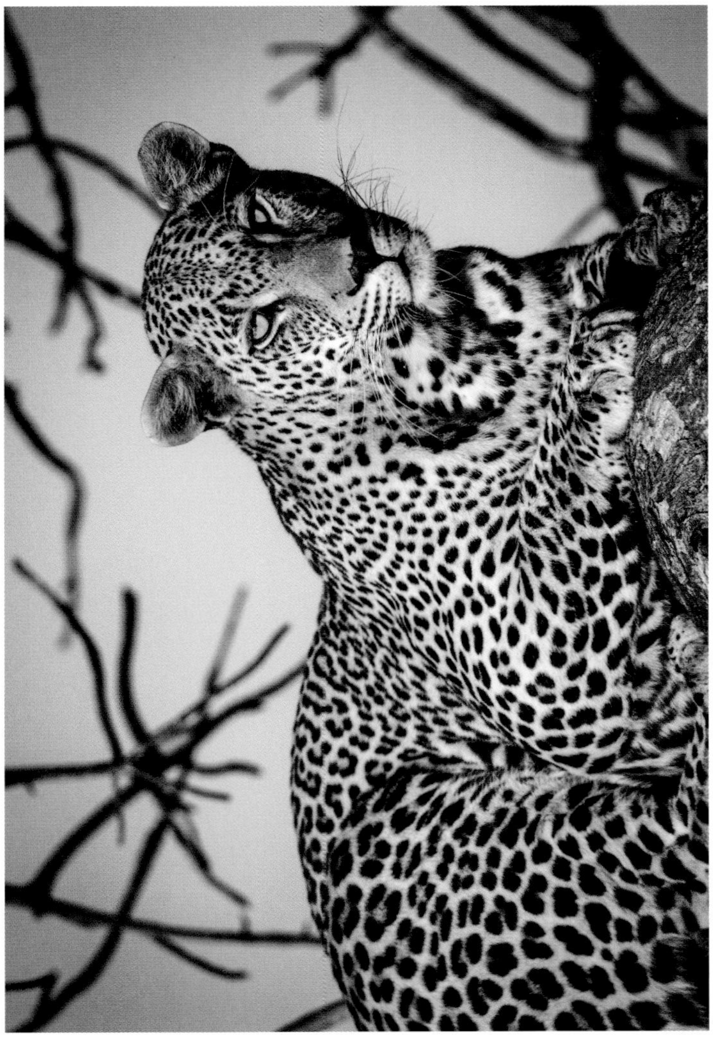

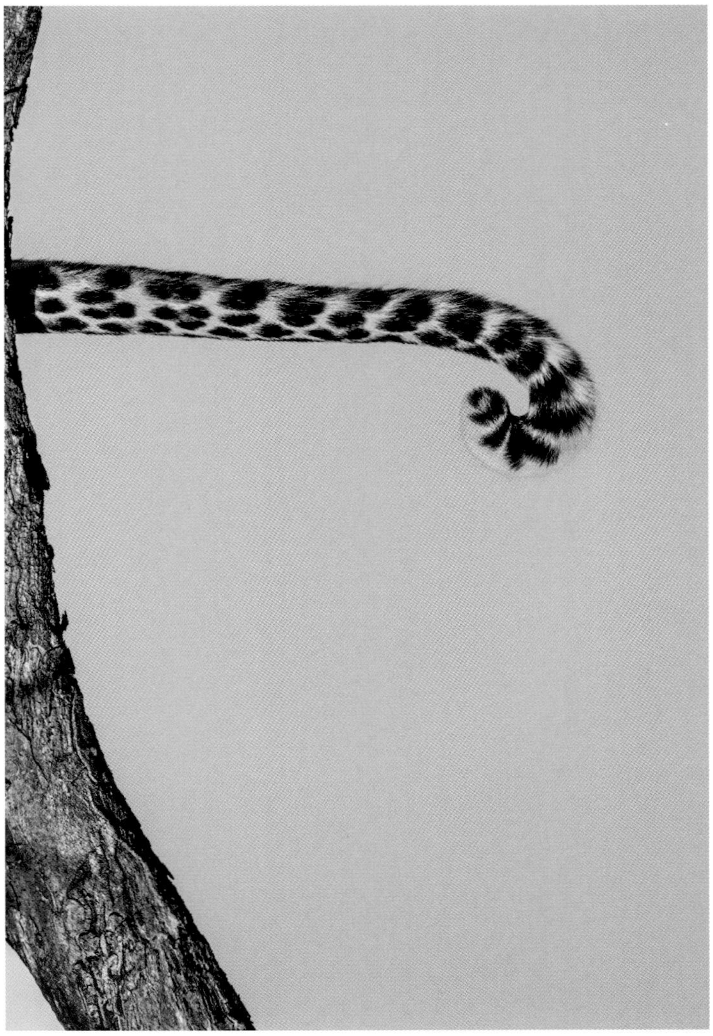

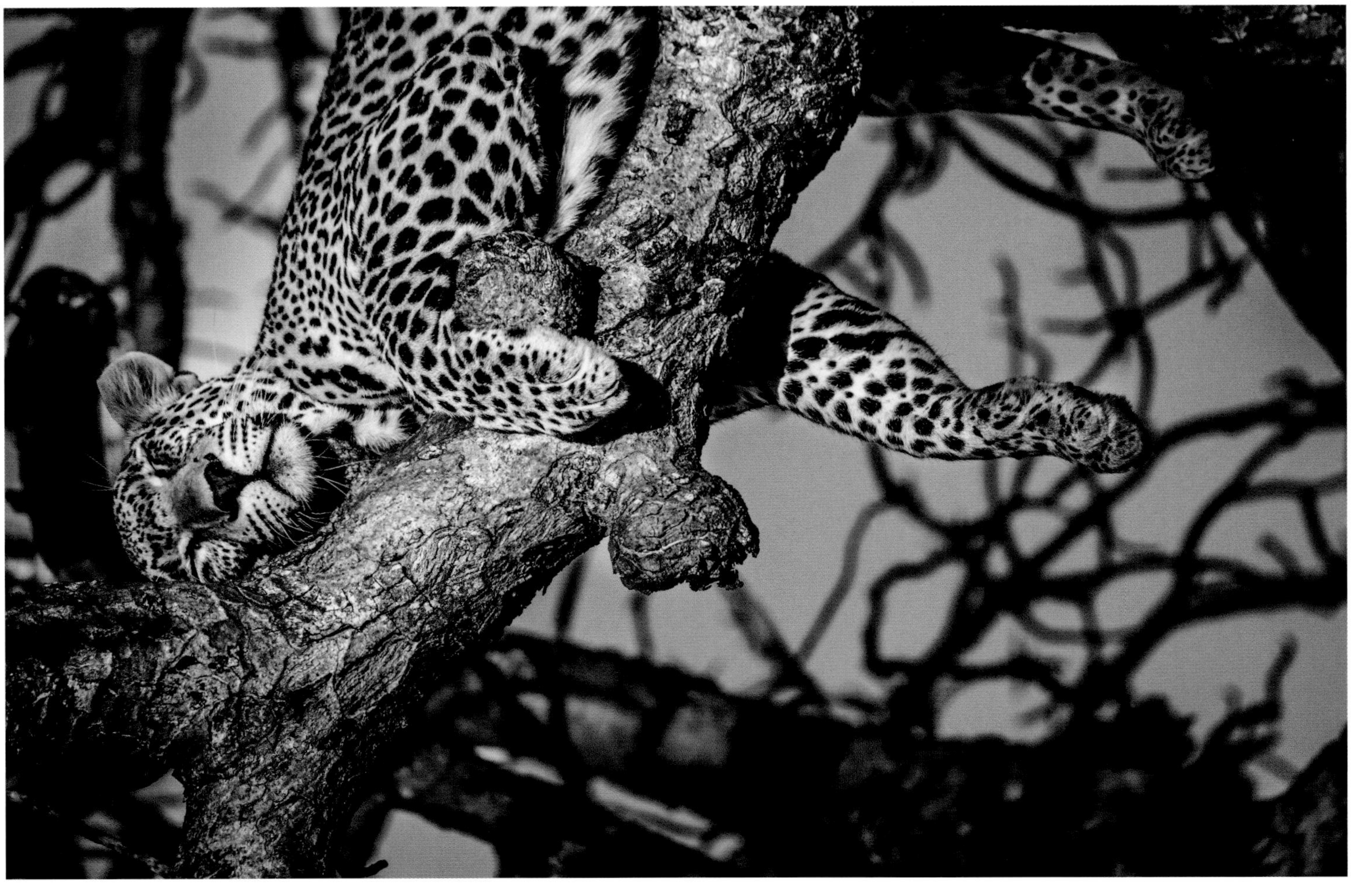

« Une prise de conscience visuelle de la richesse qui risque de nous échapper pour toujours. »

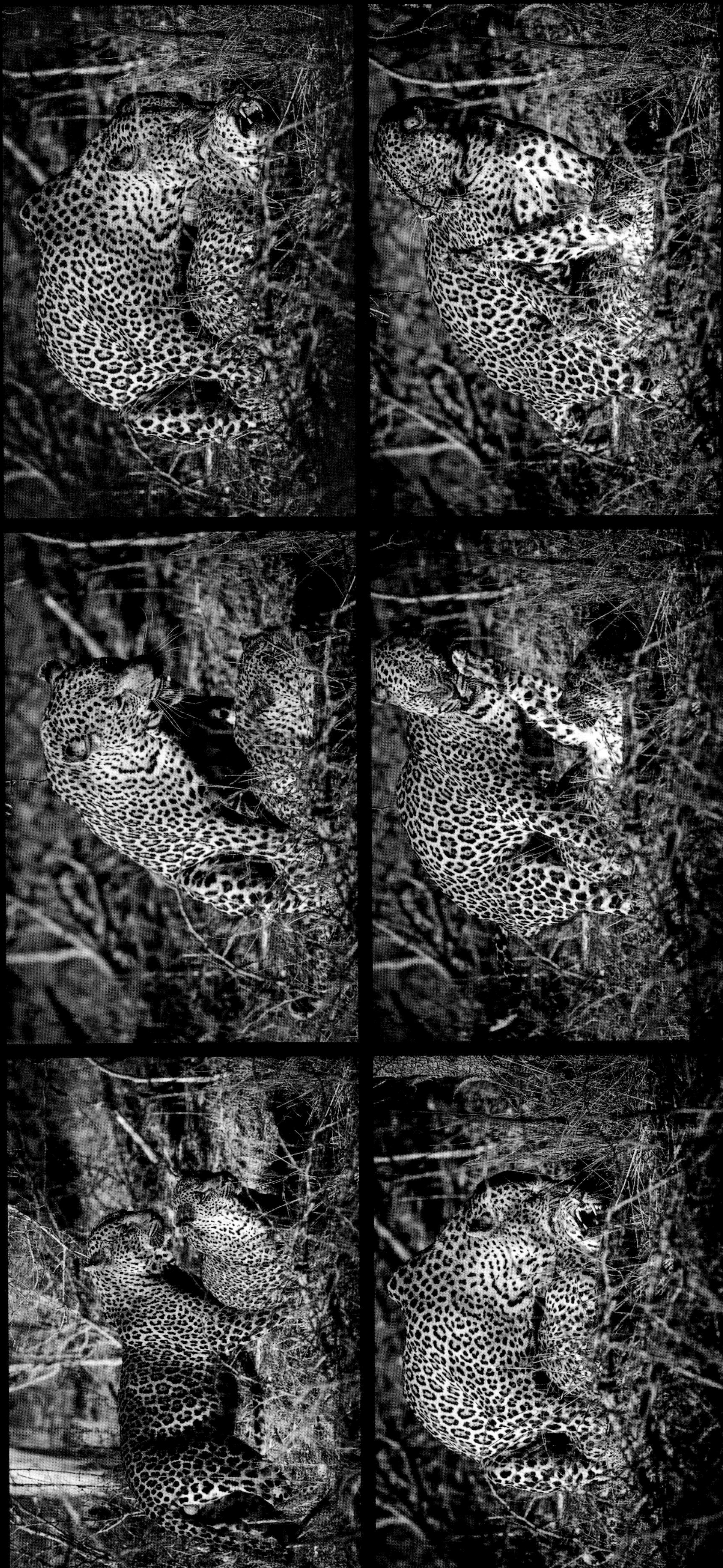

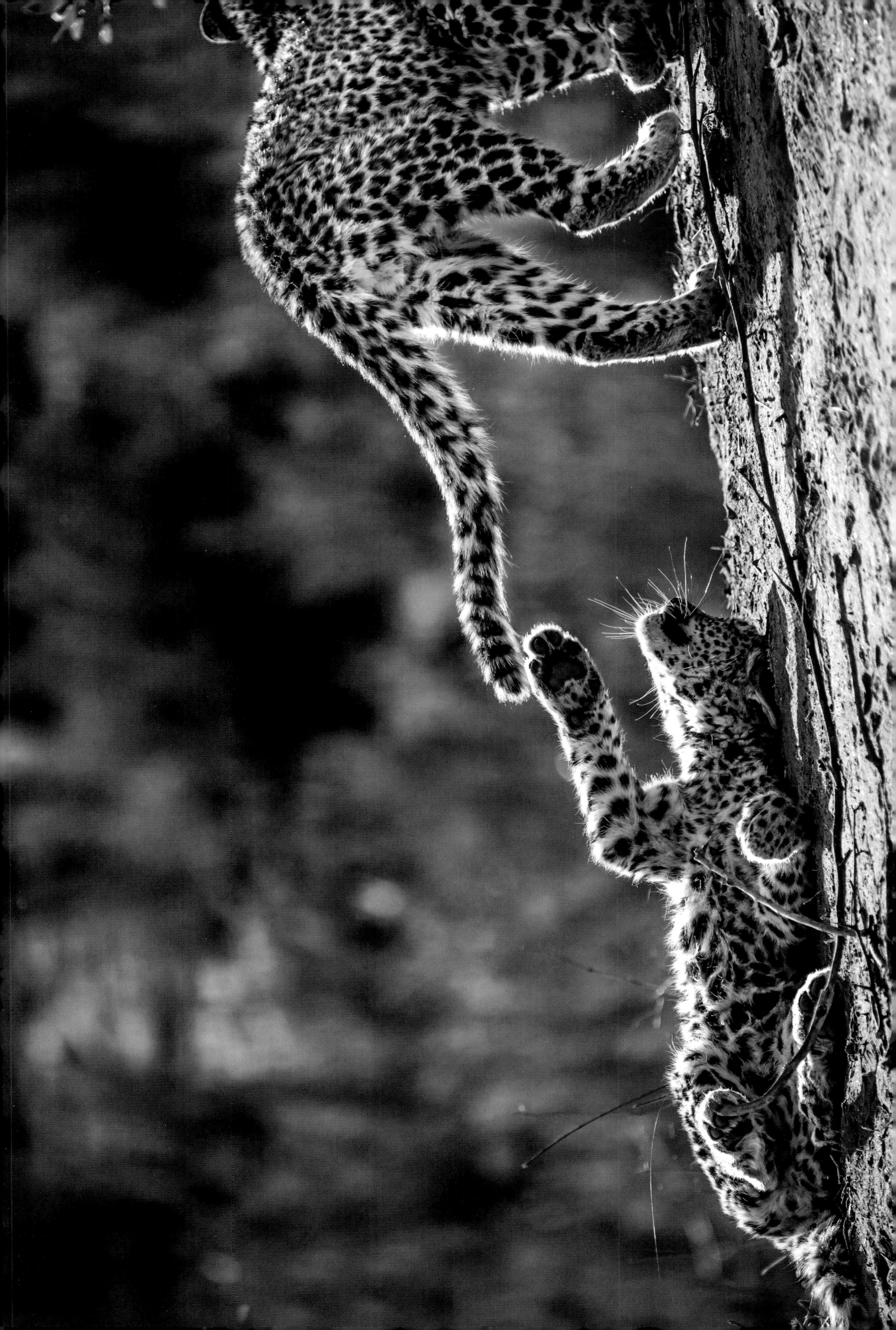

LYCAON
Lycaon pictus

Aussi appelé « loup peint » ou « chien sauvage africain », en raison des couleurs de son pelage, différentes selon chaque individu, le lycaon est une espèce endémique de l'Afrique subsaharienne que l'on trouve du Tchad jusqu'à l'Afrique du Sud. Ce canidé pèse entre 20 et 30 kg pour une taille de 70 à 80 cm au garrot. Ce chasseur polyvalent évolue en meute, et possède le meilleur taux de réussite de la savane (85% de ses attaques sont couronnées de succès) grâce notamment à son endurance et sa capacité à traquer une proie jusqu'à l'épuisement. La chaleur joue alors à l'avantage du chasseur, lorsque sa victime est obligée de s'arrêter de fuir pour éviter la surchauffe. Sa population est aujourd'hui estimée à 5 000 individus, et l'espèce est classée en danger par l'UICN en raison de la dégradation de son habitat et de la multiplication des contacts avec l'homme. Le regard et la gueule étrange, presque inquiétante de cet animal, sont ceux des derniers survivants : on estime en effet qu'un demi-million de lycaons peuplaient le continent africain au début du XXe siècle.

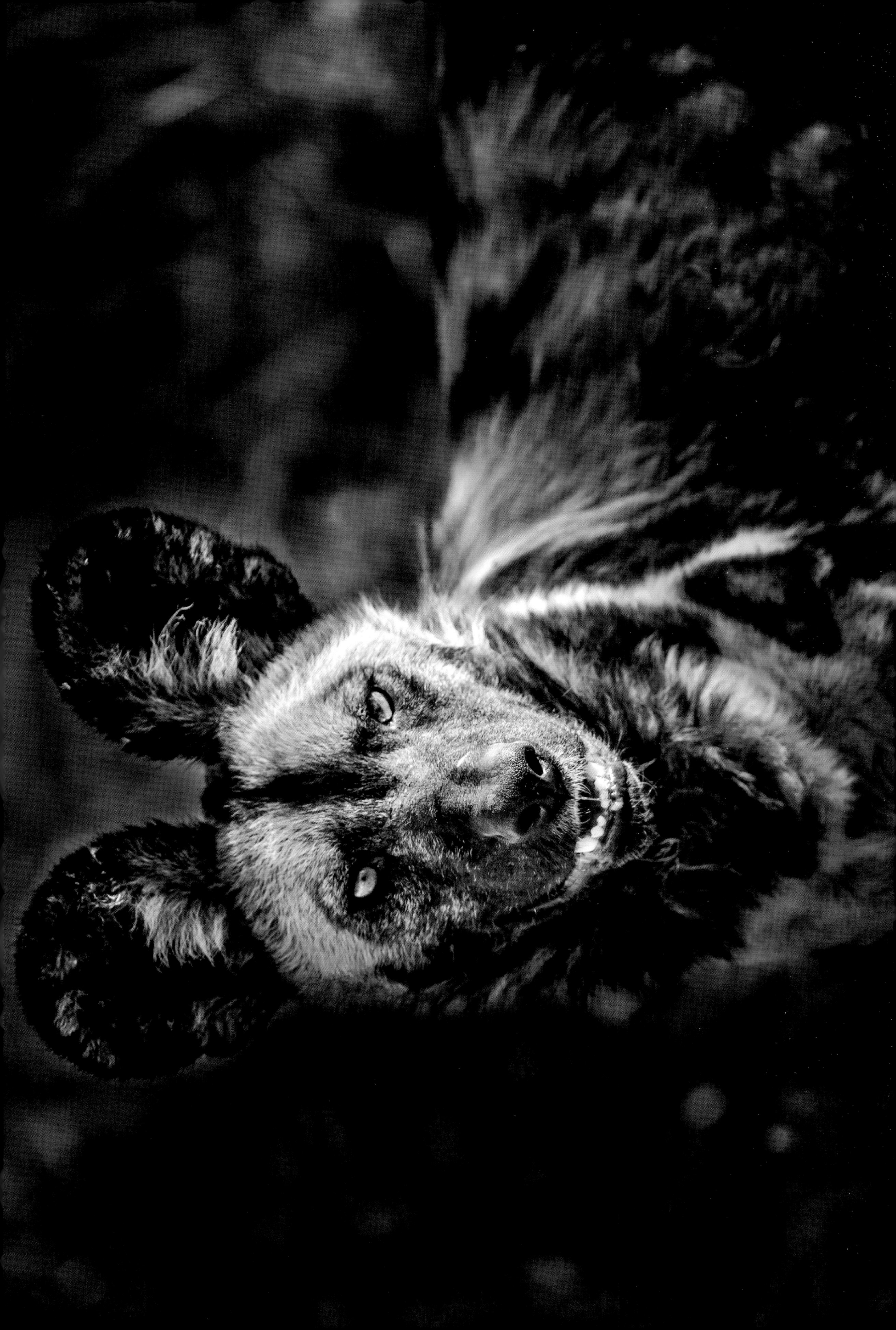

GUÉPARD
Acinonyx jubatus

Avec son corps élancé et ses pattes fines, le guépard possède un corps particulièrement adapté à la course et peut atteindre facilement une vitesse supérieure à 90 km/h en seulement 3 secondes, ce qui fait de lui le mammifère quadrupède le plus rapide du monde. D'une longueur de 1,70 m à 2,30 m queue comprise, ce grand félin longiligne et haut sur pattes possède un pelage ras couleur fauve, parsemé de taches noires. Excellent chasseur, carnivore solitaire, il vit essentiellement dans les steppes et les savanes d'Afrique, même si on retrouve encore des populations résiduelles au Moyen-Orient. Il se nourrit de gnous, gazelles, voire de zèbres, qu'il guette avec patience. Rapide à l'accélération et au sprint, ce carnassier redoutable n'est pas endurant et abandonnera souvent sa course après 200 m. Le guépard est incapable de rugir mais feule, tel le chat. Espèce vulnérable.

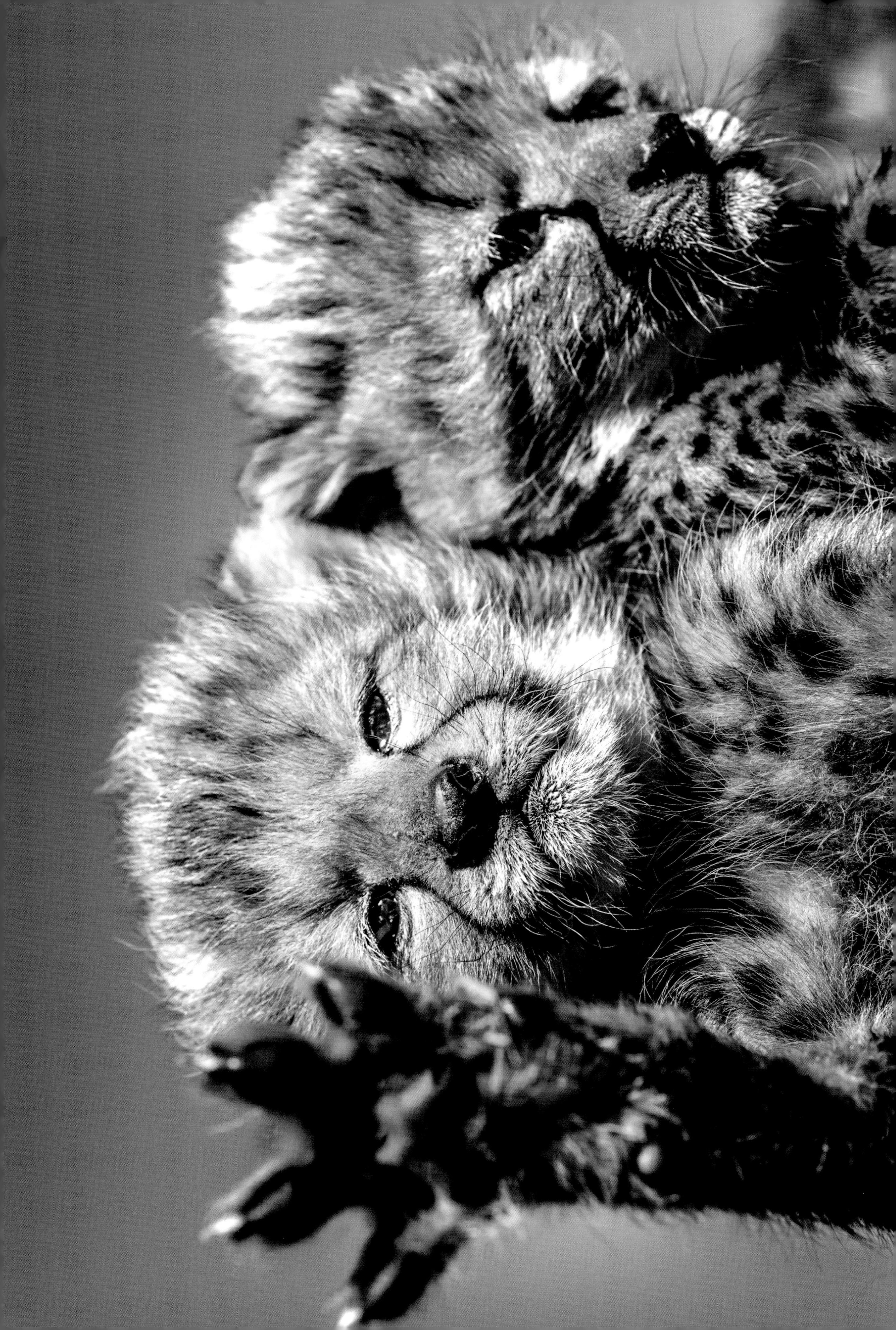

GUÉPARD ROYAL
Acinonyx jubatus f. rex

Le guépard royal est le fruit d'une mutation génétique récessive, probablement due à un pseudo-mélanisme, dont on peut observer les conséquences sur son pelage, orné de grandes taches, qui présente des lignes sur la robe le long de la colonne vertébrale. Cette robe d'une grande beauté le différencie du guépard commun d'Afrique… et le rend d'autant plus précieux pour les chasseurs. Réputé pour ses pointes de vitesse fulgurantes, le guépard est l'animal terrestre le plus rapide au monde et peut atteindre 110 km/h.

Des pattes musclées, un corps élancé, une tête fine lui confèrent un excellent aérodynamisme. Il ne rétracte pas ses griffes comme les autres félins, ce qui lui permet d'avoir une prise au sol parfaite, et peut effectuer une accélération de 0 à 100 km/h en 3 secondes.

Sa colonne vertébrale, très souple, lui permet d'avoir des foulées dont l'amplitude atteint 12 m. Sa queue aplatie fait office de gouvernail et de balancier. Il peut évaluer la position et la distance d'une proie grâce à des petits poils sous ses pattes et possède une puissance peu commune, même s'il est peu endurant. Les guépards vivent en groupe, l'esprit d'équipe étant la clé du succès pour capturer des proies quelquefois 4 fois plus grosses qu'eux. Le guépard, dans toutes ses sous-espèces, est en voie de disparition dans la nature. Son défi consiste à trouver de nouveaux territoires non occupés par des prédateurs plus forts que lui ainsi qu'à échapper aux fermiers qui le pourchassent pour les dommages qu'il cause aux troupeaux.

Ce guépard semble porter la tristesse du sombre avenir de son espèce. On ne compte en effet plus que 7 100 individus répartis sur une surface qui représente seulement 9% du territoire de leurs ancêtres. Peut-être s'est-il laissé approcher en guise d'invitation à transmettre un message à ses plus dangereux prédateurs : nous, l'espèce humaine. Espèce vulnérable.

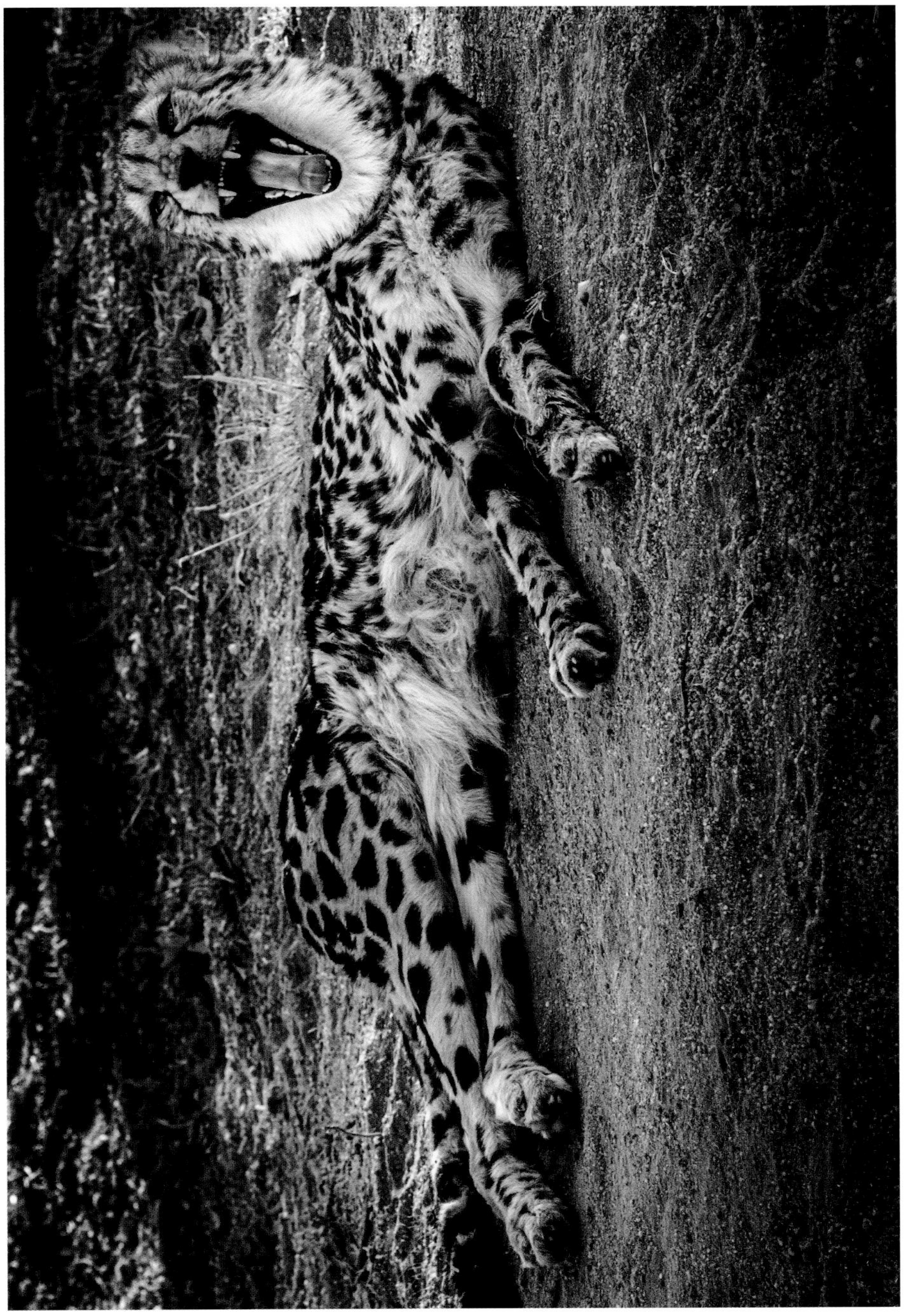

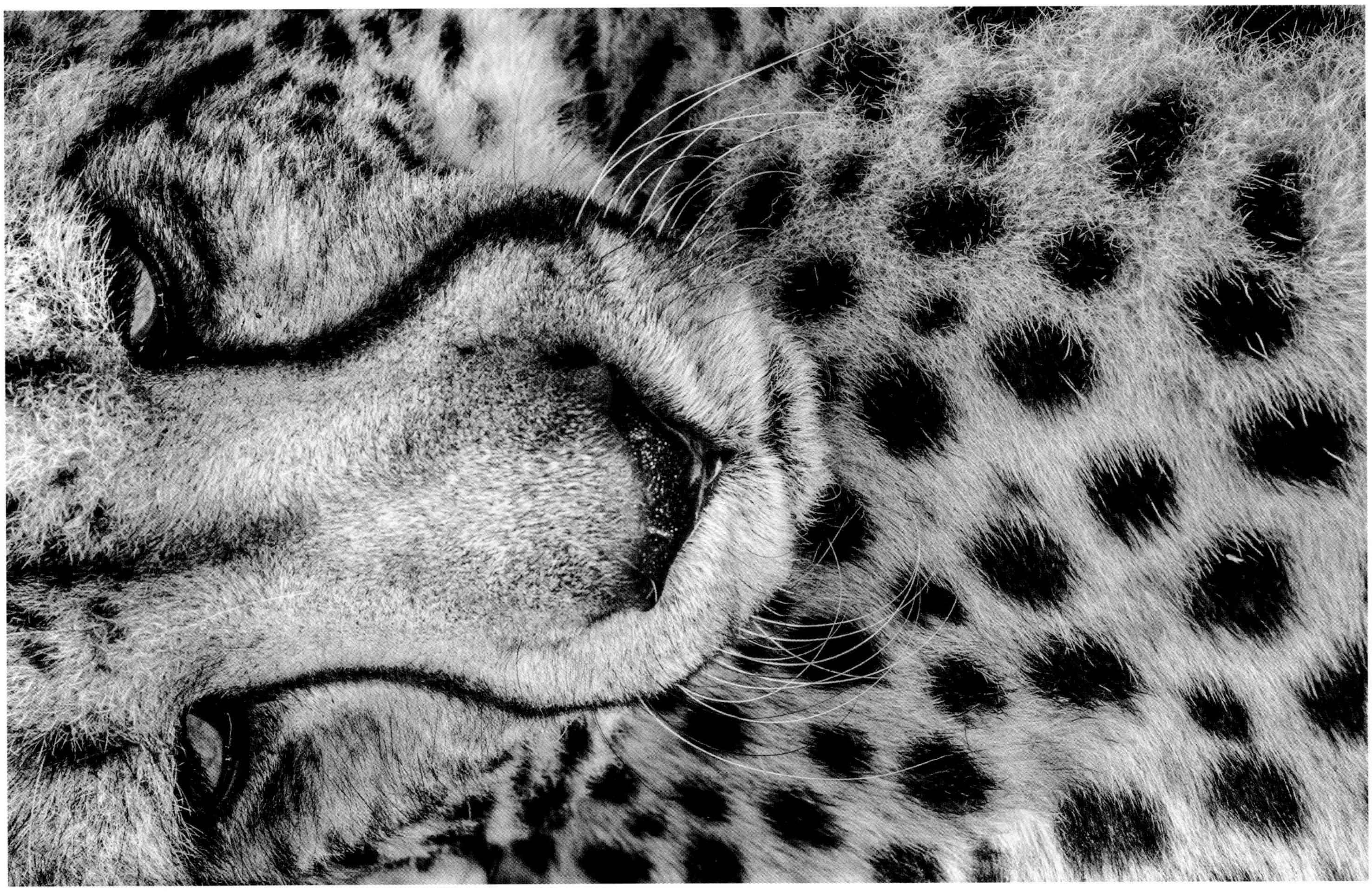

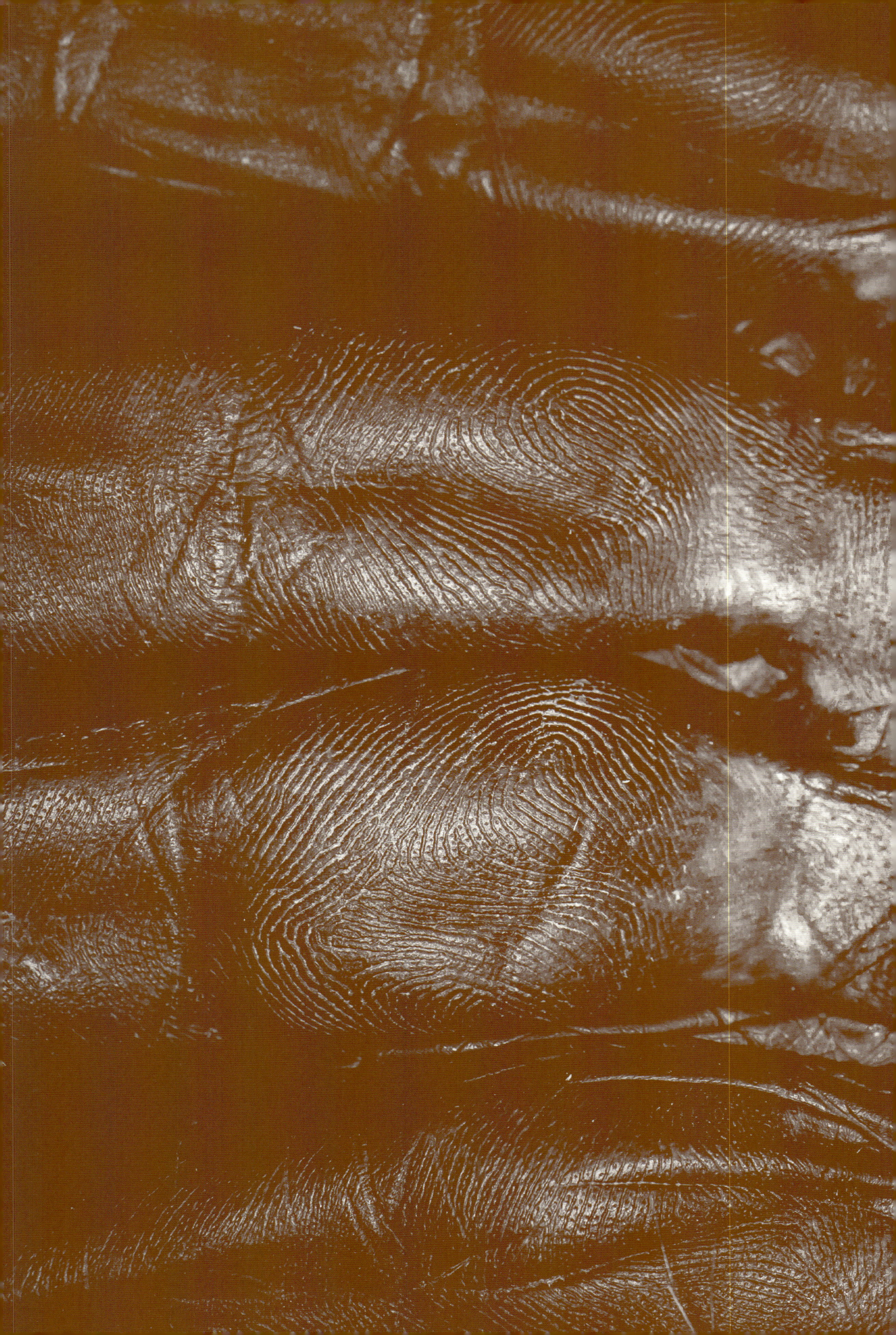

PRIMATES

GORILLE DES MONTAGNES
Gorilla beringei beringei

Le gorille des montagnes, qui possède un ADN à 98% identique à celui de l'être humain, est le plus grand des primates anthropoïdes. Il vit en groupe dans les forêts tropicales ou subtropicales. C'est l'Est africain qui abrite sa population la plus abondante. Redressé, le primate atteint 1,70 m, avec des bras d'une envergure de 2,75 m. Le mâle est extrêmement puissant : il peut peser jusqu'à 275 kg. Son pelage est long et soyeux, noir, devenant gris argenté sur le dos des vieux mâles. Il marche sur les phalanges des mains (à 4 pattes). Nomade, le gorille est toujours à la recherche de ses 14 kg de nourriture quotidiens. Il se nourrit d'insectes et de végétaux, n'aime pas l'eau et ne boit pas. Il communique par mimiques, cris et vociférations, et possède une excellente vue ainsi qu'un bon odorat. Chaque gorille est identifiable grâce à son nez : il n'y en a pas deux similaires. Il est sociable et pacifique bien qu'impressionnant, et contribue à la biodiversité locale grâce à ses déplacements sur de grands territoires et à la dissémination de graines, de fruits qu'il consomme, régénérant ainsi les forêts. Le gorille est menacé de disparition par la destruction de son habitat, la chasse illégale pour sa viande, la contrebande de bébés gorilles ainsi que des épidémies comme celle du virus Ebola, à laquelle on attribue la disparition de quelque 5 000 gorilles. En danger critique d'extinction.

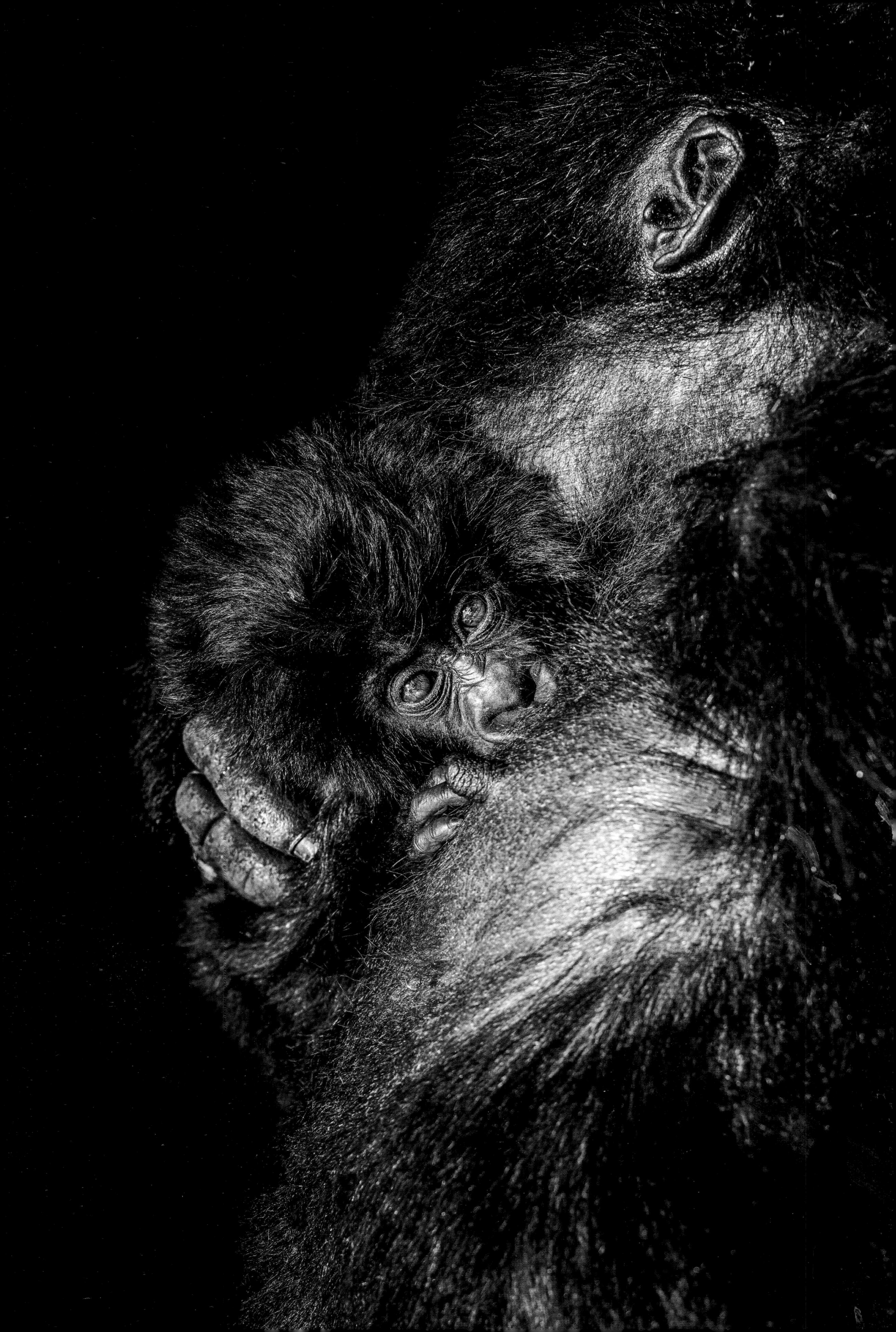

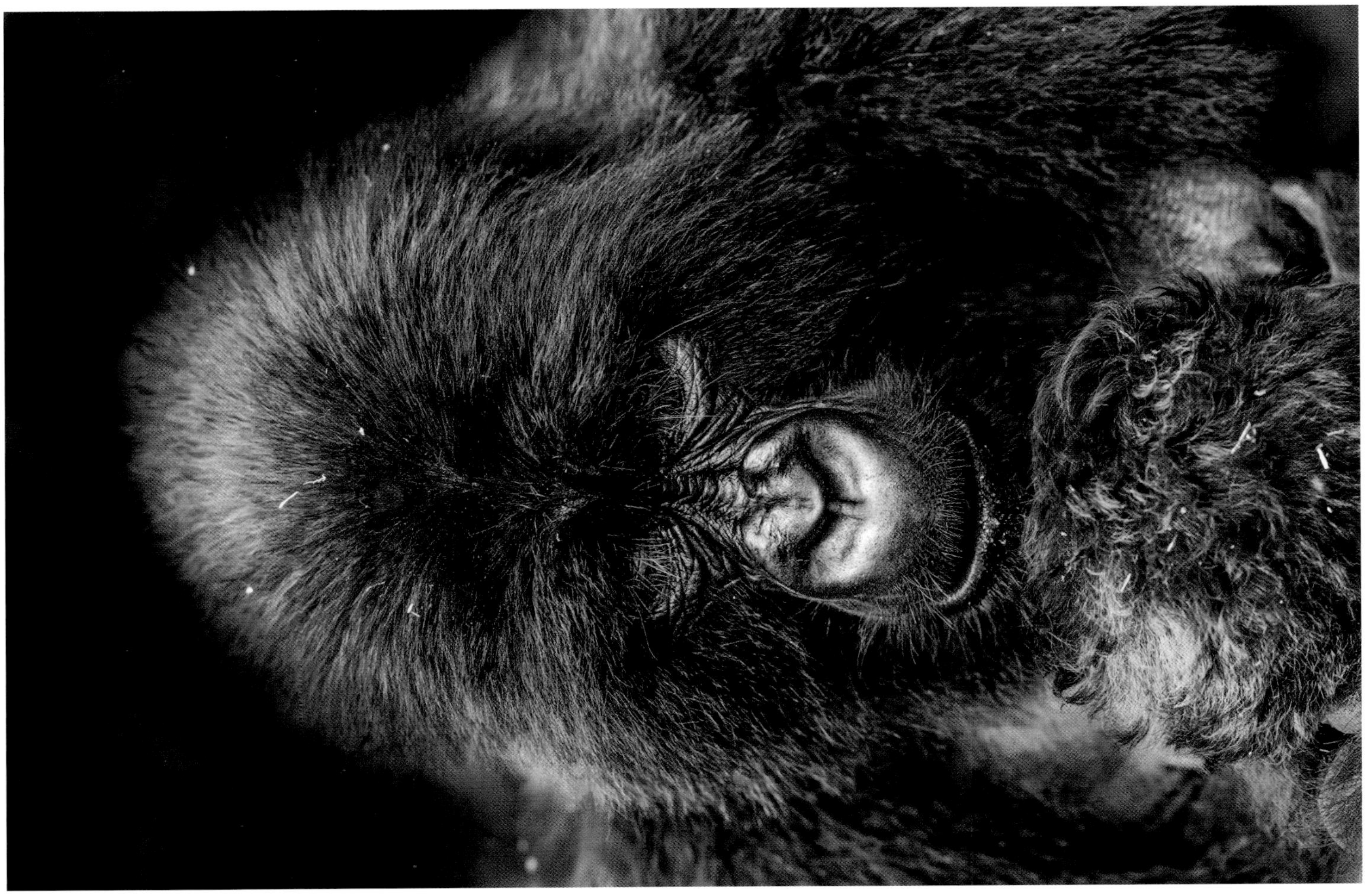

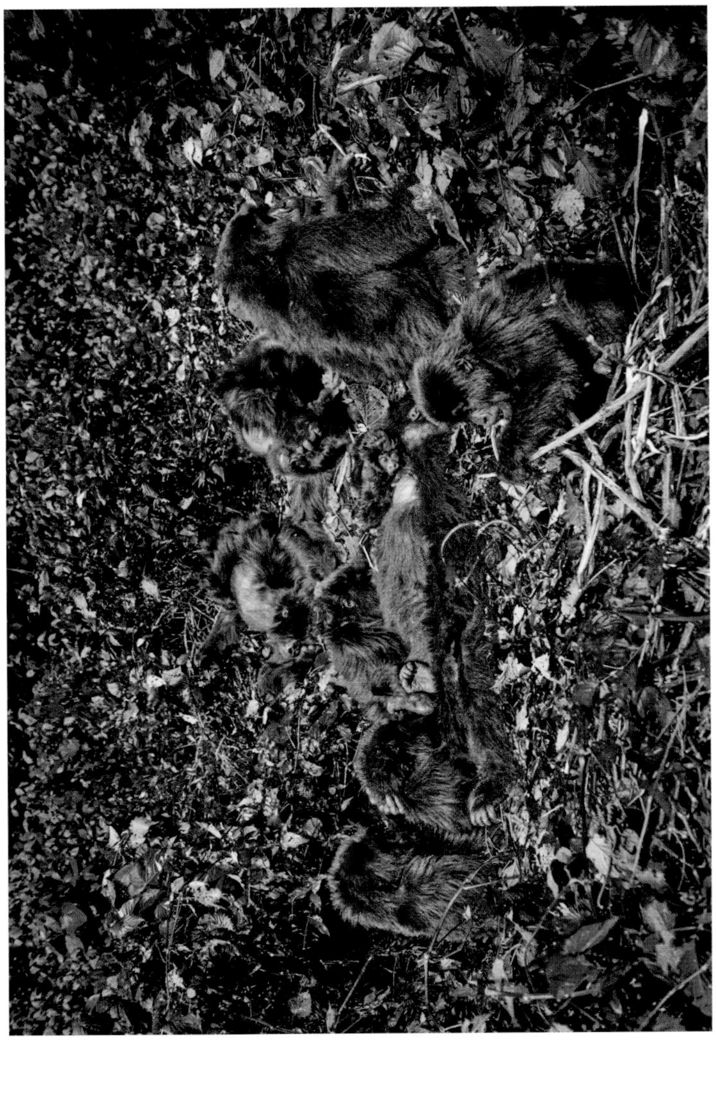

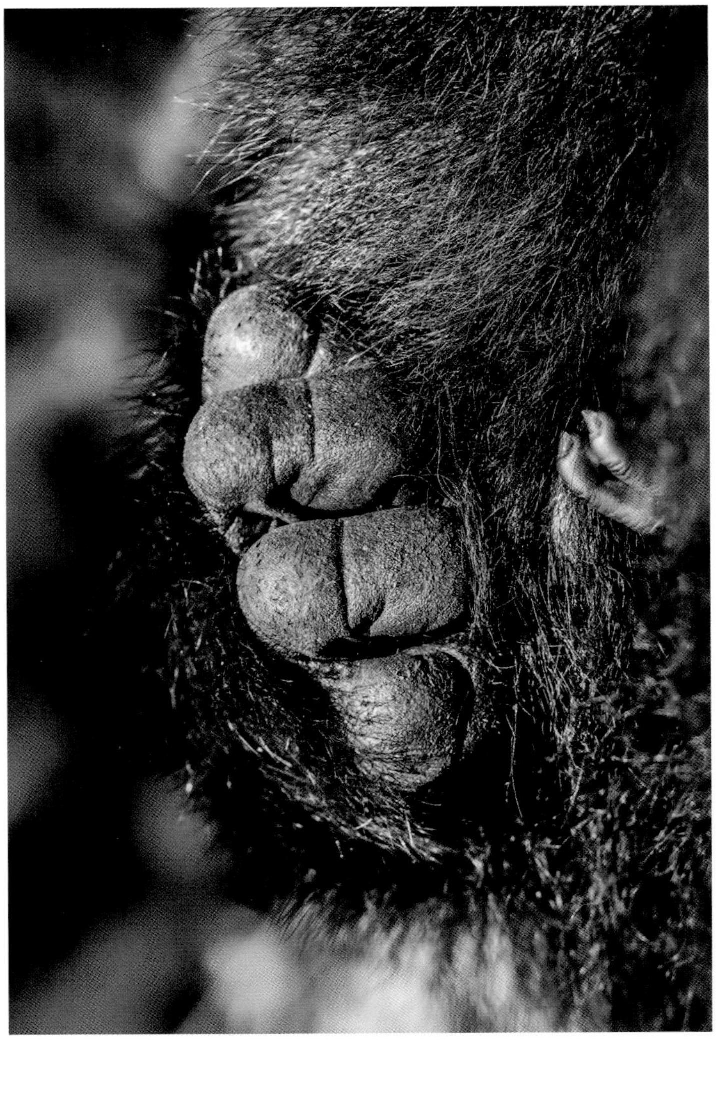

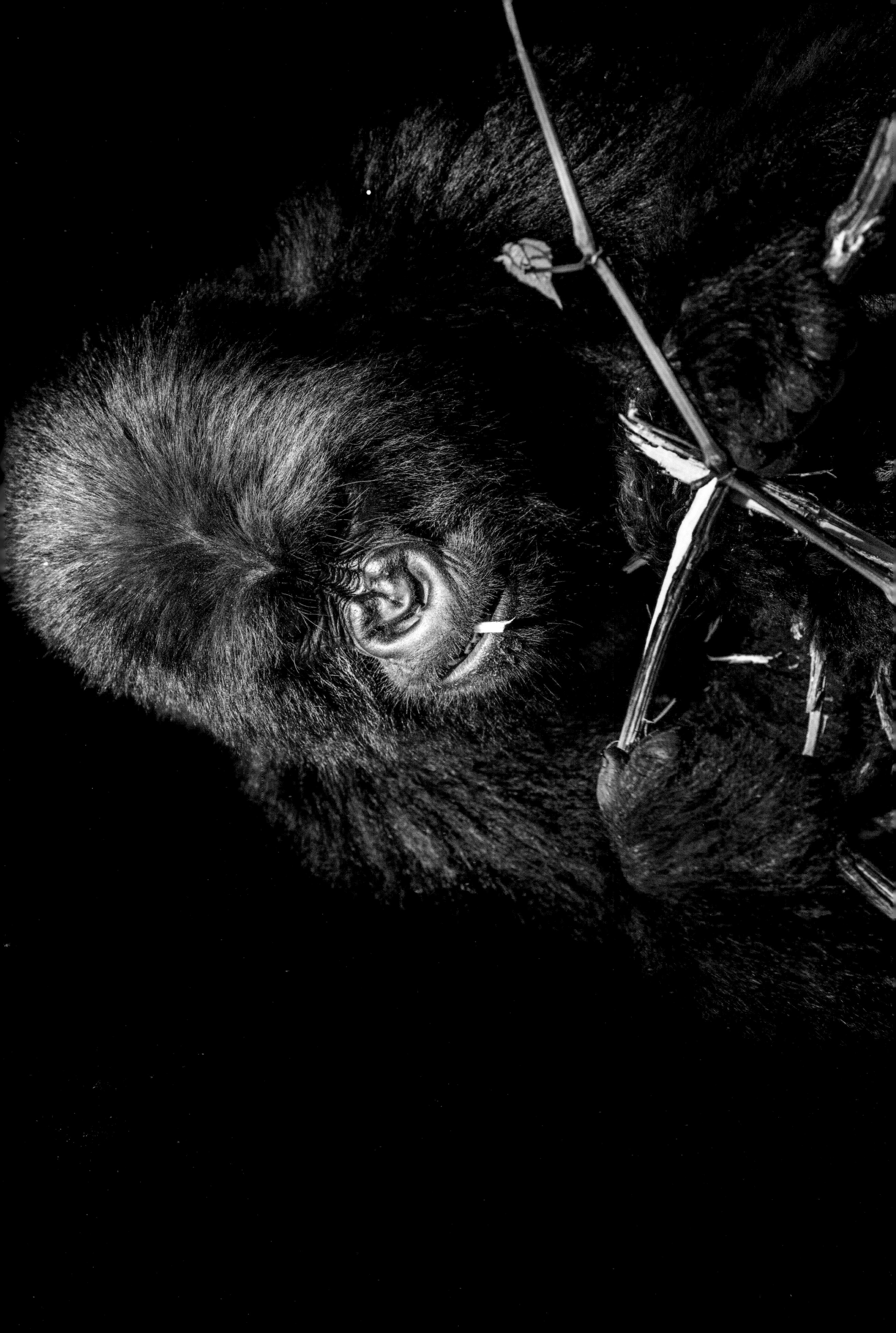

« L'interdépendance de l'homme avec les autres espèces : une fragilité à mettre en lumière. La conscience aiguë de l'autre… »

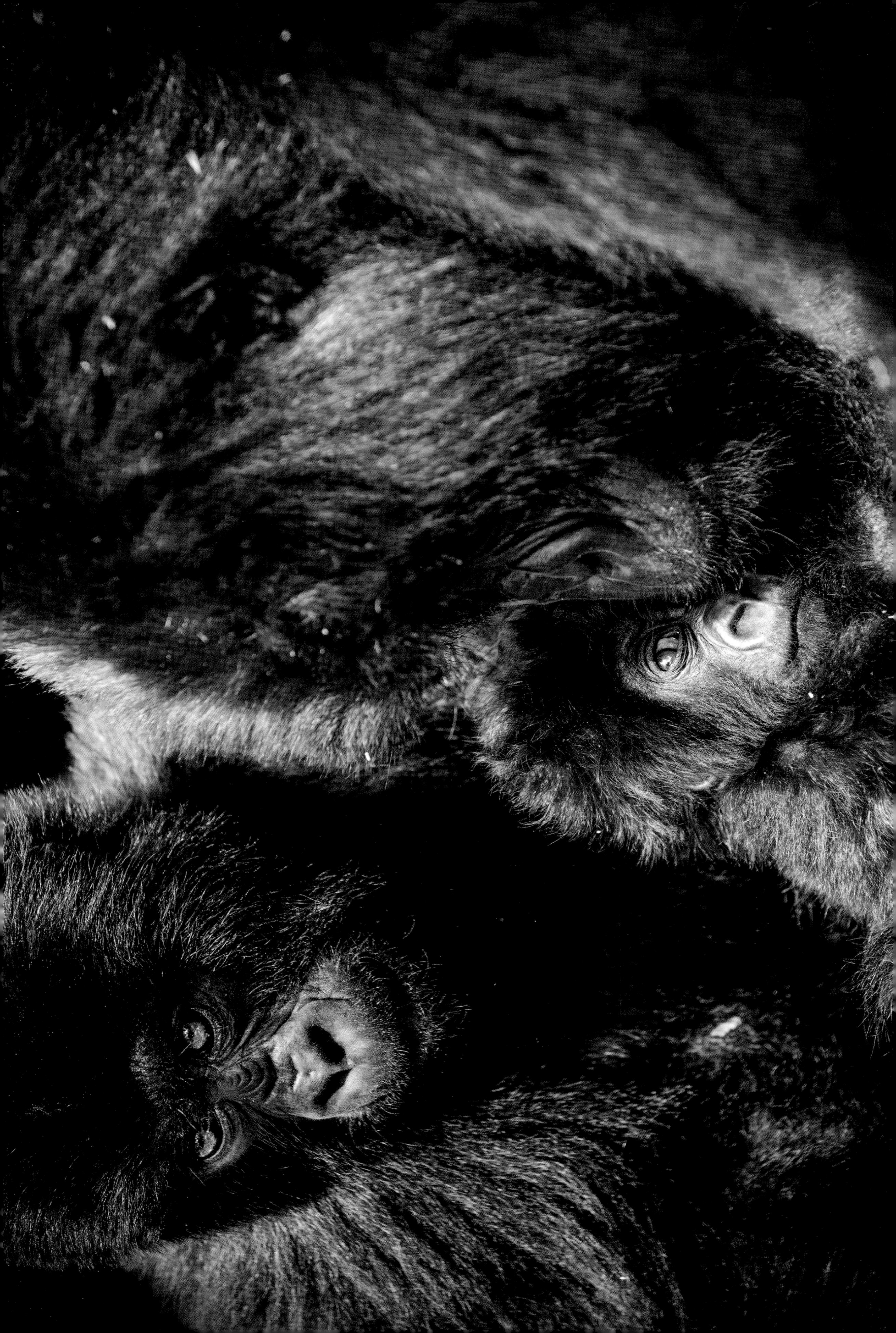

AVAHI LAINEUX
Avahi laniger

Comme les nombreuses espèces de lémuriens, l'avahi laineux est endémique de Madagascar, où il peuple les forêts humides de l'est de l'île. C'est un primate de la famille des *Indridae*, qui mesure entre 27 et 30 cm, et se nourrit de feuilles et de bourgeons. Il vit principalement la nuit. On trouve la plus forte densité de population d'*Avahi laniger* dans la réserve spéciale d'Analamazaotra. La chasse la plus intensive de ce petit animal est observée dans la forêt de Makira, et c'est, avec la réduction de son habitat, la principale cause de sa vulnérabilité. Avec les humains, ce sont les rapaces, les vautours de Henst, qui représentent les plus grands prédateurs pour ces lémuriens. Espèce vulnérable.

VARI ROUX
Varecia rubra

Ce lémurien possède un pelage roux, épais, doux et relativement long, avec une tache blanche sur la tête, et une queue noire. Il mesure en moyenne 1,13 m avec la queue, pour un poids de 4 à 6 kg. C'est une des espèces endémiques de Madagascar. Habitant les forêts primaires et quelques forêts tropicales humides secondaires de plaine (jusqu'à 1 200 m) on le retrouve notamment sur la presqu'île de Masoala. Diurne, il préfère les hautes forêts et on l'observe souvent dans les cimes des grands arbres nourriciers. Il est largement frugivore. Il est principalement menacé par la perte de son habitat et la chasse. En raison de leur grande taille et de leur besoin évident de hautes forêts primaires, ces animaux sont particulièrement sensibles à l'empiétement humain. Espèce en danger critique.

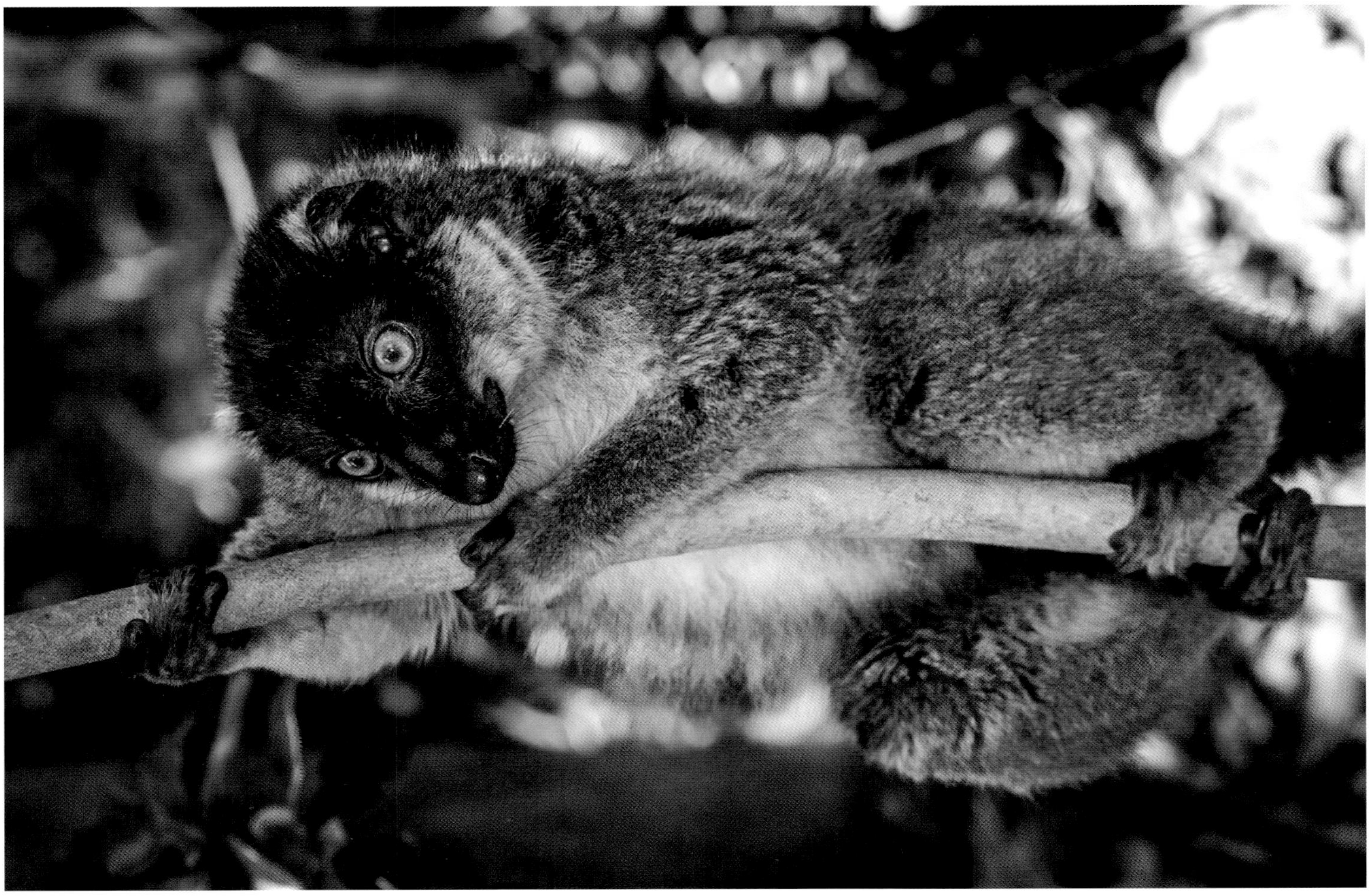

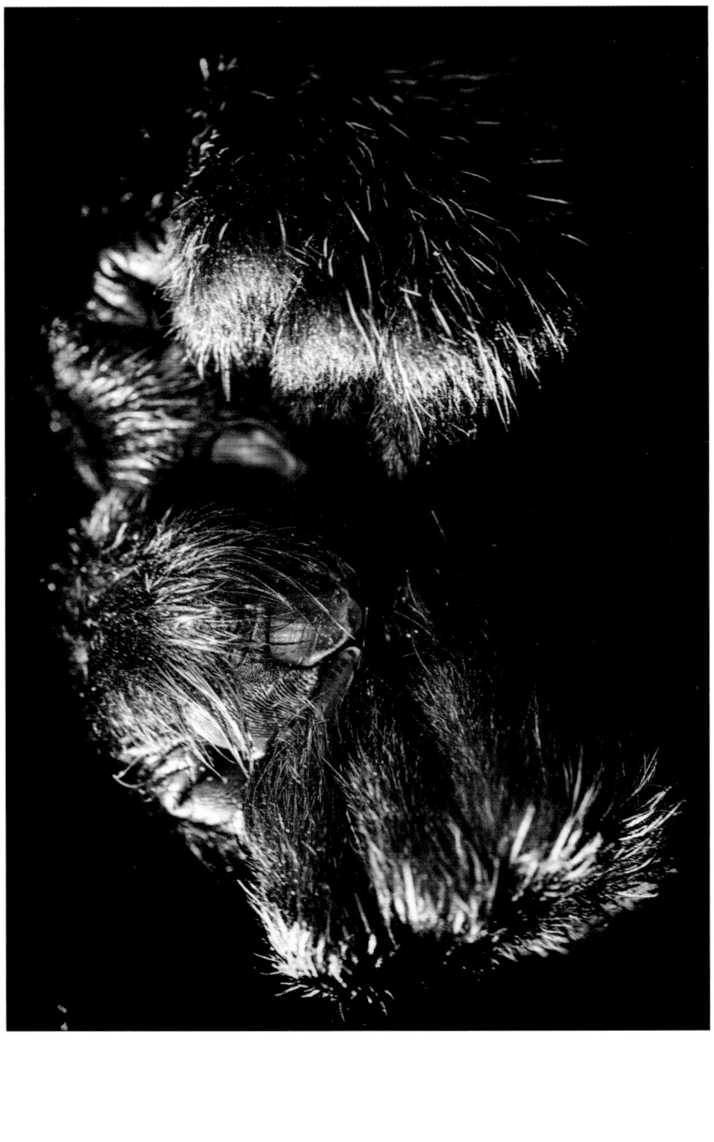

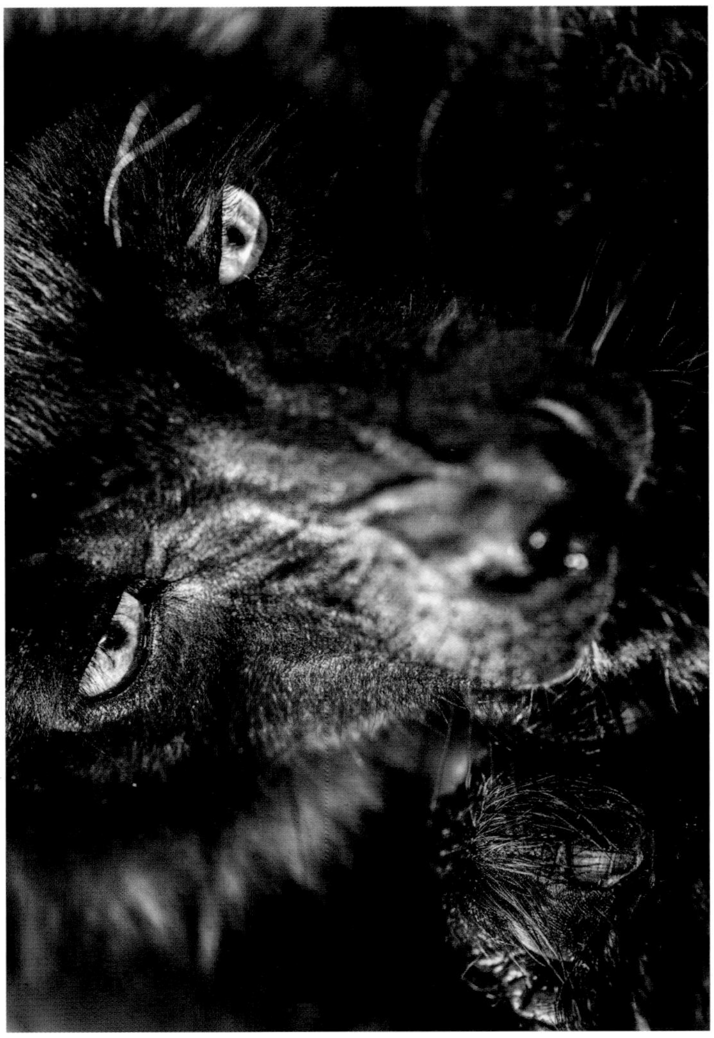

SEMNOPITHÈQUE NOIR
Trachypithecus auratus

Cette espèce de singe, aussi appelée langur de Java, est originaire des îles indonésiennes, aux alentours de Java. Le plus souvent noir et muni de petits favoris blancs, il présente une queue particulièrement longue, de près de 90 cm, pour un corps plutôt petit, autour de 55 cm. C'est un animal herbivore, arboricole et diurne qui évolue en petits groupes d'environ 7 individus. L'espèce est considérée comme vulnérable après qu'a été mesuré un déclin de plus de 30% sur les trois dernières générations. Les raisons principales en sont, comme souvent, la chasse et la perte d'habitat, mais aussi sa capture pour le commerce illicite d'animaux de compagnie. Espèce vulnérable.

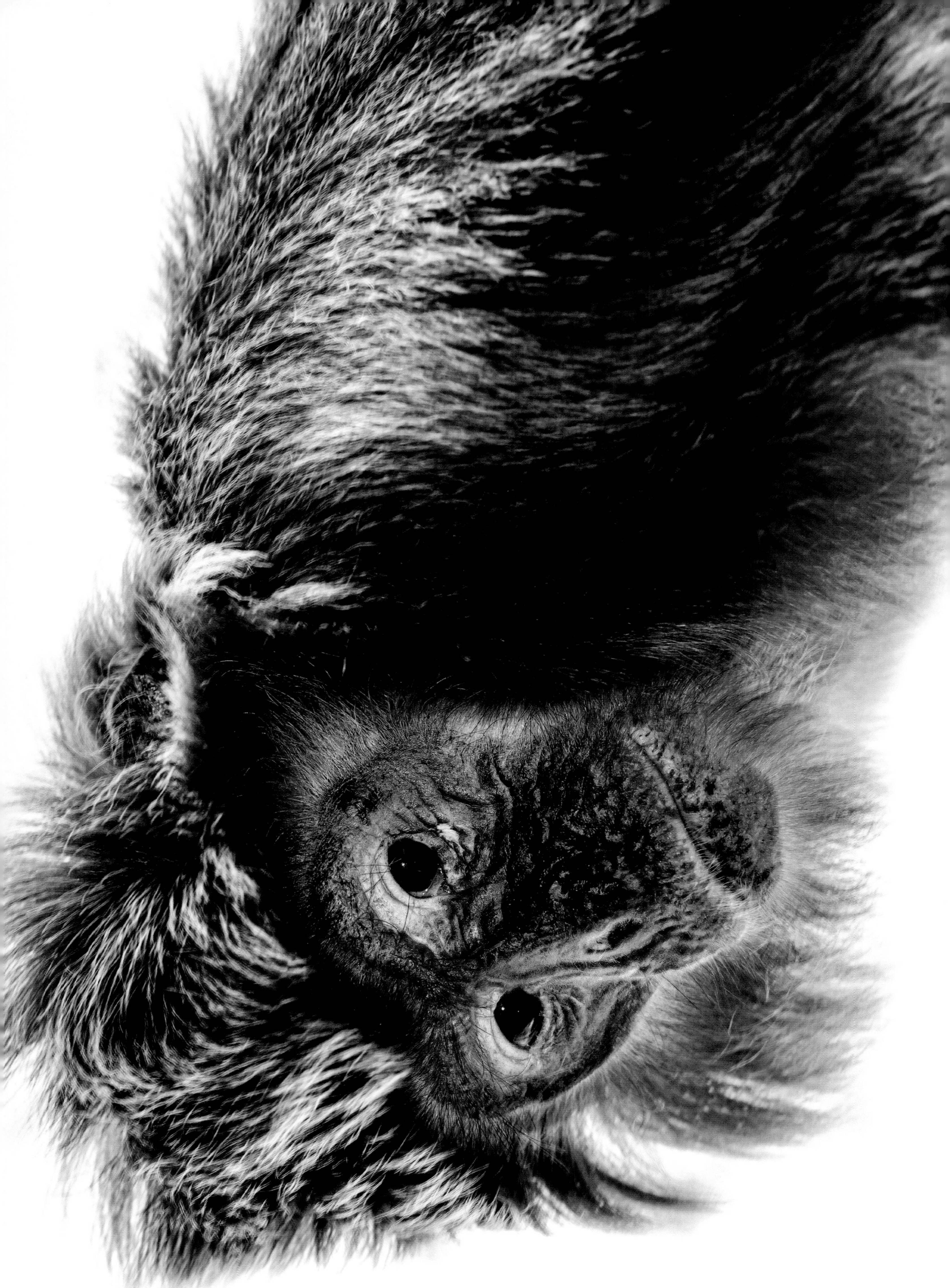

MAKI VARI NOIR ET BLANC
Varecia variegata variegata

Comme tous les lémuriens, le maki vari est une espèce endémique de Madagascar, qui vit plus précisément dans les forêts tropicales humides à l'est de l'île, au sud de la rivière Antainambalana. Quelques individus peuvent être rencontrés sur l'île Nosy. Ils pèsent entre 3 et 5 kg et présentent un pelage noir et blanc asymétrique, assez dense, qui les protège de la pluie. Ils sont les plus arboricoles des lémuriens et vivent dans les plus hautes cimes de la canopée, jusqu'à 1 350 m d'altitude. Comme les autres espèces de primates malgaches, ces lémuriens sont menacés par la destruction de leurs habitats par la culture sur brûlis, et l'exploitation forestière ou minière. Ils ont tendance à fuir la présence humaine qui les déstabilise quand elle se fait trop imposante dans leur environnement naturel. Leur viande, enfin, très appréciée, rend leur chasse très répandue. Pour ces raisons, le maki vari est classé en annexe I de la CITES : tout commerce international de l'animal ou des parties de l'animal est donc strictement interdit. Espèce en danger critique.

LÉMUR NOIR OU LEMUR MACACO
Eulemur macaco

Cette espèce de primate lémuriforme de la famille des *Lemuridae* se rencontre dans le nord-ouest de Madagascar, dans les forêts tropicales de la région du Sambirano. On a longtemps considéré le lémur aux yeux turquoise (*Eulemur macaco flavifrons*) comme une sous-espèce du lémur noir, mais cette parenté taxinomique est très discutée. Les deux espèces se distinguent par la couleur de leurs yeux, qui sont brun orangé chez le lémur macaco et bleus chez son cousin. Ils partagent cependant un dichromatisme sexuel très marqué du pelage, qui est noir chez les individus mâles, et roux chez les femelles.

Les principales menaces qui pèsent sur cette espèce sont tout ce qui gravite autour de l'exploitation du bois, illégale ou non, ainsi que la production de charbon de bois. L'agriculture sur brûlis demeure un grand danger pour les forêts qui abritent le lémur macao. Sa chasse, à vocation alimentaire, ou censée protéger des ravages supposés sur les cultures, constitue un autre facteur de fragilisation de l'espèce, comme sa capture à des fins de domestication. Espèce vulnérable.

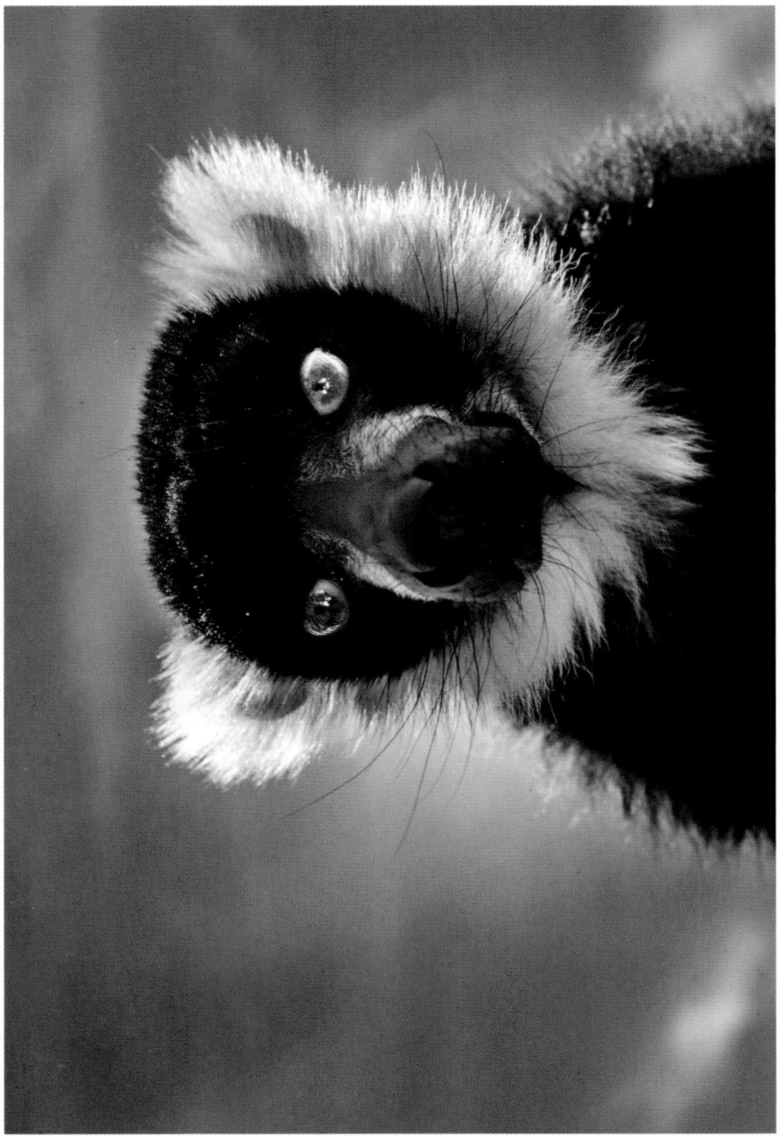

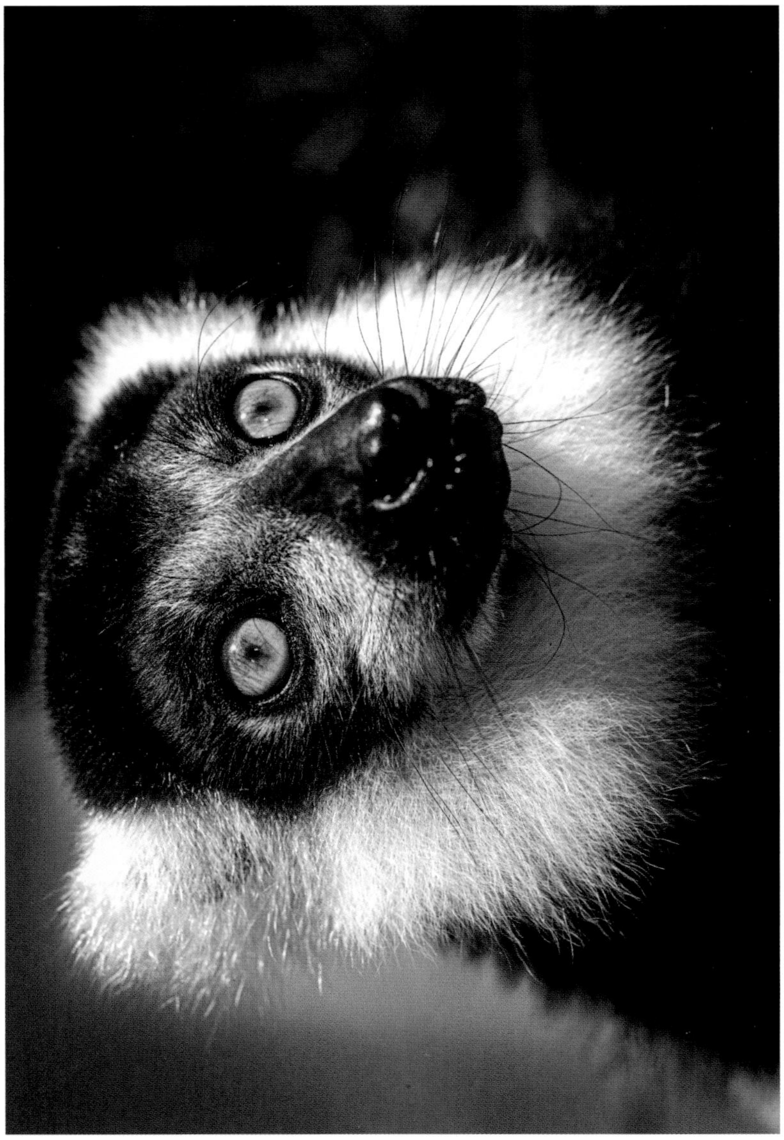

TAMARIN-LION DORÉ
Leontopithecus rosalia

Également connu sous le nom de singe-lion doré, ce primate de l'est du Brésil appartient à la famille des *Callitrichidae*. Avec un corps de 26 cm et une queue de 37 cm, c'est le plus massif de sa famille, qui comprend aussi les ouistitis. Reconnaissable par sa toison soyeuse, sa barbe rousse et sa fraise touffue, vous ne verrez pas facilement son profil aussi majestueux que curieux puisqu'il évolue entre 3 et 20 m de hauteur, sans descendre au sol de la forêt de plaine qui constitue son habitat. Les principales menaces pesant sur le tamarin-lion à tête dorée sont la déforestation (0,5 % de son habitat disparaît chaque année), les feux et les captures. Espèce en danger.

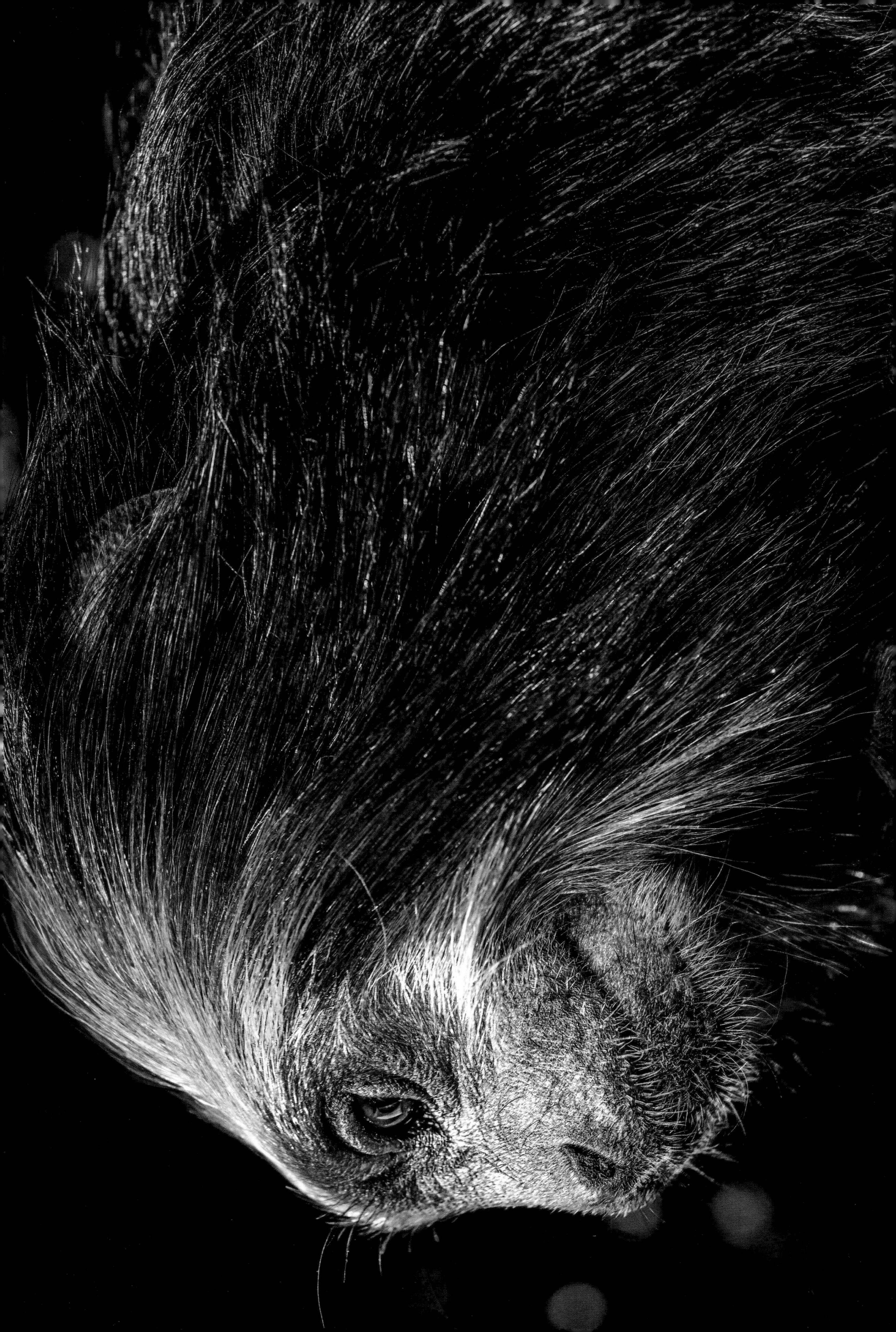

LÉMUR CATTA OU MAKI CATTA
Lemur catta

Le *Lemur catta* est le plus ancien des lémuriens de Madagascar. Il est reconnaissable à sa queue annelée de noir et de blanc – 14 bandes noires et 14 bandes blanches – qui lui sert de balancier lorsqu'il bondit d'arbre en arbre. Au sol, il tient sa queue comme un point d'interrogation, quand il ne prend pas un bain de soleil, les bras en croix, aux heures chaudes de la journée. Les groupes de makis cattas, dominés par les femelles, se rencontrent dans les forêts sèches de Madagascar. Ce petit animal semi-arboricole miaule et ronronne comme un chat. Il se nourrit de feuilles, de fruits, d'insectes et de petits vertébrés. Il aime particulièrement la sève des arbres : pour parvenir à la lécher, il déchire l'écorce avec ses doigts et fait sortir le liquide. C'est un animal diurne qui présente sur la face comme une étrange paire de lunettes. Il possède des glandes de marquage sur les bras, les avant-bras et le scrotum.

Visible à l'état sauvage uniquement à Madagascar, il a été inclus en 2016 dans la liste des 25 primates les plus menacés au monde. Sa population est estimée à 2 000 individus à l'état sauvage. La destruction de son habitat (dont résulte son isolement génétique), le braconnage et la chasse sont les raisons principales de son extinction. Il faut toutefois ajouter à cela la capture de spécimens vivants pour le commerce illégal d'animaux domestiques, qui a décimé les populations sauvages. Espèce en danger.

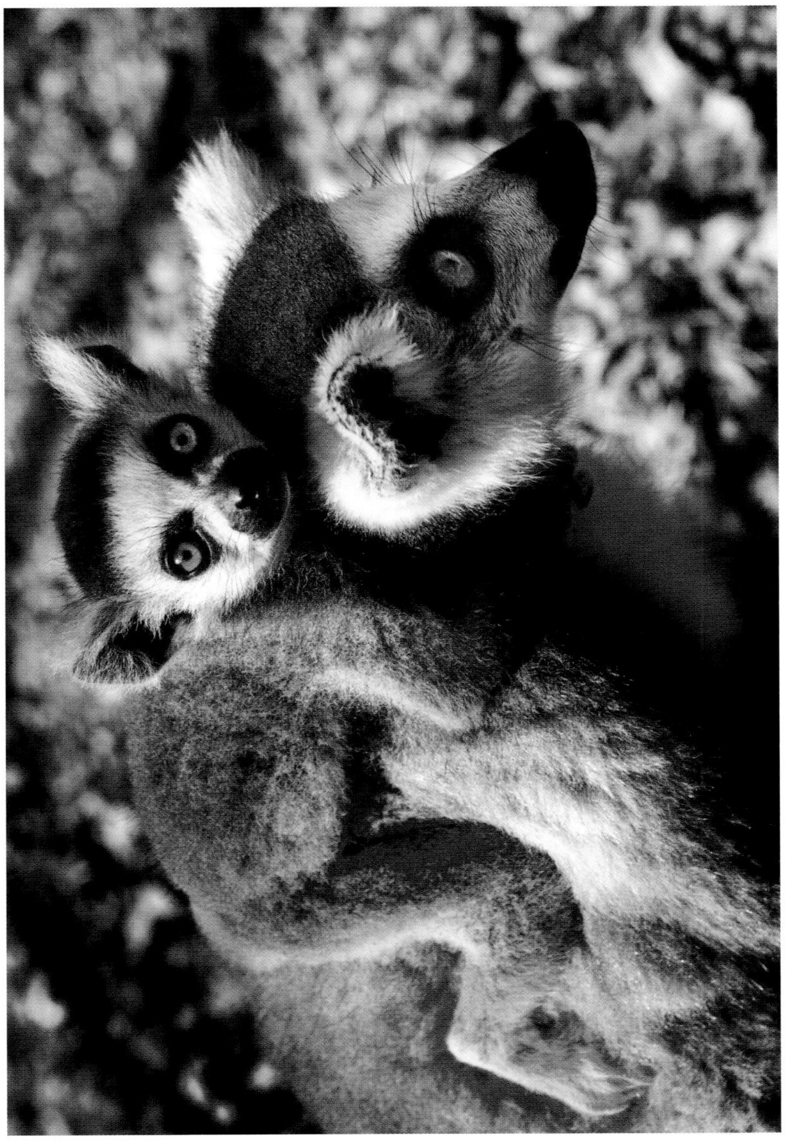

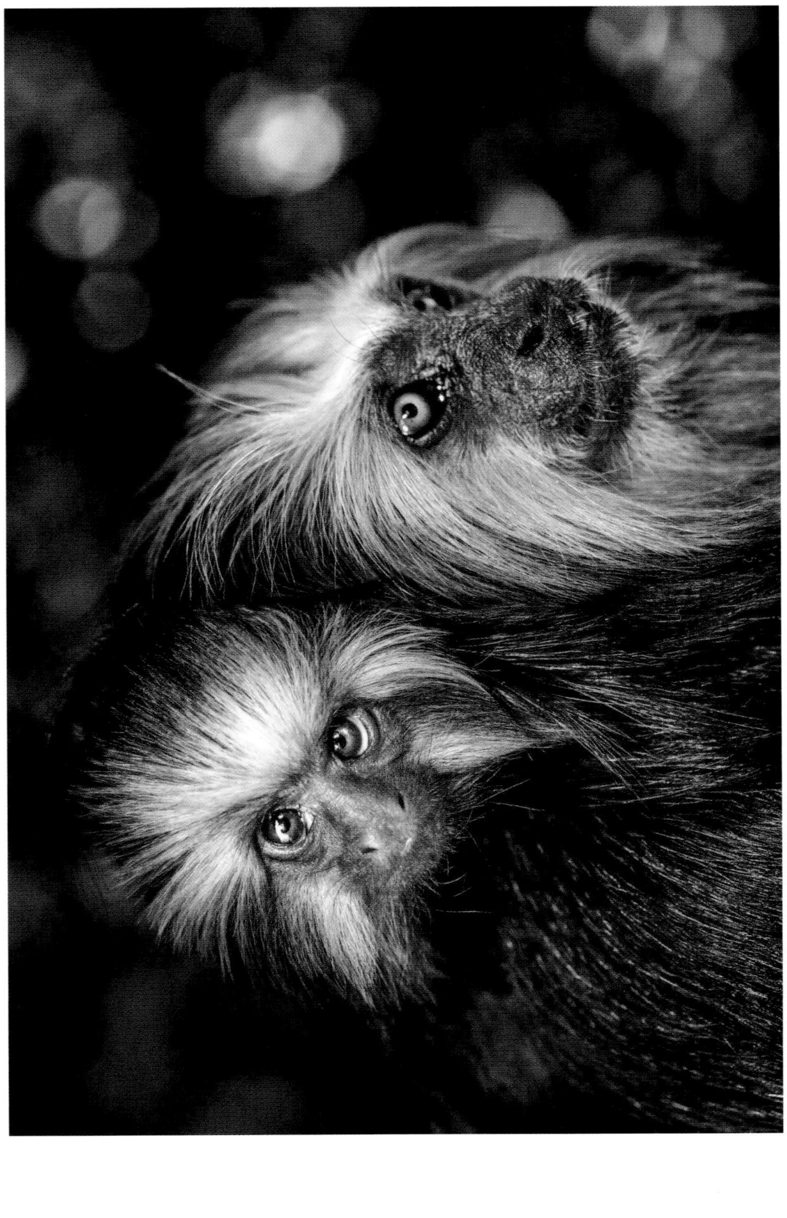

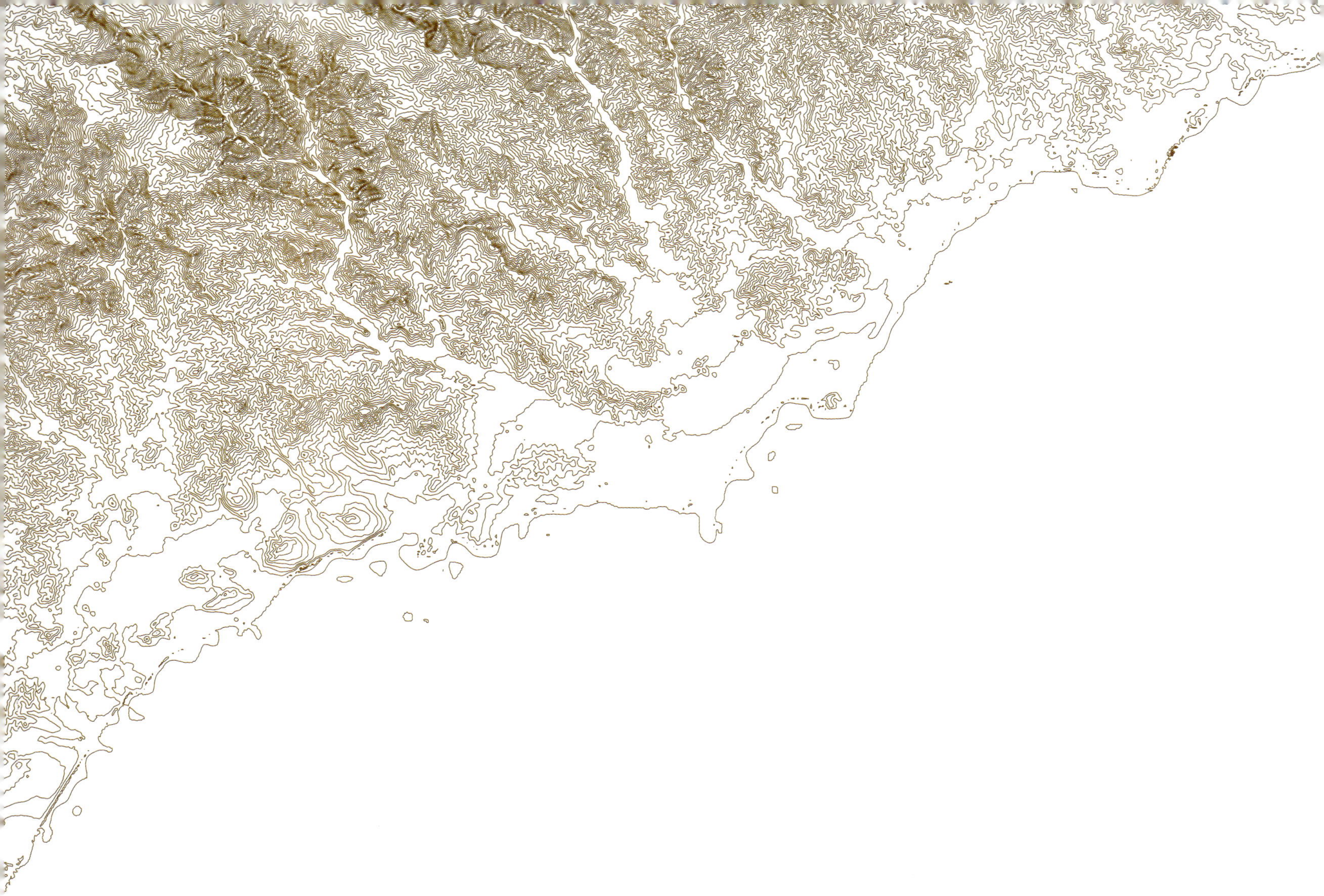

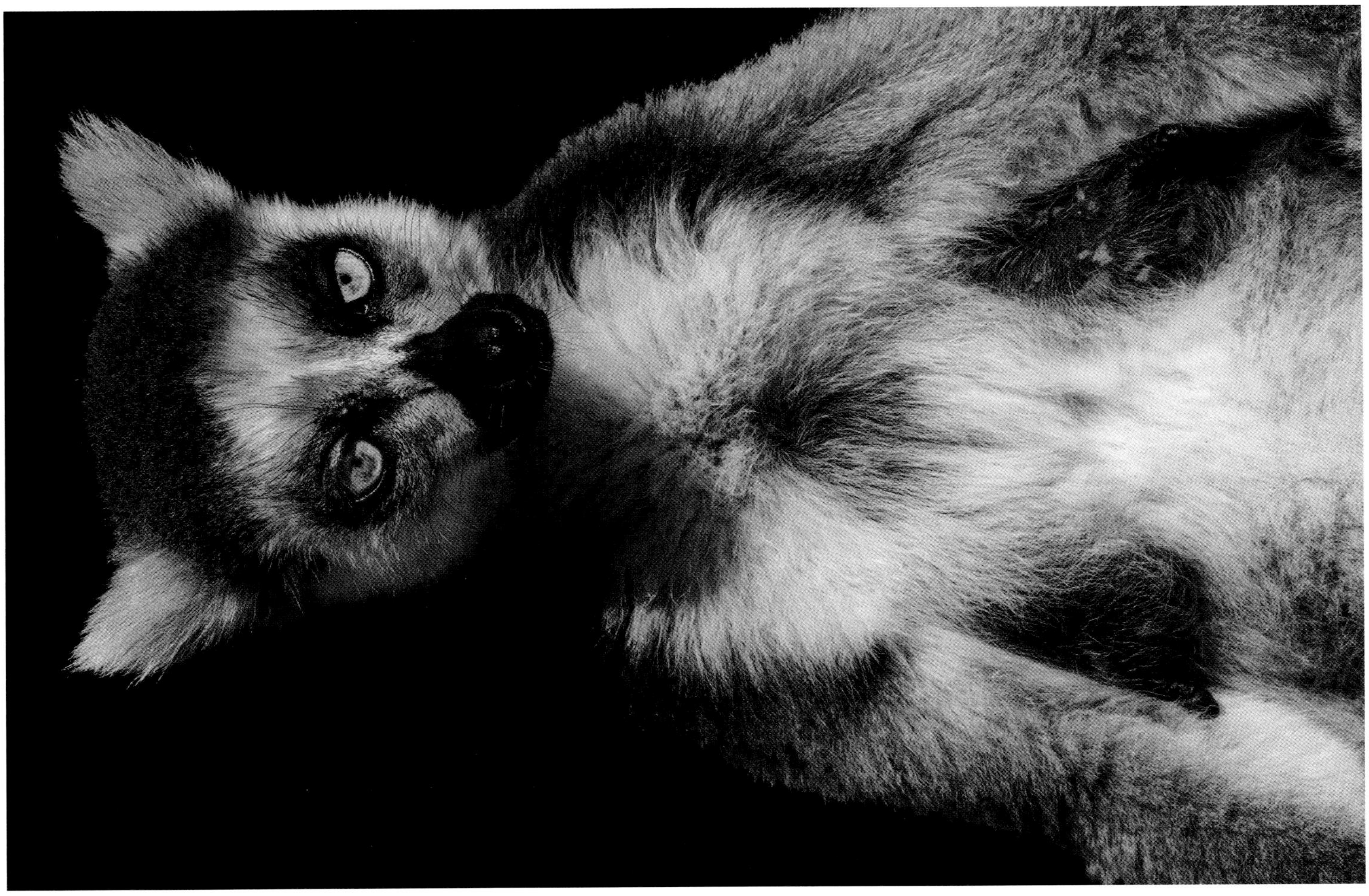

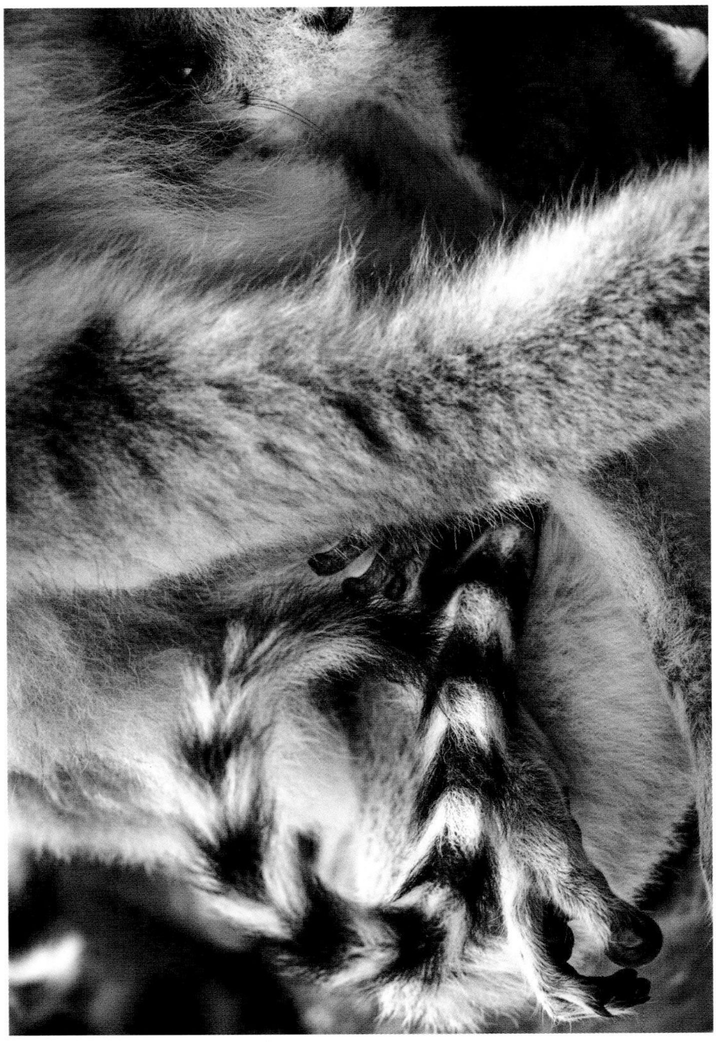

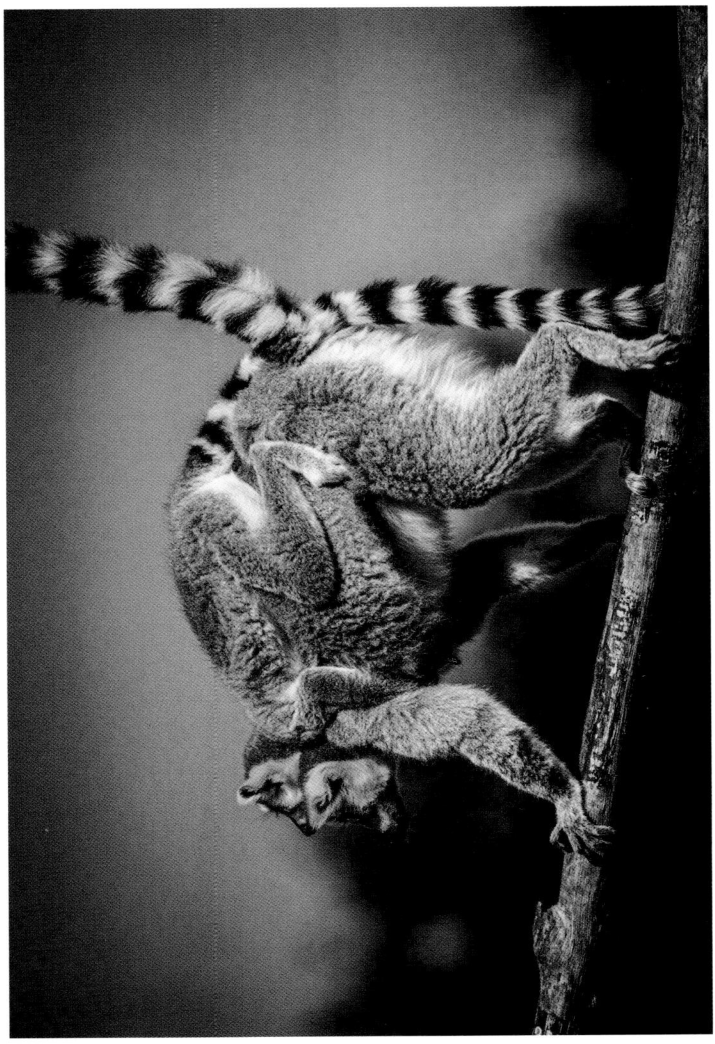

ORANG-OUTAN
Pongo pygmaeus

Le nom de ce primate hominoïde signifie en malais « homme de la forêt ». On le trouve à Bornéo. Sa taille est de 1,10 à 1,40 m pour 40 à 80 kg. C'est un grand singe arboricole qui parcourt la canopée pour se nourrir d'écorces, de petits vertébrés, d'insectes, d'oiseaux et de fruits. Chaque nuit, il fabrique un nouveau nid perché au-dessus du sol à environ 12 à 18 m. Très intelligent, il peut se servir d'outils pour s'alimenter. Ses bras puissants sont plus longs que ses jambes. Ses doigts peuvent se replier en crochet assurant une bonne prise. Une poche sous la gorge, comme un imposant double menton, sert de chambre de résonance en se gonflant et en se contractant. Sa mâchoire lui permet de briser la coque très dure de certains fruits. Il est dépourvu de callosité fessière. Deux fois plus lourds que les femelles, les grands mâles sont dotés d'un pelage plus épais et d'une barbe touffue ; ils développent avec le temps de chaque côté des joues une excroissance en forme de demi-lune. Ce « disque facial » joue le rôle de réflecteur parabolique pour diriger le son. C'est ainsi que le long cri poussé par ces grands mâles s'entend à plusieurs kilomètres. Les adultes mâles sont solitaires alors que les femelles restent avec leurs petits jusqu'à l'âge de 3 ans et demi environ. Les naissances sont rares : une fois tous les 8 ans, et les femelles sont des mères très protectrices et attentives.

L'espèce humaine et les orangs-outans partagent 97% de leur génome. Pourtant, l'orang-outan est une espèce en danger critique d'extinction, précisément à cause des humains (déforestation et braconnage). On prévoit que la majeure partie de la population d'orangs-outans sauvages mondiale sera éteinte d'ici à 10 ans. L'espèce, qui figure sur la liste rouge de l'IUCN, n'est plus visible que sur deux îles : Sumatra (*Pongo abelii* et *Pongo tapanuliensis*) et Bornéo (*Pongo pygmaeus*). Ce déclin est dû à la déforestation (notamment pour installer des plantations de palmiers à huile) et donc à la réduction de l'espace de vie de l'animal. Ce sont des phénomènes bien connus, mais dont nous ne tirons manifestement aucun enseignement. Nous savons pourtant aussi que, comme il ne nage pas et vit dans des zones inondables, il est presque impossible à l'orang-outan de fuir et de se reproduire en se désenclavant. Le regard de celui-ci traduit bien la perplexité et la tristesse que devraient susciter nos agissements. Dans une dizaine d'années, l'animal n'existera plus.

Depuis 1980, 25% des forêts de Bornéo ont disparu, menant à une diminution de la population d'orangs-outans de près de 25%. Le majestueux primate est ainsi passé d'espèce « en danger » à « en danger critique d'extinction ». À Bornéo seulement, la chasse est responsable de la mort de près de 2 000 à 3 000 individus, abattus pour leur viande. Le braconnage est un autre danger, et on voit même des individus vendus comme animaux de compagnie dans des zoos privés. Enfin, les pesticides employés pour la culture d'huile de palme contribuent au déclin de leur système endocrinien.

Les conditions de sauvetage de ce grand cousin sont largement connues et exigent une mobilisation urgente. Il est nécessaire de créer des corridors forestiers facilitant les déplacements des individus, qui réduiront les risques liés à la consanguinité. Il est important aussi de favoriser des terrains défrichés mais non occupés par les plantations. Emblème de sa forêt, s'il est protégé, l'orang-outan peut contribuer à l'attrait de Bornéo en tant que destination touristique. Il est de plus un facteur de biodiversité grâce à la dispersion des graines des fruits qu'il consomme, ce qui favoriserait aussi la survie d'autres espèces, et le maintien d'un écosystème unique au monde. Espèce en danger critique d'extinction.

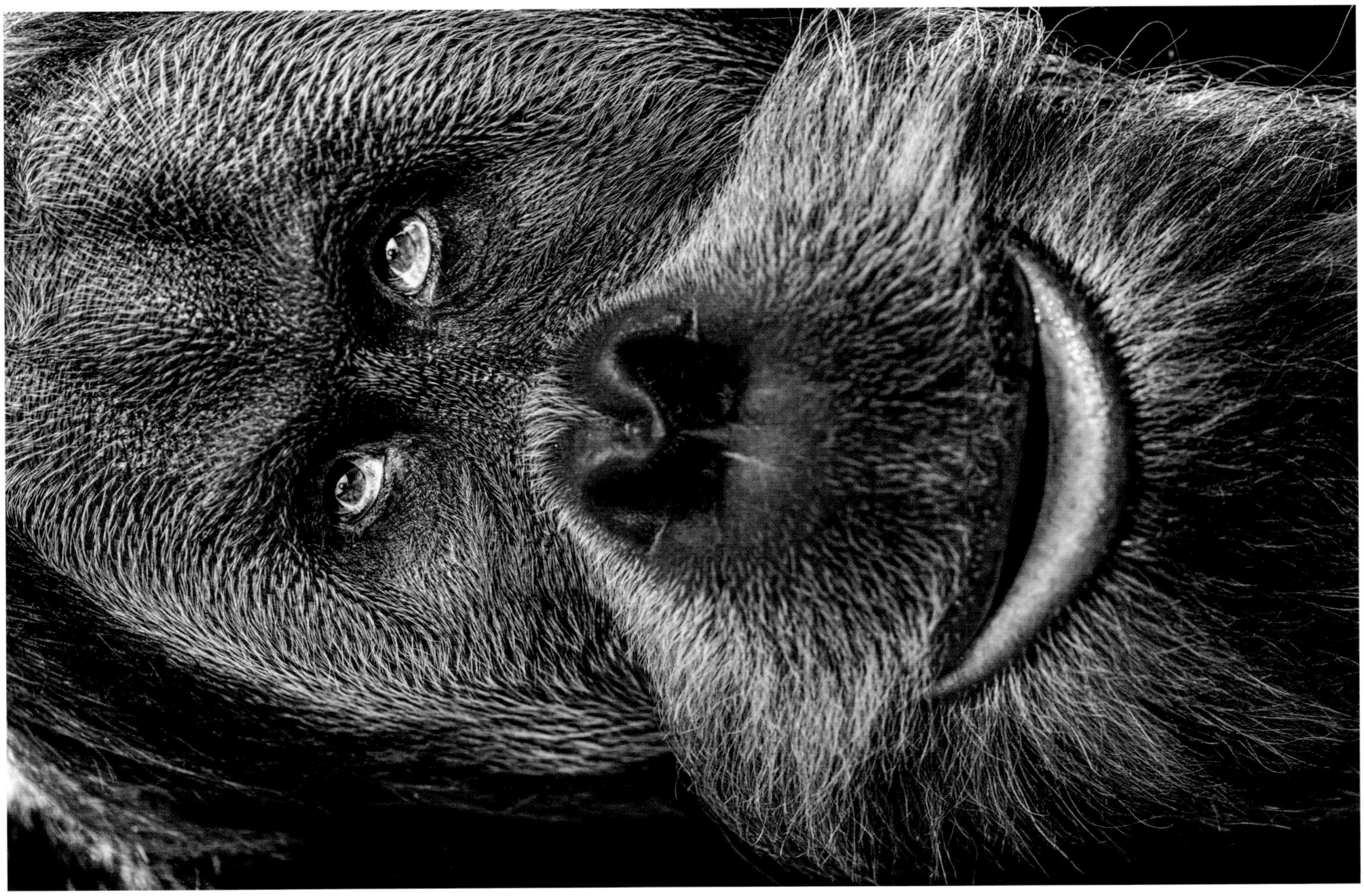

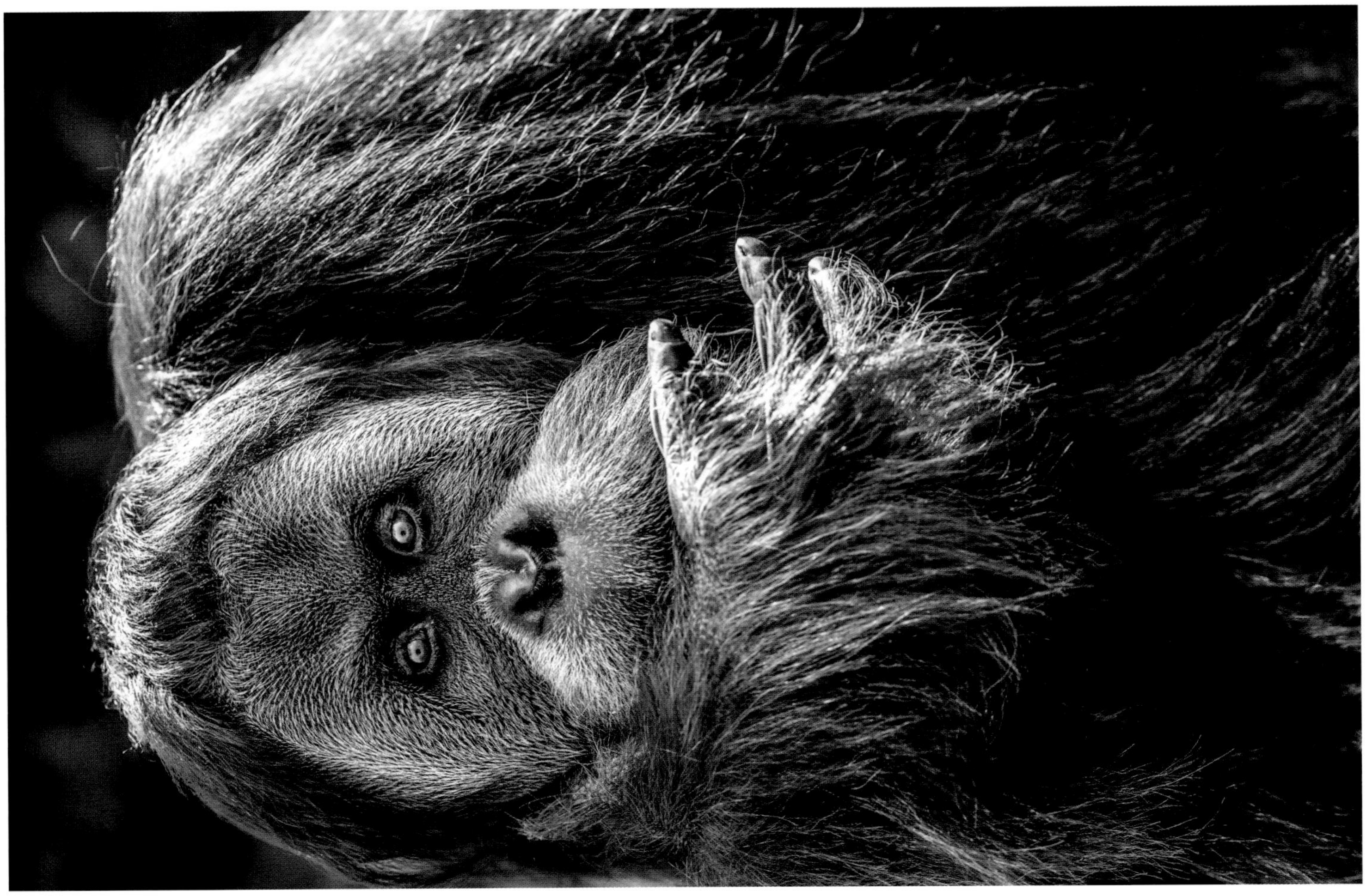

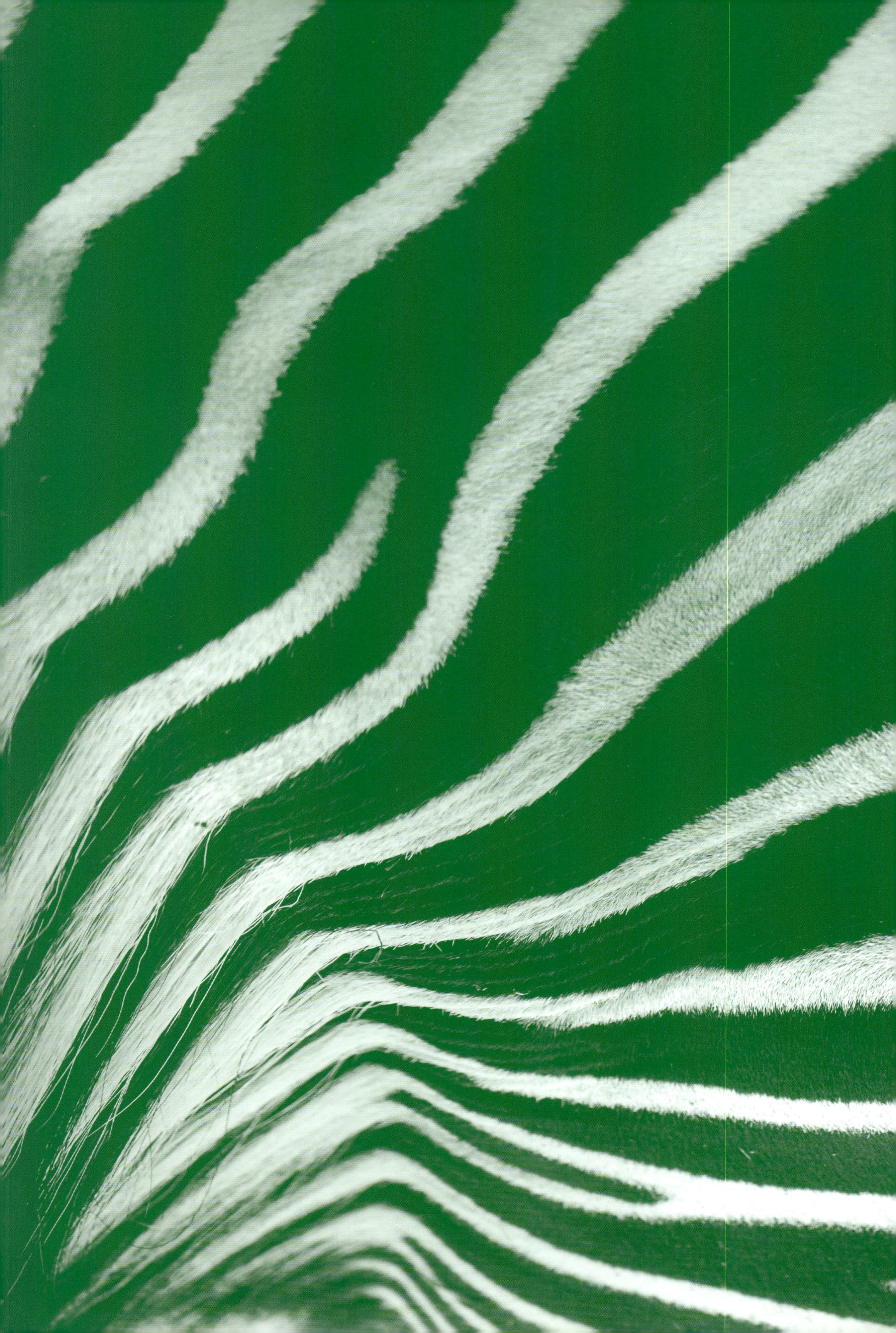

HERBIVORES

PANDA GÉANT OU GRAND PANDA
Ailuropoda melanoleuca

Ce grand « chat-ours », nom chinois du panda géant, jouit d'une notoriété internationale, du fait de l'image d'innocence qu'il véhicule. Ce mangeur de bambous est endémique du centre de la Chine. Il y peuple les forêts d'altitude en haute montagne (entre 1 000 et 3 000 m). Cet habitat fragile régresse au profit de l'agriculture et des activités humaines et se renouvelle extrêmement lentement. Le bambou a des propriétés spécifiques de floraison. Il fleurit tous les 10 à 100 ans puis il meurt, entraînant la disparition de forêts entières, ce qui déséquilibre fortement le panda et son alimentation. Il faut ainsi entre 10 et 20 ans pour que, la graine semée, de nouveaux bambous viennent subvenir aux besoins des 1 600 pandas qui subsistent à l'heure actuelle, en populations fragmentées et isolées les unes des autres, et doivent en plus résister à ceux qui les chassent pour leur pelage très prisé. Espèce vulnérable.

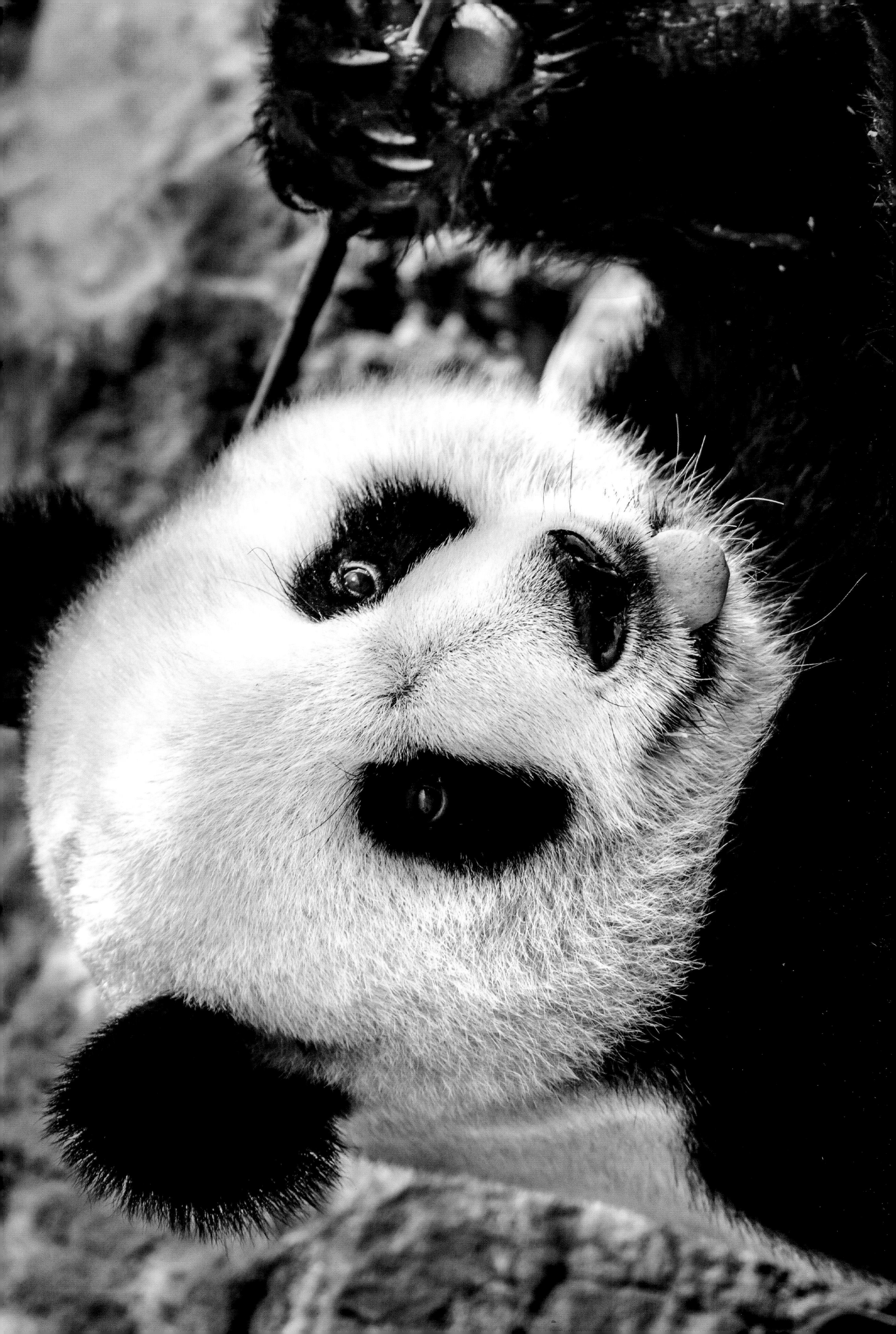

PANDA ROUX
Ailurus fulgens

Le petit panda, panda roux ou panda éclatant est originaire de l'Himalaya, du Népal et de la Chine orientale. Son nom signifie « petit chat-ours » mais il est également appelé « renard de feu ». Piqué là par sa curiosité ou tout simplement surpris en pleine journée, il a l'air parfaitement vif. Pourtant, cette espèce ne fait habituellement pas beaucoup plus que manger et dormir, tant son régime alimentaire à base de bambous est hypocalorique. Ce petit mammifère de la famille des ailuridés mesure environ 60 cm, et pèse entre 3 et 6 kg. Le panda roux est menacé par la capture, la chasse (en raison d'un attrait pour sa fourrure) et la réduction de son habitat. Il est difficile d'avoir une estimation du nombre d'animaux encore vivants. Espèce en danger.

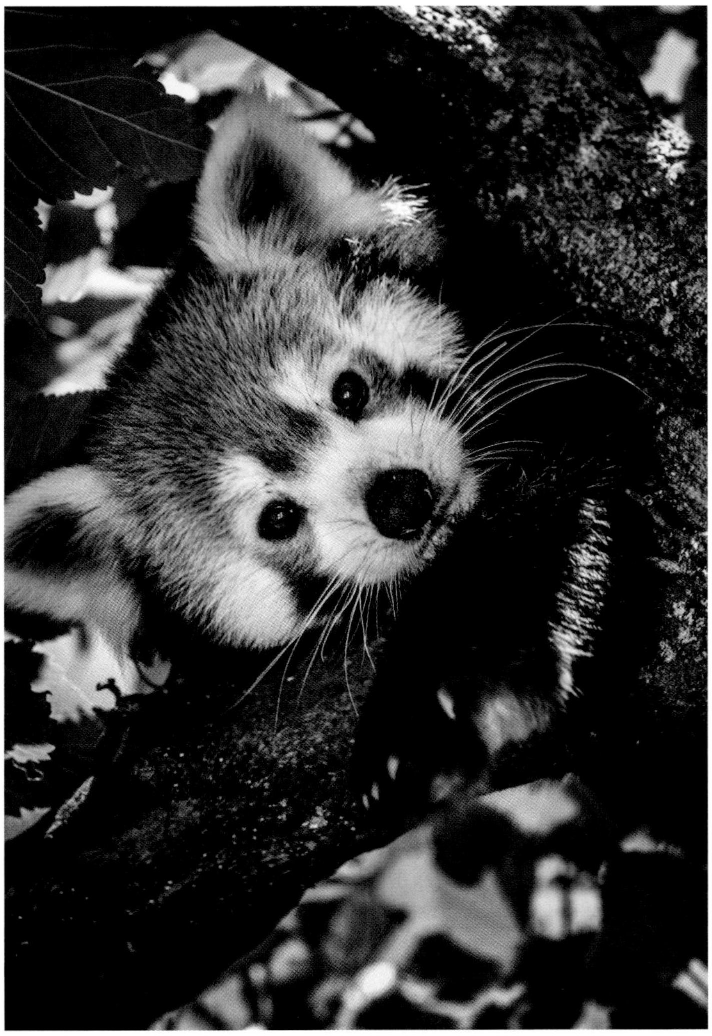
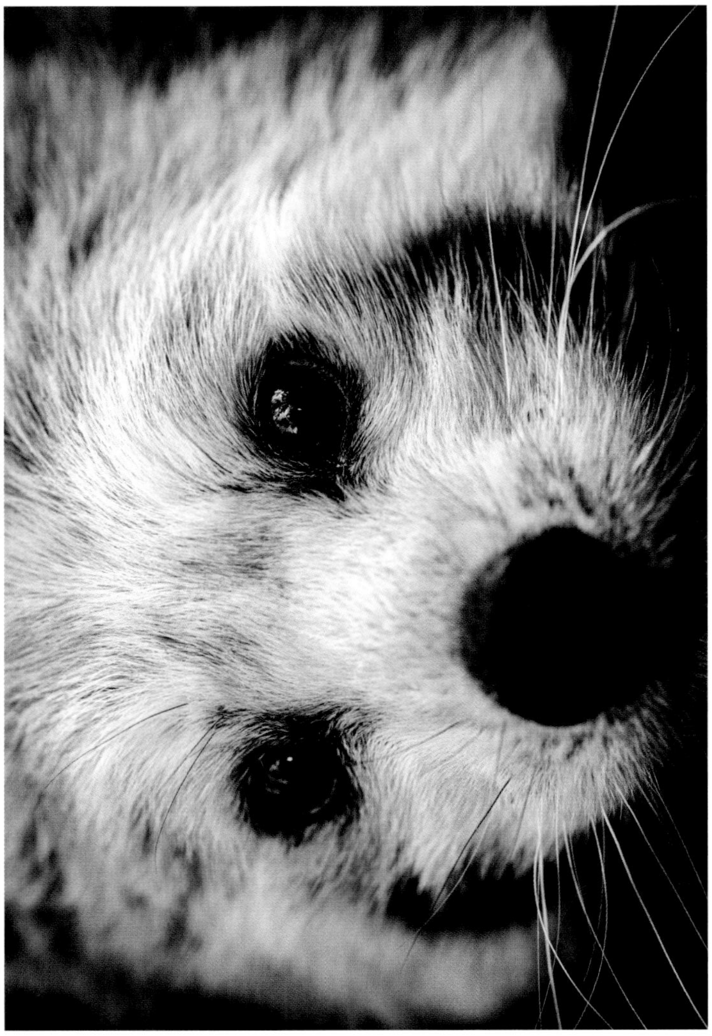
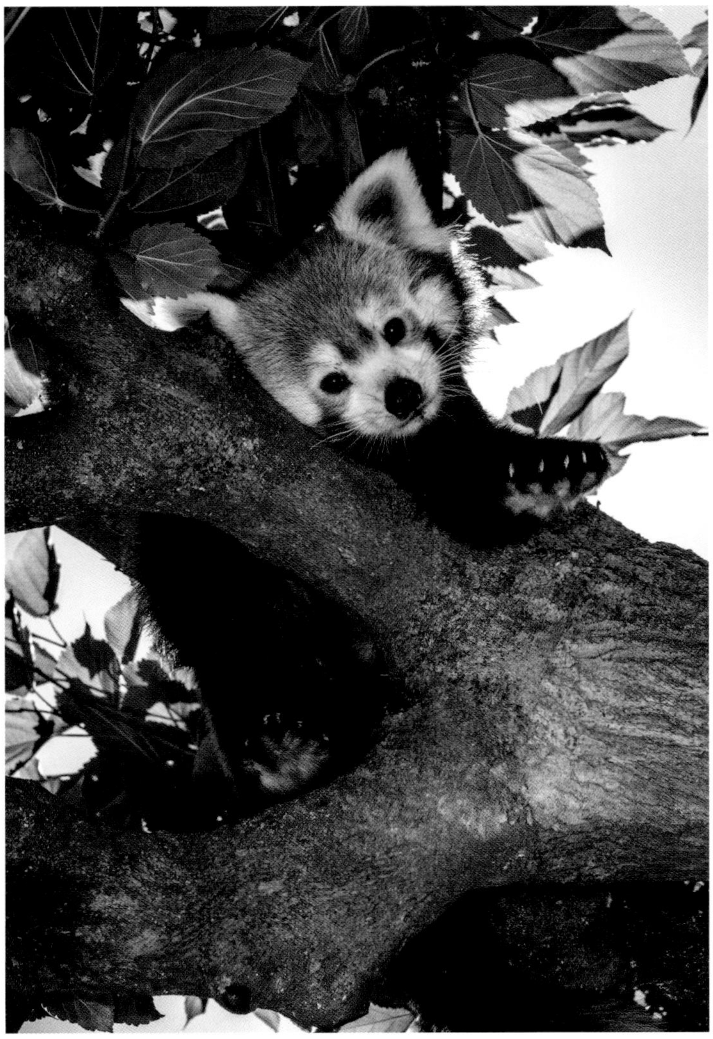
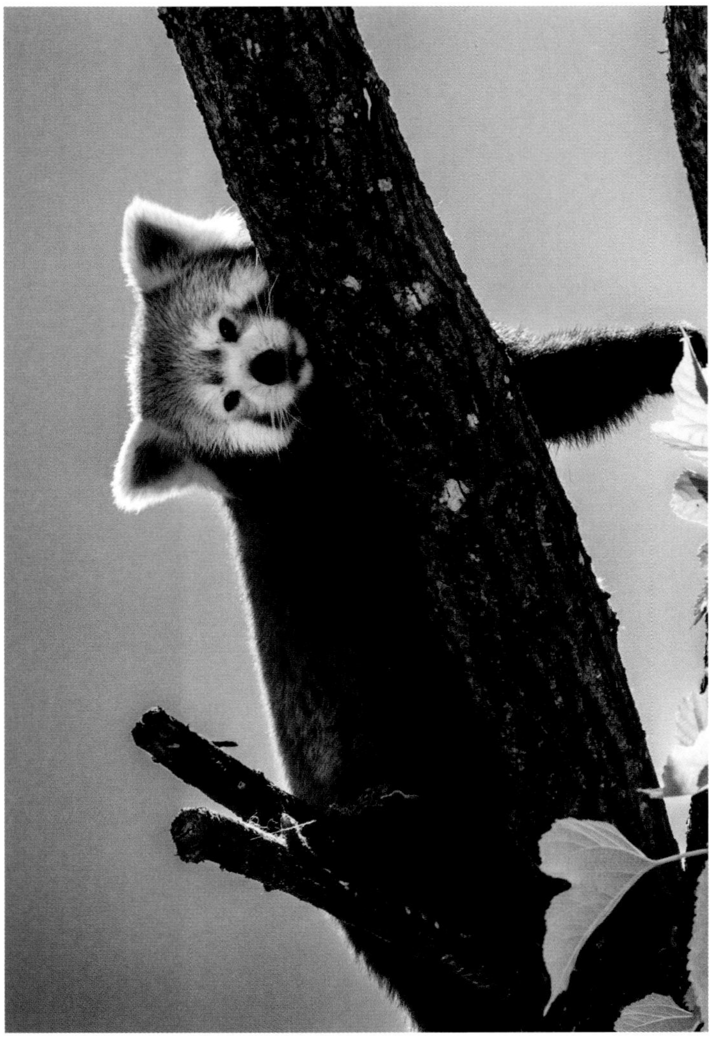

ANTILOPE TOPI
Damaliscus korrigum

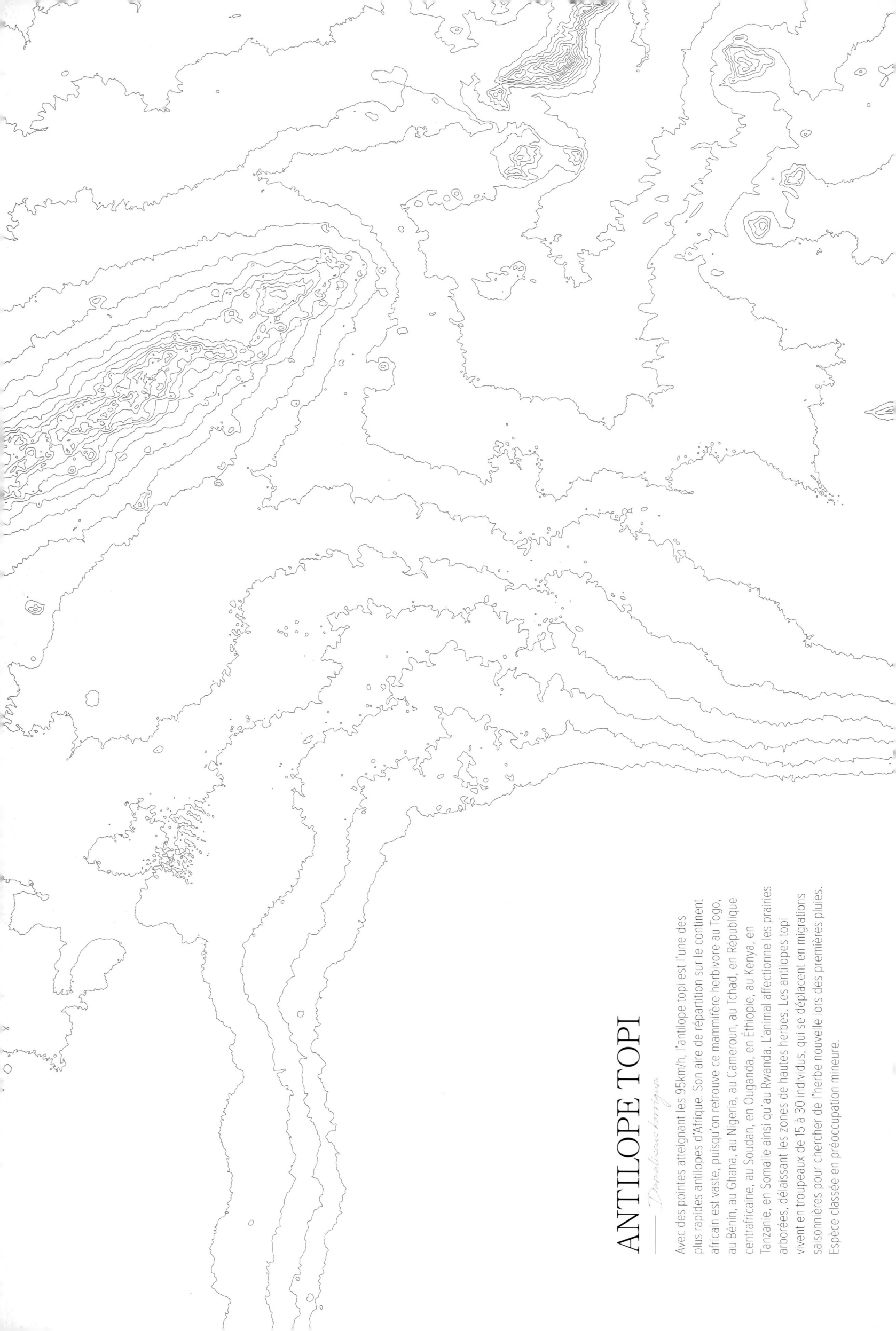

Avec des pointes atteignant les 95km/h, l'antilope topi est l'une des plus rapides antilopes d'Afrique. Son aire de répartition sur le continent africain est vaste, puisqu'on retrouve ce mammifère herbivore au Togo, au Bénin, au Ghana, au Nigeria, au Cameroun, au Tchad, en République centrafricaine, au Soudan, en Ouganda, en Éthiopie, au Kenya, en Tanzanie, en Somalie ainsi qu'au Rwanda. L'animal affectionne les prairies arborées, délaissant les zones de hautes herbes. Les antilopes topi vivent en troupeaux de 15 à 30 individus, qui se déplacent en migrations saisonnières pour chercher de l'herbe nouvelle lors des premières pluies. Espèce classée en préoccupation mineure.

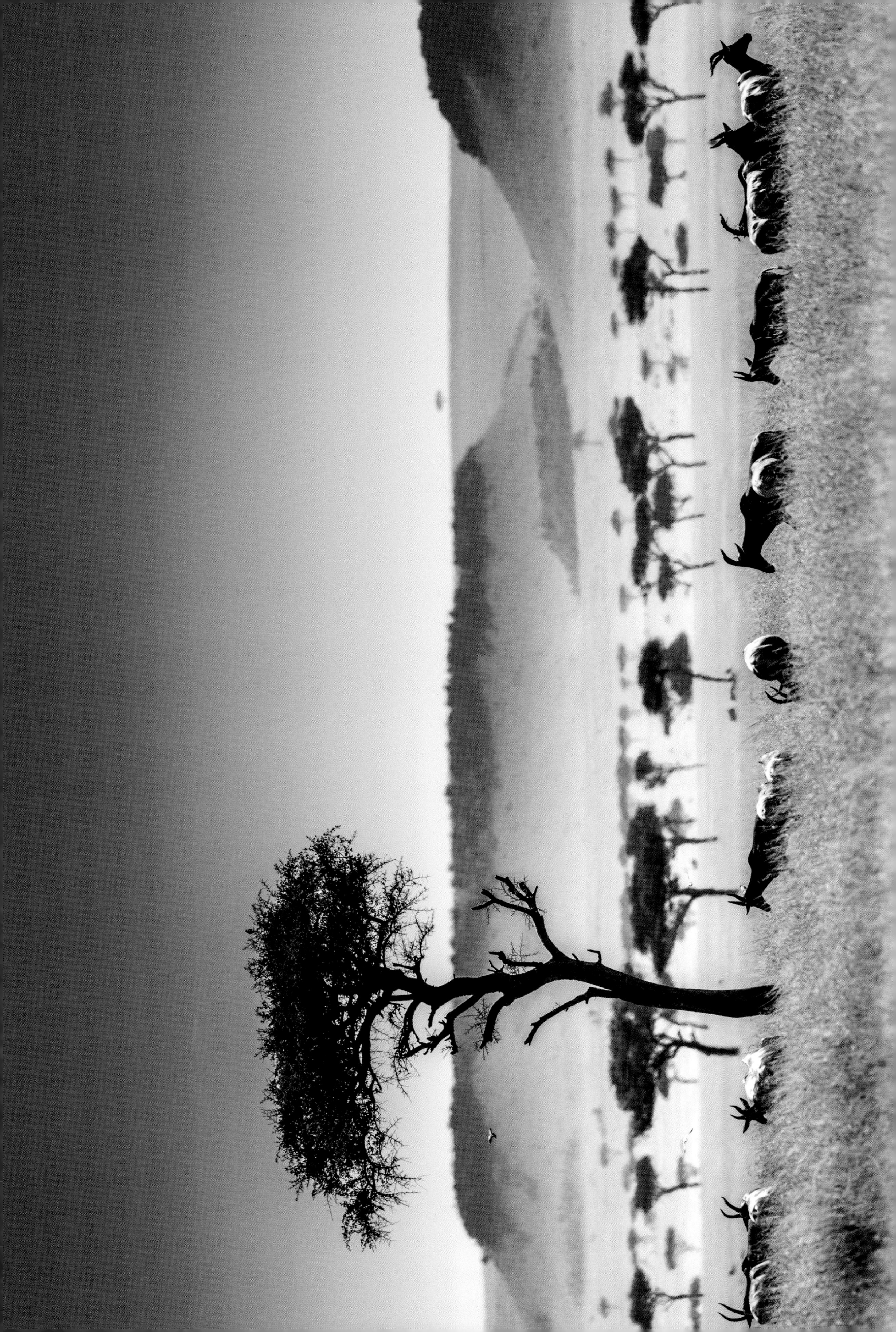

GAZELLE DE THOMSON
Eudorcas thomsonii

Ce gracile animal à la robe très dessinée est emblématique de la savane africaine. Particulièrement agile et rapide grâce à ses longues pattes et à la souplesse de sa colonne vertébrale, cette gazelle peut réaliser des bonds de plus de 2 m et courir en marquant des modifications abruptes de trajectoire, ce qui lui permet d'échapper à des prédateurs coriaces. En ligne droite, sa vitesse atteint 70 km/h, proche donc de celle du guépard pour qui elle est un mets de choix. La gazelle de Thomson peuple aujourd'hui les célèbres réserves du Masaï Mara et du Serengeti, mais on la retrouve encore dans certaines zones non protégées de l'Ouest africain dont elle est originaire. Sa population a fortement chuté consécutivement à la chasse dont elle est victime de la part des éleveurs, de plus en plus nombreux sur son territoire. La présence de fermes et d'exploitations agricoles de grande taille morcelle ses aires de migration, lui coupant également l'accès à ses zones d'alimentation habituelles. Finalement, sa photogénie en fait une proie recherchée par le chasseur en quête de trophées. Les Africains l'appellent *swalla tomi*. Préoccupation mineure.

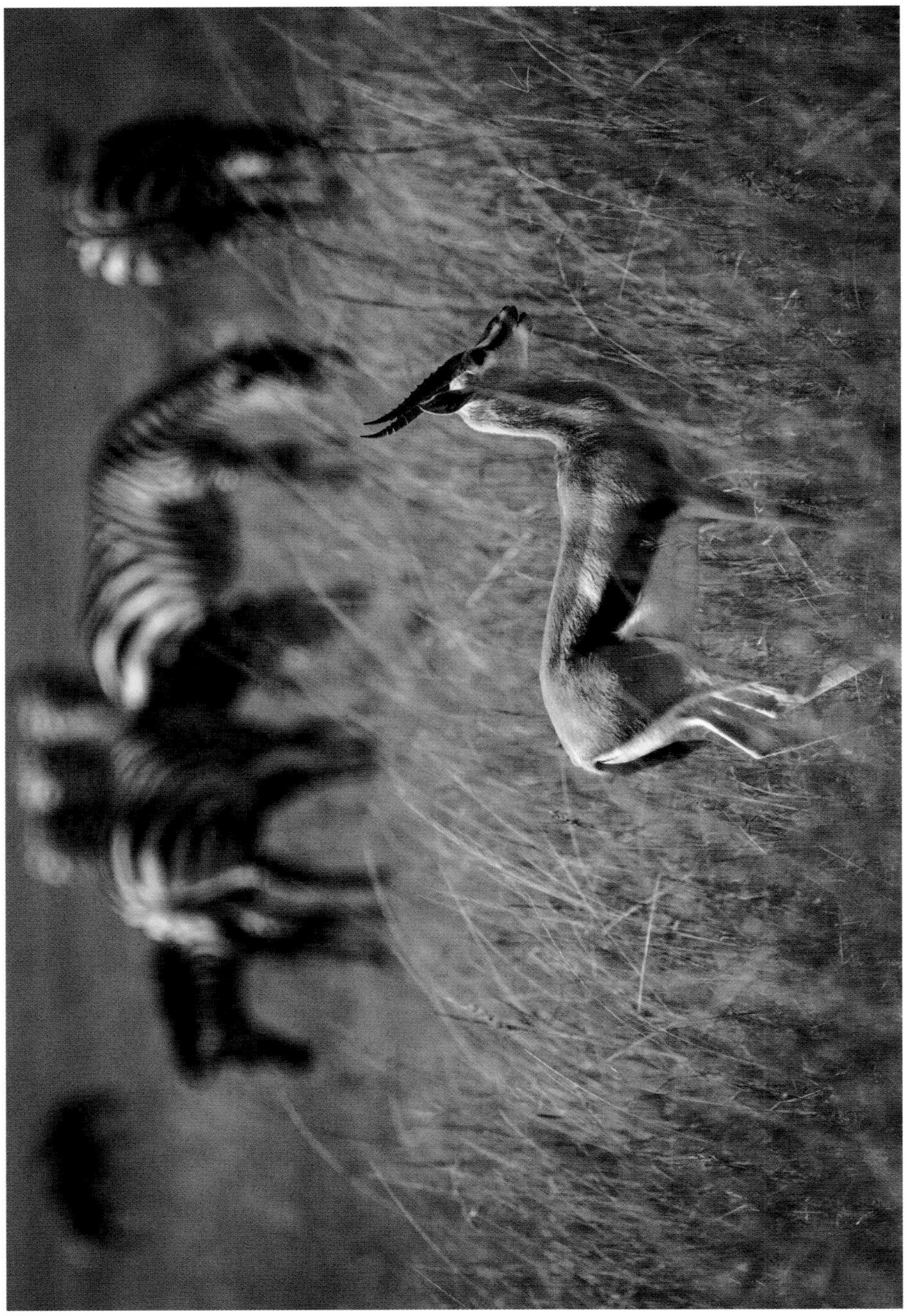

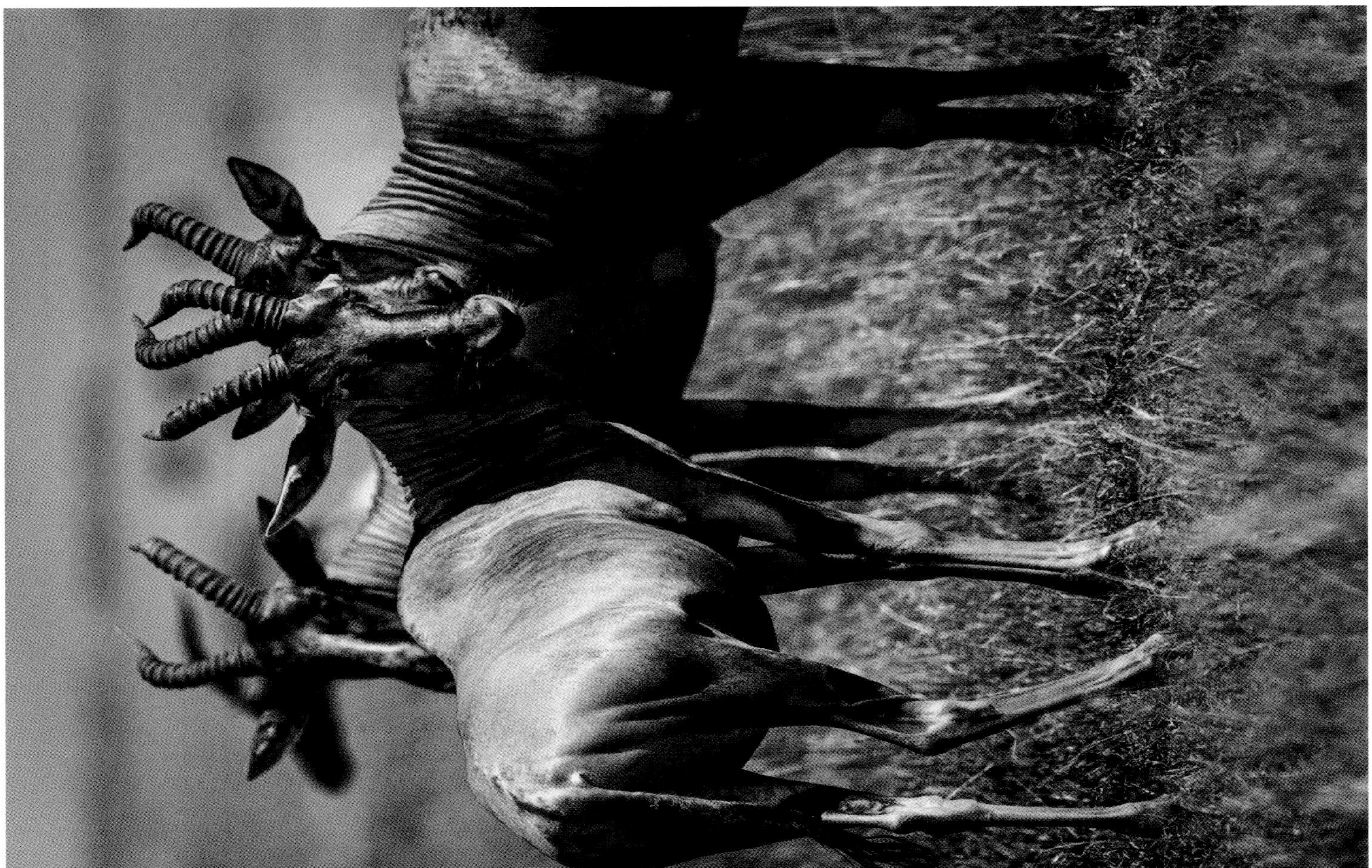

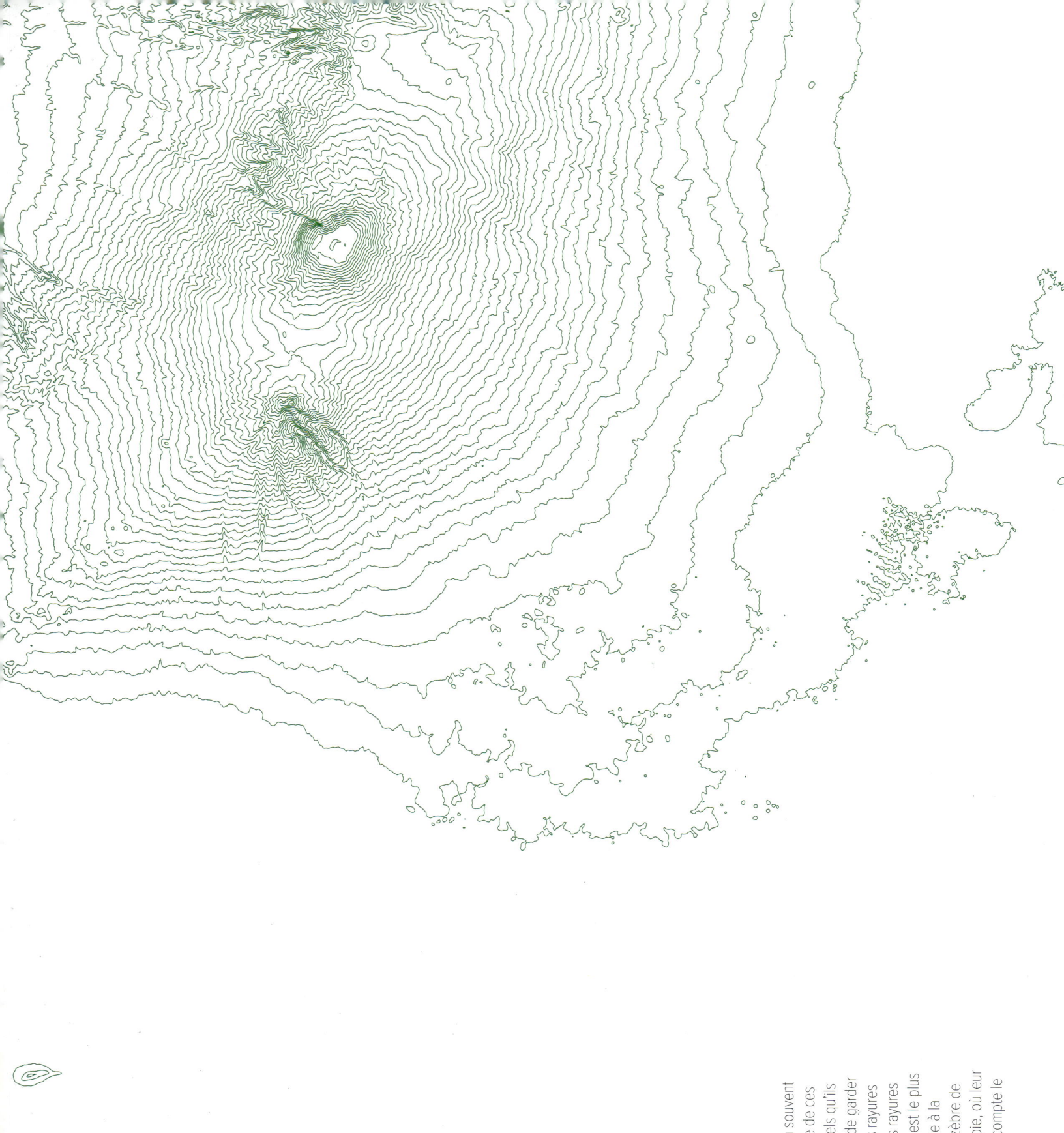

ZÈBRE DE GRÉVY

Les zèbres constituent un émerveillement pour les enfants, et bien souvent encore pour les adultes dont l'étonnement demeure intact à la vue de ces robes rayées. Ils créent une grande attraction pour les parcs naturels qu'ils habitent. Une des vertus de leur peau rayée serait qu'elle permet de garder l'animal au frais. Les rayures noires attirent plus de chaleur que les rayures blanches et ce contraste permet de créer un effet de fraîcheur. Les rayures auraient donc un rôle de protection thermique. Le zèbre de Grévy est le plus grand des équidés sauvages et mesure entre 2,50 et 3 m de la tête à la queue. Les mâles pèsent entre 350 et 400 kg contre 300 pour le zèbre de Grant. On dénombre environ 2 500 individus au Kenya et en Éthiopie, où leur habitat est constamment réduit par les activités humaines. L'UICN compte le zèbre de Grévy parmi les espèces en danger.

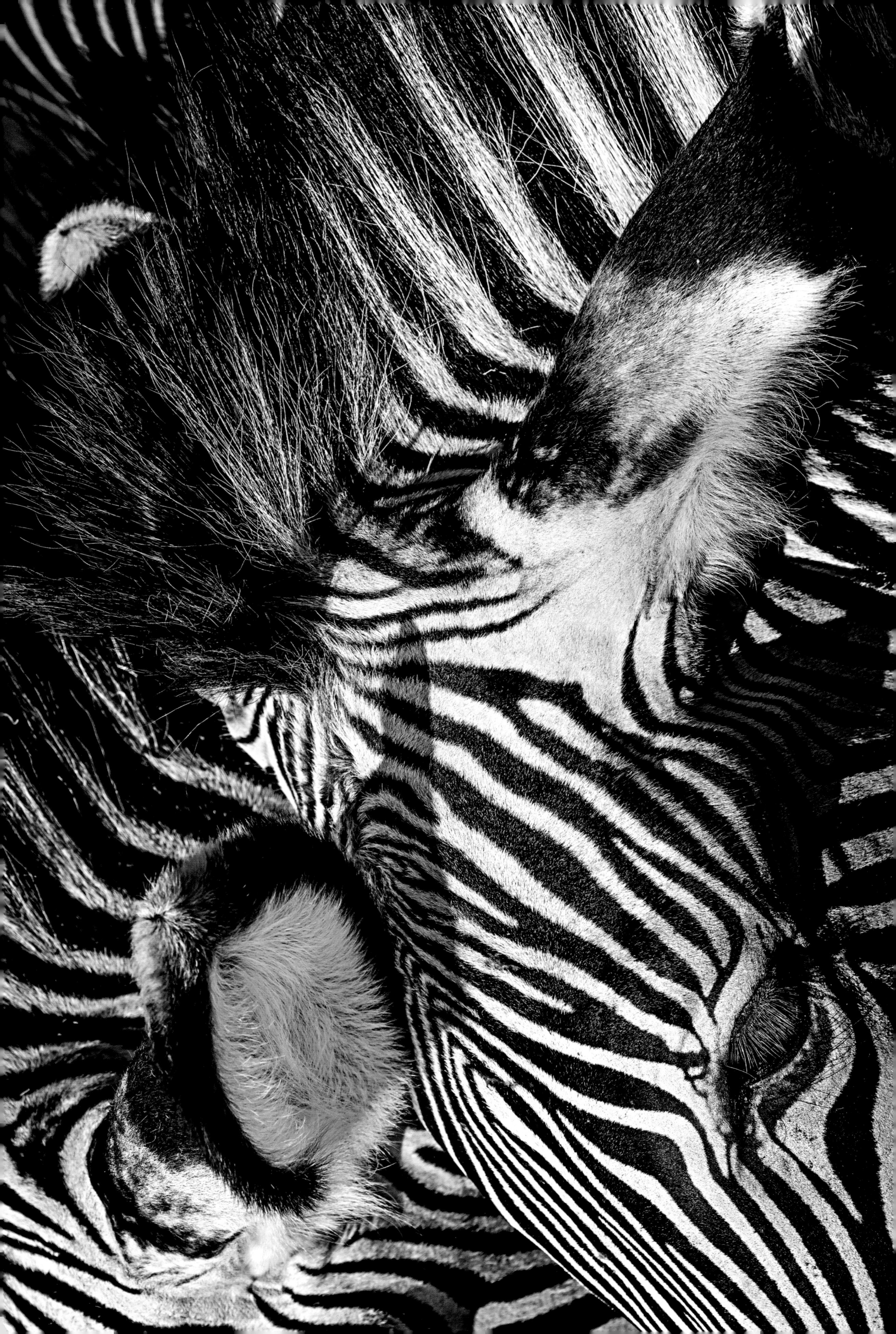

ZÈBRE DE GRANT
Equus quagga boehmi

Connu également sous le nom de zèbre de Böhm, cet herbivore appartient à la famille des *Equidae*. Il fait partie d'une sous-espèce de zèbres des plaines, dont l'aire de répartition se situe en Afrique de l'Est, notamment en Zambie, en République démocratique du Congo et en Tanzanie, et peut s'étendre jusqu'à la vallée du Grand Rift en Éthiopie. Il présente des rayures verticales à l'avant, horizontales sur les pattes arrière, et diagonales sur la croupe et les flancs postérieurs. Les couleurs de la robe sont variables en fonction de l'âge et des individus : les rayures des jeunes sont par exemple d'un brun assez clair.

Les guerres civiles récentes dans les différents pays où l'espèce est répartie ont provoqué des déclins spectaculaires dans toutes les populations du zèbre de Grant. Il est maintenant éteint au Burundi, et la guerre civile en Angola, pendant la plus grande partie des vingt-cinq dernières années, a dévasté les populations de zèbres des plaines. Elle a aussi détruit l'administration et l'infrastructure des parcs nationaux. Par conséquent, le zèbre de Grant y est probablement éteint ou presque, bien qu'il reste nécessaire d'attendre que des enquêtes soient menées pour le confirmer. En dehors de ces menaces, c'est la chasse pour sa peau qui doit inquiéter, surtout en dehors des zones protégées.

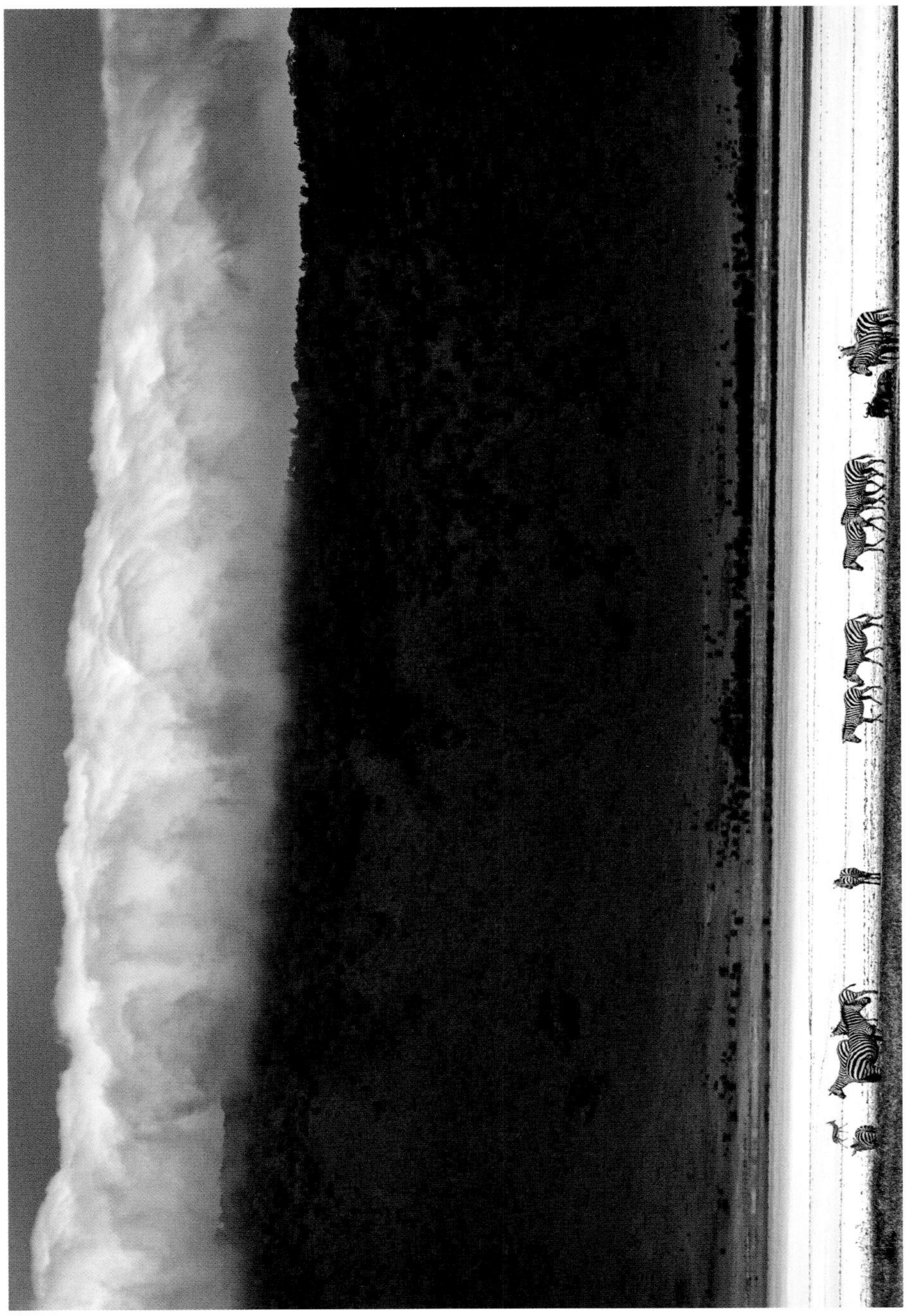

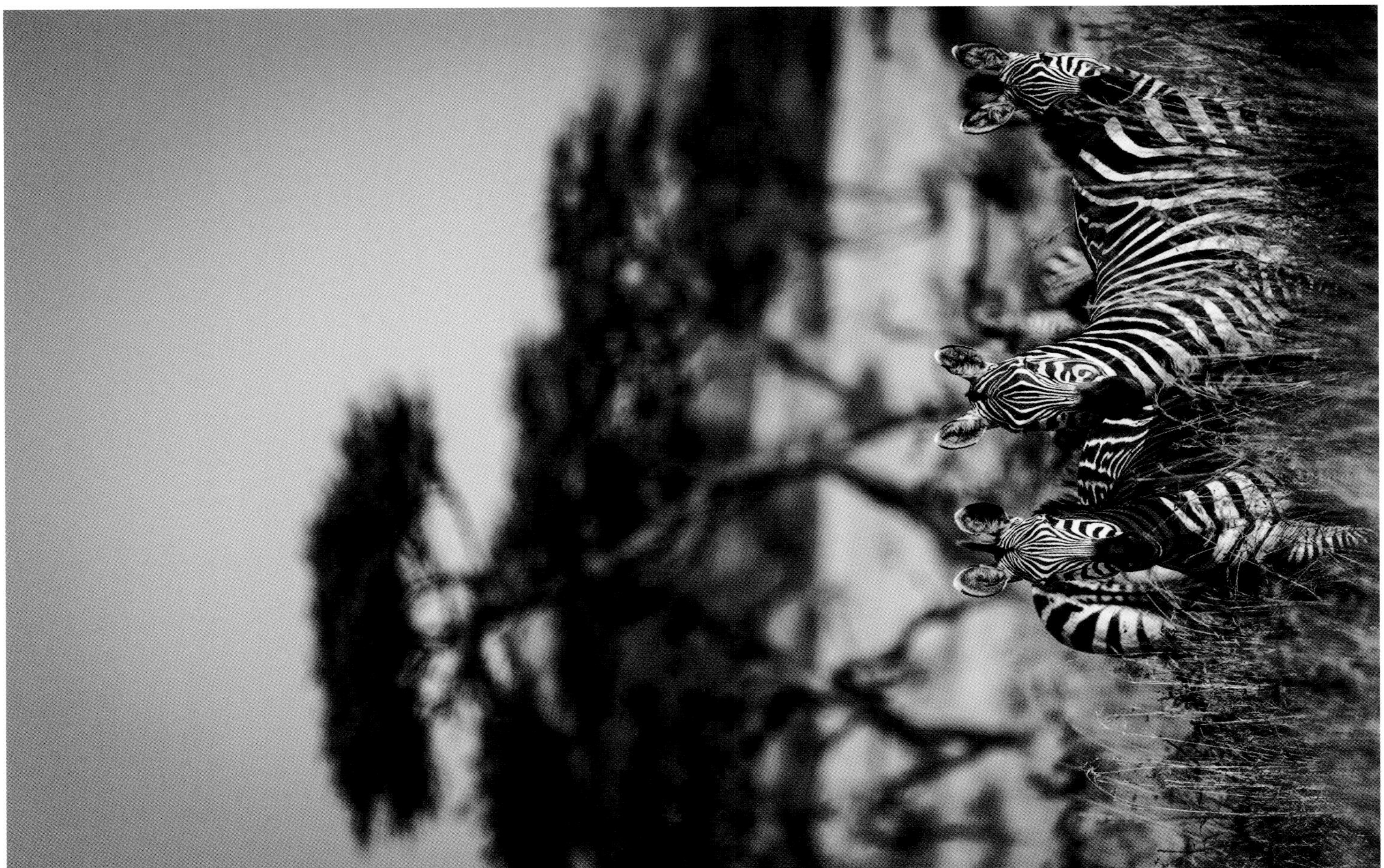

« En immobilisant la vie l'espace d'une fraction de seconde, le temps d'un déclic, la photo montre un univers où le vivant est bien mortel. »

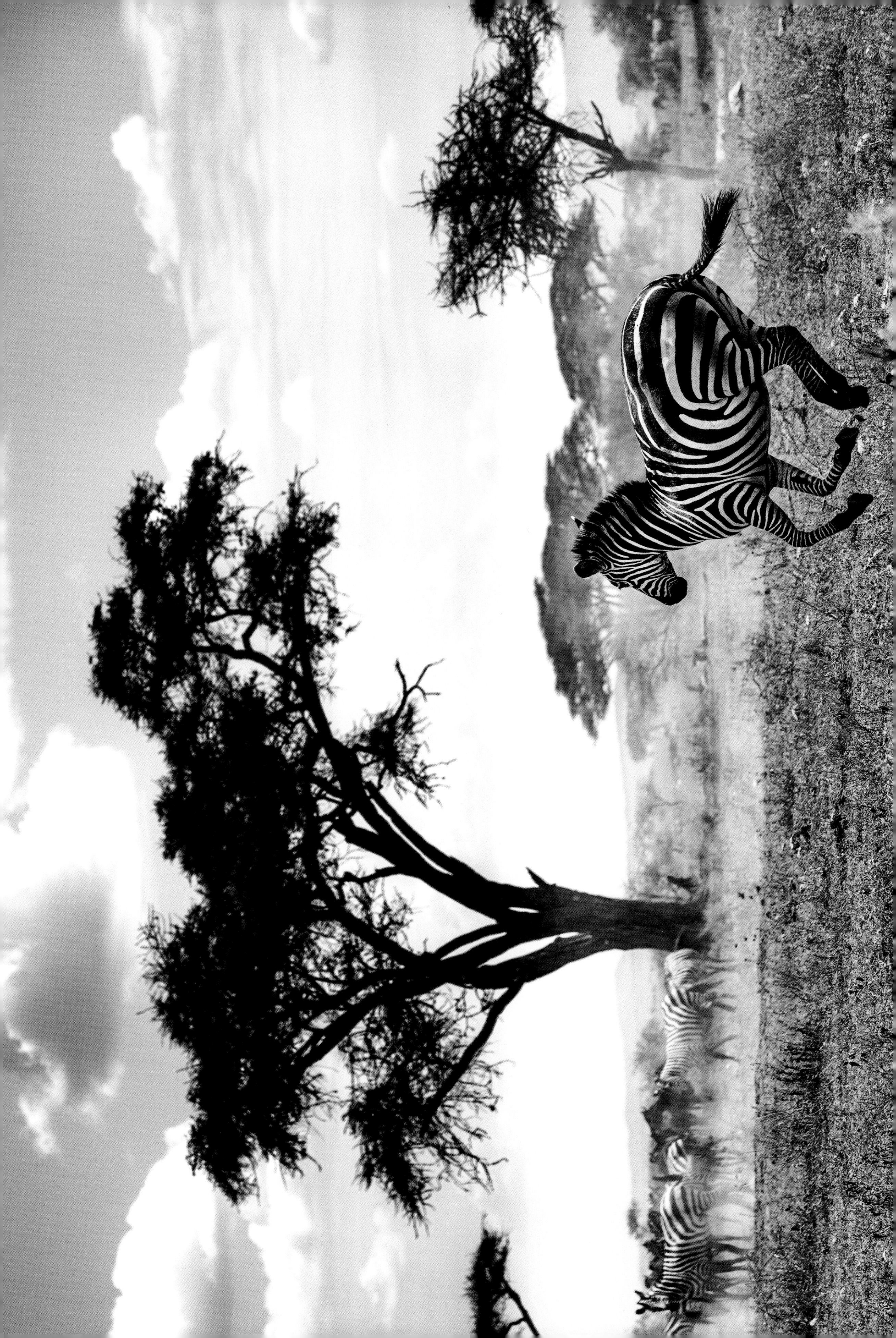

RENNE
Rangifer tarandus

Aussi appelé caribou au Canada, ce cervidé est originaire des régions arctiques et subarctiques de l'Europe, de l'Asie et de l'Amérique du Nord. C'est un animal qui se nourrit d'écorces et de lichens, d'herbes et de feuilles. Il s'adapte aux saisons mais aussi aux changements climatiques, lui qui doit sans cesse migrer pour trouver sa nourriture dans la toundra, à laquelle il accède en passant fleuves et obstacles naturels divers. Le réchauffement climatique aurait une influence problématique sur les cycles reproductifs du renne. En effet, l'apparition saisonnière des végétaux ne coïncide plus à la période de mise-bas des femelles.

Comme un symbole d'une capacité innée d'adaptation, ses yeux, pour coïncider avec les variations de luminosité saisonnières, passent d'un brun aux reflets d'or en été à un bleu profond en hiver. C'est à cette saison que le paysage, sous un plafond nuageux de plus en plus bas, devient noir et blanc. Cette tête de renne mort, recouverte de neige, fait ici penser à un fantôme, seul habitant de cet endroit désert. La neige durcit avec le froid pour devenir une véritable carapace de glace, faisant de cette tête une sculpture, comme une sentinelle, gardienne des lieux. Espèce vulnérable.

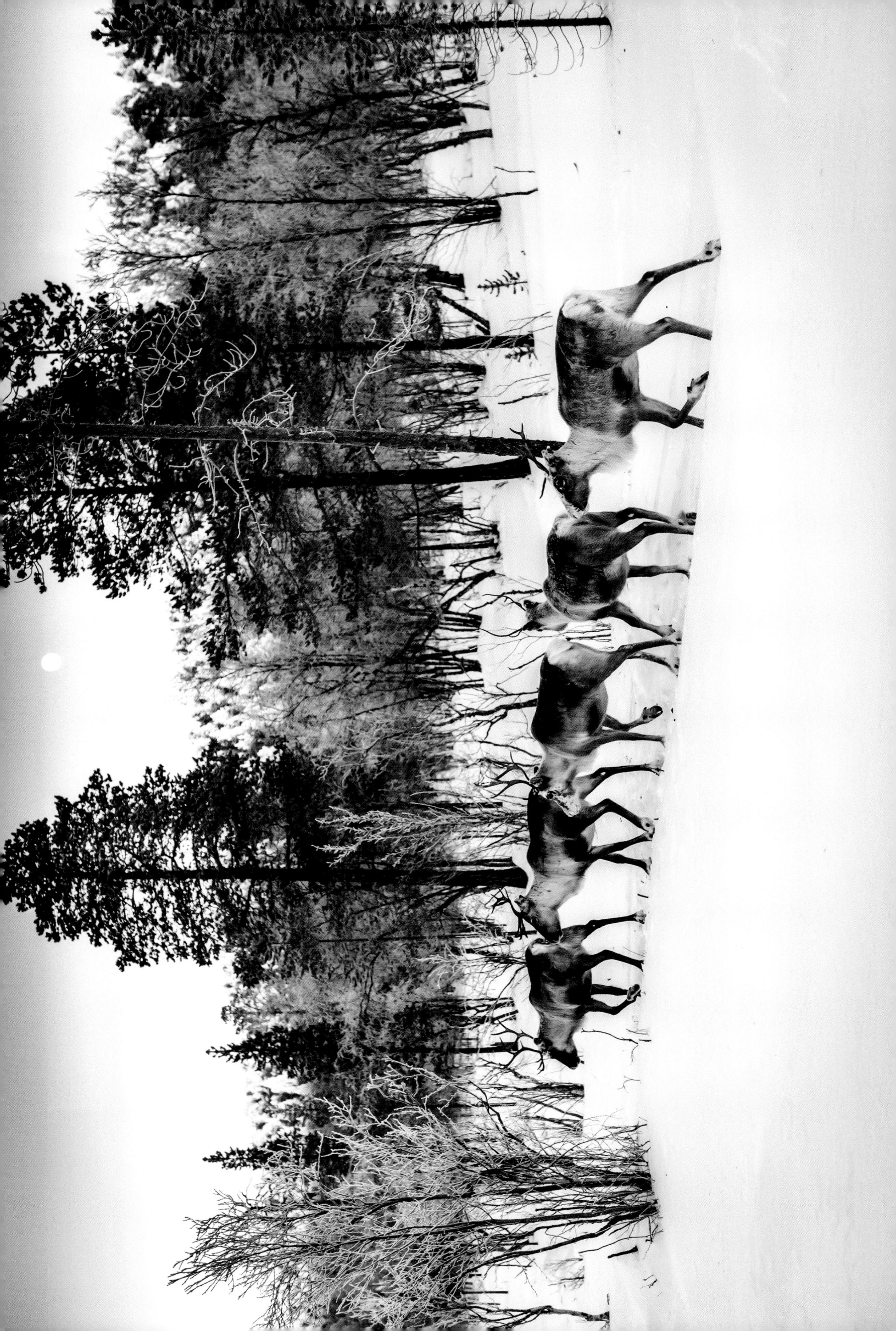

OKAPI
Okapia johnstoni

L'okapi, dont le nom en lingala est *mondonga*, est un symbole national du Congo, où il figure sur les billets de banque. L'espèce, de la même famille que la girafe, a été tardivement décrite par les scientifiques et vit exclusivement dans la forêt de l'Ituri, au nord-est de la République démocratique du Congo. D'une morphologie semblable à celle de la girafe, bien que muni de pattes qui rappellent celles du zèbre, l'okapi mesure environ 1,80 m au garrot pour un poids maximum de 230 kg. Cet animal, à l'apparence tranquille, est menacé dans son milieu naturel à cause du braconnage et de la disparition de son habitat. La perte de contrôle des autorités locales quant à la préservation des espèces animales (en raison de la guerre civile qui sévit dans le pays) est la première cause de ces menaces. Le Dr Noëlle Kümpel, coprésidente du groupe de spécialistes des girafes et de l'okapi de l'UICN déclare à ce sujet : « La RDC a été prise dans la guerre civile et ravagée par la pauvreté pendant près de deux décennies, conduisant à une dégradation généralisée de l'habitat de l'okapi et à l'augmentation de la chasse pour sa viande et sa peau. » Espèce en danger.

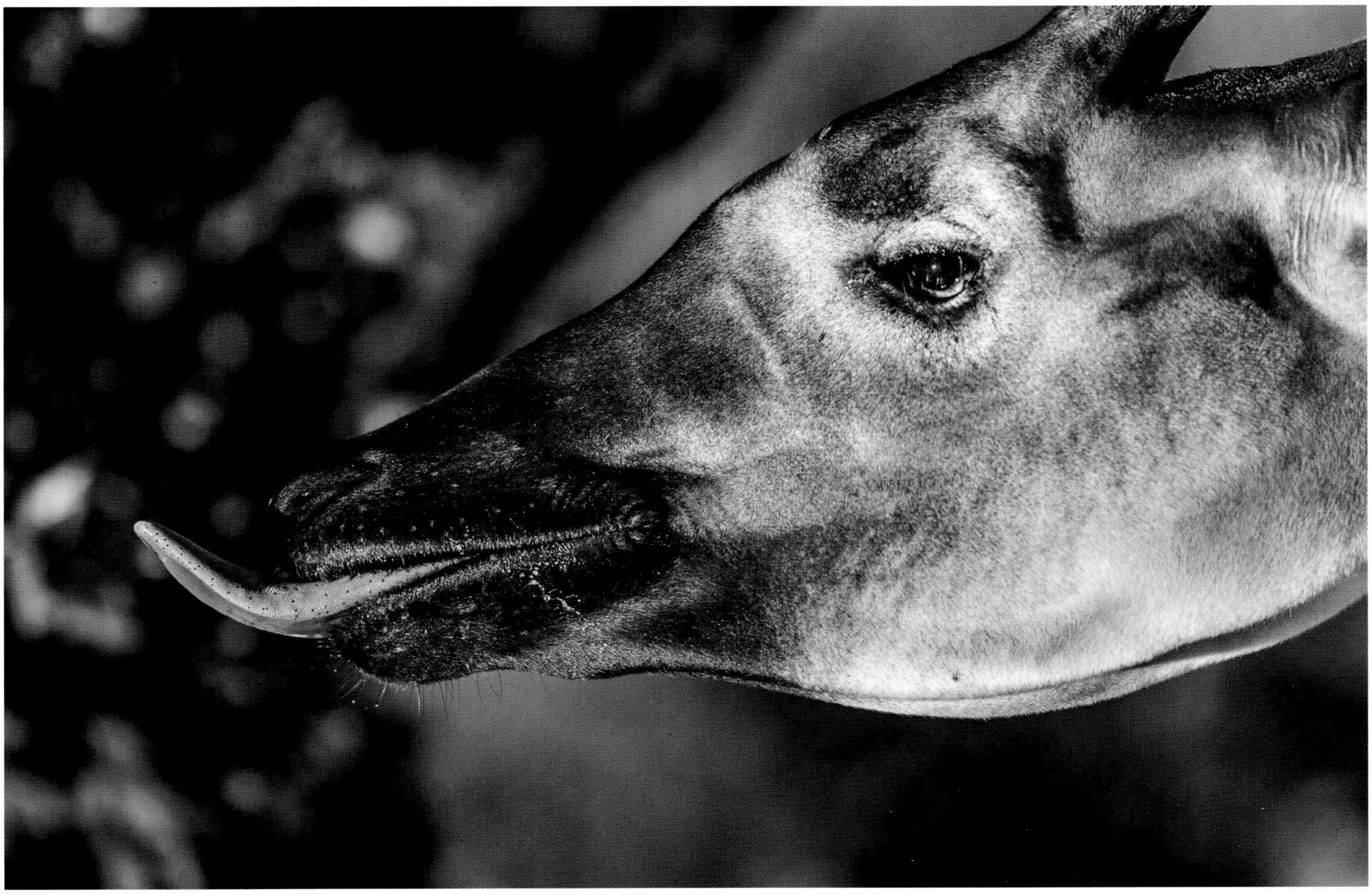

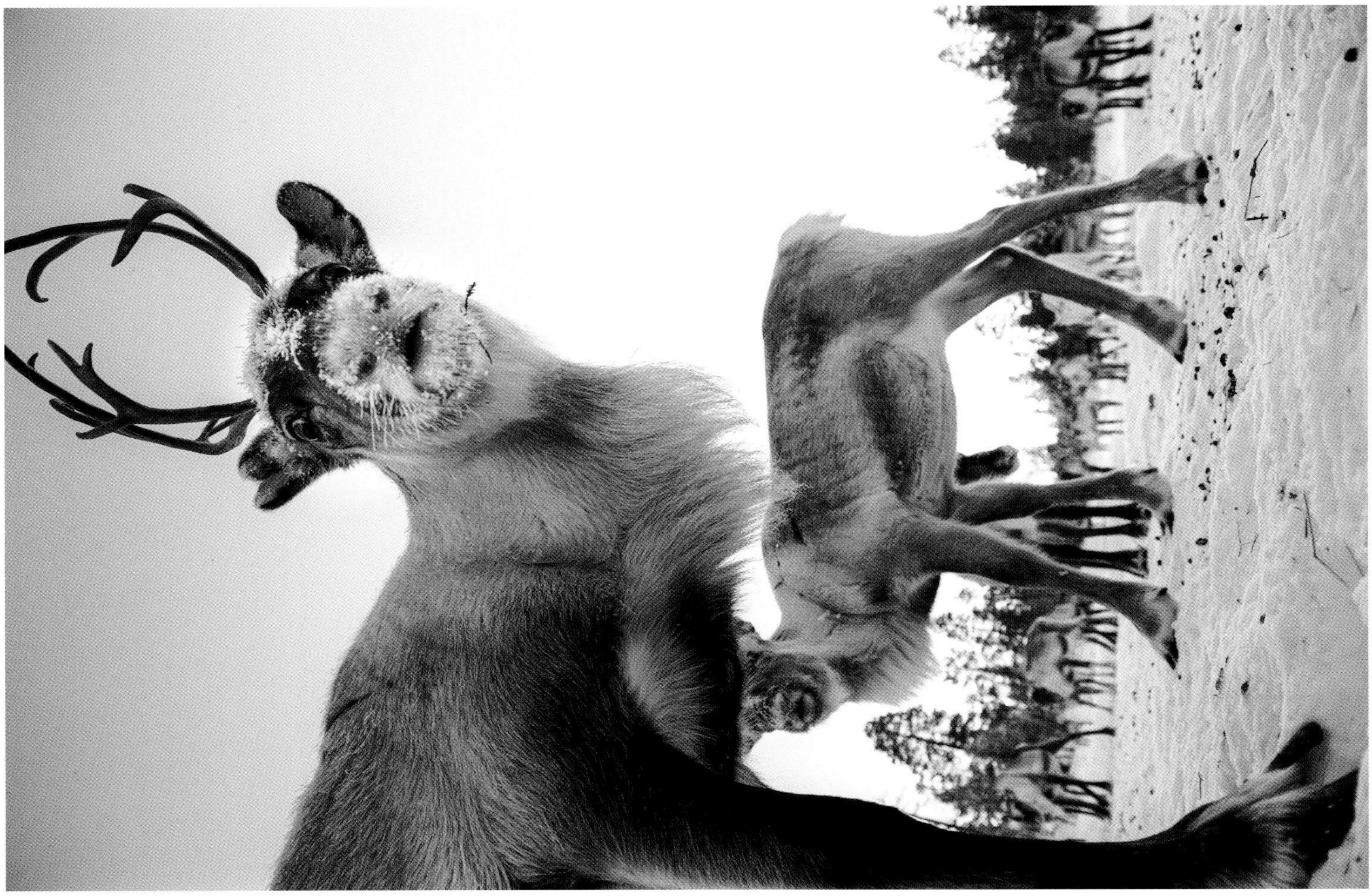

PRONGHORN
Antilocapra americana

Également appelée antilope d'Amérique ou antilocapre, ce mammifère occupe divers milieux dans l'ouest de l'Amérique du Nord. Cet animal au pelage à dominante fauve se confond avec la couleur des hautes herbes des prairies qu'il habite. Il mesure approximativement 1,40 m pour un poids de 40 à 60 kg, avec des mâles plus grands que les femelles. Si le premier facteur de déclin du nombre de pronghorns est la chasse, pour leur viande et pour les trophées, les menaces se sont aujourd'hui multipliées. L'habitat disponible s'est radicalement réduit en conséquence de l'expansion agricole, urbaine et minière. L'obstruction des mouvements saisonniers par les clôtures artificielles, l'élimination de la végétation indigène et le pâturage intensif contribuent à la précarisation de l'espèce sur ses terres historiques. Une des modalités de préservation de l'espèce est son installation dans de vastes aires protégées, comme le célèbre parc national de Yellowstone dans les États du Wyoming, de l'Idaho et du Montana aux États-Unis. Espèce considérée comme de préoccupation mineure.

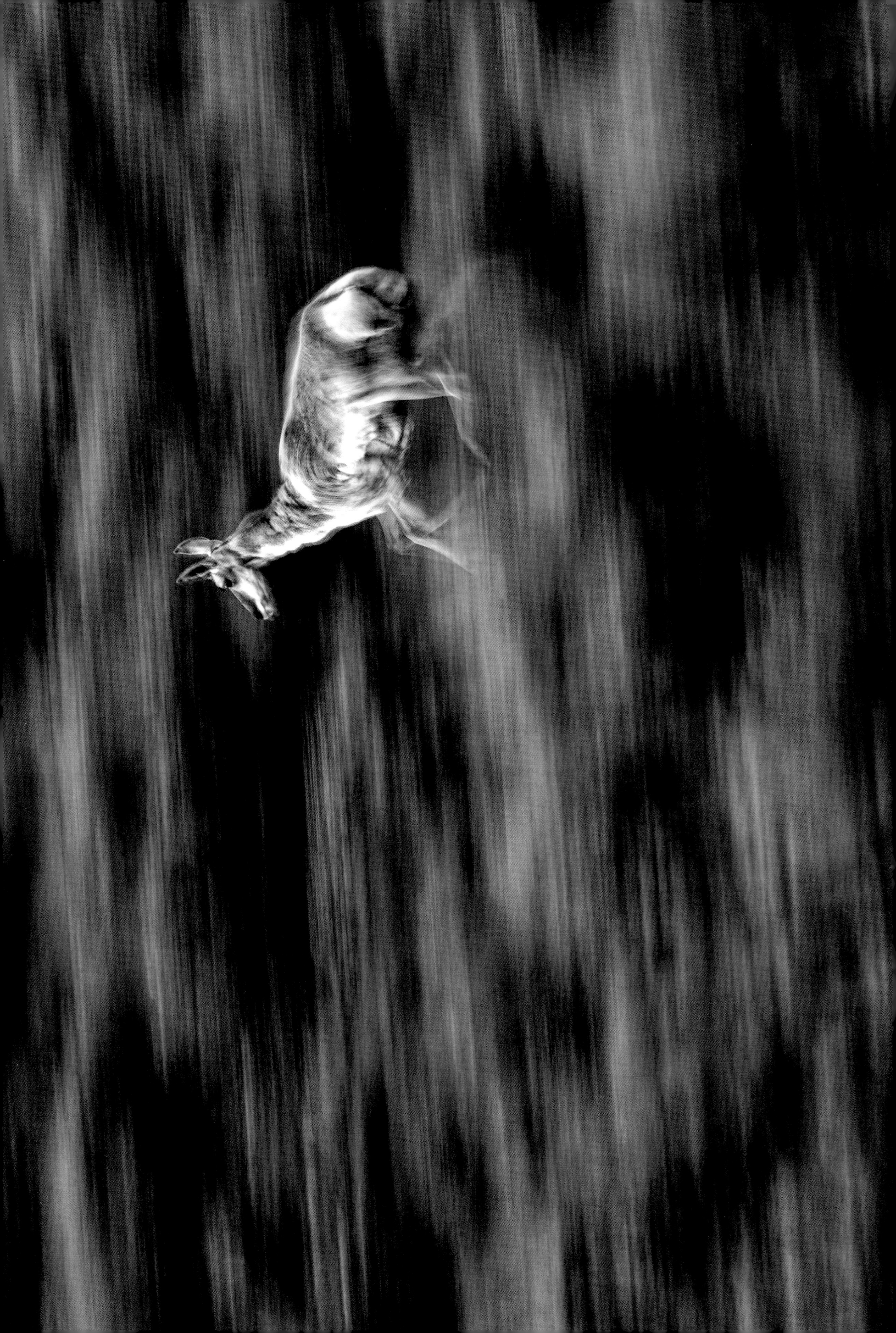

CHIEN DE PRAIRIE
Cynomys

Rongeurs au pelage brun, moucheté, teinté d'or ou tirant vers la couleur crème, les chiens de prairie peuvent mesurer de 30 à 45 cm, queue comprise et peser jusqu'à 1,5 kg. On les retrouve principalement dans les prairies et les steppes, à l'ouest et au centre des États-Unis, ainsi qu'au nord du Mexique. Ces herbivores, qui peuvent vivre jusqu'à 5 ans, se nourrissent de graines, de racines, de bulbes, de fruits et parfois d'insectes. Comme la plupart des rongeurs, le chien de prairie possède 2 paires d'incisives qui s'usent continuellement et qu'il use en rongeant. Espèce en danger.

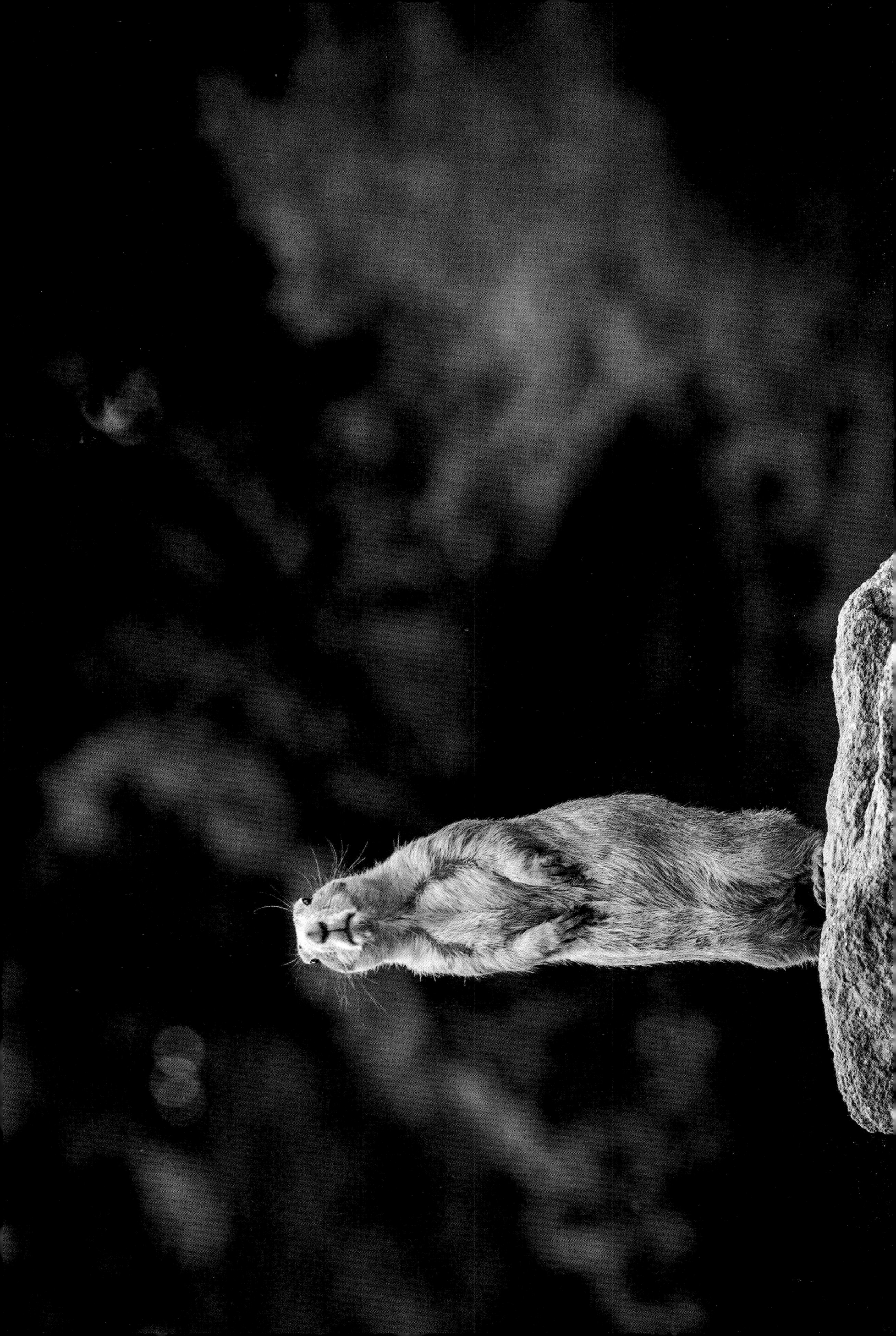

CHAMEAU DE BACTRIANE
Camelus ferus

Le chameau sauvage de Bactriane, aussi connu comme le chameau de Tartarie, tient son nom de la région dite de Bactriane ou Bactrie, située dans les steppes de l'Asie centrale proches de l'Afghanistan. Son territoire, qu'il sillonnait d'un long pas d'amble, s'étendait autrefois bien au-delà, sur les immenses zones désertiques de l'est du fleuve Jaune au désert de Gobi, au Kazakhstan. Le dénominatif commun « de Bactriane » recouvre aussi bien le chameau sauvage – *Camelus bactrianus* – que le chameau sauvage – *Camelus bactrianus ferus* –, mais ces deux animaux sont issus de souches génétiques distinctes, si bien qu'à l'heure actuelle, l'hybridation menace la souche génétique unique du chameau sauvage. Le naturaliste russo-polonais Nicolaï Prejalski – qui donnera son nom au seul spécimen de cheval sauvage connu – lui accorda le statut d'espèce à part entière, à la fin du XVIIIe siècle. L'hybridation n'est malheureusement pas la seule menace qui pèse sur cette unique espèce de chameau sauvage. La dégradation de son habitat naturel par l'activité humaine, qu'il s'agisse d'essais nucléaires ou d'élevage intensif, ainsi que le braconnage, ont réduit sa population à quelques centaines d'individus, le plaçant au seuil de la disparition. De ce fait, son territoire s'est morcelé, avec 4 « poches » à très faible densité à l'est, en Mongolie (parties les plus désertiques du désert de Gobi) et en Chine (pourtours du lac Ob Nor). En danger critique d'extinction.

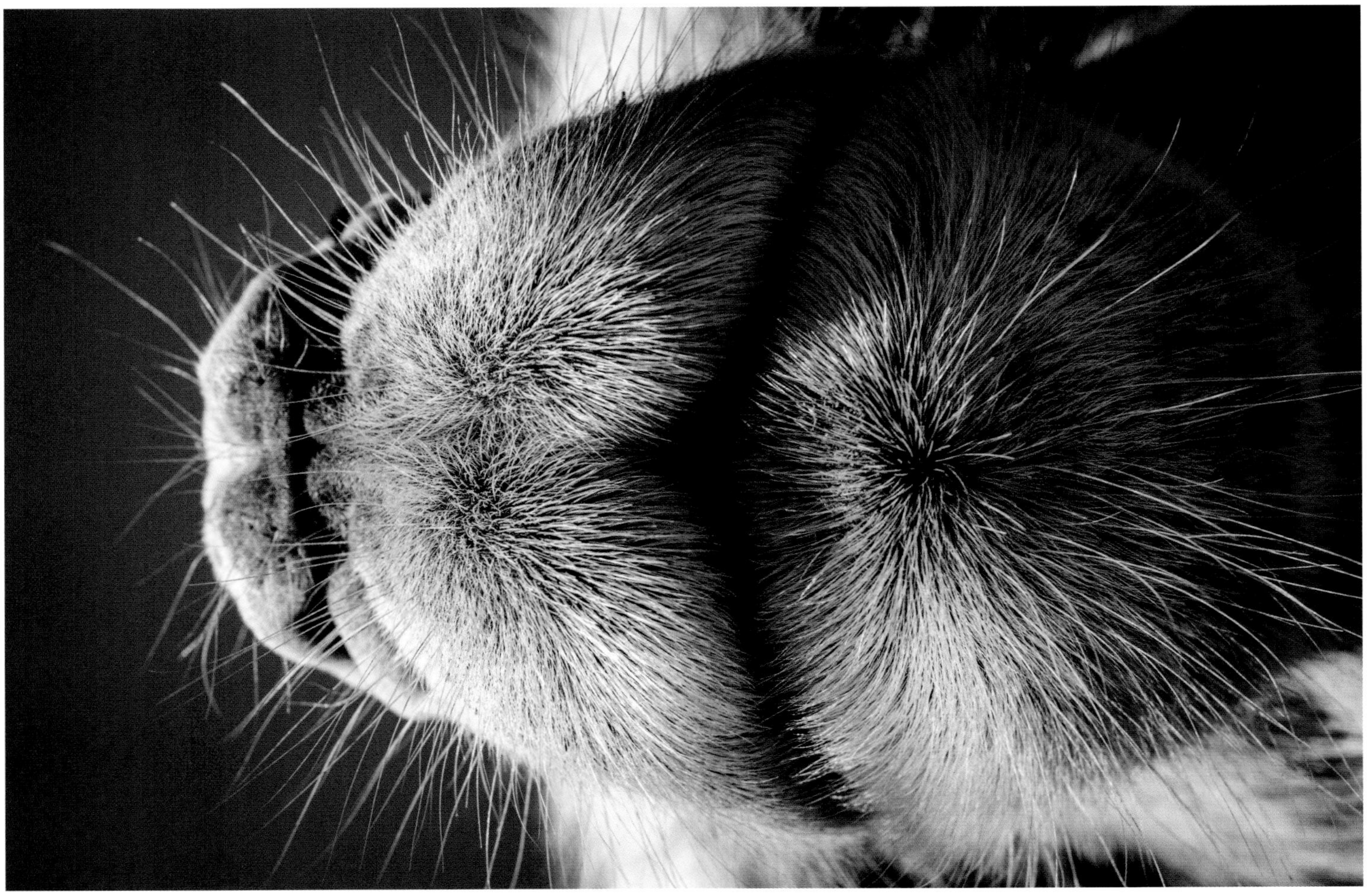

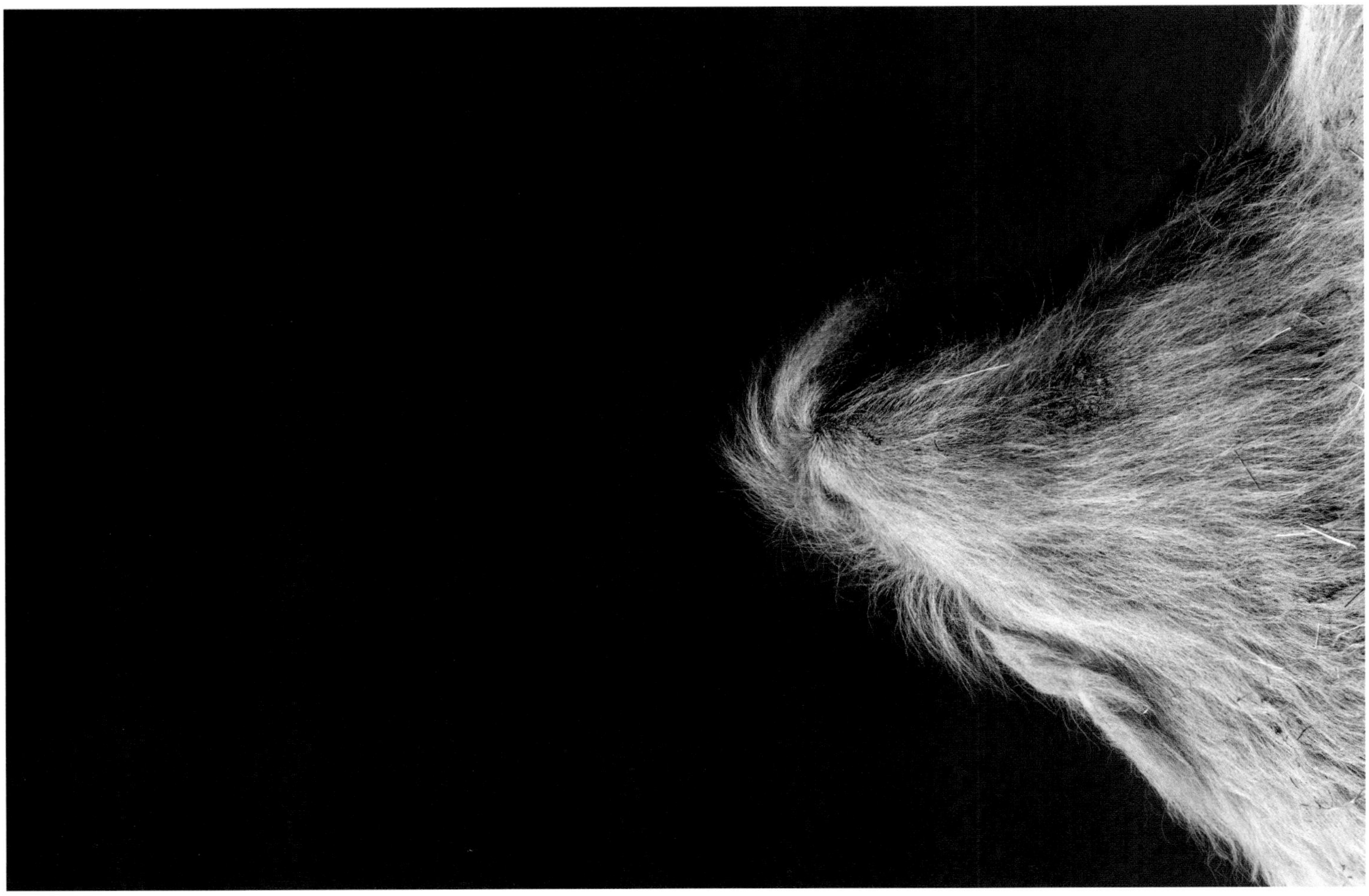

CERF DE JAVA OU CERF DE TIMOR
Cervus timorensis

Originaire de Java, où il a été introduit en 1639 par un gouverneur hollandais, et de Bali, ce petit cerf intelligent, pourvu d'un excellent odorat ainsi que d'une bonne vue, vivait sur les hauts plateaux de l'île Maurice, là où commence la forêt primaire, mélange de clairières d'herbes rases et d'essences arborées. L'île a joué un rôle majeur de préservation et a contribué à sa réimplantation à Java où il était menacé d'extinction à cause de la perte de son habitat. Mammifère herbivore, le cervidé se nourrit majoritairement d'herbe et de feuilles, mais aussi de fruits tombés des arbres, d'écorces ou de bourgeons. Principalement sédentaire, cette espèce est plutôt nocturne, occasionnellement diurne. Son pelage est ébouriffé et rêche, brun roux sur le dos et brun très clair sur le ventre. Sa queue, qui mesure jusqu'à 20 cm à l'âge adulte, protège l'anus où se situent les glandes odoriférantes. Mâles et femelles arborent des bois ramifiés qu'ils perdent chaque année.

Après avoir menacé des zones montagneuses du pays en proliférant à l'excès, les populations de cerf de Java se cantonnent de nos jours aux réserves naturelles. Des actions ont bien été menées pour limiter un peu son développement, par exemple en encourageant sa chasse au moyen de primes accordées à ceux qui rapportent la mâchoire aux autorités, mais la faible densité en population humaine et l'étendue du pays ont permis à l'espèce de migrer facilement dans des endroits reculés, loin des zones habitées.

Son jumeau calédonien, également appelé cerf de Java, est chassé pour sa viande rouge d'excellente qualité, beaucoup moins grasse que celle du bœuf, ce qui fait d'elle un constituant important de la cuisine traditionnelle calédonienne. En Nouvelle-Calédonie, on recense entre 200 000 et 300 000 individus : sans prédateur connu, si l'on excepte l'homme, sa population, là-bas, devrait continuer à croître. Le *Rusa timorensis*, de nos jours considéré comme une espèce menacée sur son aire de répartition naturelle, est inscrit dans la catégorie vulnérable sur la liste rouge de l'IUCN.

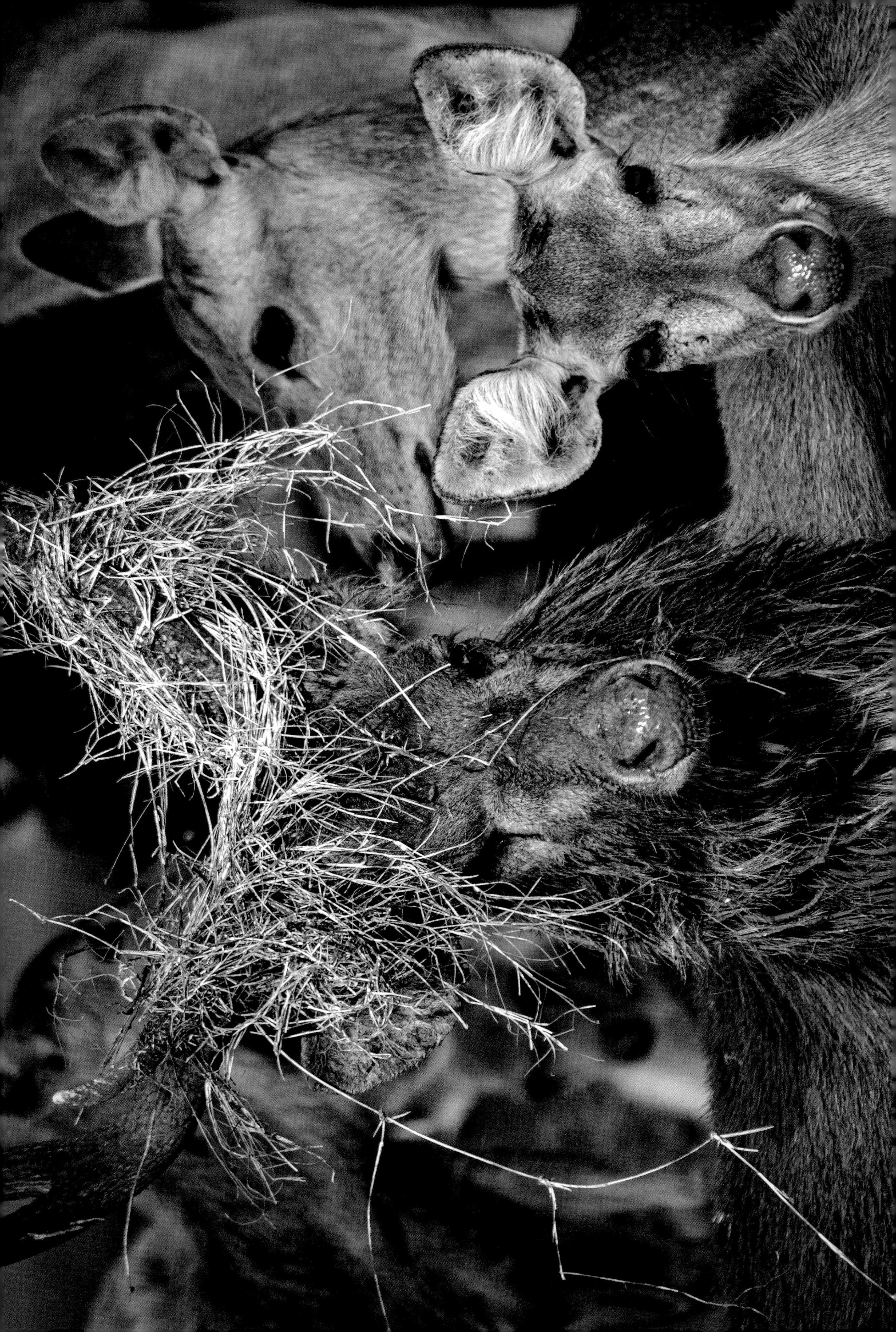

TAPIR TERRESTRE
Tapirus terrestris

Le tapir terrestre, tapir du Brésil ou encore maïpouri en Guyane française, est un mammifère de l'ordre des périssodactyles, peuplant les zones humides inondables d'Amérique du Sud. De taille moyenne à grande (il mesure jusqu'à 2 m de long), il peut peser 300 kg. Végétarien, il se nourrit de petites branches, de feuilles et de fruits. Le temps de gestation assez long (près de 13 mois) du tapir terrestre le rend plus enclin à être affecté écologiquement par la chasse. Donnant la vie à un jeune à la fois, l'espèce se rétablit difficilement dans les zones de chasse active et prolongée.

C'est le long des réseaux routiers, des colonies et de la frontière agricole dans le bassin amazonien que la chasse représente la menace la plus sérieuse. Elle peut avoir pour résultat l'élimination complète de l'espèce d'un habitat pourtant viable. La perte d'habitat liée à la déforestation ainsi que l'utilisation à l'échelle internationale de sa peau en maroquinerie rendent cette espèce vulnérable.

COBE DEFASSA
Kobus ellipsiprymnus

Figure de choix de l'art africain, le cobe defassa est une grande antilope mesurant de 1,70 à 2,35 m de long, et pesant de 160 à 300 kg. Elle possède une grande tache blanche sur la croupe, ce qui rend aisée son identification. Le contour de son museau est également blanc et ses oreilles sont joliment arrondies. Mais ce sont les superbes cornes annelées portées par les mâles qui en font malheureusement un trophée recherché par les chasseurs. Espèce quasi menacée.

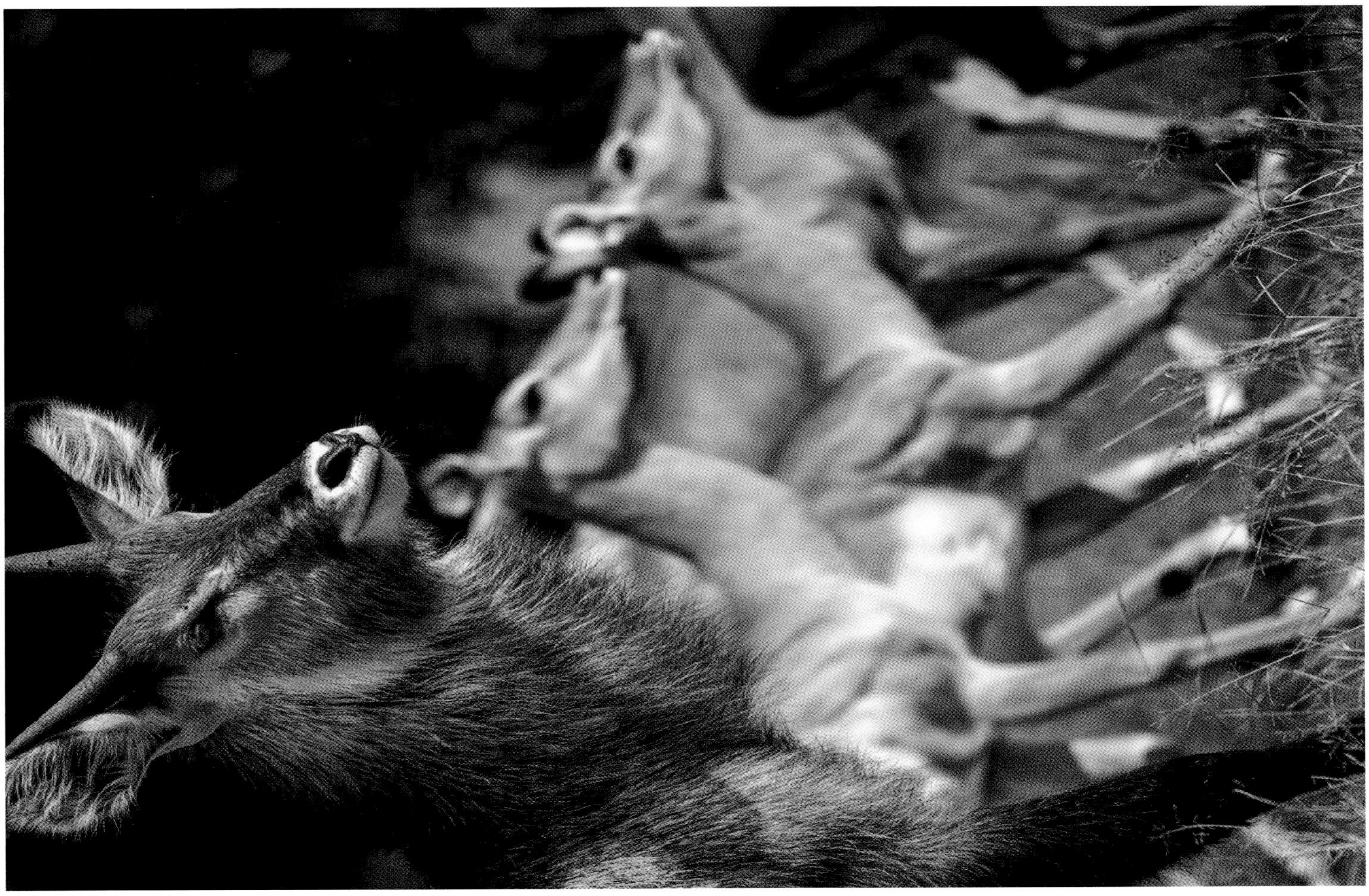
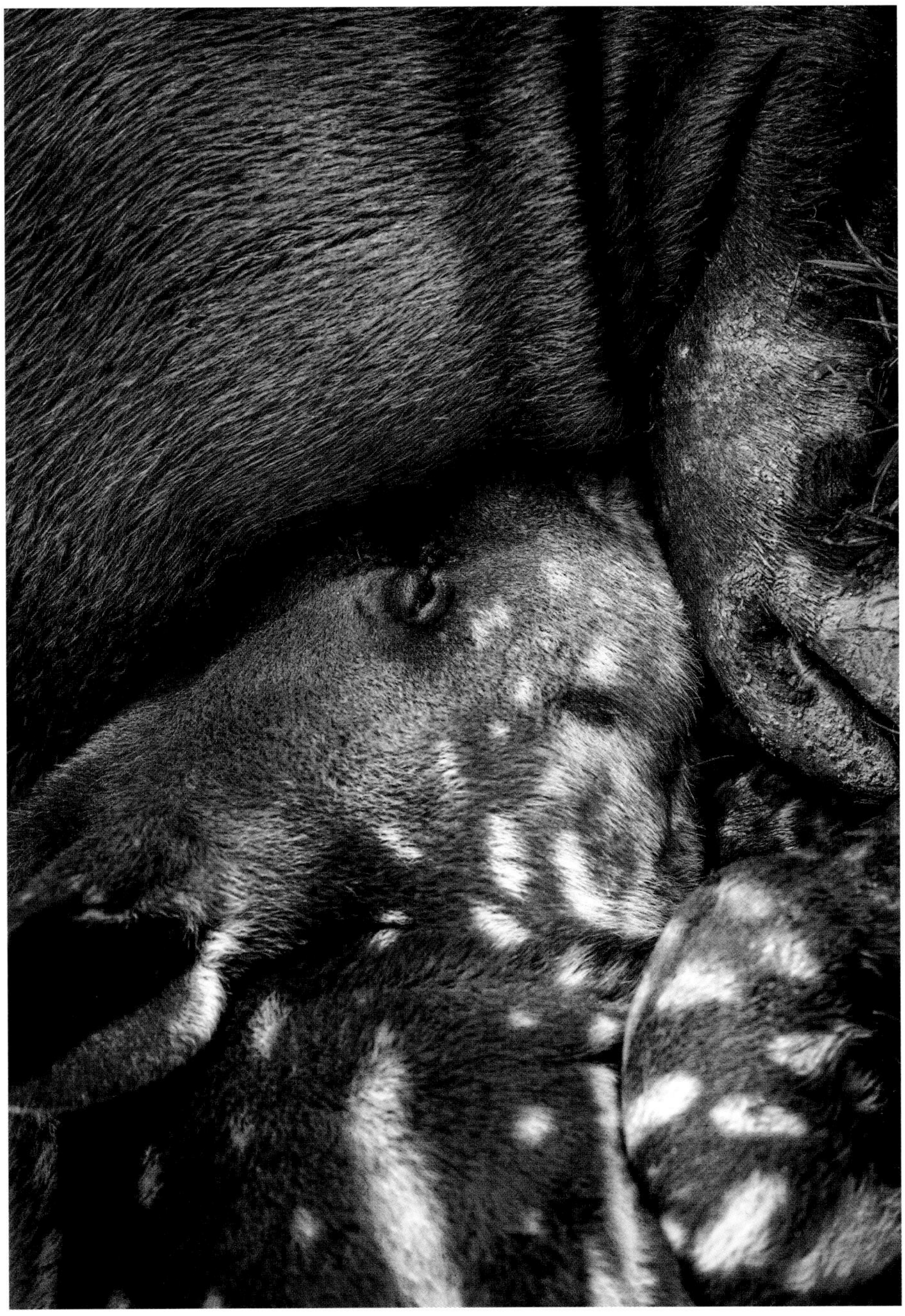

GRAND FOURMILIER
Myrmecophaga tridactyla

Appelé aussi fourmilier géant ou tamanoir, le grand fourmilier est un grand mammifère insectivore natif de l'Amérique centrale et du Sud. Essentiellement terrestre, le fourmilier est arboricole ou semi-arboricole. Sa taille peut dépasser les 2 m et son poids atteindre une quarantaine de kilos. Reconnaissable à sa queue touffue et son museau allongé, le fourmilier géant se rencontre dans des habitats variés, dans les prairies comme la forêt tropicale. Le tamanoir se nourrit de fourmis et de termites qu'il déterre avec ses griffes de devant et capture au moyen de sa longue langue collante. Espèce vulnérable.

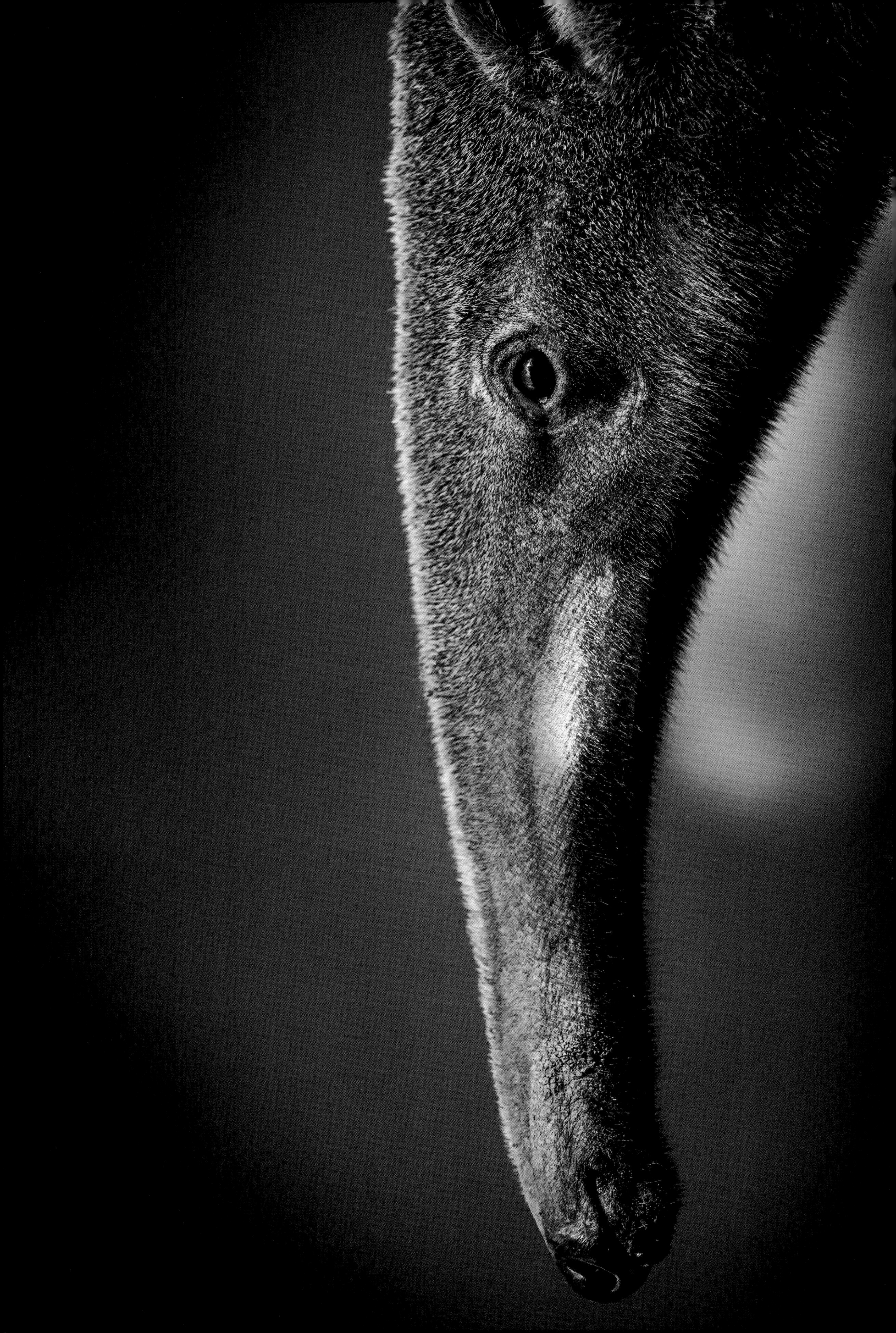

AILÉS

VAUTOUR DE RÜPPELL
Gyps rueppelli

Cette espèce de rapace, originaire du Sahel, est connue pour être capable de la plus haute altitude de vol, avec un exemple attesté à plus de 11 000 m au-dessus du niveau de la mer. Plus imposant que le vautour africain, son cousin, il est, tout comme ce dernier, gravement menacé d'extinction. Ses effectifs sont en chute libre : 97% de la population a disparu en 56 ans. Le développement agricole, la baisse du nombre d'ongulés (mammifères à sabots) sauvages, les persécutions, les empoisonnements accidentels ou *via* les systèmes digestifs de ses proies, sont à l'origine d'un déclin massif. L'UICN a modifié son statut sur la liste rouge, qui est aujourd'hui « danger critique d'extinction », statut précédant immédiatement l'extinction totale à l'état sauvage. Espèce en danger critique d'extinction.

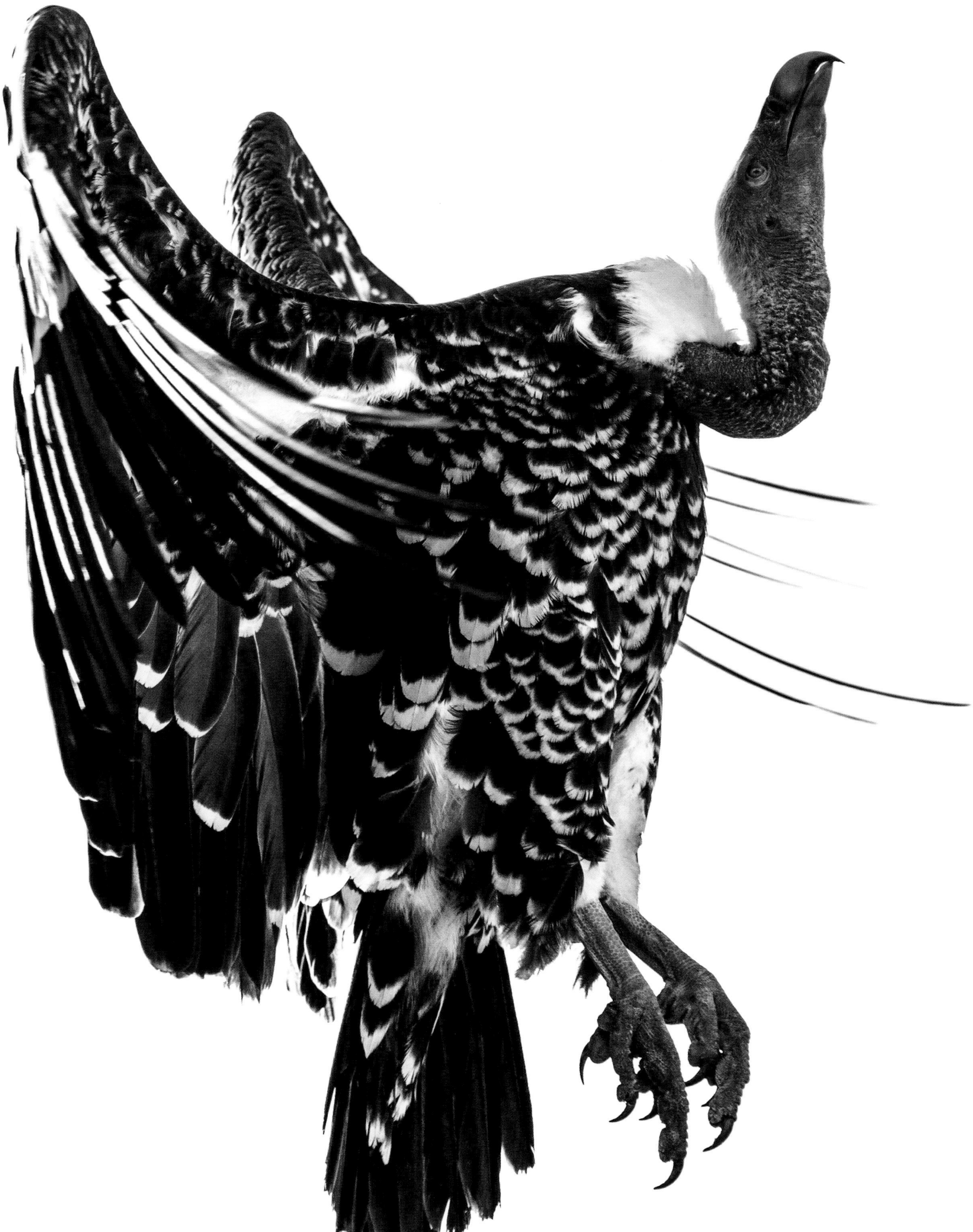

VAUTOUR DE L'HIMALAYA
Gyps himalayensis

Ce très grand rapace asiatique, charognard, réside dans les massifs montagneux de l'Himalaya et de l'Asie centrale. Il est doté d'une envergure de 2,60 à 3,10 m, pour un poids de 8 à 12 kg. Il a un plumage très clair et, à la base de son cou, une collerette blanchâtre épaisse lui évite d'être souillé par les substances liquides en décomposition dans les cavités corporelles qu'il explore pour se nourrir. Le cou lui-même est recouvert de duvet blanc épars laissant apparaître une peau rougeâtre. Le jabot est brun et le bec gris bleuâtre. Les pattes et les doigts sont gris rosâtre. C'est une espèce grégaire vivant en petits groupes dans les rochers escarpés des montagnes. Il plane souvent à haute altitude, et sait s'adapter au manque d'oxygène et au froid des hauteurs. L'empoisonnement accidentel au Dioflenac, ingéré par l'intermédiaire de carcasses d'animaux, a été à l'origine de la disparition de populations entières dans les années 1990. Il est à ce jour classé comme espèce quasi menacée par l'UICN.

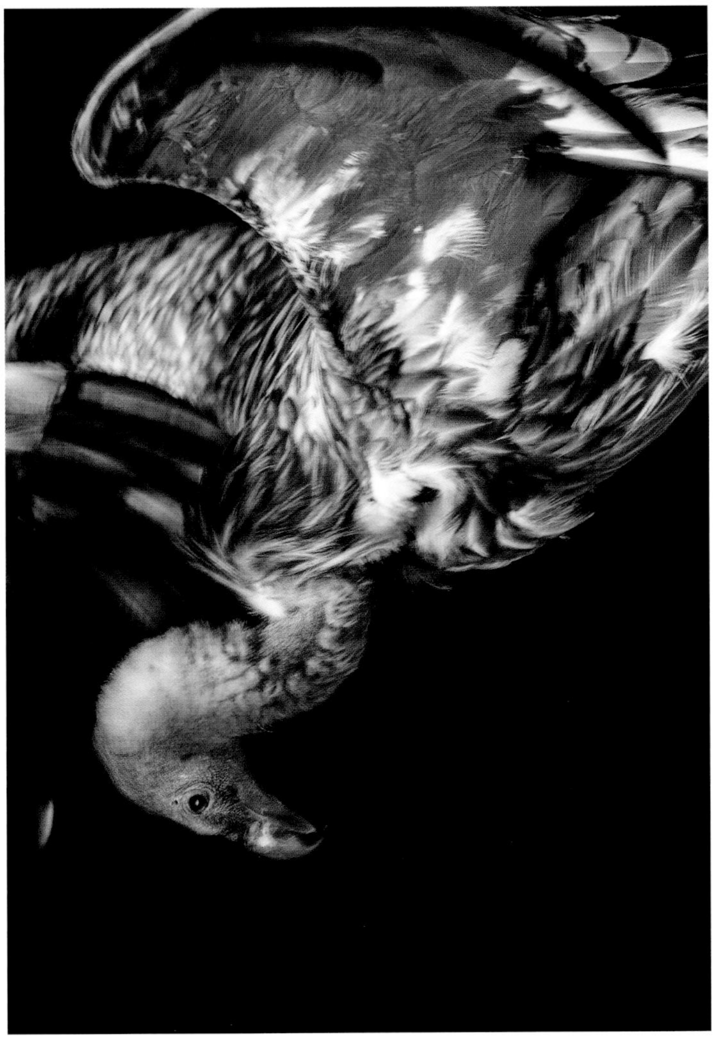

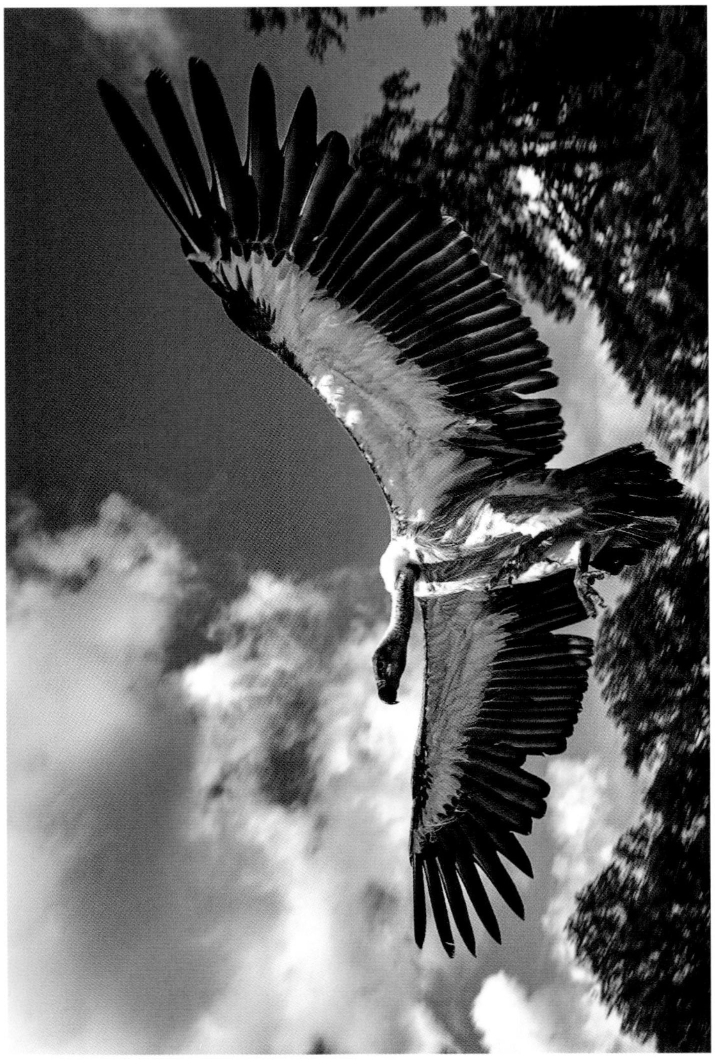

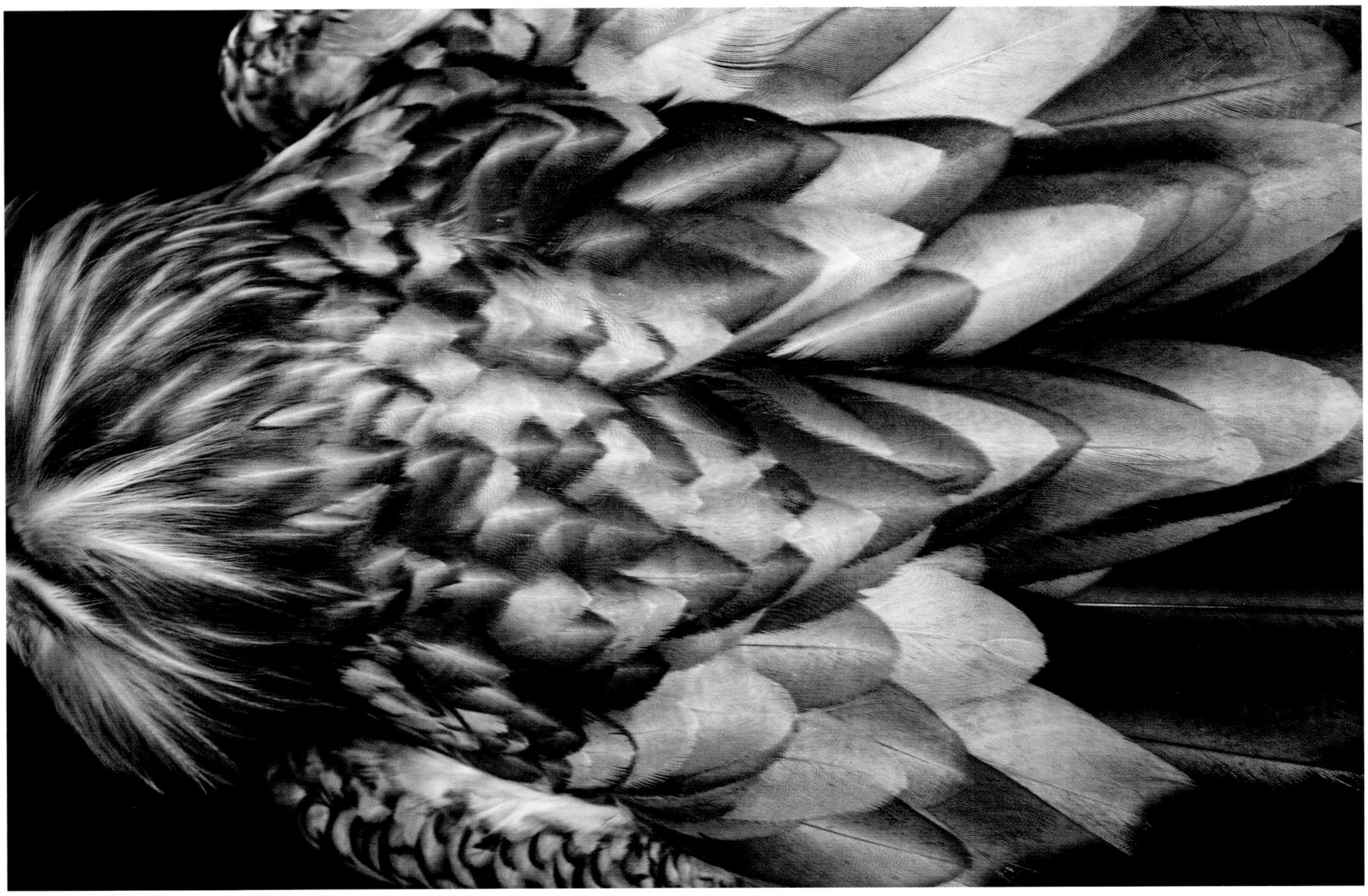

VAUTOUR CHAROGNARD OU VAUTOUR NÉOPHRON
Necrosyrtes monachus

Dans une légende, rapportée par la tribu Yoruba d'Afrique de l'Ouest, on raconte que, pendant une longue sécheresse qui voyait mourir les récoltes, on fit un sacrifice. Afin d'implorer le dieu des tempêtes d'envoyer la pluie, un bélier fut tué. On le mit dans un panier et seul le vautour accepta la charge de porter l'offrande dans les cieux. Alors la pluie tomba sur la terre. Lorsqu'il revint, le vautour trouva son nid vidé et détruit. Quand il alla demander de l'aide aux autres oiseaux, on lui tourna le dos. Depuis ce jour, le vautour est un proscrit, se nourrissant d'ordures, et reste chauve : le feu du sacrifice avait brûlé les plumes de sa tête et de son cou.

Ce proscrit est l'un des plus petits et des moins vigoureux des vautours de son habitat. On le trouve dans les clairières des zones forestières pluvieuses, sur les marais côtiers et les lagunes. Il aime aussi à visiter les décharges et les abattoirs à l'orée des zones de peuplement humain. C'est une espèce que l'on rencontre au sud du Sahara, en Ouganda, au Kenya ainsi qu'en Tanzanie. L'oiseau est identifiable à son bec long et étroit. Son plumage de couleur brune, surtout chez les juvéniles, présente chez les individus adultes des taches blanches duveteuses sur l'arrière du cou, ainsi qu'un collier blanc et un dessin sur la partie inférieure des ailes. La peau du cou varie lorsque les vaisseaux sanguins se dilatent sous le coup de l'excitation et de l'agressivité.

En vol, ses ailes sont plus courtes et plus larges que celles du vautour percnoptère, et on distingue 6 doigts aux extrémités contre 5 chez son congénère. Il est passé maître dans la technique du vol plané. Il peut, sans effort et pendant des heures, tourner en rond pour chercher du regard des animaux morts ou moribonds. Ses 84 plumes sont une œuvre d'une précision incroyable. Chacune réagit indépendamment des autres à la moindre nuance de souffle, et s'adapte pour lui assurer un vol parfait. Toujours à la recherche des vents ascendants, le vautour sait parfaitement les repérer et les utiliser comme ascenseurs pour prendre de la hauteur.

Avec son bec fin mais vigoureux, il est apte à enlever la chair des os, mais il ne peut pas déchirer la peau d'une carcasse. Il laisse souvent la place aux plus grands charognards qui le font pour lui. Ses doigts puissants sont adaptés à la course et à la marche, mais pas à la capture des proies. Ce vautour n'est donc pas en mesure de véritablement choisir son alimentation, et doit souvent compléter son régime par des insectes et des détritus récupérés dans les villes. Il n'a pas peur de s'approcher des humains, même s'il est plus timide qu'il n'y paraît. Ses effectifs en Afrique occidentale se situent entre 220 000 et 300 000 individus et sont plutôt stables. Son classement à l'UICN est en danger critique d'extinction.

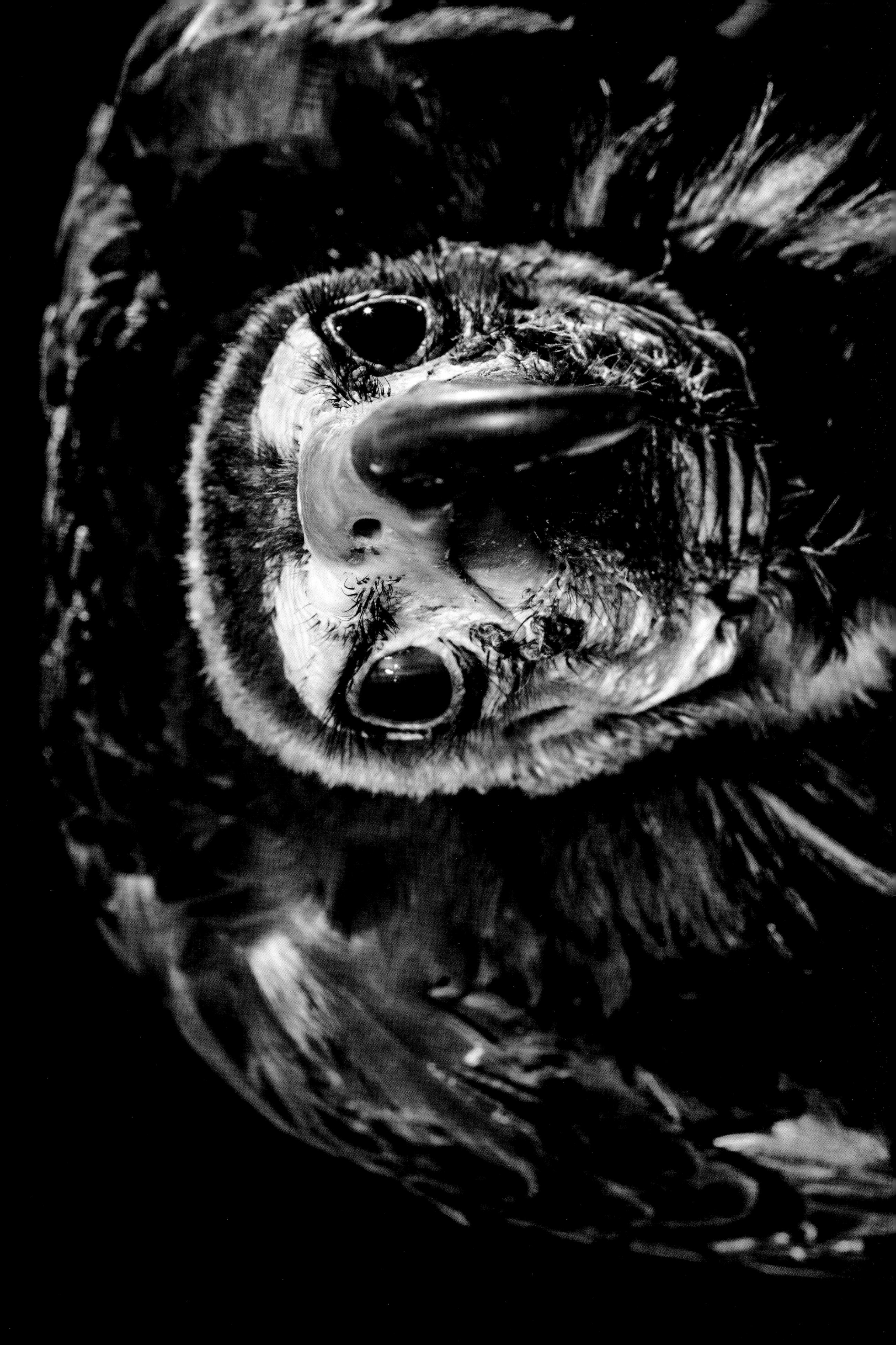

PERCNOPTÈRE D'ÉGYPTE
Neophron percnopterus

Également connu sous l'appellation espagnole d'alimoche, le percnoptère d'Égypte est une espèce présente du sud de l'Europe à l'Afrique du Nord, dans la zone appelée Paléarctique occidental. On la retrouve aussi dans une partie de l'Asie et du sud du Sahara. Ce vautour est reconnaissable à sa face et à son bec jaunes ainsi qu'à un plumage blanc aux extrémités noires. D'une envergure de 1,50 m à 1,80 m, il pèse autour de 1,5 à 2 kg. Sa population totale est estimée entre 5 000 et 12 000 couples. Il est, depuis mai 2007, considéré comme espèce en danger d'extinction par l'UICN. La perte d'habitat, la chasse ou la diminution des stocks de nourriture sont à l'origine des menaces qui pèsent sur le percnoptère d'Égypte.

VAUTOUR À TÊTE BLANCHE
Trigonoceps occipitalis

Reconnaissable à sa tête blanche et à son bec rond et rouge orange, *Trigonoceps occipitalis* est un vautour de taille moyenne, pesant 4 à 5 kg environ. Son envergure de plus de 2 m est comparable à celle du vautour africain, plus grande que celle du vautour charognard mais plus petite que celle des vautours européens. Son corps est couvert de plumes brunes, sauf son cou et sa gorge qui sont revêtus d'un plumage dense et blanc. Ce charognard se nourrit des restes de proies tuées par d'autres prédateurs. Son vol à faible altitude lui donne parfois la primeur sur les autres vautours, mais il est souvent vite chassé des carcasses par les oricous, plus dominants, ou les dos blancs, plus nombreux. La préoccupation mineure dont il faisait initialement l'objet a été revue en 2015 et il est aujourd'hui considéré en danger critique d'extinction.

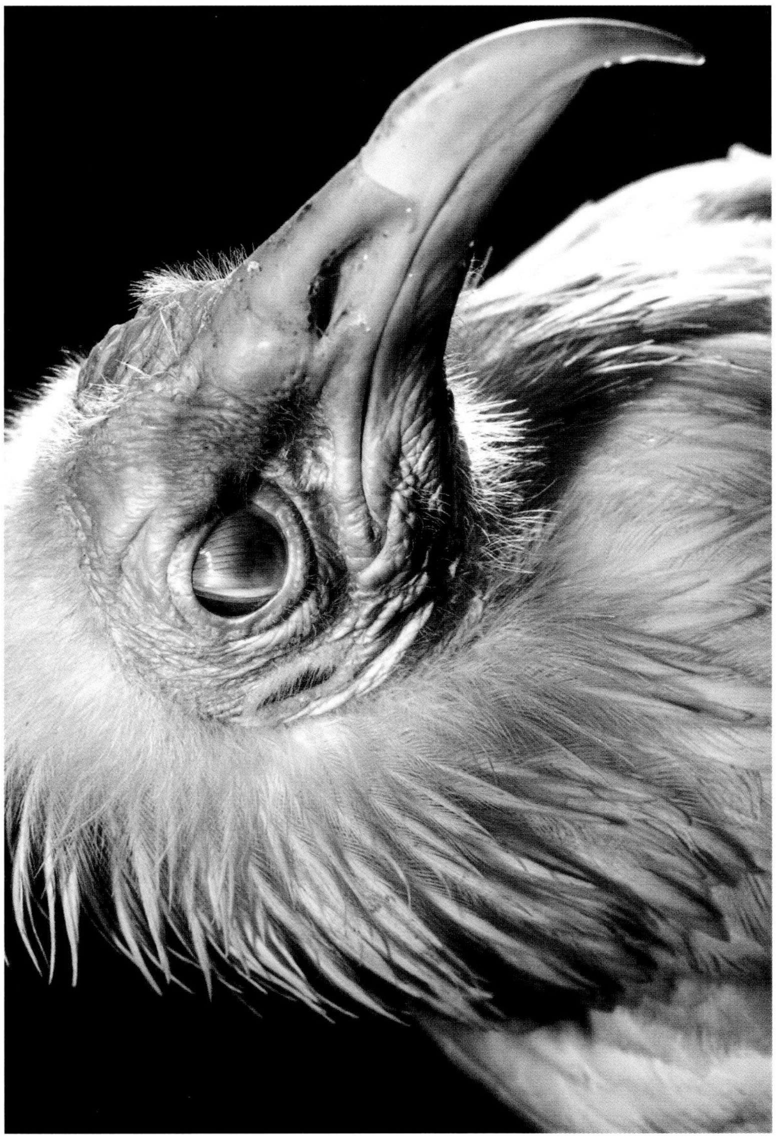

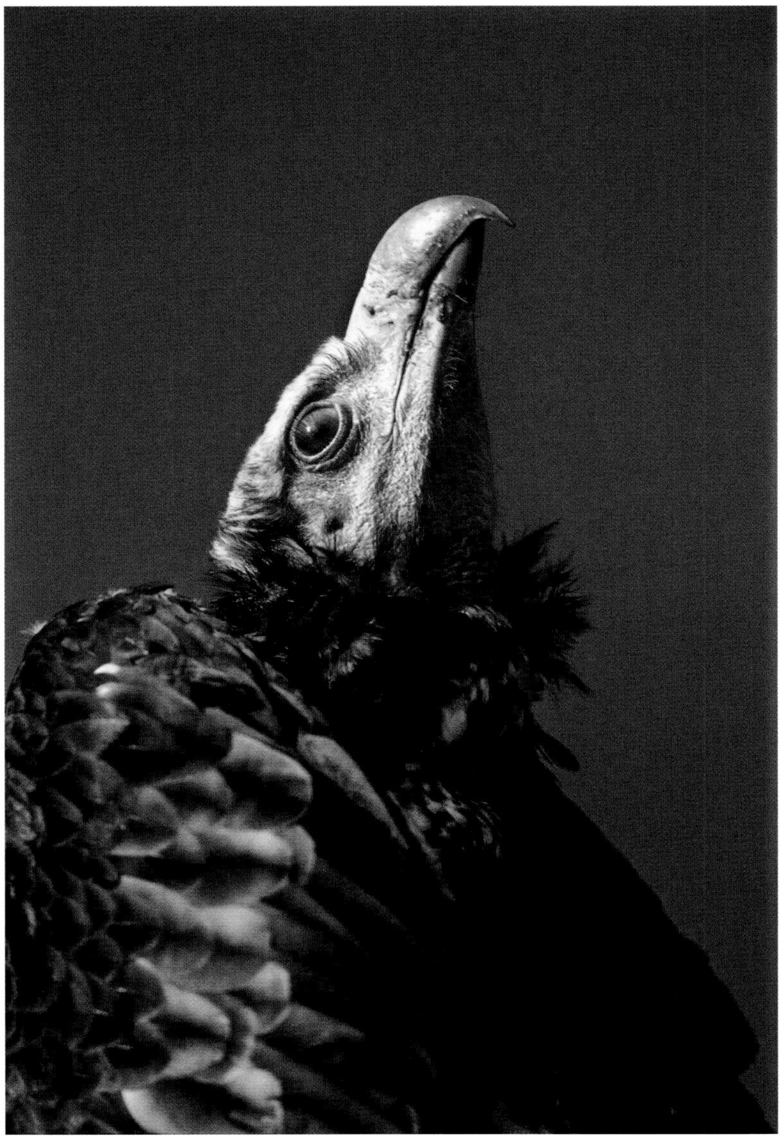

VAUTOUR À DOS BLANC
Gyps africanus

Le vautour à dos blanc, aussi appelé vautour africain ou encore gyps africain était le plus commun de tous les vautours. D'une hauteur de presque 1 m, il peut atteindre une envergure de 2 m. C'est un charognard qui se nourrit dans la savane des carcasses de gnous, d'impalas et d'autres grands mammifères. Son long cou lui permet d'atteindre en profondeur les plaies sanglantes de ses proies. Il vit dans un groupe avec lequel il chasse, et se retrouve parfois avec plus de 100 de ses congénères sur une seule carcasse. Sa vue particulièrement fine lui permet d'apercevoir des proies potentielles à plusieurs kilomètres.

Sa très large répartition sur le continent africain, dans la zone subsaharienne mais aussi jusqu'en Afrique du Nord, n'empêche pas que ce rapace soit en danger. Ses effectifs ont ainsi chuté depuis 2007, et on estime à 90% la part de sa population qui aurait disparu depuis 55 ans. L'agriculture, la baisse des effectifs de ses proies habituelles (les ongulés sauvages notamment), sa chasse pour le commerce ou encore l'empoisonnement sont les causes de cette extinction dramatique. Le vautour à dos blanc, en plus de son inscription à l'UICN, est classé en annexe II de la CITES qui régule son commerce, autorisé mais dans des conditions strictes et avec des contrôles étroits.

Comme cela fut le cas en Inde à la fin des années 1990, le déclin des vautours a été à l'origine de 45 000 victimes de la rage en Afrique. L'augmentation des chiens errants et la diminution des opérations de régulation des vautours favorisent le pourrissement des cadavres et la propagation des affections. Espèce en danger critique d'extinction.

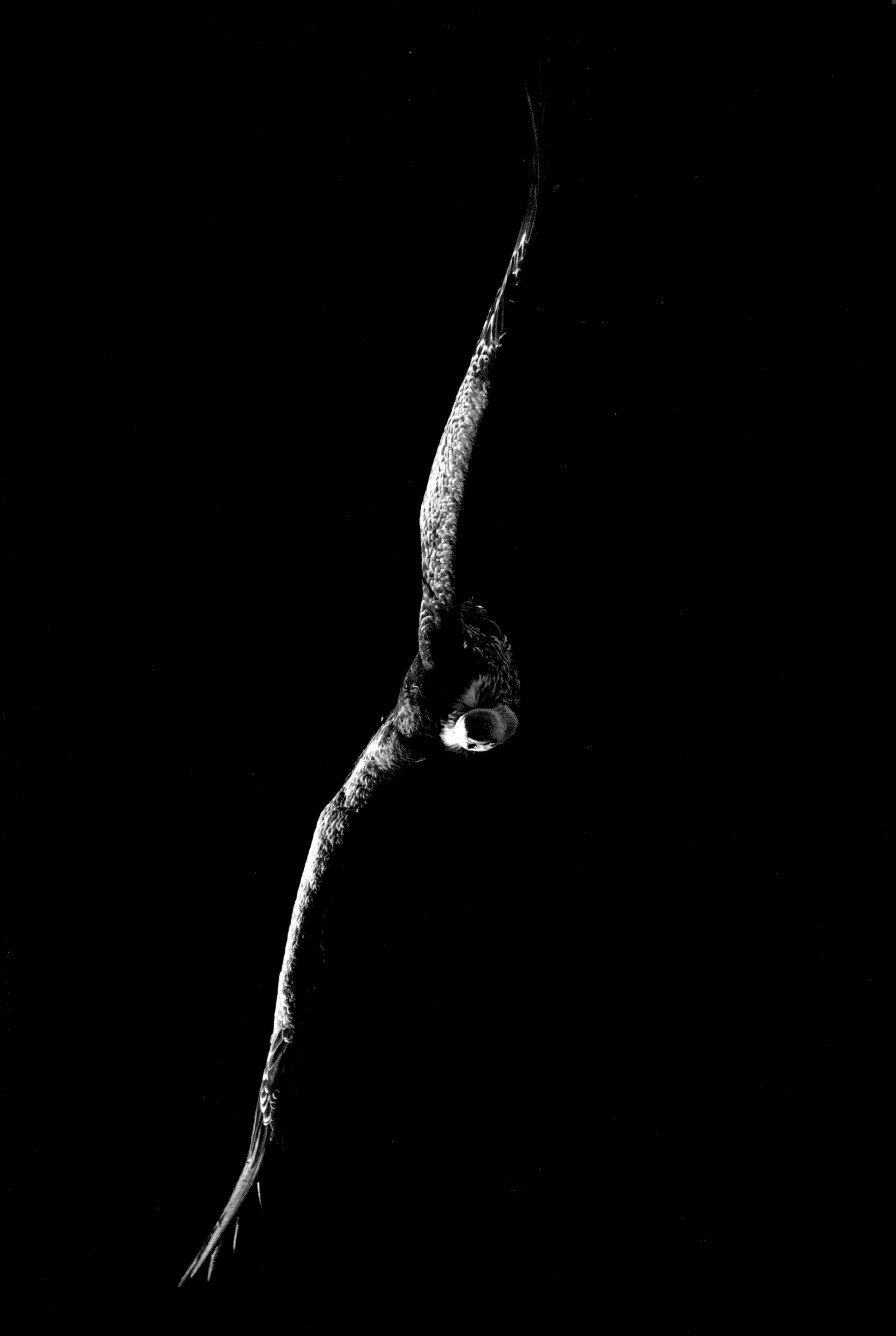

CONDOR DES ANDES
Vultur gryphus

Mallku ! C'est ainsi que les Aymaras appellent le plus grand oiseau volant non marin de la planète, le condor des Andes. Le seigneur des hauts sommets de la cordillère, qui doit son nom au quechua *kundur*, est une figure centrale de la cosmogonie andine où il représente non seulement l'autorité mais également le lien entre notre monde et l'au-delà. De superbes représentations zoomorphes de têtes de condor sculptent ainsi la porte du Soleil, monument emblématique de la culture pré-inca Tiwanaku en Bolivie.

Cet « *espíritu de las alturas* » a déployé ses immenses ailes sombres – jusqu'à 3,20 m d'envergure – de la Terre de Feu au Venezuela, de la côte Pacifique à l'Atlantique, et figure en tant que patrimoine culturel et naturel de l'Amérique du Sud. Malgré une diminution drastique du nombre de spécimens, ce champion du vol plané survole à l'état sauvage encore de temps à autre les cimes des hauts plateaux andins de la région centrale de la cordillère (Bolivie, Pérou, Équateur, Chili, Argentine, Colombie). Il peut voler jusqu'à une altitude de 7 000 m.

Monogame comme l'aigle, le condor ne pond qu'un seul œuf par couvée. Son oisillon mettra un an et demi à devenir adulte mais devra attendre encore sa huitième année pour se reproduire. Sa longévité est proportionnelle à son développement : les plus vieux spécimens peuvent atteindre 100 ans, avec une moyenne de 80 ans à l'état sauvage. Ce rythme lent de renouvellement de l'espèce la rend extrêmement vulnérable à toute chasse et à toute modification de son écosystème. Il a été régulièrement chassé car considéré comme un danger par les éleveurs et son habitat s'est restreint progressivement du fait de la présence humaine. Son unique prédateur est l'homme. Le condor des Andes est une espèce dont la survie est quasi menacée.

CHOUETTE LEPTOGRAMME
Strix leptogrammica

Contrairement à l'immaculée harfang, la chouette leptogramme a élu domicile dans les forêts tropicales côtières d'Asie du Sud, entre Inde, Indonésie et Chine du Sud. Très discrète, elle possède cependant un registre de hululements très variés et apprécié des amateurs. Son plumage aux tonalités similaires aux troncs d'arbres lui permet de se fondre dans son environnement naturel, et de passer inaperçue. Il est difficile d'évaluer avec précision sa population actuelle, mais la déforestation des zones côtières restreint progressivement son habitat et la confronte aux dangers propres à l'activité humaine. Préoccupation mineure.

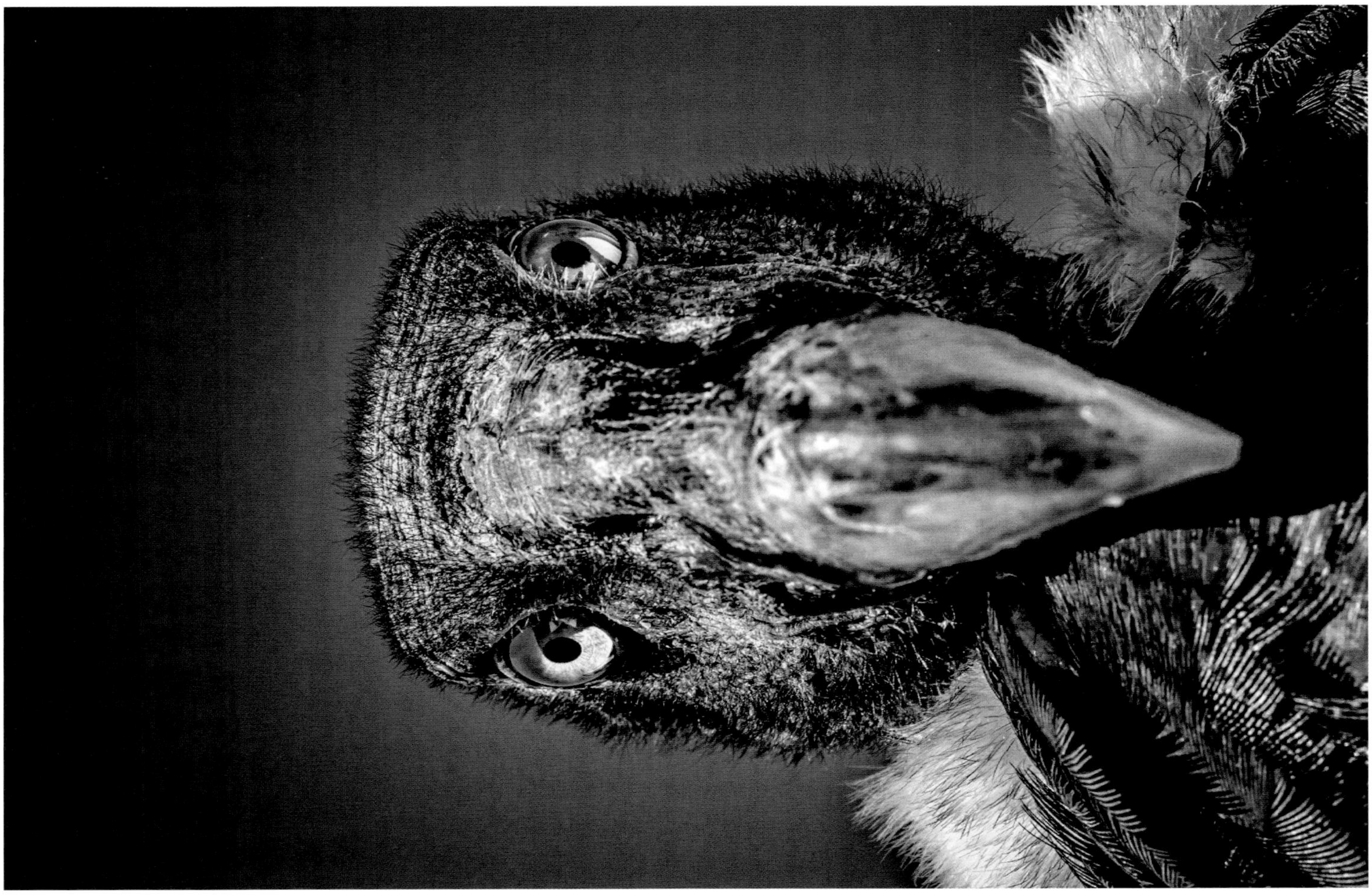
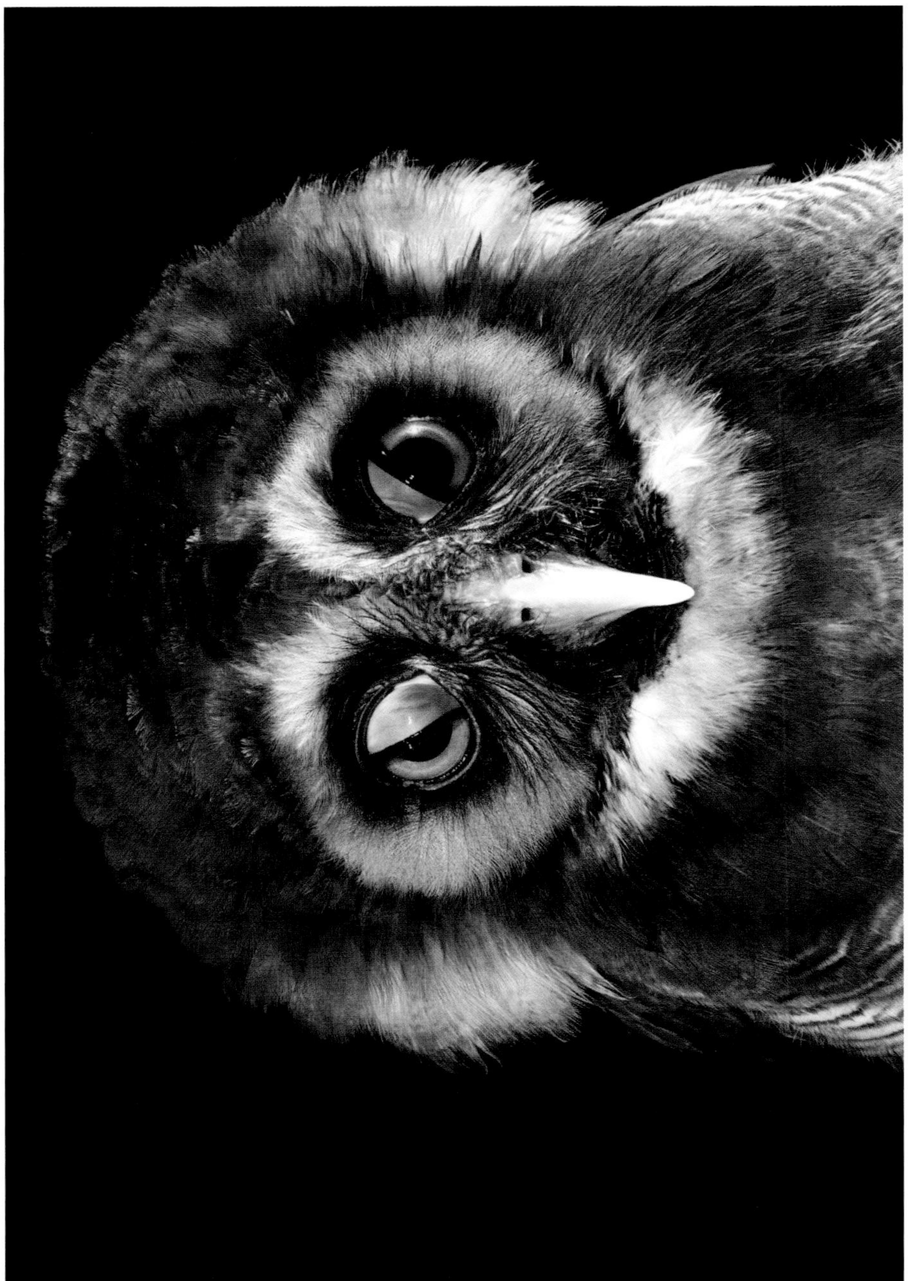

BERNACHE NÉNÉ
Branta sandvicensis

Ce palmipède, espèce endémique de l'archipel d'Hawaï, aux États-Unis, fréquente les pentes des volcans, où il glane fleurs, feuilles, fruits, ou encore graines et tubercules.

La population des bernaches néné, qui avoisinait autrefois les quelque 25 000 individus, a été décimée par la chasse, le prélèvement des œufs et la prédation des adultes par des espèces introduites, menant l'espèce à un dramatique déclin. Ainsi, en 2004, on ne comptait plus qu'à peine 800 bernaches néné à l'état sauvage.

Par ailleurs, l'altération importante de son habitat, dont l'oiseau a besoin pour élever tranquillement ses petits, couplée à la prédation par la petite mangouste indienne *Herpestes auropunctatus* (sauf sur Kaua'i), les chiens, les chats, les porcs et les rats, constitue une sérieuse menace pour la survie de l'espèce. Outre les collisions avec les véhicules sur la route et la dépression de consanguinité, parmi les autres dangers qui hypothèquent l'avenir de la bernache néné : les maladies et les parasites, la perte de capacités d'adaptation chez les oiseaux élevés en captivité et les carences alimentaires. Sans compter la proximité des chats sauvages, qui portent l'organisme protozoaire *Toxoplasma gondii*, lequel provoque chez l'oiseau la toxoplasmose, mortelle pour lui. Chaque année, en moyenne, seuls 30 % des oisillons parviennent à prendre leur envol. Les autres meurent, frappés par la famine, morts de soif, ou dévorés par un prédateur. Espèce vulnérable.

CACATOÈS BLANC
Cacatua alba

Dans les zones où il vit à l'état sauvage, on entend facilement le cri puissant et répétitif du cacatoès. Cet oiseau, qui mesure entre 45 et 50 cm et pèse en moyenne 900 g, se déplace haut au-dessus des arbres, pour n'en descendre que rarement. Les pattes de l'oiseau et son bec sont gris, tandis que son plumage et sa huppe sont entièrement blancs. La femelle, plus petite que le mâle, possède des yeux rouges, quand ceux du mâle sont marron. Les deux sexes possèdent une grosse crête érectile blanche. Le cacatoès à huppe blanche se déplace en général en groupe d'une vingtaine d'oiseaux. Si la femelle est assez douce, le mâle, lui, adopte un comportement plus agressif. En captivité, le cacatoès blanc peut vivre jusqu'à 60 ans. Espèce en danger.

CACATOÈS À HUPPE JAUNE
Cacatua galerita

Le cacatoès à huppe jaune lève sa huppe et ainsi communique, intimide ou cherche à séduire. Peut-être a-t-il voulu, à l'occasion de cette photographie, à faire les trois en même temps. À l'état sauvage, il n'est plus visible que dans le Timor, en Indonésie, dans les îles d'Australie orientale ou les petites îles de la Sonde, les populations ne dépassant pas les 1 000 individus. Sa domestication, son commerce excessif et la déforestation en ont fait une espèce en danger critique d'extinction.

Cet oiseau de l'Est australien, frugivore et granivore d'environ 50 cm présente un plumage blanc, orné d'une grande huppe érectile d'un jaune soutenu. Il possède un bec d'un gris très foncé, presque noir. Sa crête comprend 6 plumes érectiles orientées vers l'avant, et un anneau blanc entoure son œil. Le cacatoès à huppe jaune est un oiseau très bruyant qui affectionne les arbres situés près des cours d'eau. Grégaire, il se défend collectivement contre les chauves-souris et les milans : quand il est menacé par un ennemi, ou pour impressionner une femelle, il dresse la crête. En liberté, bien que protégée, l'espèce est souvent abattue et empoisonnée, considérée comme nuisible car elle s'attaque aux bois, aux récoltes de céréales et de fruits, et aux abris de jardin. La déforestation et sa domestication sont les deux facteurs qui ont contribué à la raréfaction de l'espèce. Préoccupation mineure.

HOCCO À PIERRE
Pauxi pauxi

Le hocco à pierre est ainsi nommé en référence à l'appendice bleu gris surplombant sa tête, qui ressemble à une pierre arrondie. Cette espèce de la famille des *Cracidae* vit dans les forêts humides et les régions montagneuses de Colombie et du Venezuela. Par sa taille, entre 50 et 92 cm, il est l'un des plus grands oiseaux d'Amérique du Sud. C'est dans les montagnes que certains groupes de ces oiseaux résistent le mieux à la chasse inconsidérée dont ils font l'objet. Espèce en voie de disparition, la plupart de ses représentants sont malheureusement victimes de la déforestation et de la réduction des habitats naturels dans lesquels ils trouvent normalement les graines, les baies et les fruits dont ils s'alimentent. Espèce en danger.

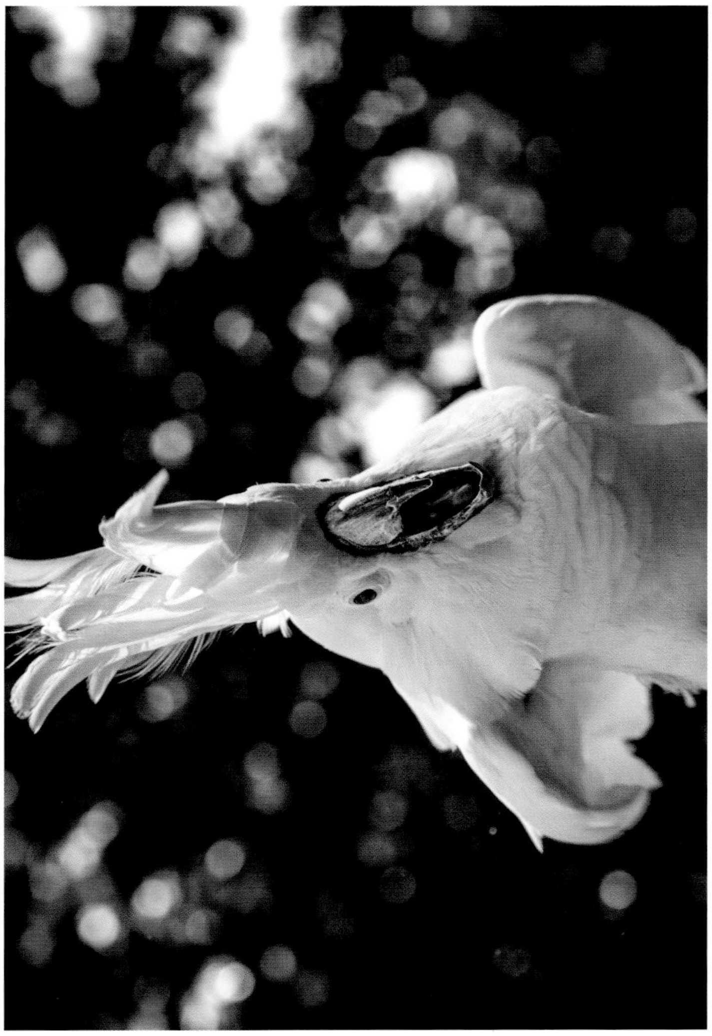
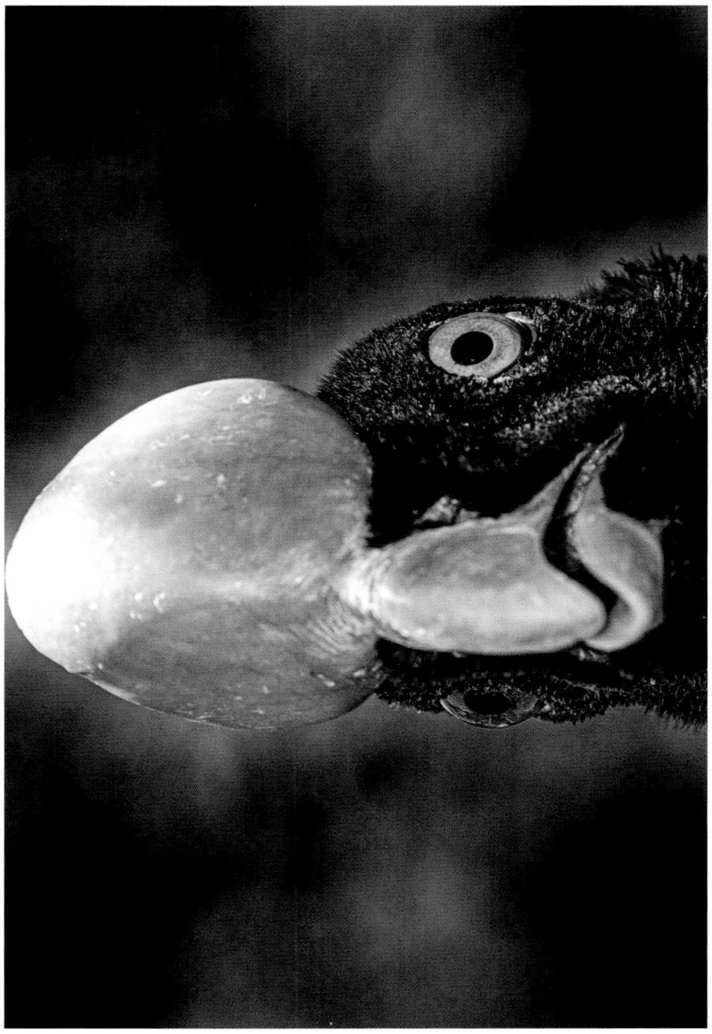
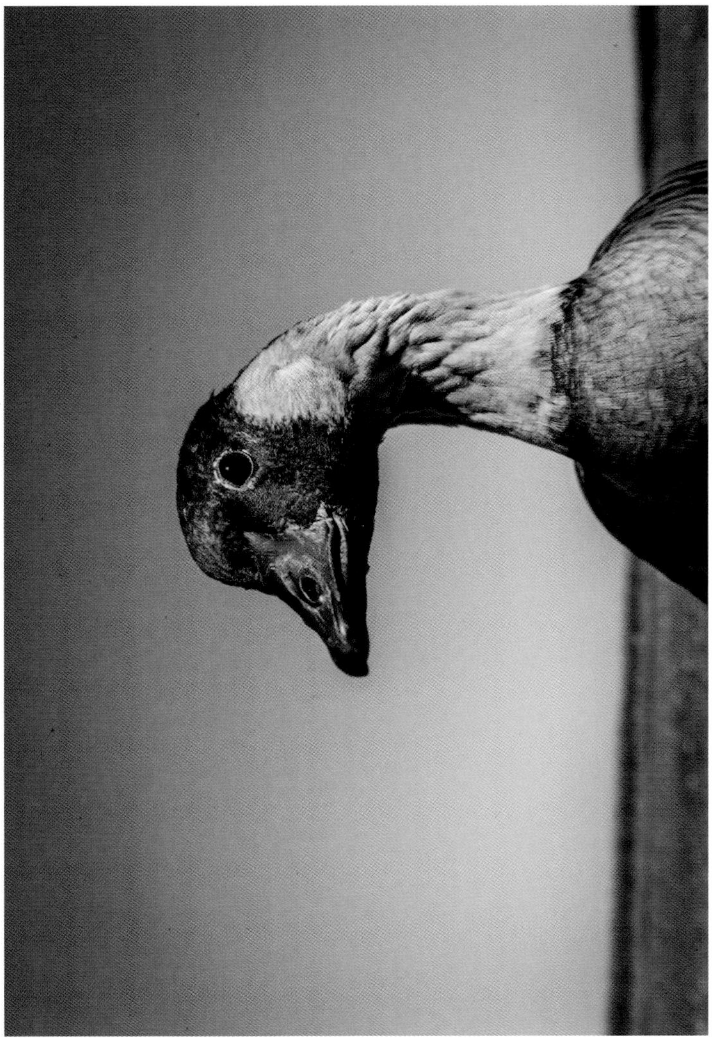
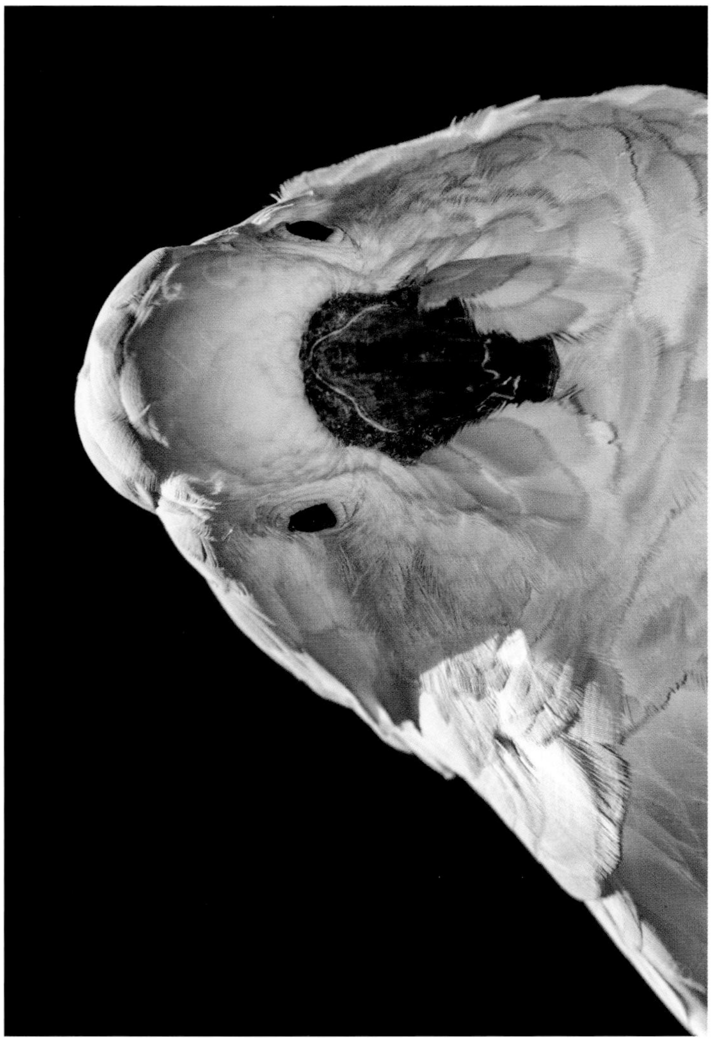

RENARD VOLANT
Pteropus niger

Les renards volants sont de grandes chauves-souris parfois appelées « roussettes ». D'une envergure de 1,50 m et d'un poids parfois supérieur à 1 kg, il s'agit de la plus grande chauve-souris du monde. Elle vit accrochée aux branches des arbres, auxquelles elle se fixe grâce à ses griffes acérées, la tête en bas, et se nourrit de fruits, de feuilles et de pollen.

Endémique de l'île Maurice, cette chauve-souris peut parcourir jusqu'à 60 km pour se nourrir. Les campagnes d'abattage menées par le gouvernement mauricien, qui l'accuse de piller mangues et litchis dans les plantations agricoles, menacent la survie de l'espèce. Préoccupation mineure.

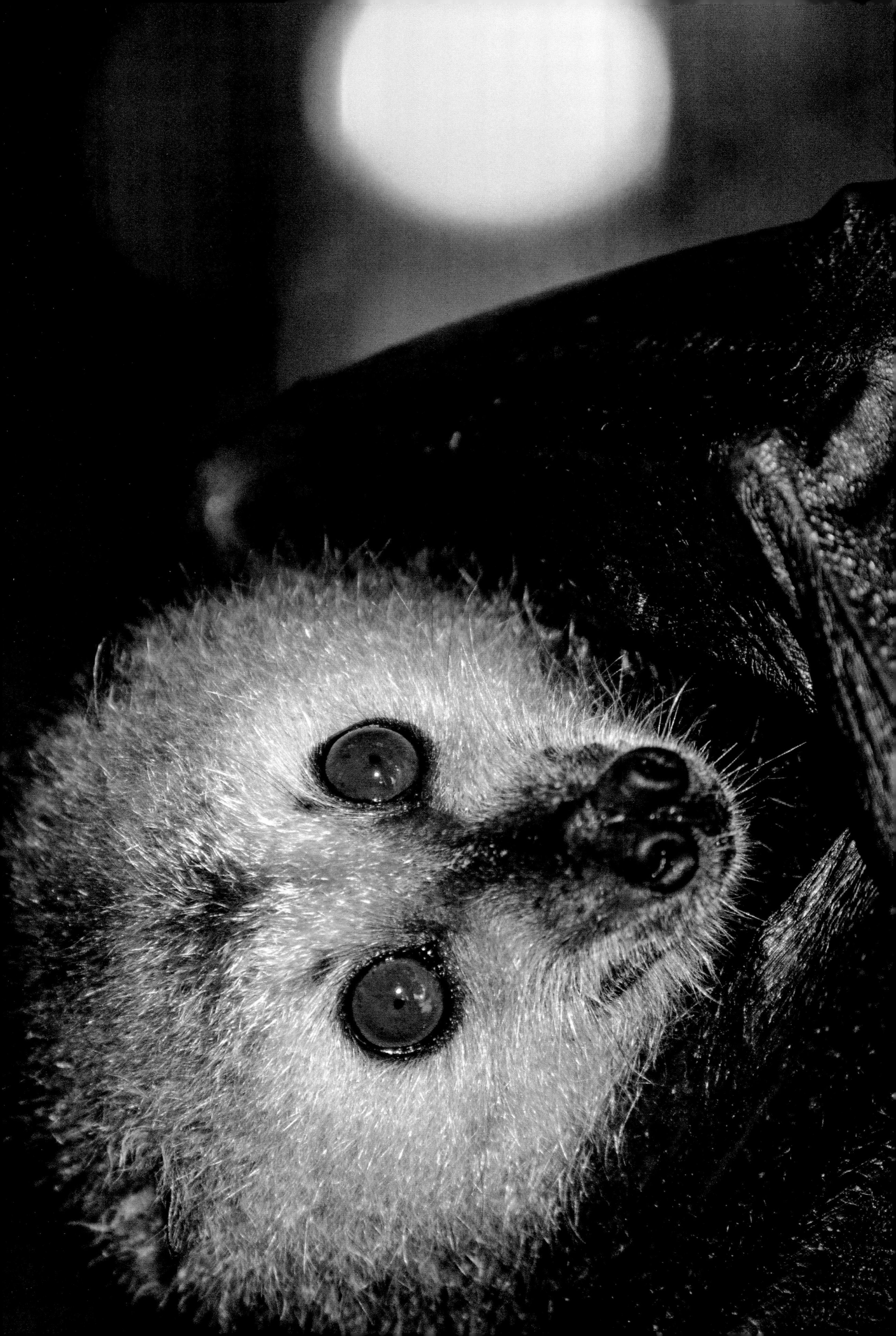

PYGARGUE À QUEUE BLANCHE
Haliaeetus albicilla

Cet aigle, le plus gros d'Europe et le quatrième plus gros du monde, a une envergure qui peut atteindre 2,50 m pour un poids de 6 kg. Cet oiseau est capable d'exercer des pressions au centimètre carré de plus de 150 kg entre ses serres extrêmement puissantes. Son plumage est brun foncé, à l'exception de sa tête et de sa base qui présentent un plumage plus clair. Cette espèce vivant à proximité de milieux aquatiques se nourrit de poissons, mais aussi d'oiseaux ou de mammifères. D'une grande endurance, il tient ses ailes tendues à plat ou arquées lorsqu'il plane. Des mesures de protection ont permis un repeuplement important en Europe où sa population avait été décimée jusqu'à la moitié du XXe siècle. On ne compte pourtant que 2 500 couples à ce stade. Si on en aperçoit en France, ce n'est que dans le cadre de l'hivernage : près de la moitié des couples se reproduisent sur les côtes norvégiennes, dans des conditions climatiques extrêmes auxquelles ce rapace a su s'adapter. Préoccupation mineure.

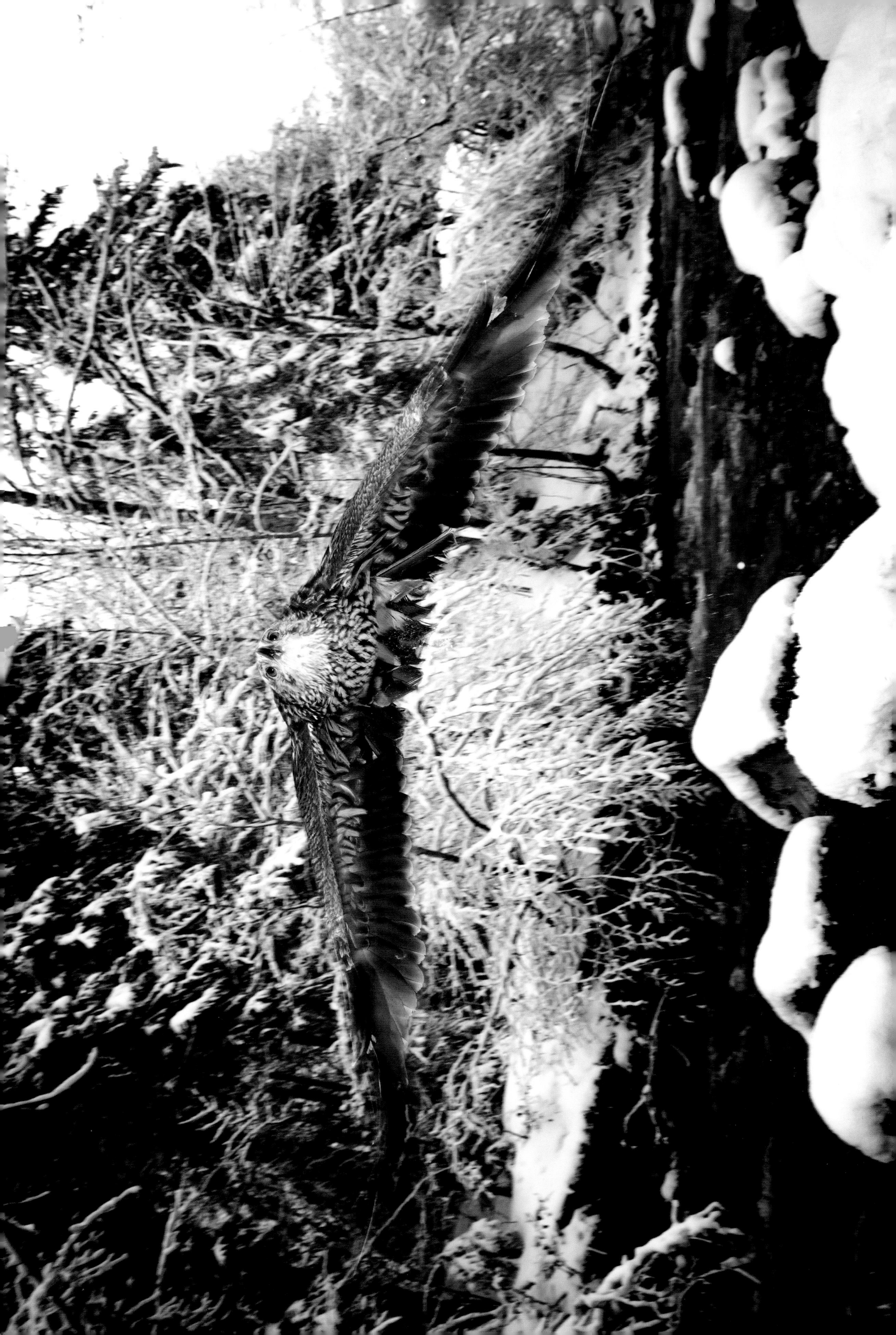

172

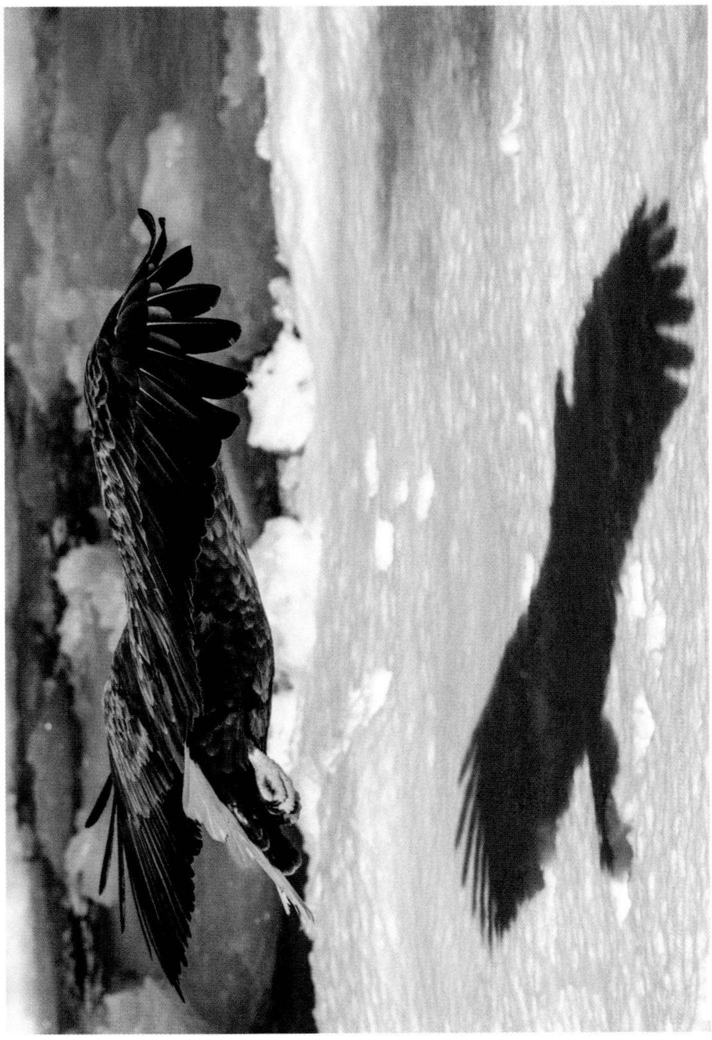
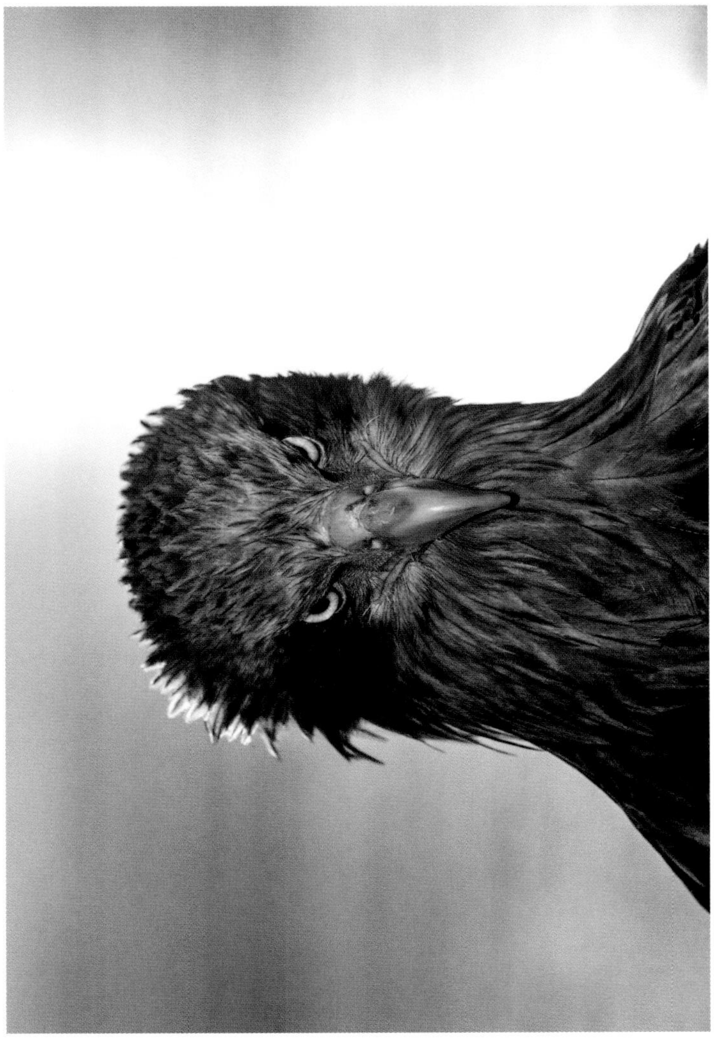
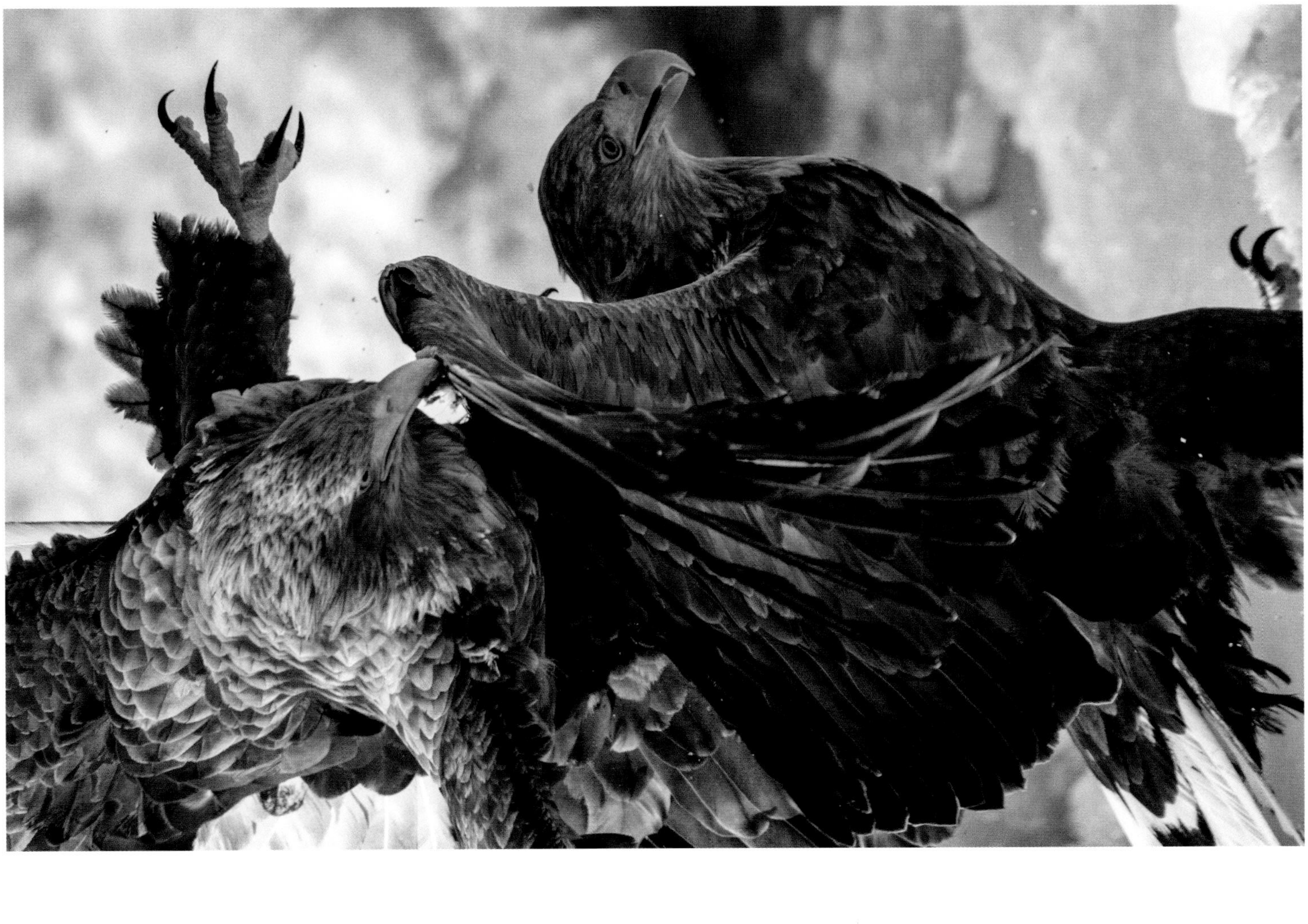

PYGARGUE DE STELLER
Haliaeetus pelagicus

Aigle puissant au plumage noir et blanc et au bec crochu et jaune vif, le pygargue de Steller, ou pygargue empereur, est l'un des plus grands rapaces du monde : ses ailes, déployées, peuvent ainsi mesurer jusqu'à 2,50 m. Il est photographié ici à Hokkaïdo. On retrouve cet oiseau imposant dans l'est de l'Asie, aux abords des rivières, où il peut trouver en abondance truites et saumons, dont il se régale. Diurne, le pygargue de Steller guette sa proie depuis son perchoir situé parfois jusqu'à 30 m au dessus de l'eau, puis fond sur elle et s'en saisit avec ses serres puissantes. Espèce vulnérable.

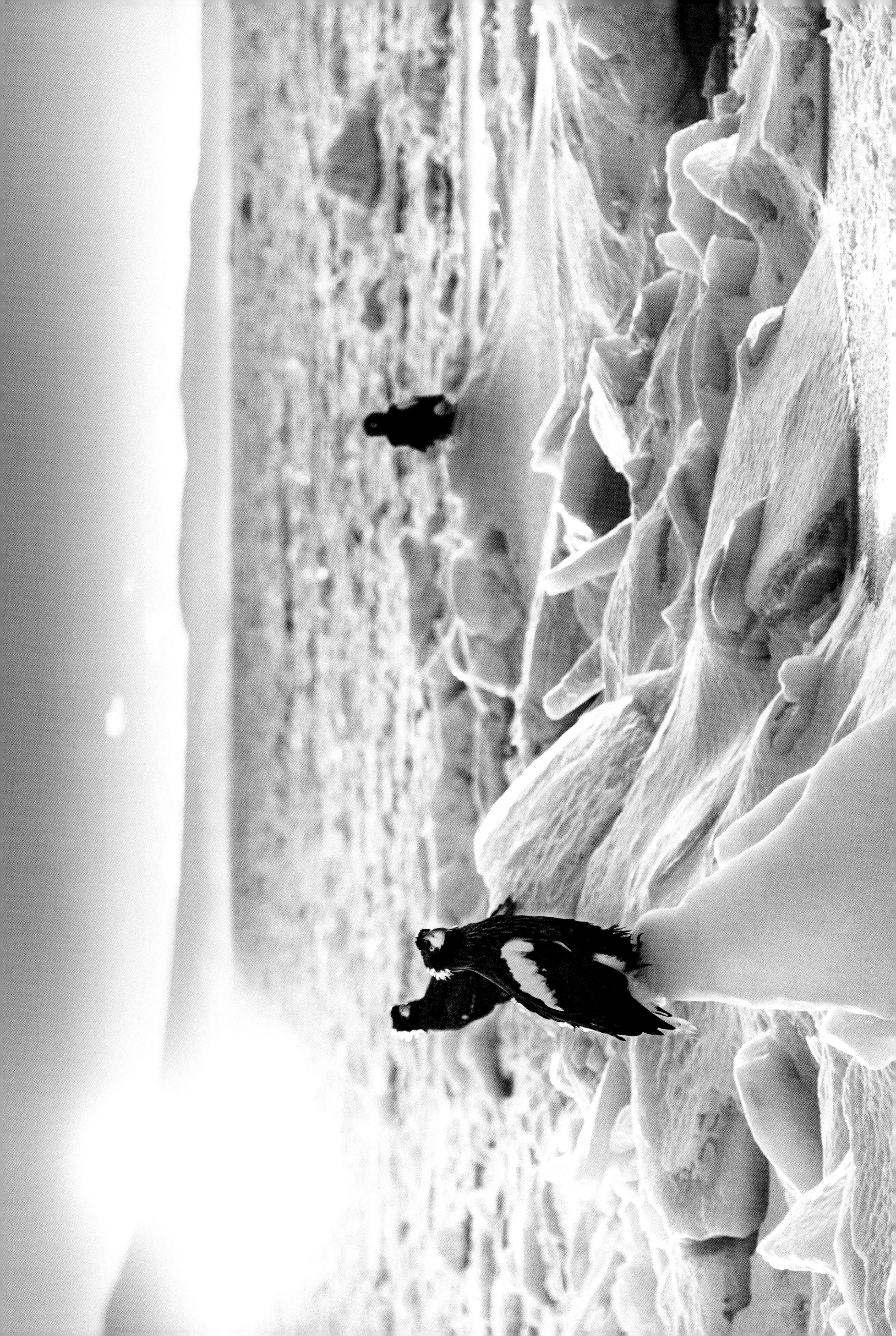

« J'ai toujours été un essayiste en image, ça a été ma motivation et un fil conducteur de ma vie de photographe. »

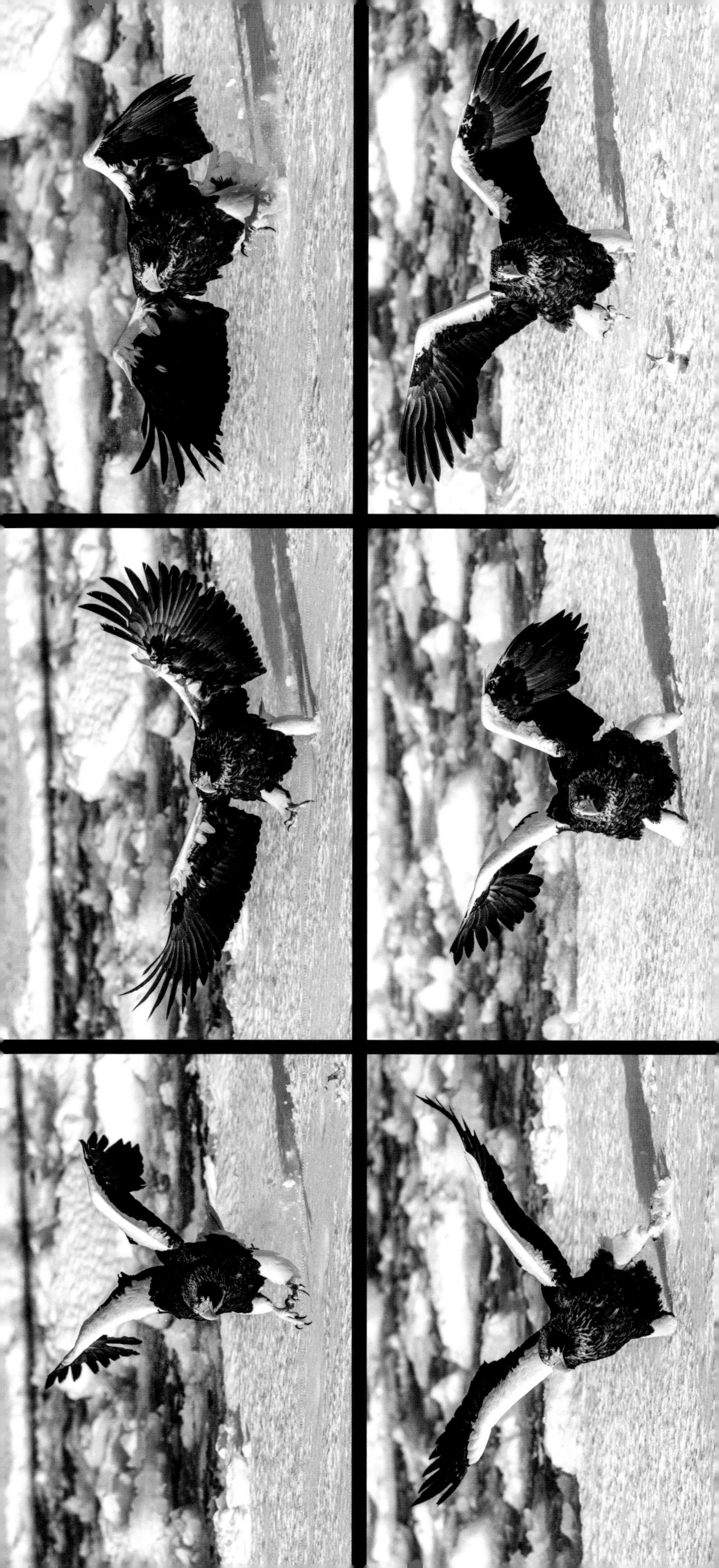

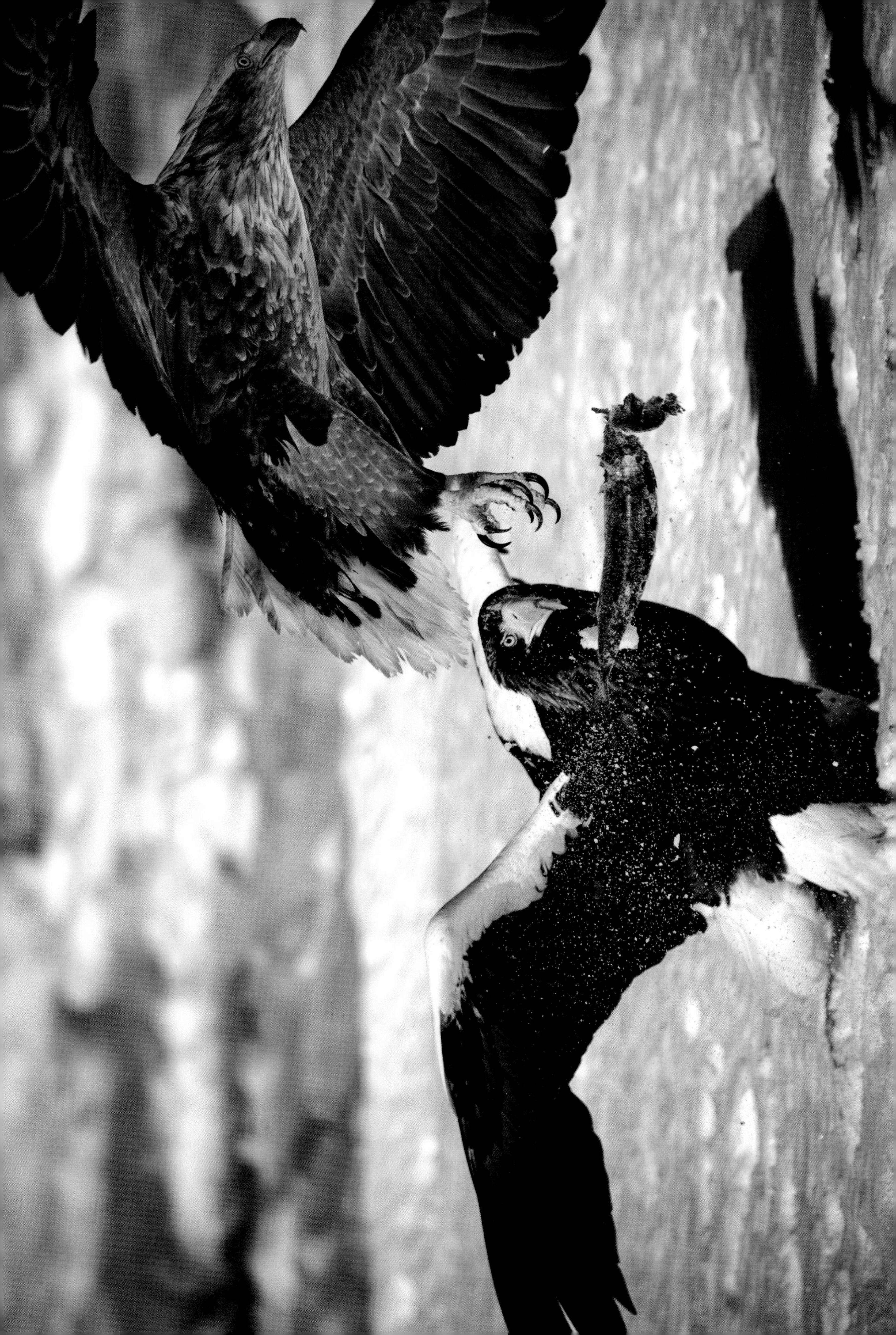

FLAMANT ROSE DU CHILI
Phoenicopterus chilensis

Présent de l'Équateur à l'Argentine, ce bel oiseau est caractéristique du désert d'Atacama et niche en été dans le Sud-Lipez, en Bolivie, en compagnie des deux autres flamants roses de la région : le flamant de James et le flamant des Andes. Il se distingue de ses congénères par ses genoux roses et son plumage de teinte saumonée claire. C'est une espèce qui souffre du commerce dont font l'objet ses œufs ainsi que de la pollution des cours d'eau due à l'extraction minière. Espèce quasi menacée.

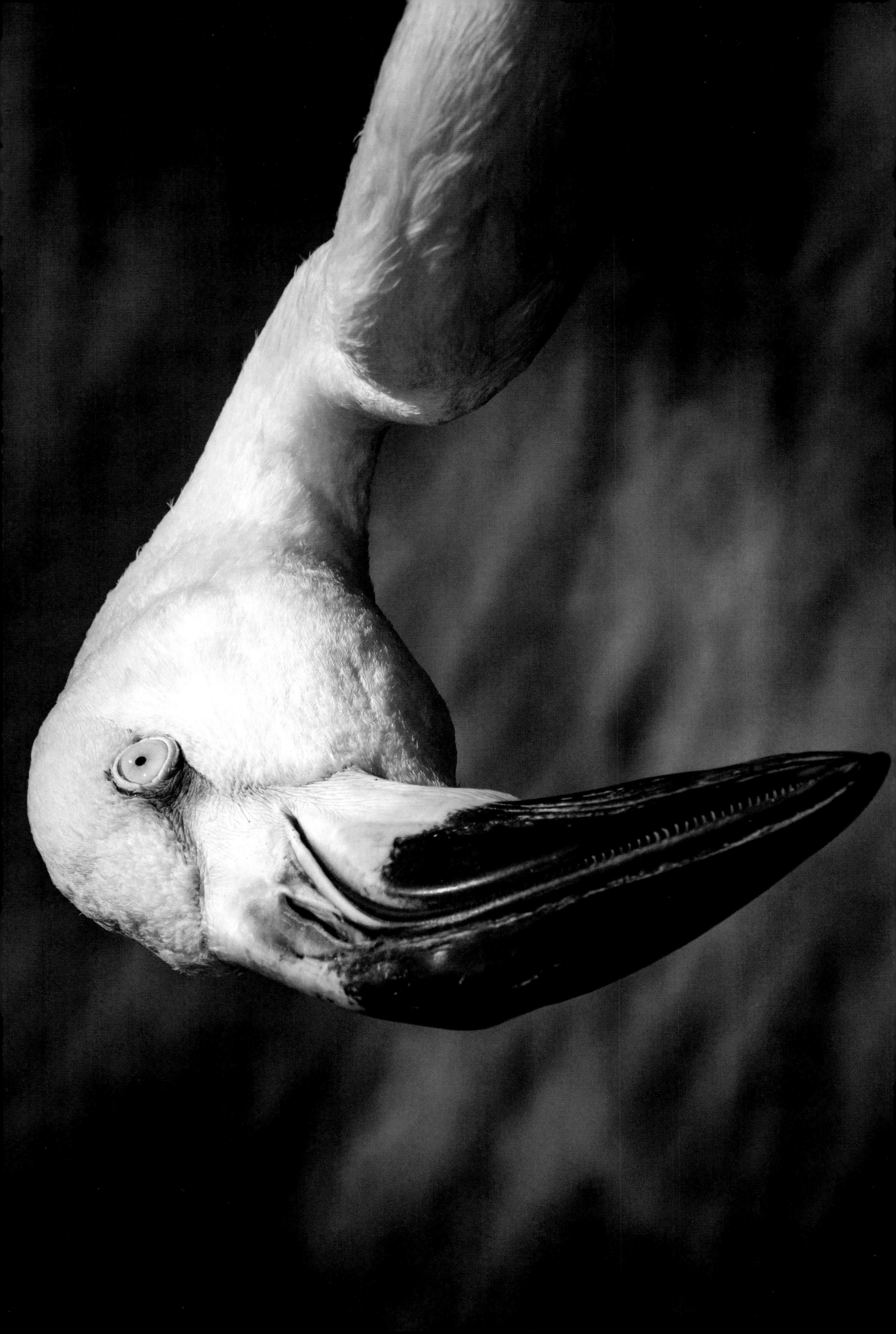

LUCANE CERF-VOLANT
Lucanus cervus

Coléoptère à la carapace noire et aux reflets bordeaux, le lucane cerf-volant est équipé d'une paire d'ailes recouvertes par des élytres dures et cornées qui les protègent comme un étui. Inoffensif pour l'homme, cet insecte doit son nom aux mandibules géantes que possède le mâle. Plus grand coléoptère d'Europe, la femelle peut mesurer jusqu'à 6 cm, et le mâle 8 cm. On le retrouve dans les forêts, les bois, mais aussi les haies et les bosquets, quand il ne trouve pas refuge dans les réserves de bois de chauffage des maisons. Saproxylophage, le lucane cerf-volant se nourrit exclusivement de bois mort en décomposition. Espèce quasi menacée.

FAUCON SACRE
Falco

Contrairement à ce que l'on pourrait croire, le nom du faucon sacre provient, non pas du terme français « sacré », mais de l'arabe *çaqure*, qui qualifie les oiseaux de proie. Oiseau de prédilection de la fauconnerie, il dispose d'un vaste territoire qui s'étend de l'Asie centrale jusqu'en Éthiopie en période de migration. Le faucon sacre est une espèce menacée.

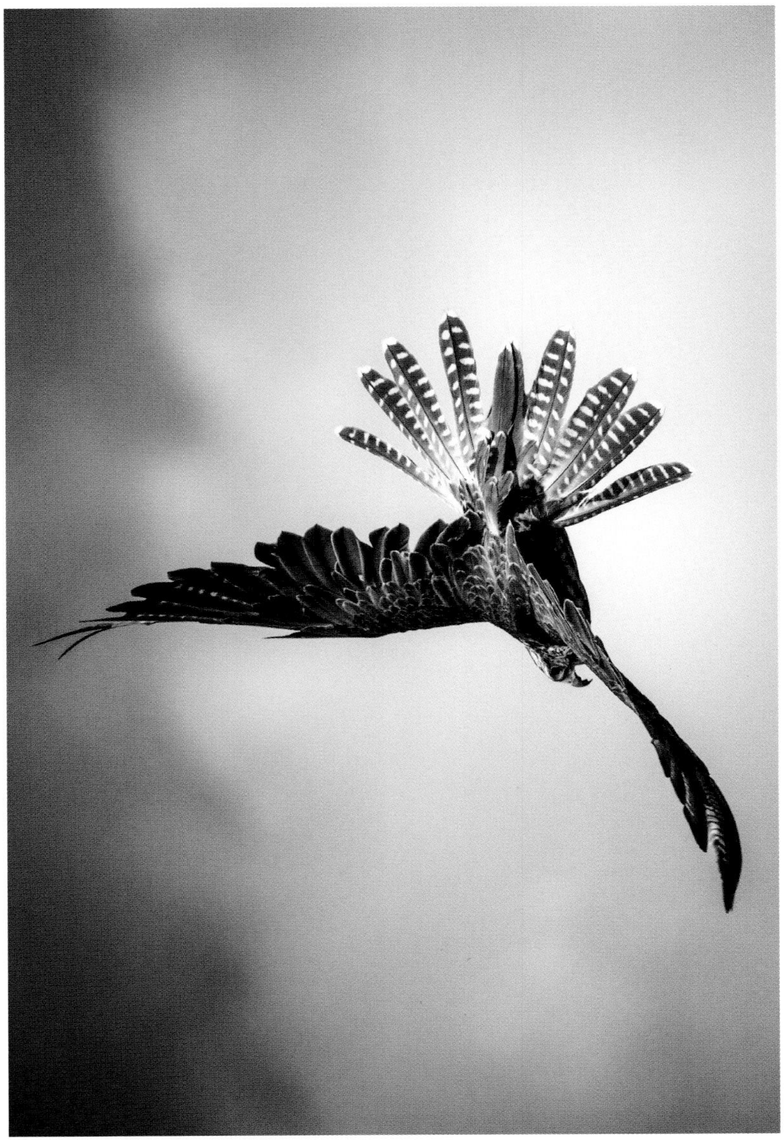

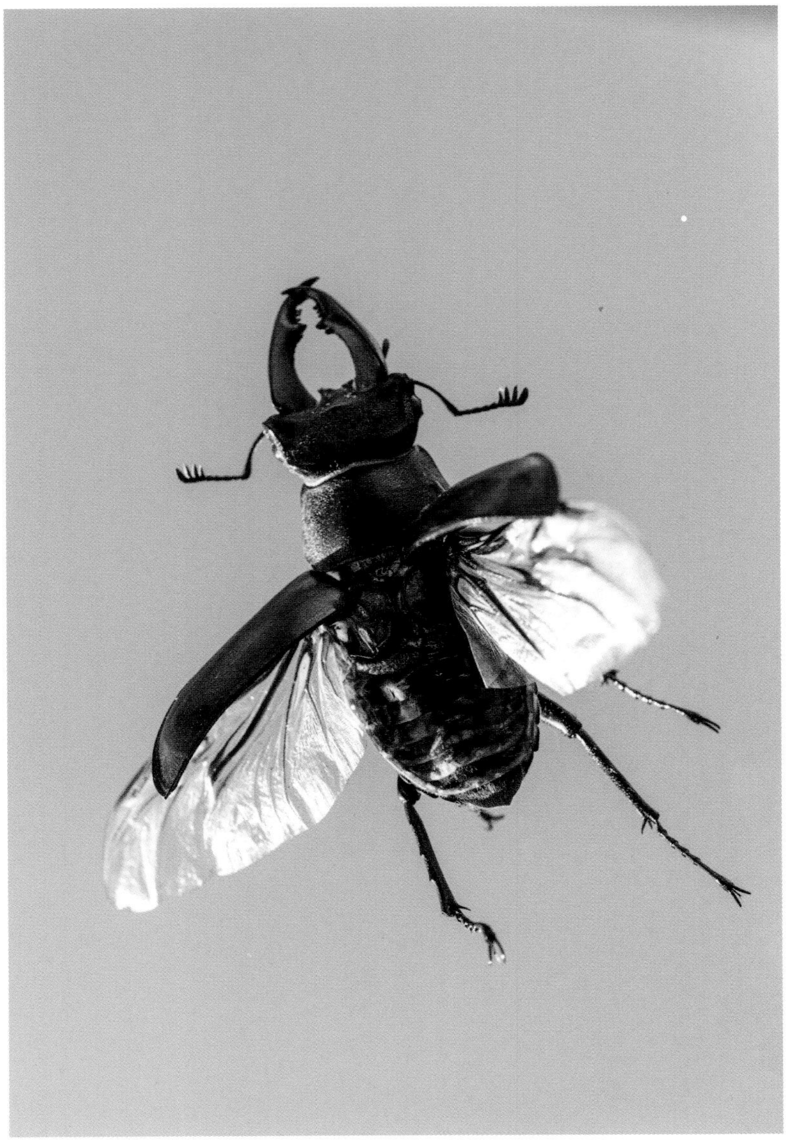

INSÉPARABLES DE FISHER
Agapornis fischeri

Ces petits oiseaux (ils mesurent entre 13 et 17 cm) granivores ne s'accordent qu'au pluriel : cela vient de l'habitude qu'ils ont de vivre en couple. On les observe le plus souvent lovés l'un contre l'autre à s'embrasser avec leurs petits becs rouges et arrondis. Ces inséparables vifs et espiègles, très agiles, aiment aussi bien grimper avec leurs pattes puissantes que voler. Leurs corps sont vert pastel, avec un collet en dégradé de jaune velouté et une tête orange vif. Cette espèce doit son nom à l'explorateur Gustav Adolf Fisher (1848-1886), qui les découvrit lors d'une expédition en 1882. À l'état sauvage, ils vivent en groupes en Tanzanie, mais ils sont par ailleurs très répandus comme oiseaux domestiques. C'est sa commercialisation, justement, et la restriction de son habitat qui rendent cette espèce quasi menacée selon l'UICN.

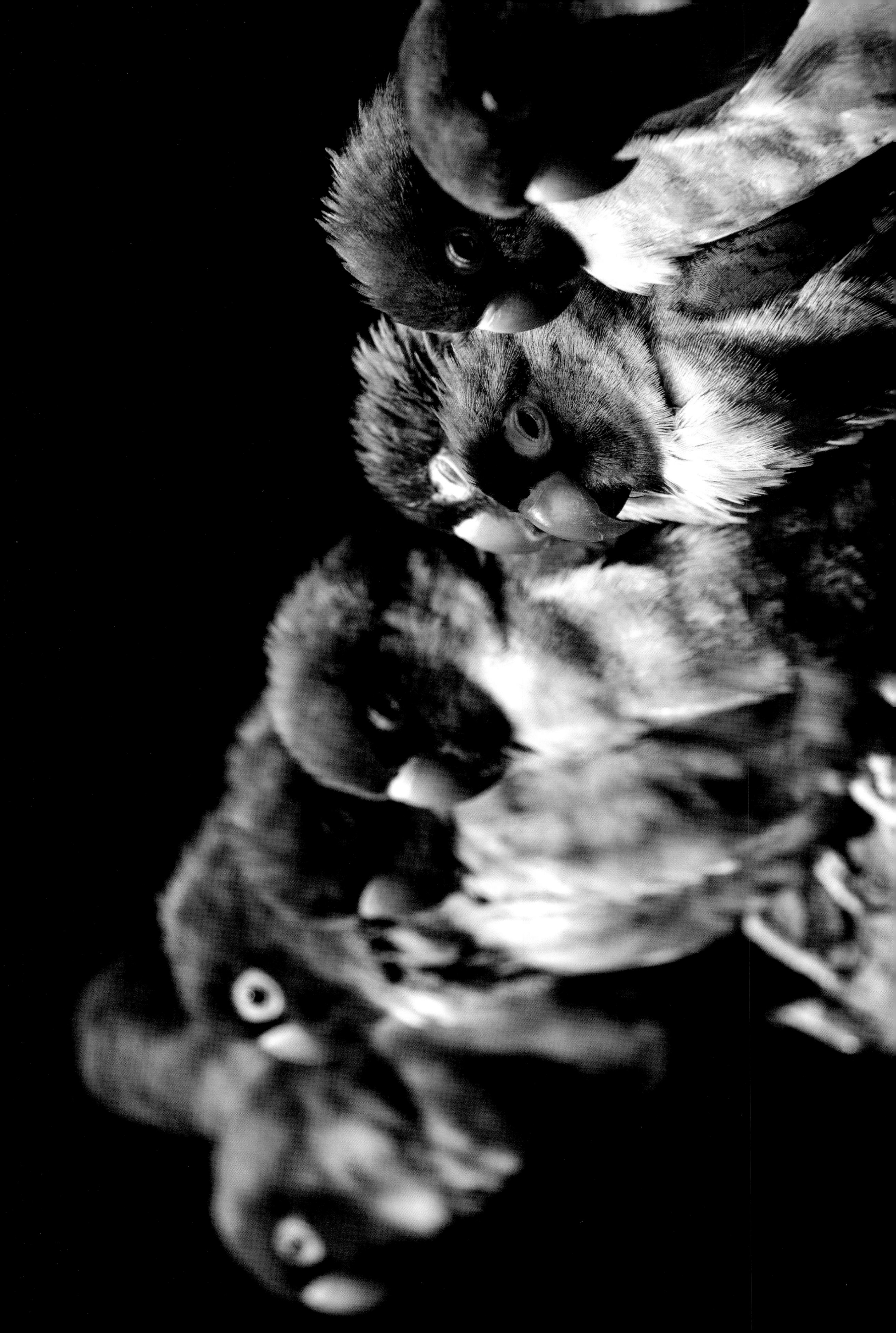

GRUE DU JAPON
Grus japonensis

Connue sous le nom de grue de Mandchourie, ou grue à couronne rouge, la grue du Japon est l'un des plus grands oiseaux du monde : d'une hauteur de 1,50 m pour une envergure quasi équivalente, certains spécimens peuvent peser jusqu'à 10 kg. Elles est photographiée ici à Hokkaïdo. On reconnaît cet imposant volatile grâce à la tache de couleur rouge qui lui ceint la tête et qui, lorsque vient la saison des amours, devient plus vive, contrastant avec son plumage entièrement blanc, si l'on excepte l'extrémité de ses ailes, qui elle est noire. Omnivore, elle se nourrit autant de poissons d'eau douce, d'escargots, de batraciens, que de glands, de roseaux ou de riz.
Espèce en danger.

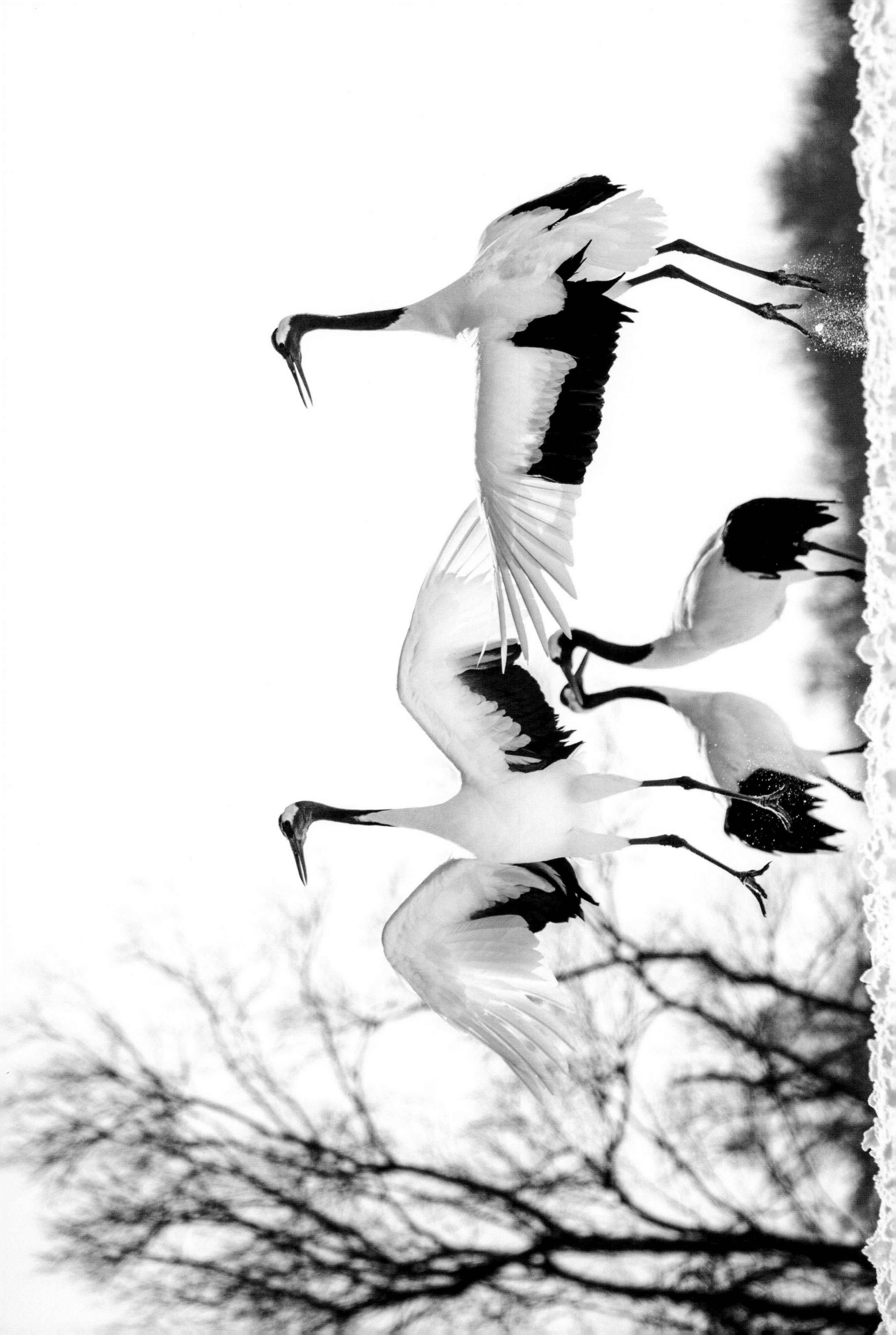

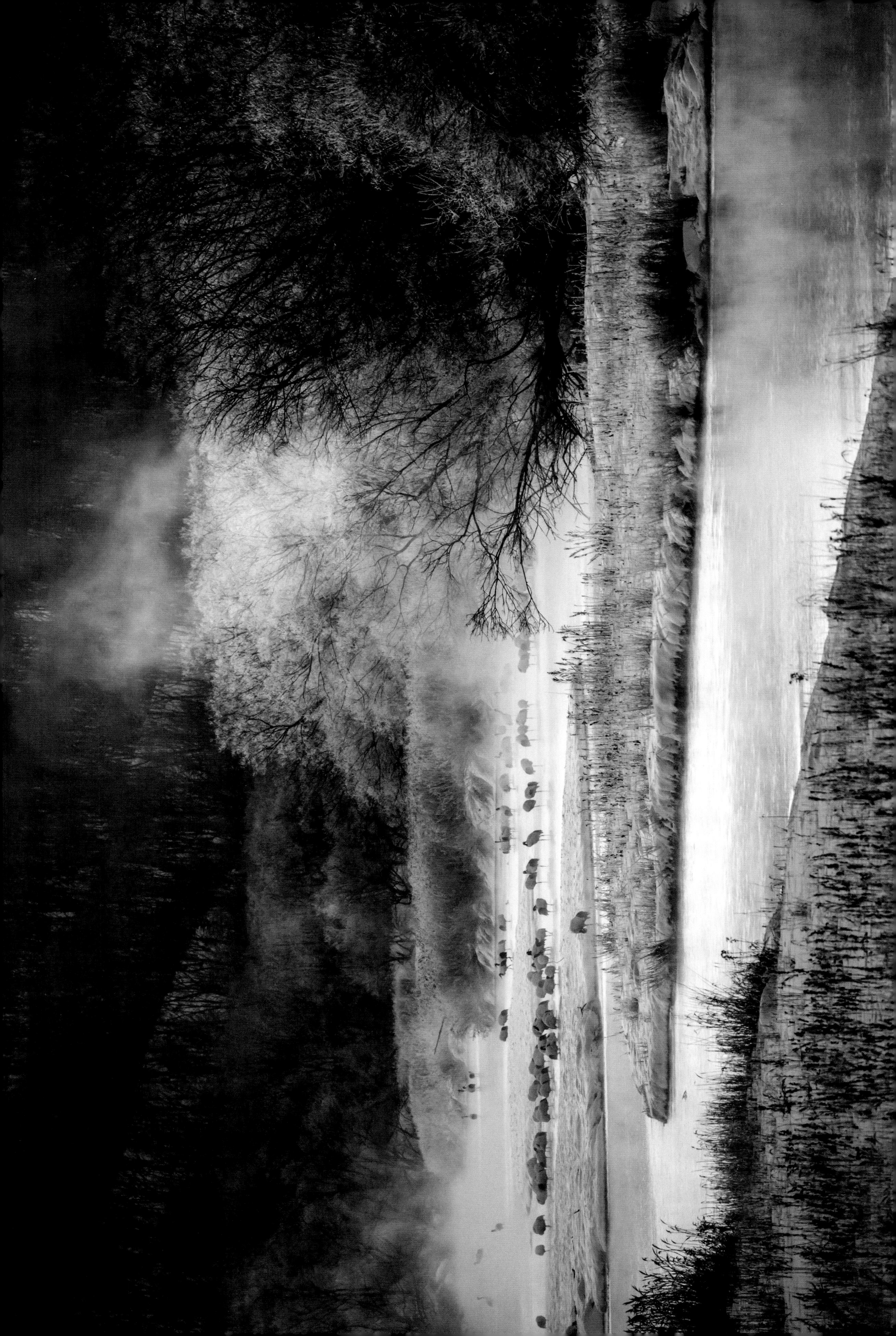

« L'observation de leur graphisme, de leur forme, de leur couleur, de leur enveloppe nous surprend, nous émerveille et nous apprend à développer notre sensibilité qui est la clef d'un regard alerte et plus responsable. »

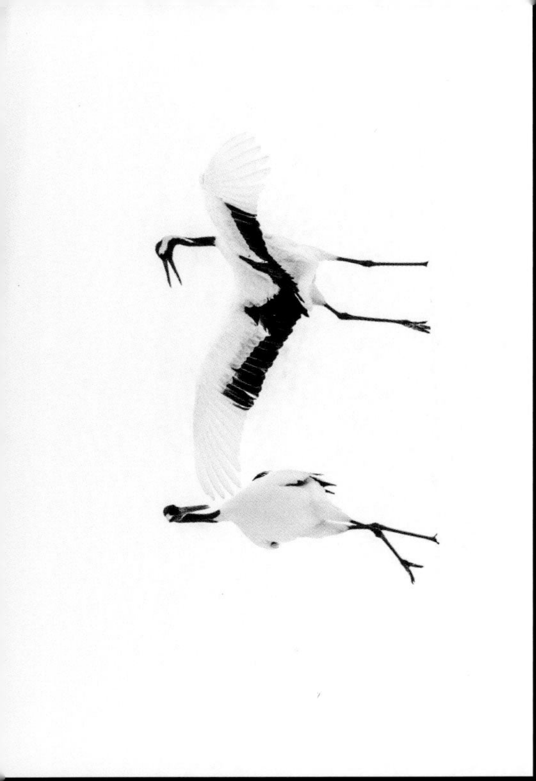
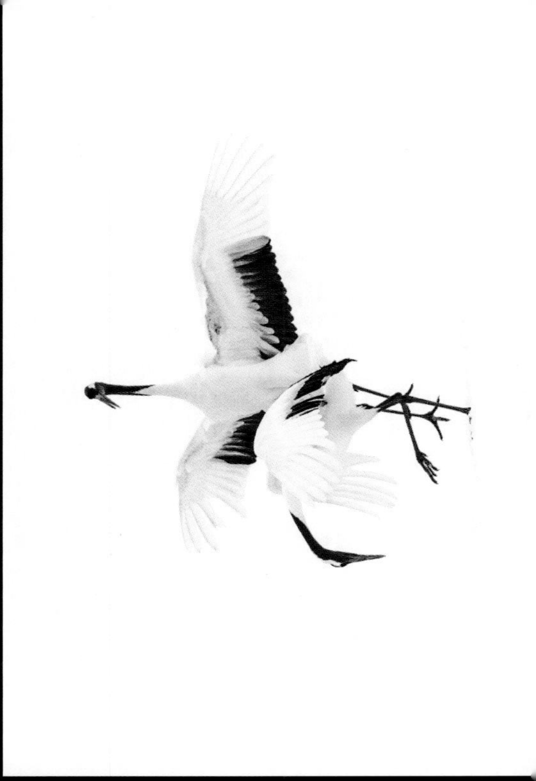
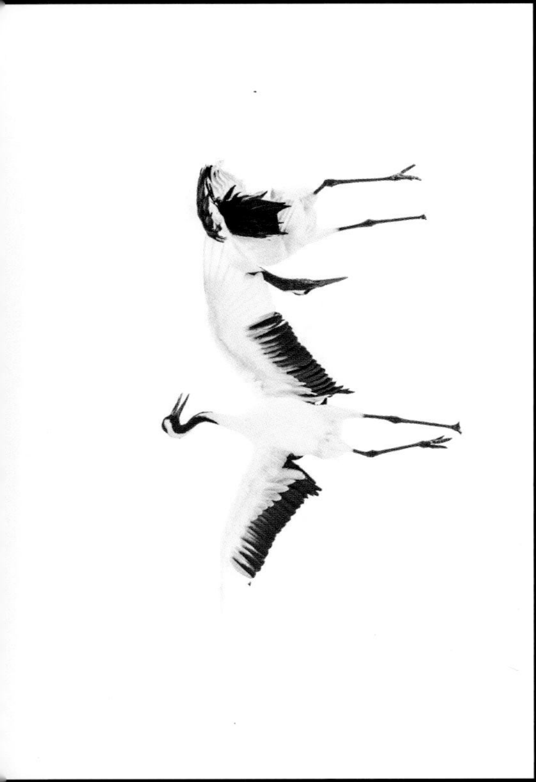
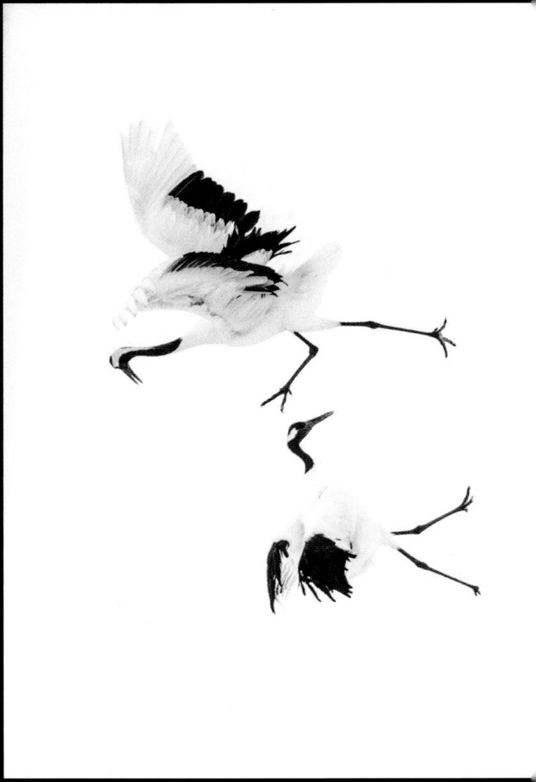
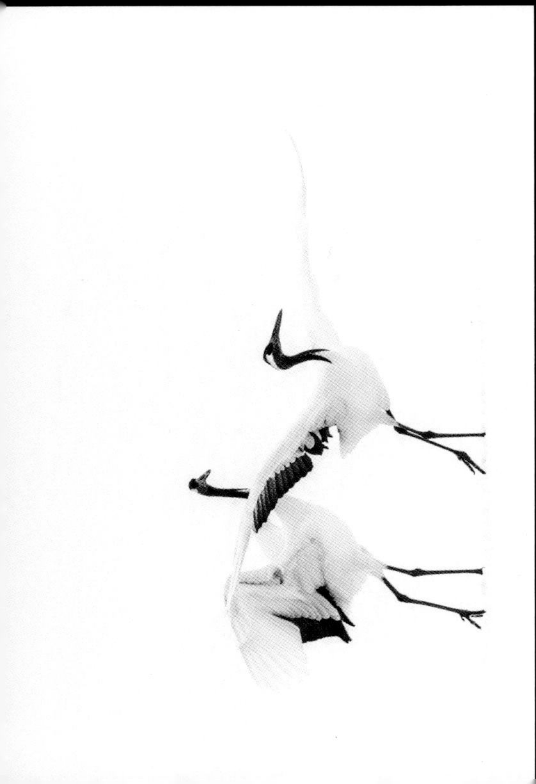
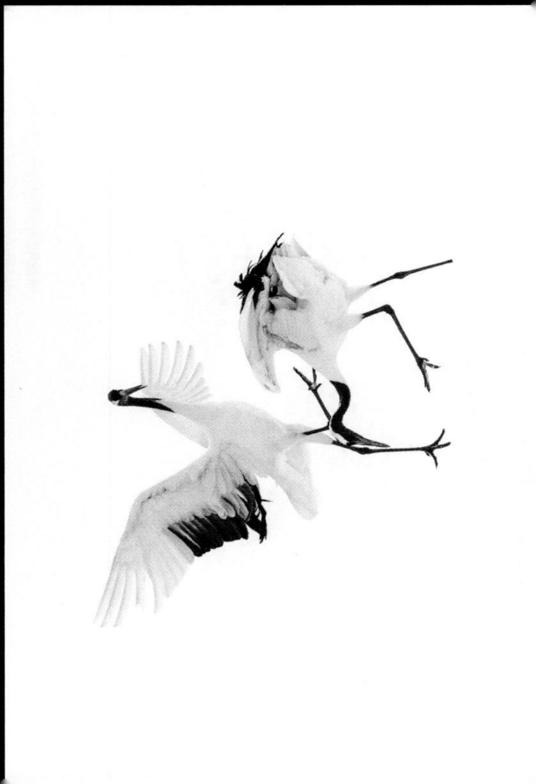

GRUE COURONNÉE
Balearica pavonina

Animal élancé à l'allure fière, la grue couronnée possède un toupet caractéristique qu'elle arbore sur son chef telle une couronne. Elle mesure environ 1 m de haut, pour un poids autour de 3 kg ; ses ailes sont blanches, et parfois garnies de quelques plumes colorées. Son cou est noir, tandis que sa joue est blanche sur sa partie supérieure, et rose dans sa partie inférieure. On retrouve la grue couronnée dans la savane aride de l'Afrique, au sud du Sahara, où elle est menacée par la dégradation de son habitat. Cet oiseau, qui peut vivre jusqu'à 40 ans, se nourrit d'insectes, de reptiles, de petits mammifères, ou parfois de plantes et de vers de terre. Espèce vulnérable.

GOURA VICTORIA
Goura victoria

Doté d'un plumage d'un bleuté spectaculaire, cet oiseau de Nouvelle-Guinée vit dans les forêts de basse altitude, partiellement marécageuses. C'est le plus gros pigeon terrestre du monde : son poids varie de 1,5 à 2,4 kg. Son nom vient du javanais « tonnerre », probablement à cause de la voix mugissante du mâle lorsqu'il désire la femelle. Sa tête est agrémentée d'une grande huppe érectile aux extrémités marquées de blanc. C'est un oiseau grégaire et monogame qui reste fidèle toute sa vie à sa partenaire. Goûtant peu les hauteurs, il passe le plus clair de son temps sur le sol à la recherche de fruits et de végétaux. Il ne se perche dans les arbres que pour passer la nuit. C'est une espèce menacée par la chasse, pour ses plumes chatoyantes et sa viande, et par la disparition de son habitat. Espèce quasi menacée.

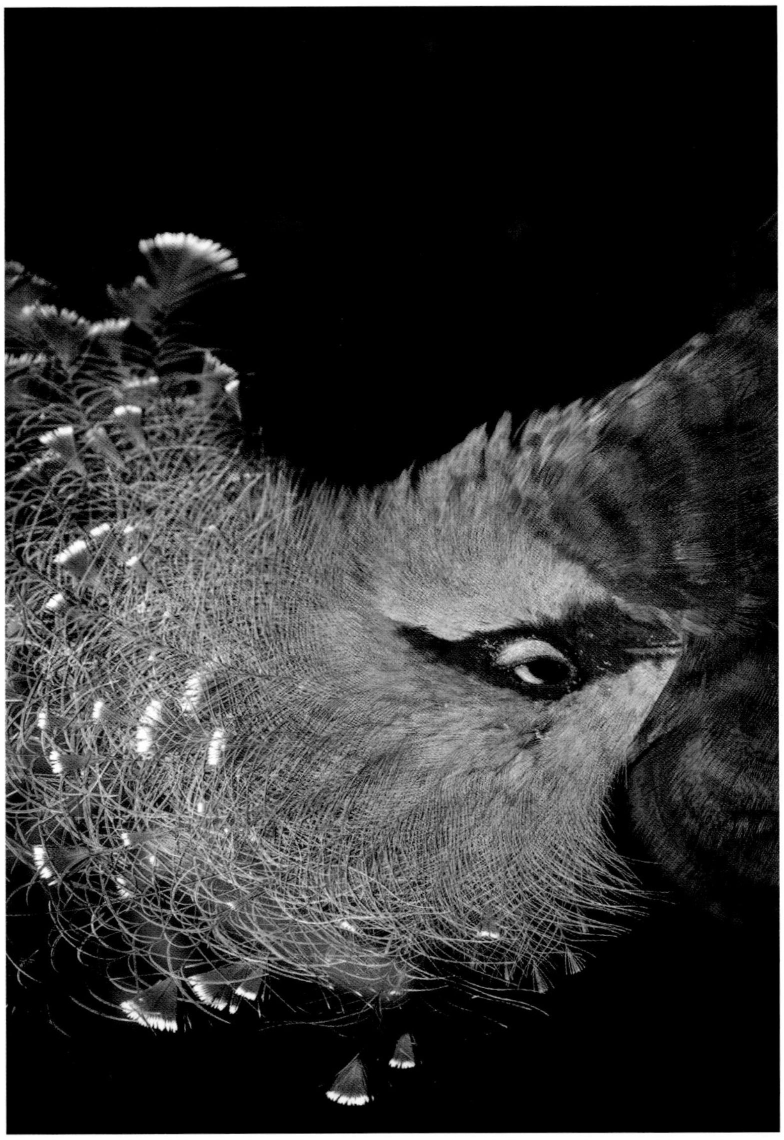

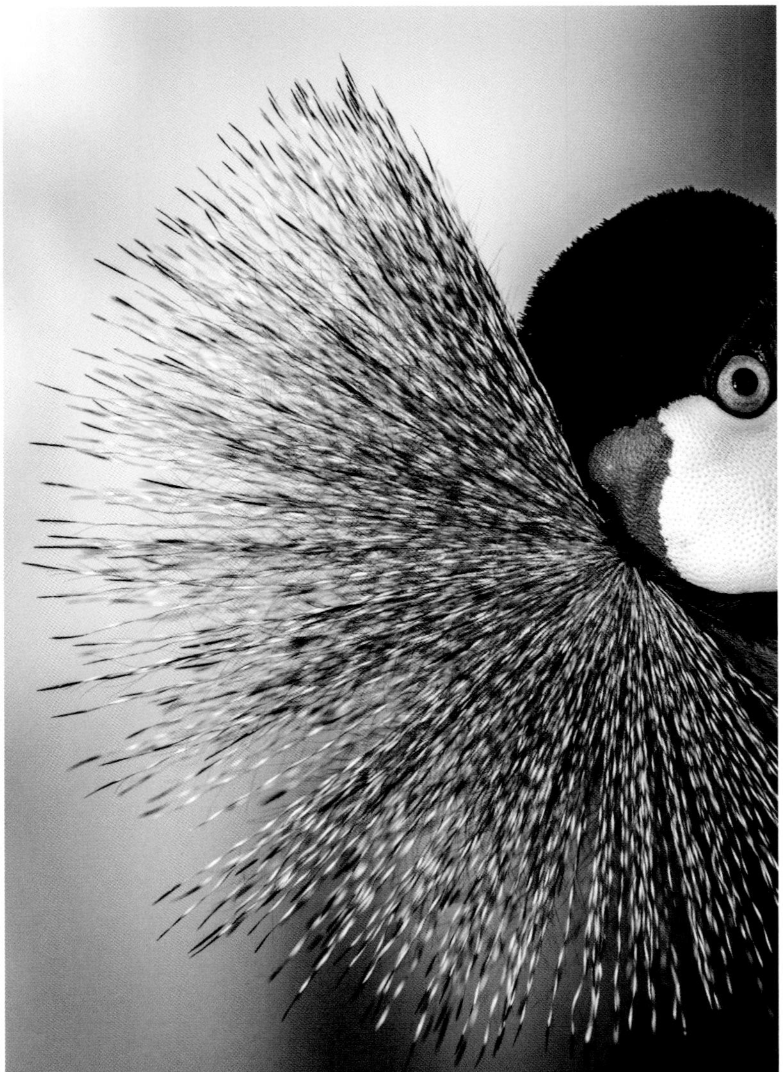

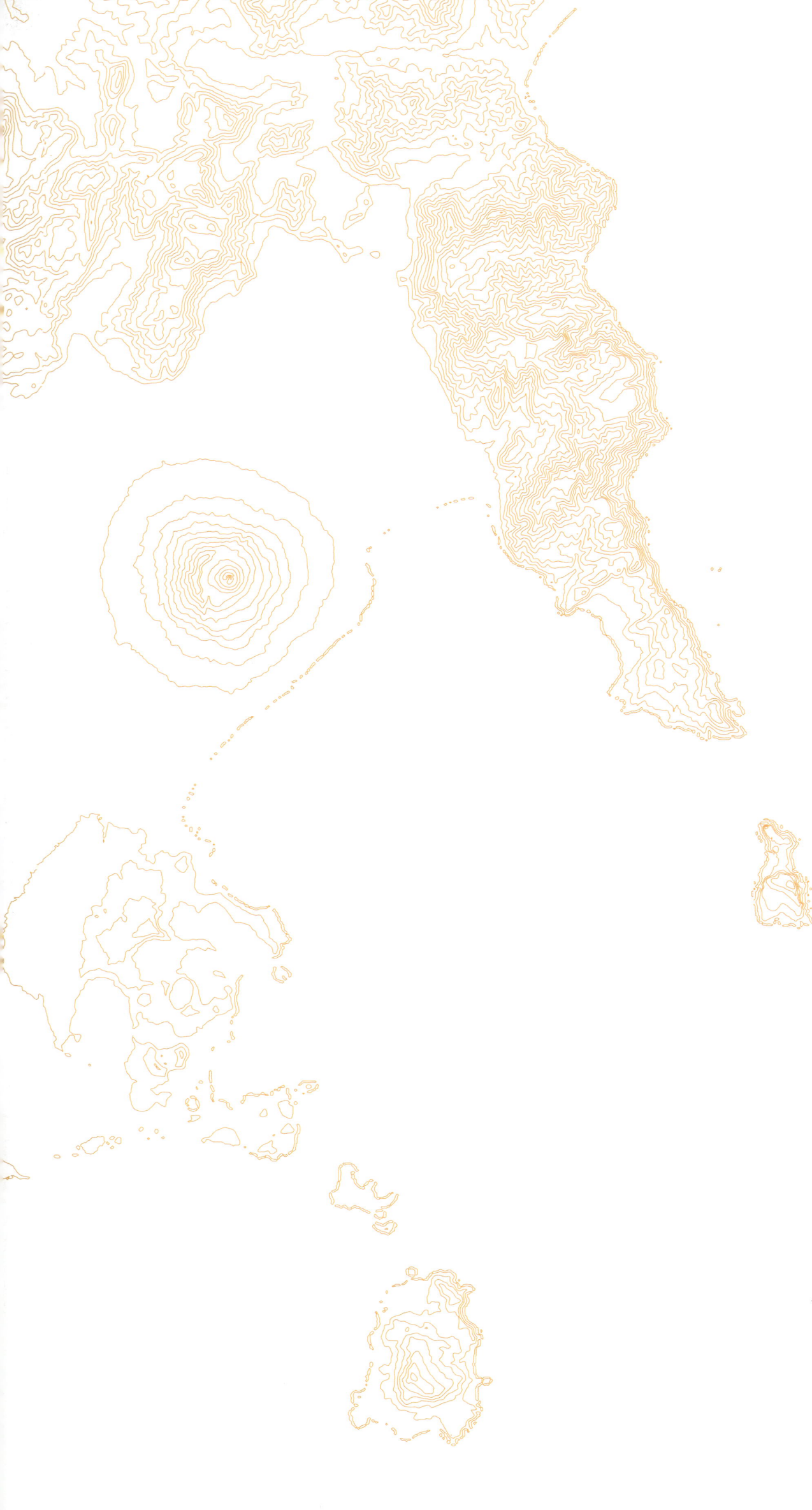

CIGOGNE ÉPISCOPALE
Ciconia episcopus

Son pas mesuré, son caractère silencieux et solitaire, sa robe noire lustrée à parements blancs lui confèrent une allure de clerc, n'est-ce pas ? Présent dans toute l'Afrique subsaharienne, l'Inde et l'Asie du Sud-Est, cet échassier se plaît dans les zones humides, les mangroves, voire les savanes. Il est menacé d'extinction aux Philippines et en état de vulnérabilité en Asie du Sud-Est du fait de la dégradation de son habitat. Espèce vulnérable.

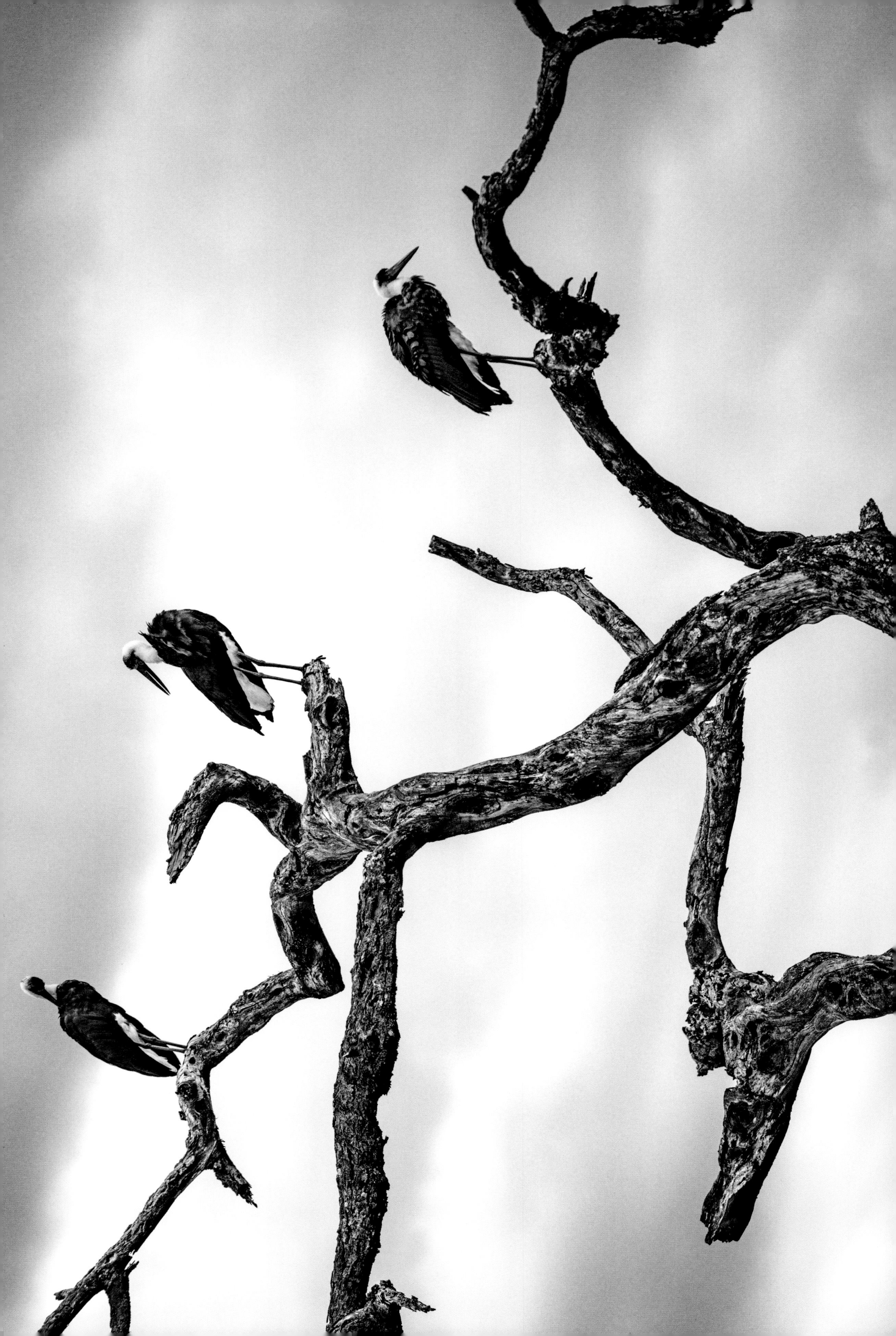

HARFANG DES NEIGES
Bubo scandiacus

L'envoûtante chouette harfang n'est pas à proprement parler une chouette mais un hibou, de la famille des strigidés, comme son cousin le grand-duc. Appelée *ookpik* par les Inuits, elle peuple la toundra du pourtour arctique, du Canada à la Scandinavie ; mais, autrefois, on la rencontrait également dans certaines régions françaises. À l'instar de bon nombre de ses congénères, les infrastructures électriques représentent un danger pour elle, tout comme les engins à moteur tels que les voitures ou les avions. Le succès planétaire d'*Harry Potter* fait planer une nouvelle menace sur cette élégante des glaces : les fans de la série, qui souhaitent l'acquérir comme animal de compagnie au mépris de la conservation de l'espèce et de son bien-être. Espèce vulnérable.

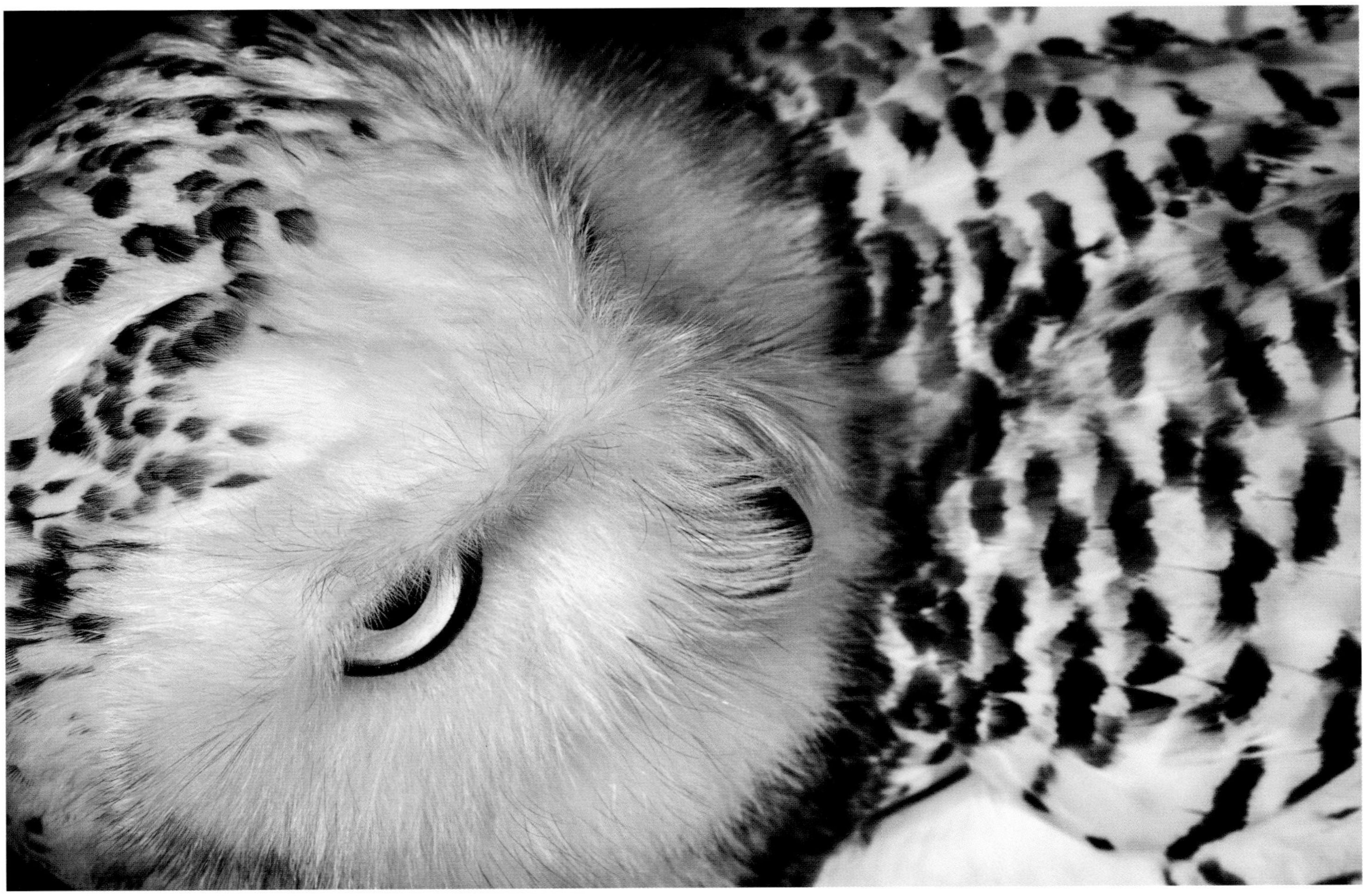

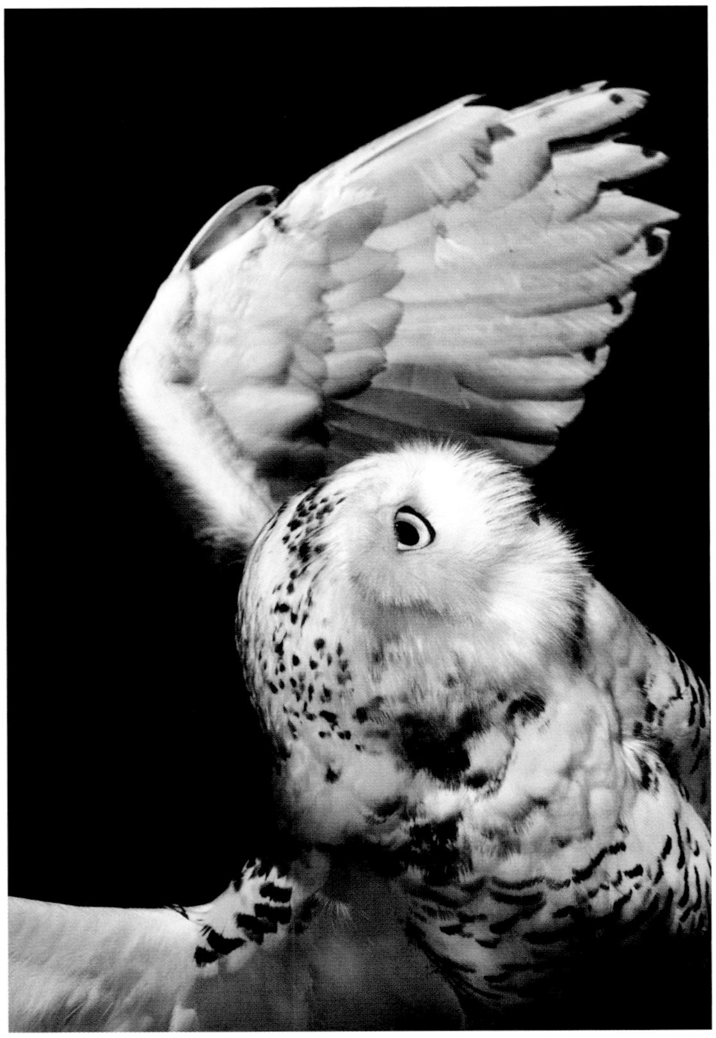

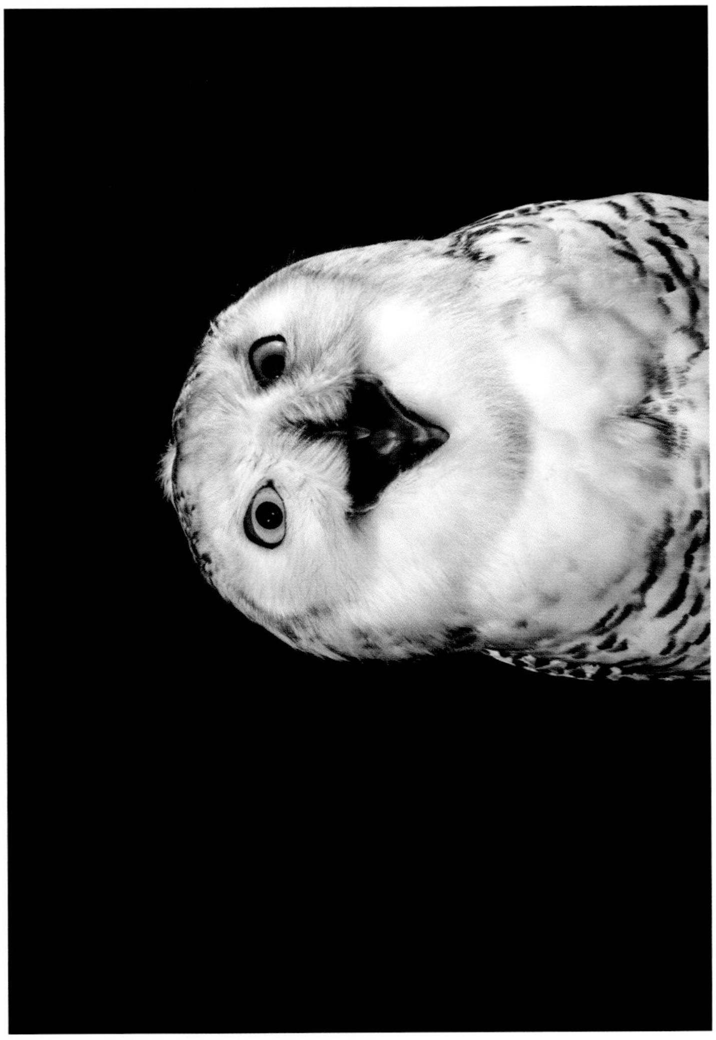

AIGLE IMPÉRIAL
Aquila heliaca

L'aigle impérial, qui acquiert son plumage définitif que vers 5 ou 6 ans, aime les steppes boisées. Trop grand et trop lourd pour attraper les proies en vol, cet imposant rapace chasse à l'affût et les capture au sol. Pour économiser son énergie en migration, il profite des colonnes d'air chaud ascendant avec ses larges ailes, planant ainsi pendant des heures en décrivant des cercles au-dessus d'un courant pour se laisser ensuite glisser jusqu'au suivant. En exploitant ces courants au-dessus des terres et en évitant les étendues d'eau froide, l'aigle impérial peut ainsi parcourir des milliers de kilomètres sans effort apparent. Lors de la parade nuptiale, le couple se livre à des acrobaties aériennes en s'agrippant par les pattes en vol, et offre à l'heureux spectateur de ses ébats un étonnant spectacle.

En raison de la dégradation de son habitat, du vol de nids, de la raréfaction de ses proies ou encore de la mort de nombreux oiseaux par collision avec les lignes électriques, l'aigle impérial devrait continuer à voir sa population, aujourd'hui faible, décliner. Espèce vulnérable.

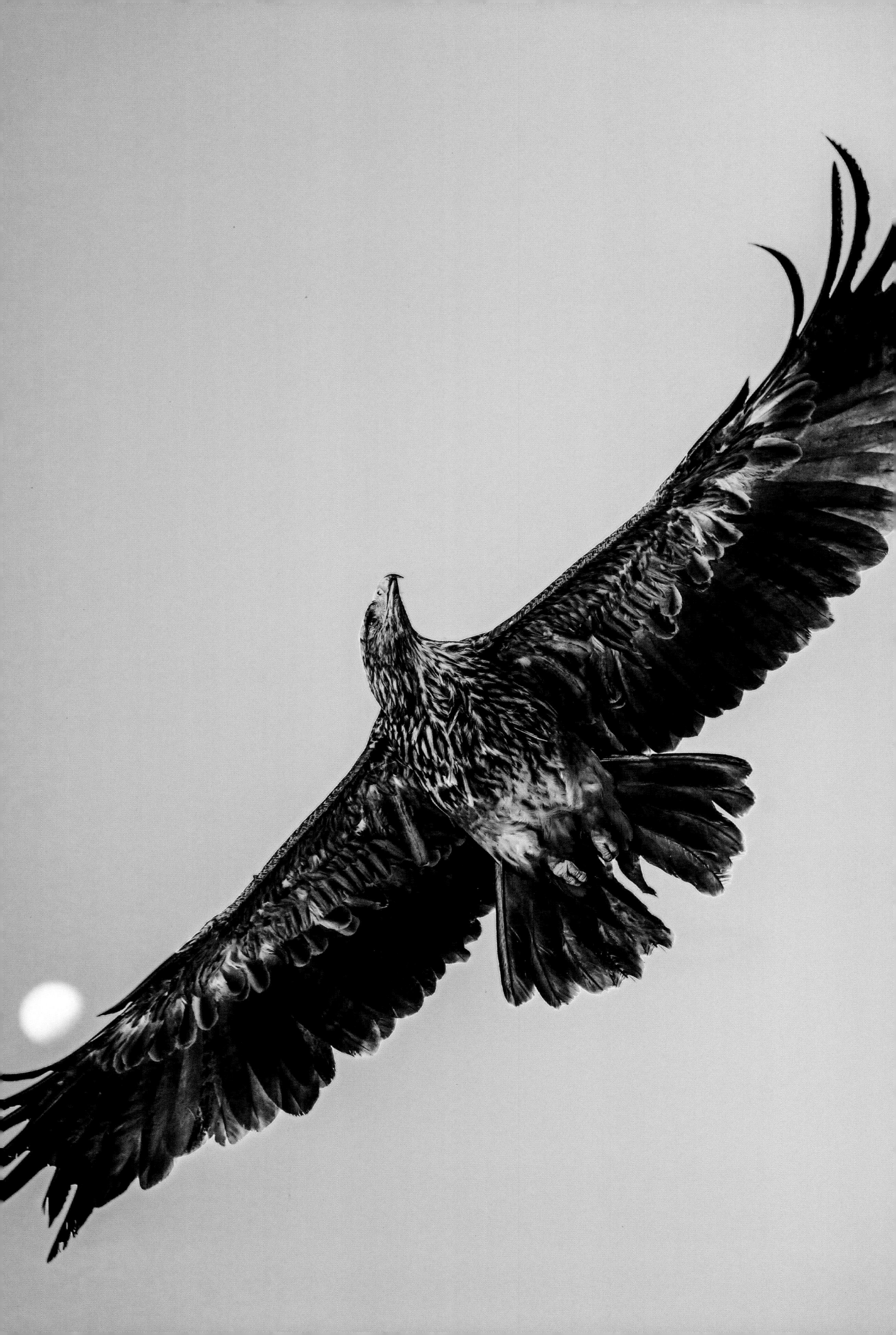

AIGLE MARTIAL
Polemaetus bellicosus

Avec une envergure comprise entre 1,88 et 2,60 m, l'aigle martial est l'un des plus imposants aigles africains. Son acuité visuelle, 3 fois supérieure à celle d'un humain, fait de ce rapace un prédateur redoutable. De tous ses congénères africains, c'est aussi celui dont le vol est le plus impressionnant à observer : on le reconnaîtra facilement à la petite crête qui orne l'arrière de sa tête, ainsi qu'à son plumage brun foncé et aux taches brunes de son poitrail. Ce sont ces dernières qui le distinguent de son quasi jumeau, le circaète à poitrine noire. La femelle, quoique difficile à distinguer du mâle, est souvent un peu plus grande que ce dernier, et possède généralement un abdomen plus densément tacheté. L'aigle martial, monogame, ne se reproduit qu'une seule fois tous les 2 ans.

Si généralement ce rapace fréquente les zones boisées ouvertes, les savanes boisées, les prairies broussailleuses ou les buissons épineux, on le trouvera aussi, en Afrique australe, dans les zones subdésertiques ou plus ouvertes, parfois jusqu'à des altitudes de 3 000 m, et rarement en dessous des 1 500 m. L'espèce est localisée en Afrique subsaharienne, au Sénégal, en Gambie, jusqu'à l'Éthiopie et au nord-ouest de la Somalie. On la retrouve par ailleurs dans le Sud africain, notamment en Namibie, au Botswana et en Afrique du Sud.

L'aigle martial, qui souffre de la dégradation de son habitat, est la cible des agriculteurs (tirs, pièges et empoisonnement), qui l'accusent de tuer leurs volailles, agneaux et chèvres. De nombreux oiseaux se noient par ailleurs dans les réservoirs d'eau, dont les parois sont parfois abruptes, et entrent mortellement en collision avec les lignes électriques. Le rapace, déclaré espèce vulnérable, est par ailleurs chassé pour être utilisé en médecine traditionnelle, notamment en Afrique du Sud.

MILAN ROYAL
Milvus milvus

Le milan royal est un rapace peuplant une zone principalement européenne. Cet oiseau d'une envergure de 1,75 à 1,95 m se nourrit principalement de cadavres d'animaux de petite taille. Son plumage de couleur brun roux varie en fonction de l'âge et du sexe de l'individu (il est plus clair chez les jeunes mâles par exemple). La première menace pour cet oiseau est l'empoisonnement accidentel ou volontaire (et illégal) qui vise à réduire les prédateurs du bétail et du gibier. Les cibles initiales sont les renards ou les loups par exemple, mais le milan constitue une victime collatérale de ces agissements humains. Les pesticides aussi sont la cause d'empoisonnements secondaires, *via* la consommation de rongeurs empoisonnés par des rodenticides. Ces fléaux, en particulier dans les aires d'hivernage de France et d'Espagne, peuvent entraîner un déclin rapide de la population. Espèce quasi menacée.

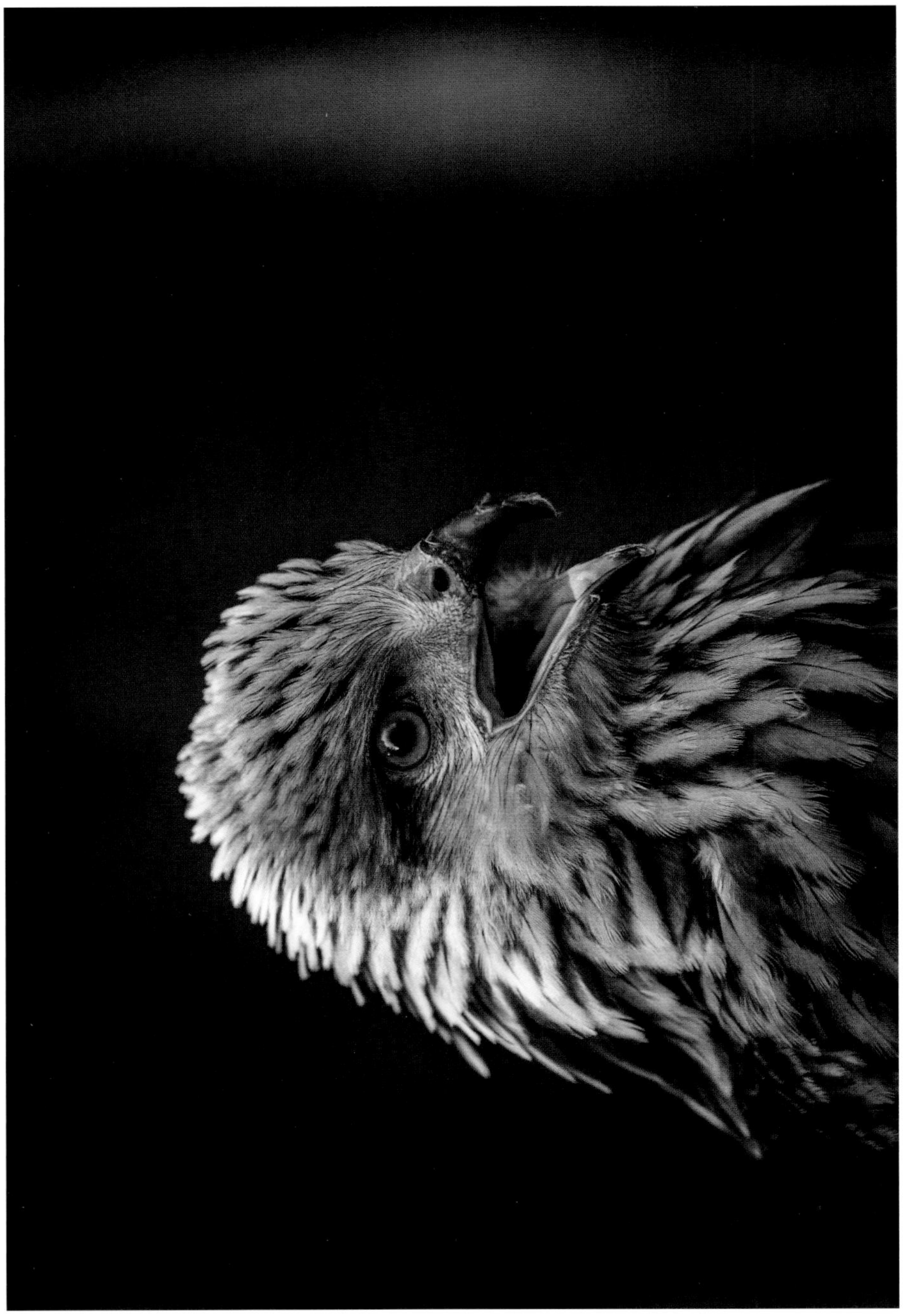

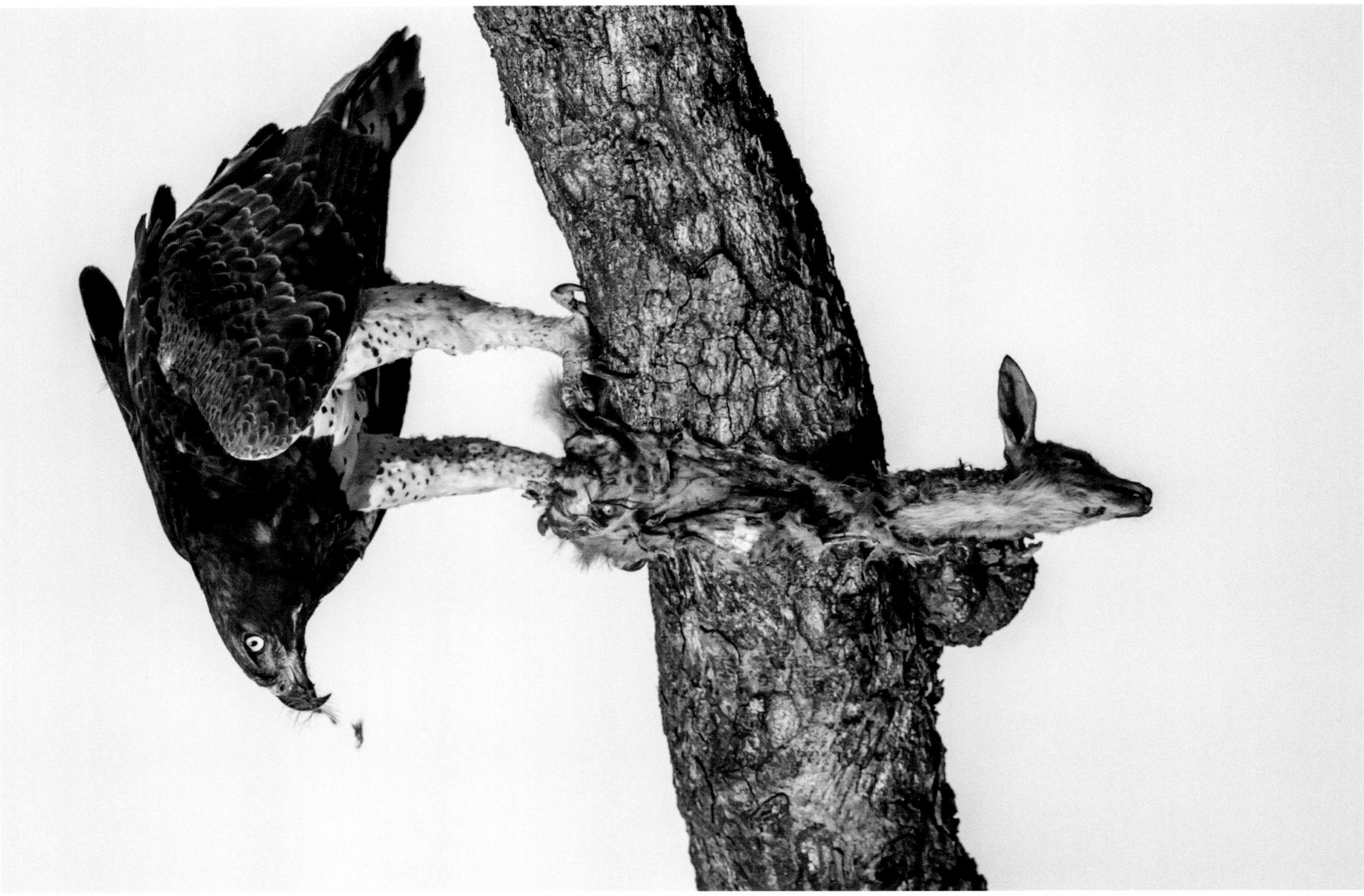

BUCORVE DU SUD
Bucorvus leadbeateri

Espèce endémique de l'Afrique, le bucorve du Sud, appelé aussi calao terrestre, est un oiseau de belle taille (il peut peser jusqu'à 6 kg) qui vit principalement dans les savanes du sud de l'Afrique. Contrastant avec son plumage entièrement noir, à l'exception des rémiges blanches et des zones rouges situées en haut de son corps, son iris bleu ne laisse pas l'observateur curieux indifférent. Noir et courbe, son bec est puissant et possède comme un petit casque sur sa partie supérieure, davantage développé chez le mâle que chez la femelle.

Carnivore, le bucorve se nourrit de sauterelles, de scarabées, de lézards, de scorpions, de termites, ou encore d'autres oiseaux ou de petits mammifères. Cet habile chasseur, assez courageux, s'attaque même parfois à des proies plus grandes, comme des écureuils, des tortues, des rats, des lièvres ou des varans.

Diurne et grégaire, le bucorve du Sud vit en petites communautés de 2 à 12 individus, dont l'organisation est complexe, structurée autour d'un couple dominant, seul à se reproduire, autour duquel gravitent des adultes mâles qui défendent le territoire, et nourrissent les petits et la femelle lorsqu'elle couve. Comme c'est un oiseau remarquablement actif, il est difficile d'observer le bucorve immobile, sauf lorsqu'il rejoint l'arbre sur lequel il passera la nuit. Il préfère marcher, mais on ne le verra parfois s'envoler pour se réfugier sur une branche s'il est pourchassé. Le vol ne lui pose cependant aucun problème s'il s'agit de chasser de son territoire un intrus, qu'il poursuivra d'un vol obstiné.

Répandue depuis le sud de la République démocratique du Congo et le Kenya jusqu'aux confins de l'Afrique du Sud, sa population a nettement diminué. Classé dans la catégorie des espèces vulnérables, on ne retrouve le bucorve de nos jours que confiné dans les parcs nationaux ou les réserves. Son faible rythme de reproduction, la destruction de son habitat, sa chasse, son commerce illégal, et son utilisation en médecine traditionnelle sud-africaine menacent la survie de l'espèce. Il peut vivre jusqu'à 60 ans en captivité. Espèce vulnérable.

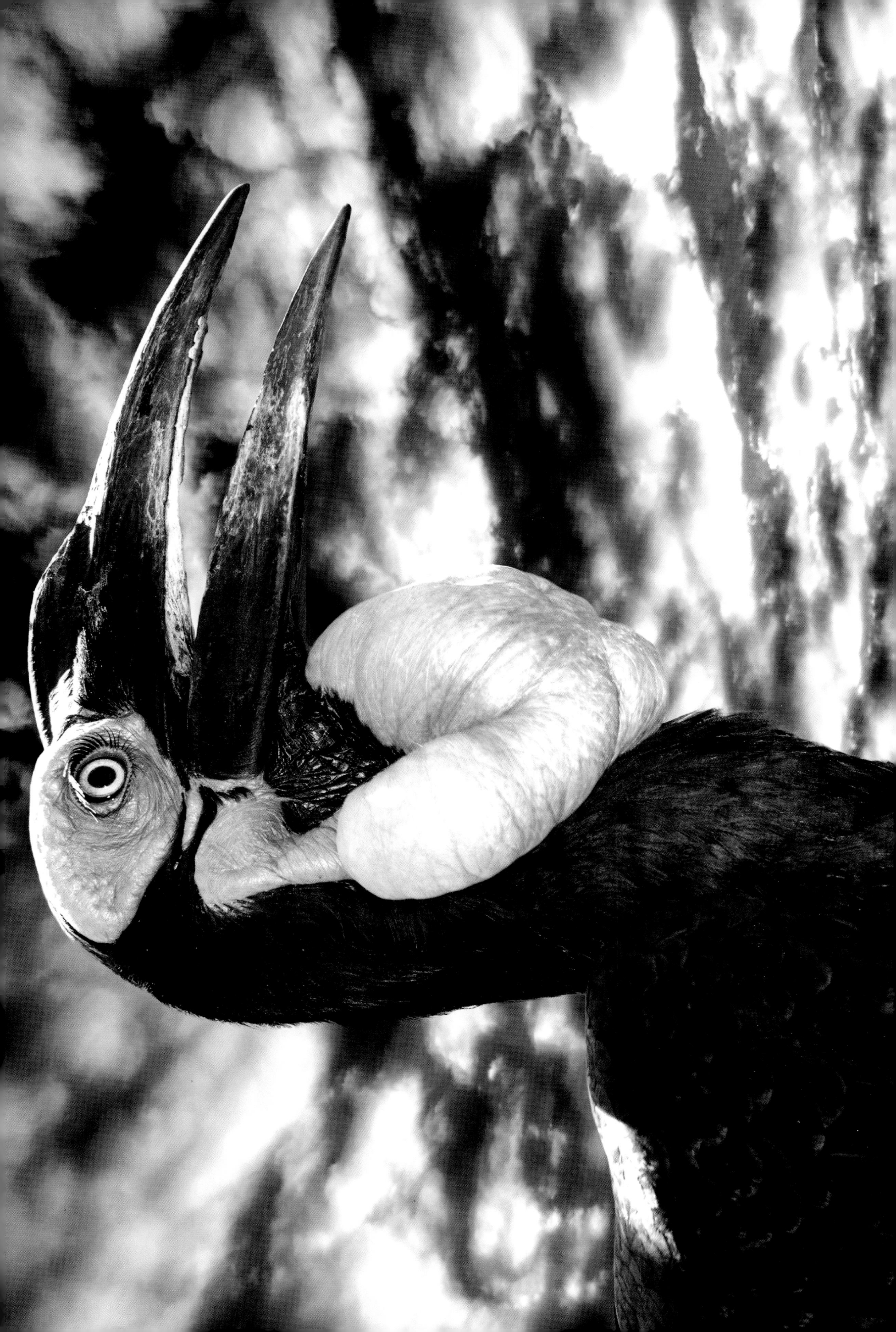

ARA MILITAIRE
Ara militaris

Ce perroquet multicolore se rencontre dans les montagnes et les régions tempérées semi-arides ainsi que dans les forêts tropicales d'Amérique centrale et d'Amérique du Sud. Il se nourrit de fruits, noix et bourgeons. Très bruyant, il aime les façades de falaises : il les parcourt grâce à son bec crochu qui lui sert de troisième pied pour grimper. L'ara militaire vit en couple fidèle, jusqu'à 60 ou 80 ans. Vulnérable, il est menacé par le trafic d'animaux.

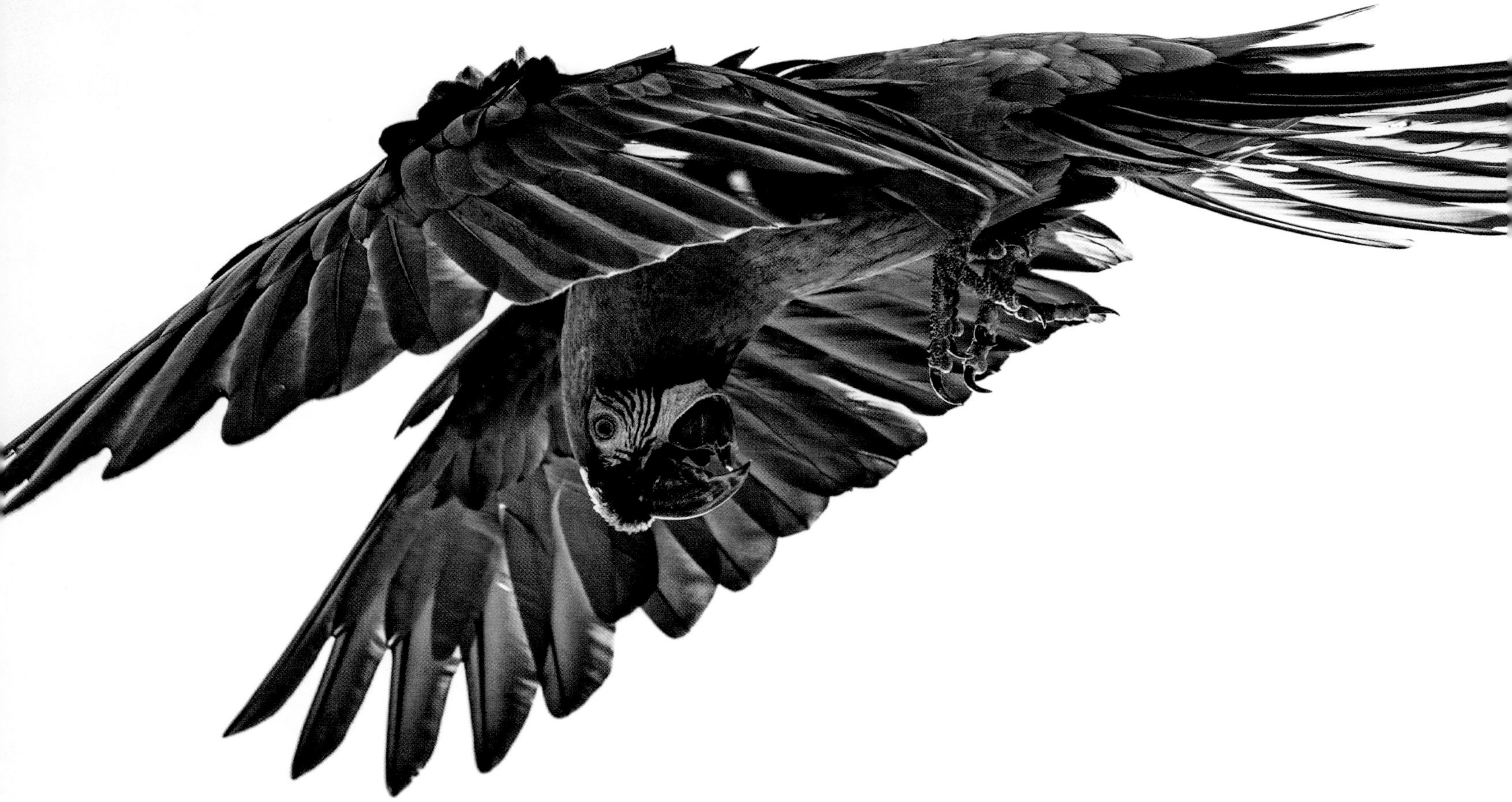

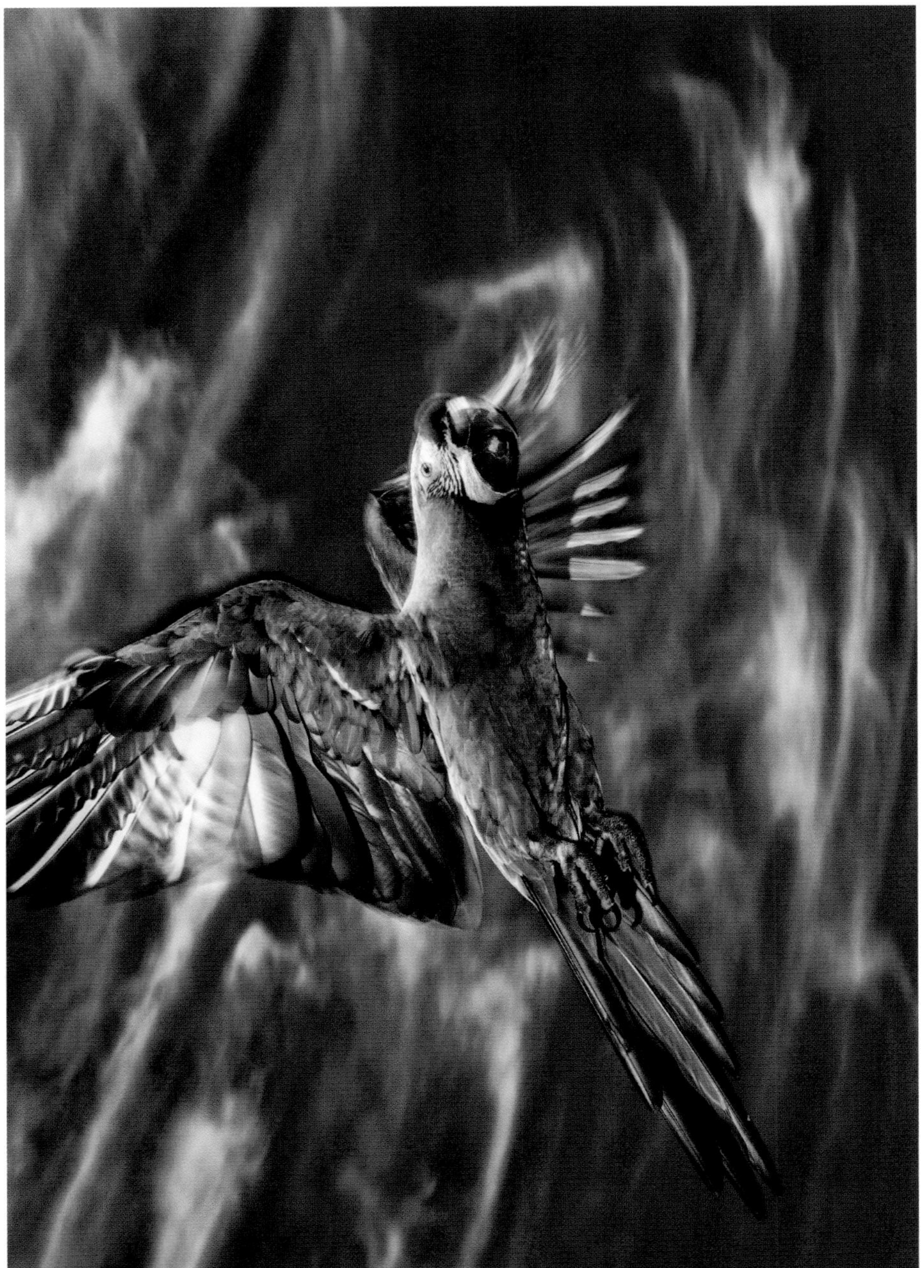

CARACARA DE FORSTER
Phalcoboenus australis

Grand rapace noir, le caracara de Forster a un plumage strié de blanc au cou et à la poitrine, et sa queue présente une bande de couleur blanche à son extrémité. Si ses yeux sont brun foncé, la cire de son bec crochu, la peau nue de la face sur la tête ainsi que ses pattes et ses doigts arborent une couleur jaune orangé. En volant, l'oiseau montre des taches blanches sur les ailes.
On trouve la majorité de la population de caracaras australs dans les îles Malouines et celles situées au large de la Terre de Feu, où ils affectionnent les régions littorales, les côtes rocheuses et les rivages foisonnant les touffes herbeuses. Limité à ces îles, son habitat particulièrement restreint fait de ce rapace l'espèce la plus rare du monde. Charognard des rivages, le caracara de Forster se nourrit essentiellement d'oiseaux de mer jeunes et faibles, de pingouins, d'insectes, de charognes et de déchets. Bien que protégé par la loi, cet oiseau est encore aujourd'hui persécuté pour les dommages qu'il cause aux troupeaux de moutons introduits sur ces îles. Le caracara de Forster est actuellement considéré comme étant quasi menacé.

MANCHOT DE HUMBOLDT
Spheniscus humboldti

Cette espèce de manchot vit en petites colonies, appelées « rookeries » sur les zones côtières du Pérou et du Chili. Ce membre de la famille des *Spheniscidae* se rapproche du manchot de Magellan et de celui des Galapagos. Sa durée de vie est de 20 ans à l'état sauvage et jusqu'à 30 ans en captivité. Il s'alimente principalement de poissons et de crustacés, et mesure un petit peu moins de 70 cm pour un poids compris entre 3,5 et 5 kg. Sa préservation est menacée par la raréfaction de ses proies liée à la surpêche, mais aussi par la modification des courants marins : quand il se manifeste, le phénomène El Niño réduit en effet drastiquement la présence de proies près des côtes. Espèce vulnérable.

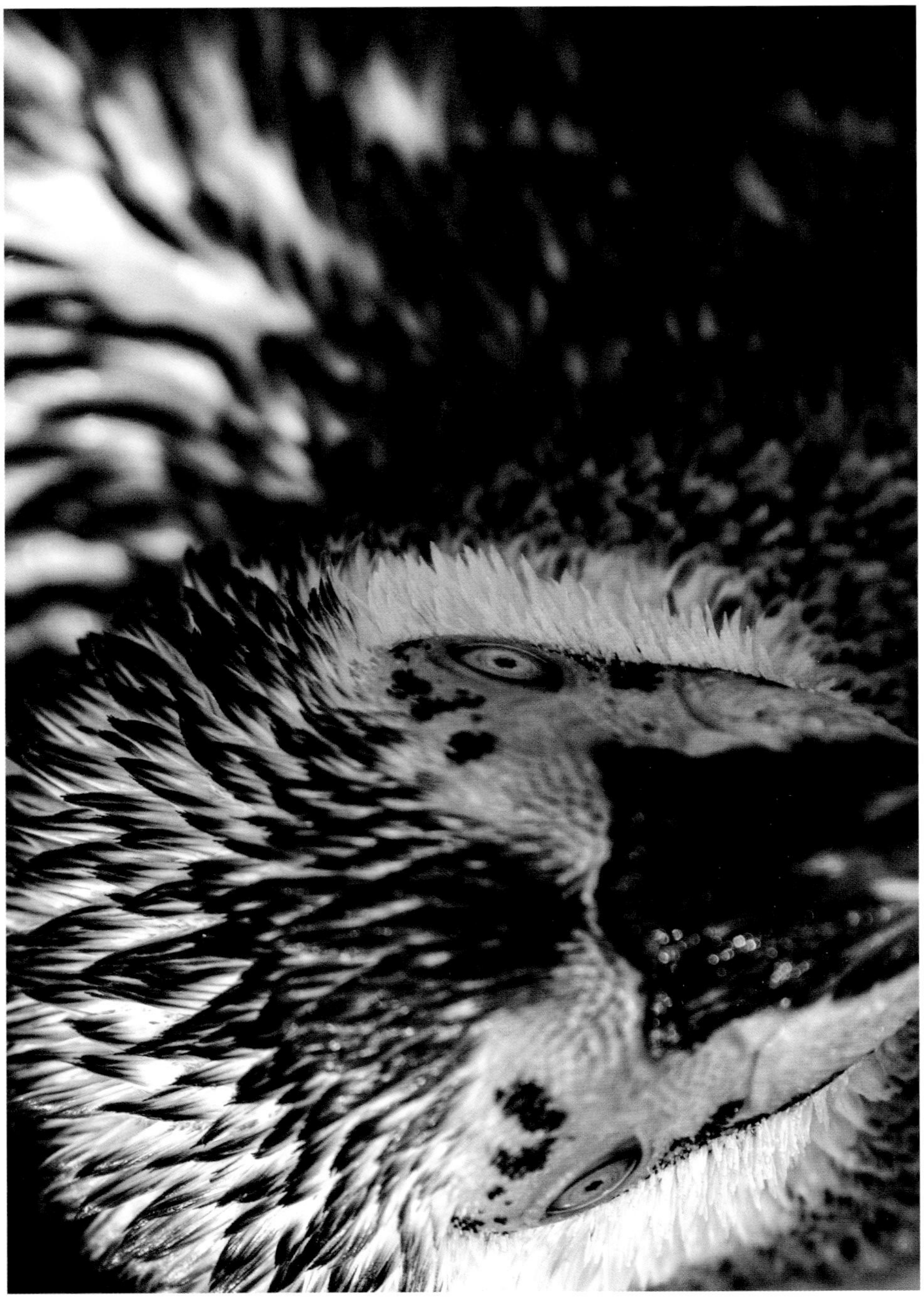

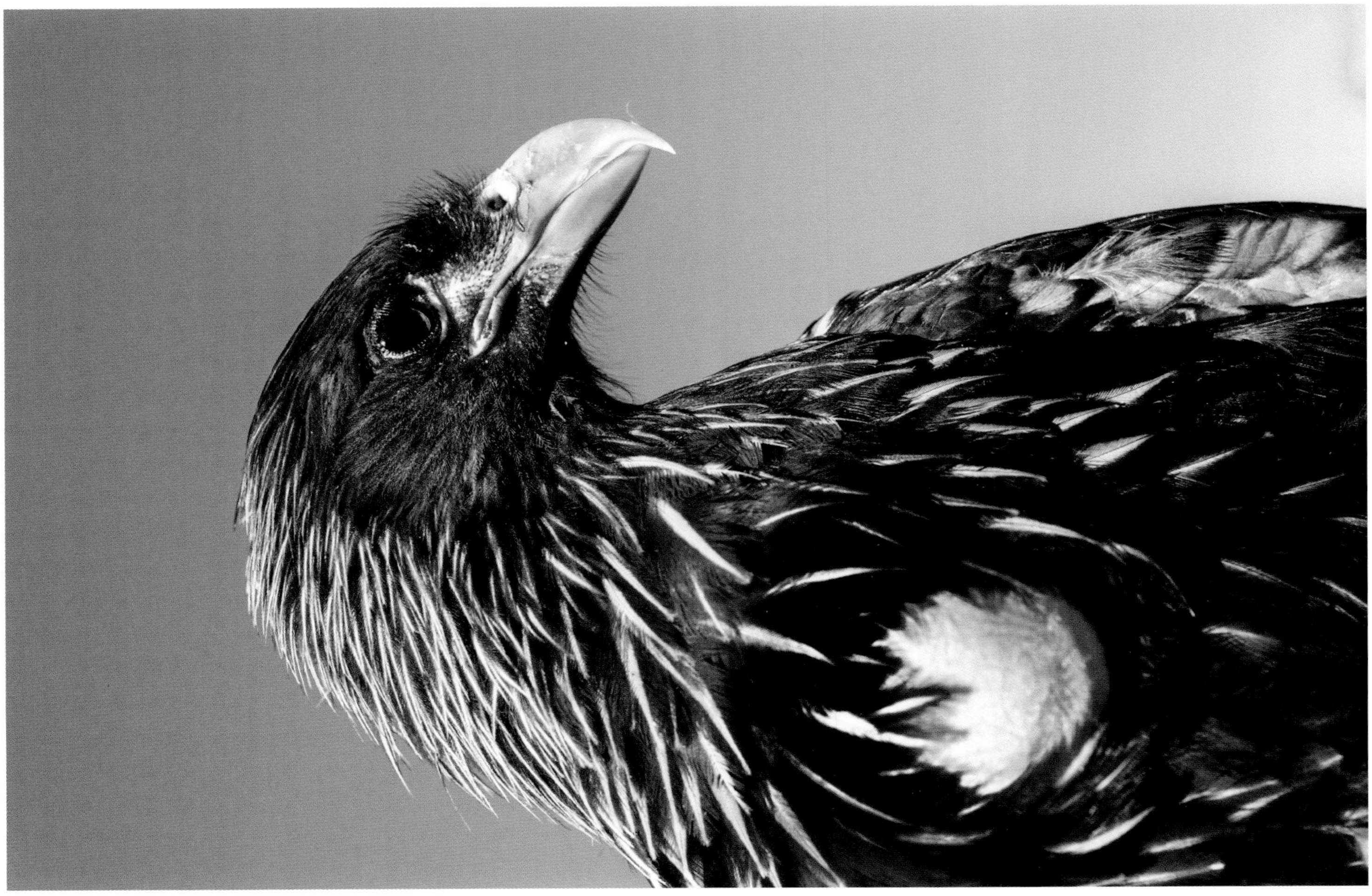

PÉLICAN BLANC
Pelecanus onocrotalus

Sa gueule interpelle, son regard interroge : cet animal appartient à une grande espèce de pélicans dont le pelage est plus blanc, lisse et régulier. C'est un oiseau grégaire qui rabat les poissons avec ses semblables lors d'attaques concertées. Le crochet qui termine la mandibule supérieure du bec lui sert d'arme en cas de conflit. Malgré un poids de 10 à 11 kg, grâce à une envergure de 3,50 m, il peut voler, planer et soutenir un vol battu très longtemps. Il vole en formations organisées, en oblique ou en chevrons, afin d'économiser l'énergie en réduisant la pénétration dans l'air. Ses os sont évidés et pneumatisés afin de l'alléger. Grâce à sa poche d'une contenance de 12 litres qui agit comme une épuisette, il s'empare de beaucoup de poissons à la fois. Cette poche a par ailleurs une fonction thermorégulatrice lors des fortes chaleurs. Comme de nombreux oiseaux, le pélican possède une glande uropygienne située sur le croupion ; elle contient du sébum qu'avec ses mandibules, il étale sur ses plumes afin de les garder à la fois hydratées et imperméabilisées. Les causes de sa vulnérabilité viennent de la disparition des lieux de nidification et d'alimentation (assèchement des zones humides pour la mise en culture des terres, extraction d'eau, etc.), les dérangements fréquents des colonies par les pêcheurs, la chasse et la collision contre les lignes électriques. Espèce considérée comme de préoccupation mineure.

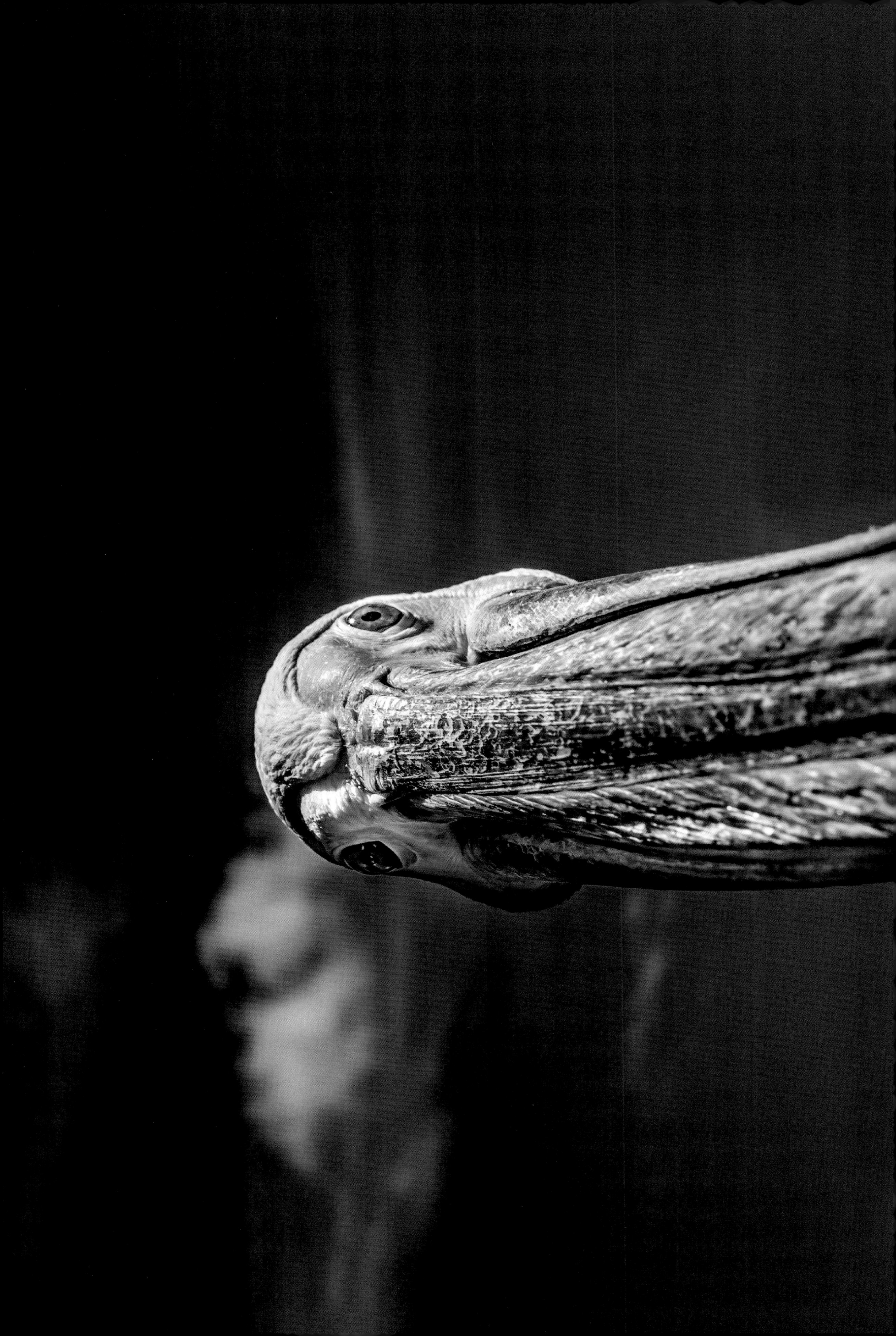

MANCHOT DU CAP
Spheniscus demersus

Le manchot du Cap, proche cousin du manchot de Humbolt, vit en colonies entre la Namibie et l'Afrique du Sud. C'est une espèce largement victime des activités humaines. Comme souvent, la surpêche de ses proies rend plus difficile son alimentation, mais c'est aussi le déréglement climatique qui met en péril ses aires de chasse, les anchois et les sardines s'éloignant progressivement à cause de la modification de la température des eaux de surface. Le tourisme de masse, avec ses constructions côtières, ainsi que les marées noires répétées, ont participé à la forte régression des populations ces dernières années. Enfin, les prédateurs comme les phoques, les requins ou les animaux terrestres constituent une menace pour cette espèce qui ne peut assurer sa protection elle-même, et a besoin de l'homme pour sa conservation. D'une population de plus d'un million de couples reproducteurs dans les années 1930, le manchot du Cap est passé à près de 22 000 couples dans le milieu naturel à ce jour. Cela signifie qu'il ne reste plus que 2 à 3% de la population d'origine, et cette extinction s'est accélérée avec une perte de 90% des effectifs entre 2000 et 2010. Espèce en danger.

MESSAGER SERPENTAIRE
Sagittarius serpentarius

Aussi appelé secrétaire, ou messager sagittaire, ce rapace diurne, espèce endémique de la zone éthiopienne, mesure entre 1,25 et 1,50 m d'envergure. Muni, comme la cigogne, de pattes d'échassier, il marche toute la journée dans la savane à la recherche de proies. Il chasse au sol en frappant ses proies à coups de patte pour les étourdir ou les assommer. Il se nourrit de serpents, de sauterelles, de tortues, de rongeurs et de lézards. Il vit dans un nid qu'il construit au sommet de certains arbres épineux, comme les acacias, et c'est là qu'il couve ses œufs et protège les 2 petits qui naissent annuellement. Espèce vulnérable.

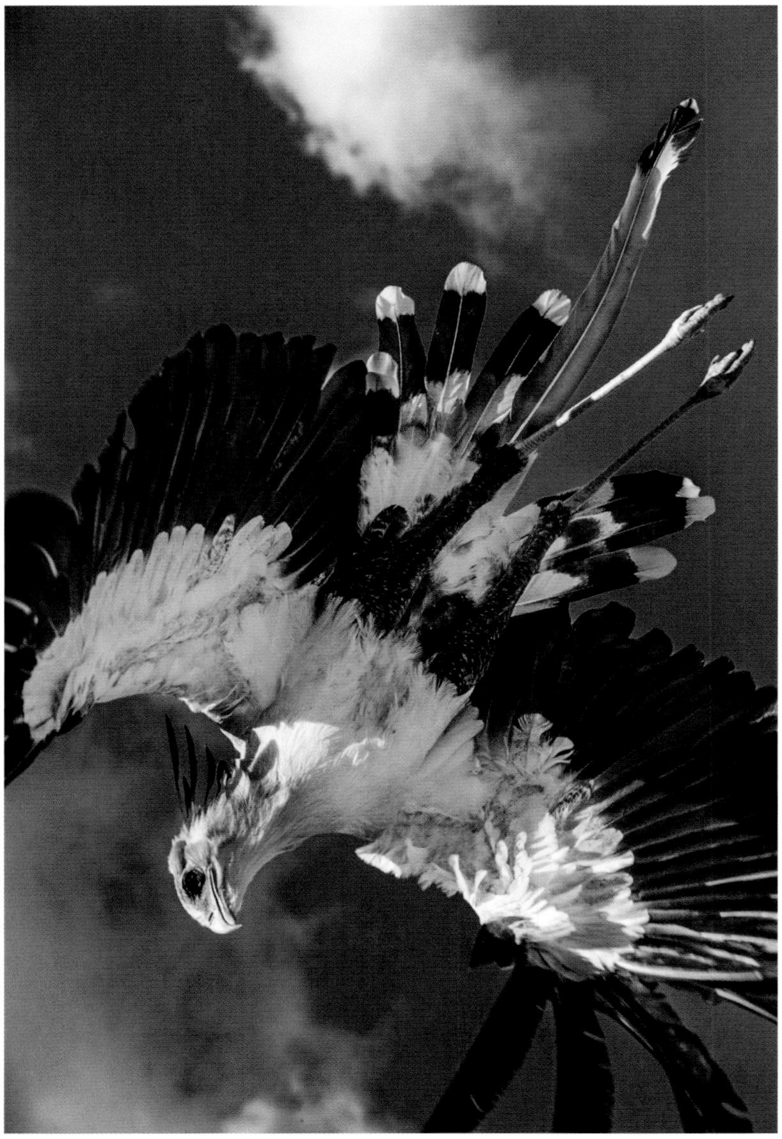

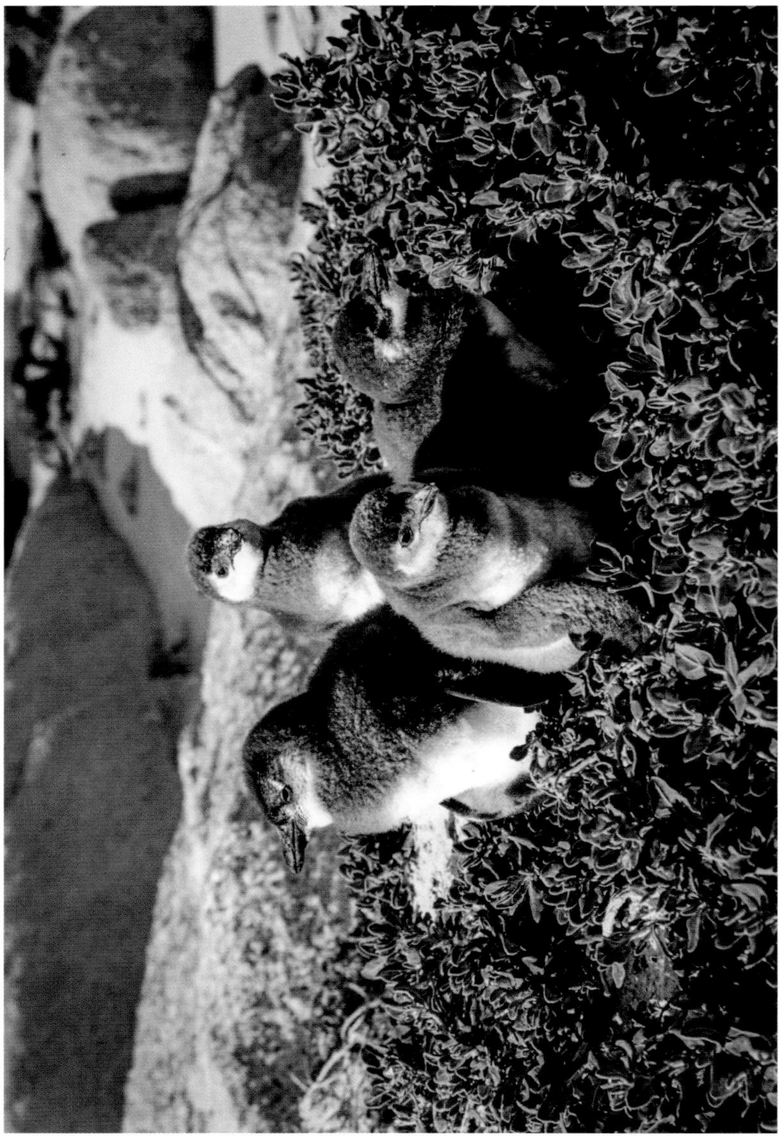

« Un groupe international de scientifiques de Cambridge a découvert chez les animaux, y compris les oiseaux, une conscience identique à celle des êtres humains. Des connexions cérébrales leur permettent de ressentir la douleur, le plaisir, la peur... »

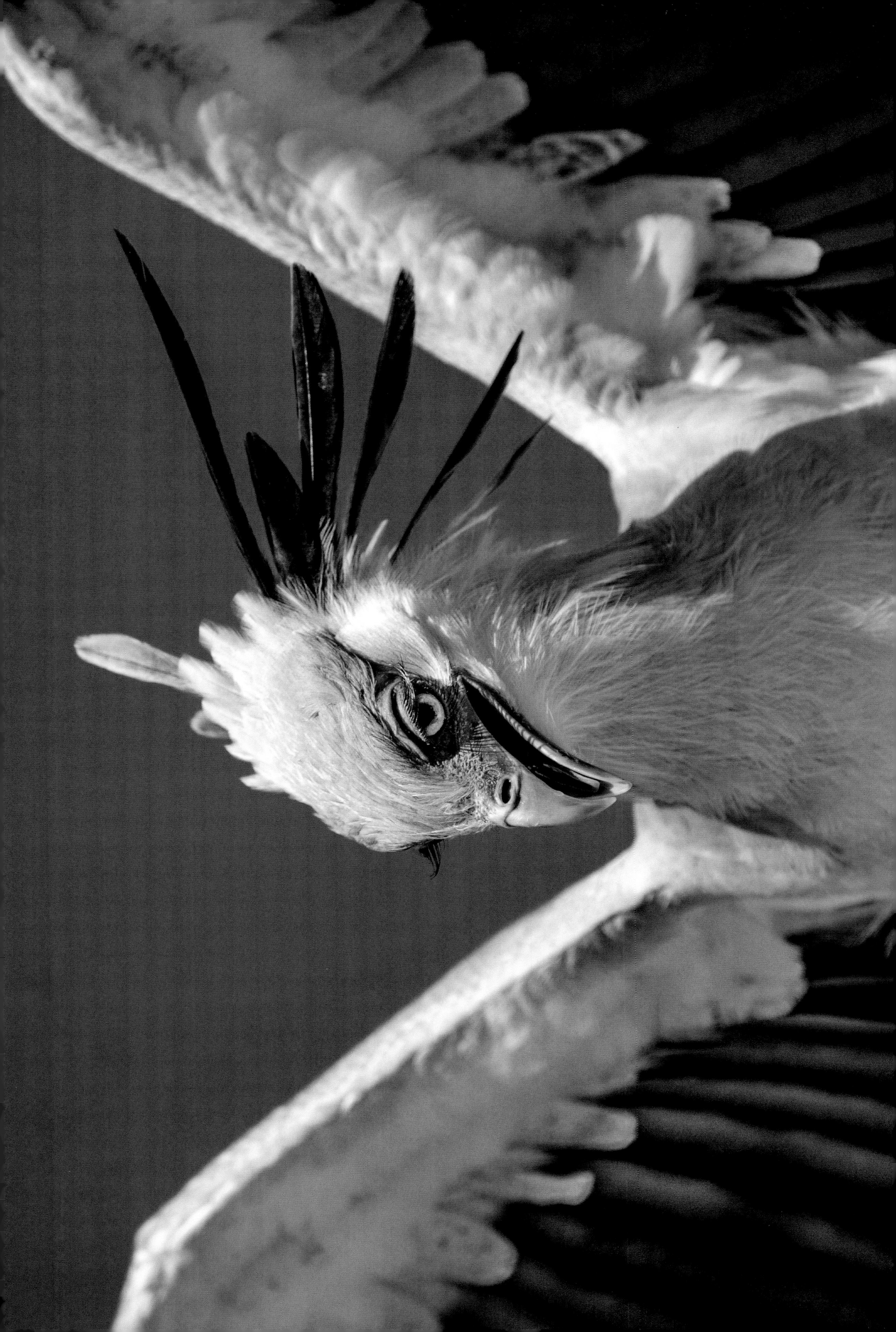

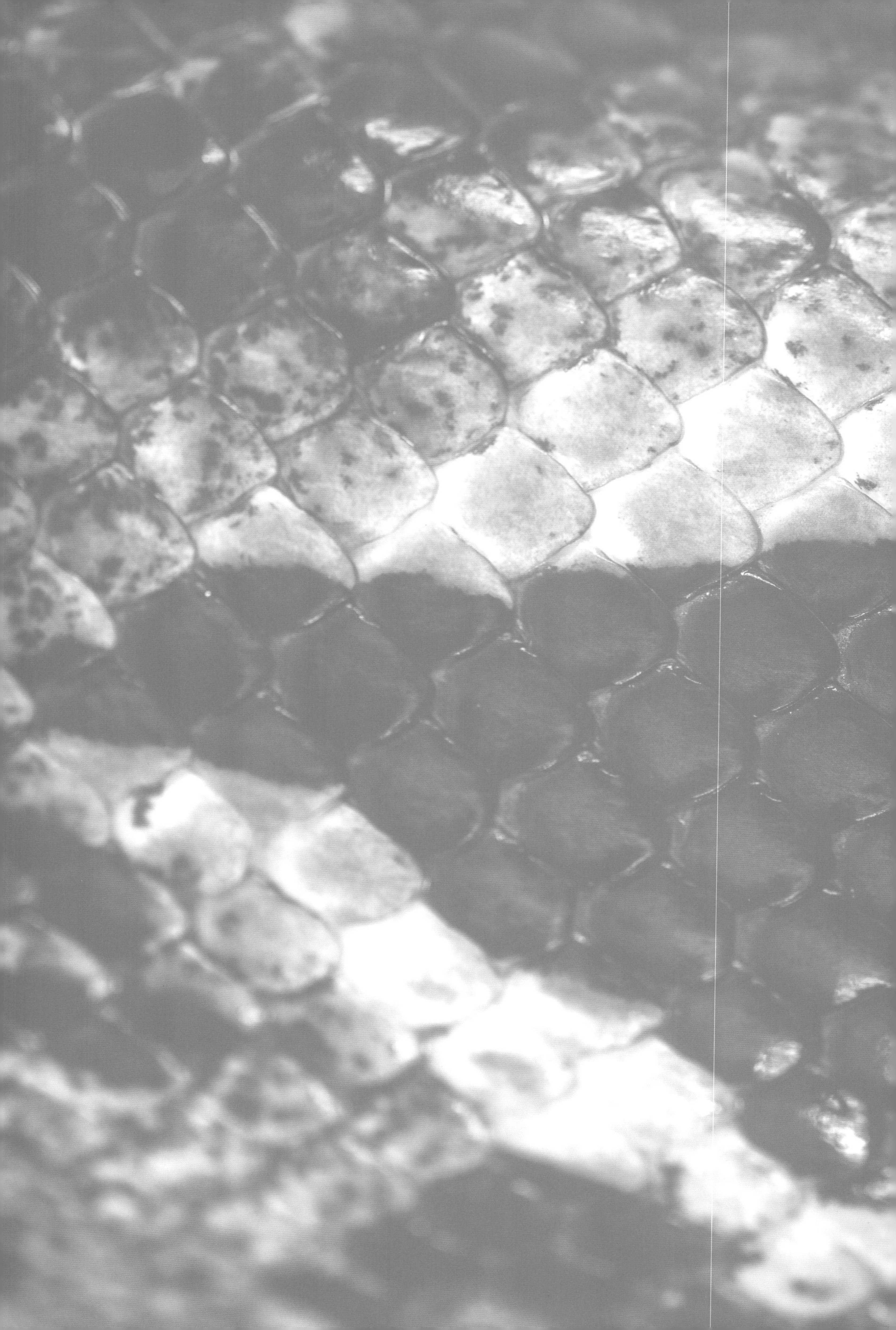

REPTILES

BOA DE MADAGASCAR
Sanzinia madagascariensis

Le boa de Madagascar est un serpent arboricole constricteur non venimeux de taille moyenne qui vit dans la forêt tropicale. De couleur verte dans les forêts humides, il est plutôt orange dans les forêts plus sèches. Ce carnivore se régale d'une espèce de lémurien, le petit hapalémur gris. Redoutable de ruse pour ses victimes, ce serpent nocturne utilise les fossettes autour de sa bouche pour détecter la chaleur dégagée par ses proies. Le boa se déplace très peu, il a donc besoin d'anticiper l'arrivée d'un animal qu'il pourra attaquer : c'est pour cette raison qu'on le voit souvent balader sa langue dans l'air. Ses ancêtres possédaient 4 pattes et il persiste des vestiges de ces pattes postérieures chez les pythons et les boas notamment, de petits crochets dits « ergots » placés près du cloaque.

Le boa de Madagascar est très répandu dans l'île et peut survivre dans des habitats non boisés. Depuis l'interdiction de sa capture aux fins de domestication, aucune menace majeure ne plane aujourd'hui sur sa survie. L'espèce a cependant été classée vulnérable par l'IUCN principalement à cause de la déforestation. Préoccupation mineure.

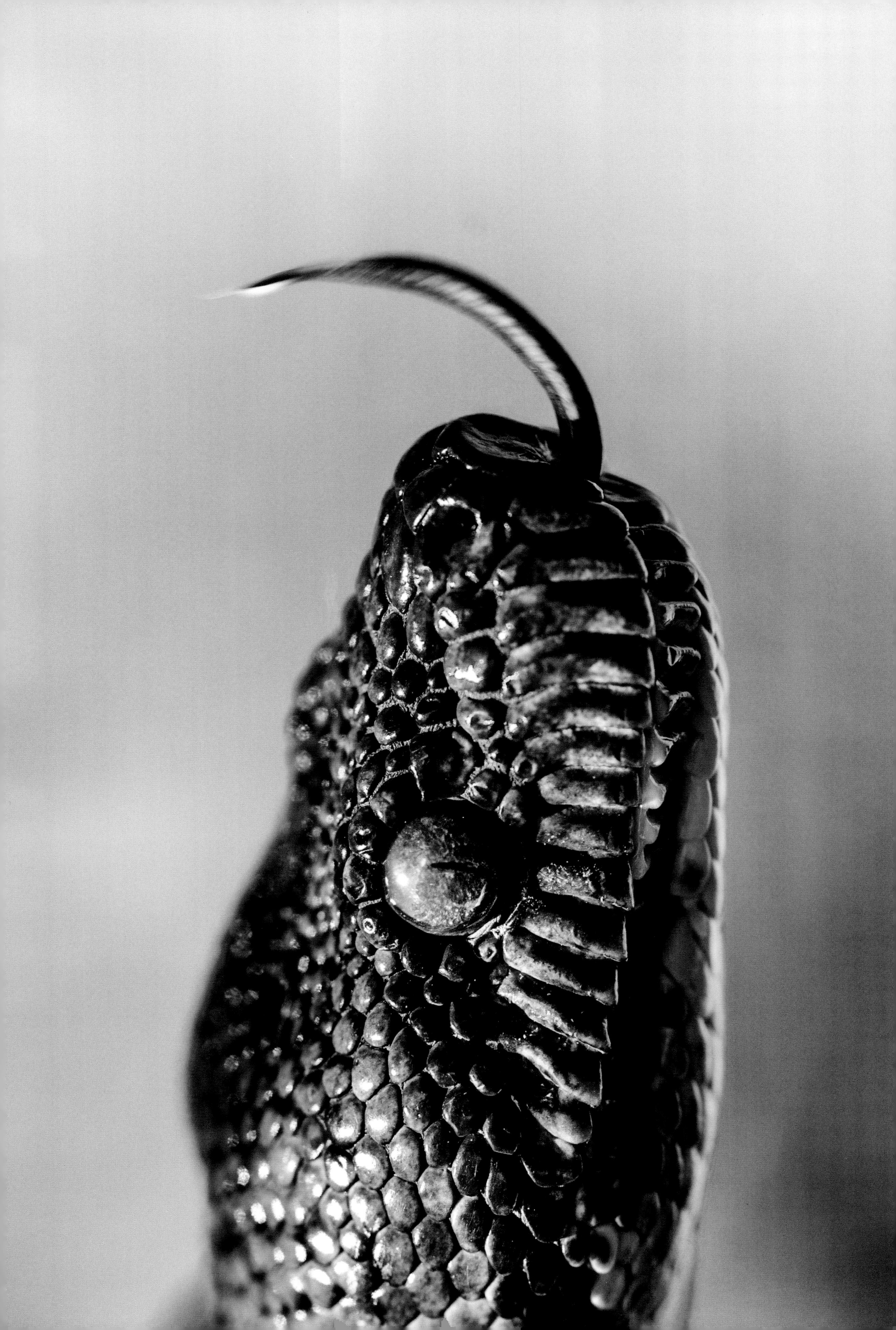

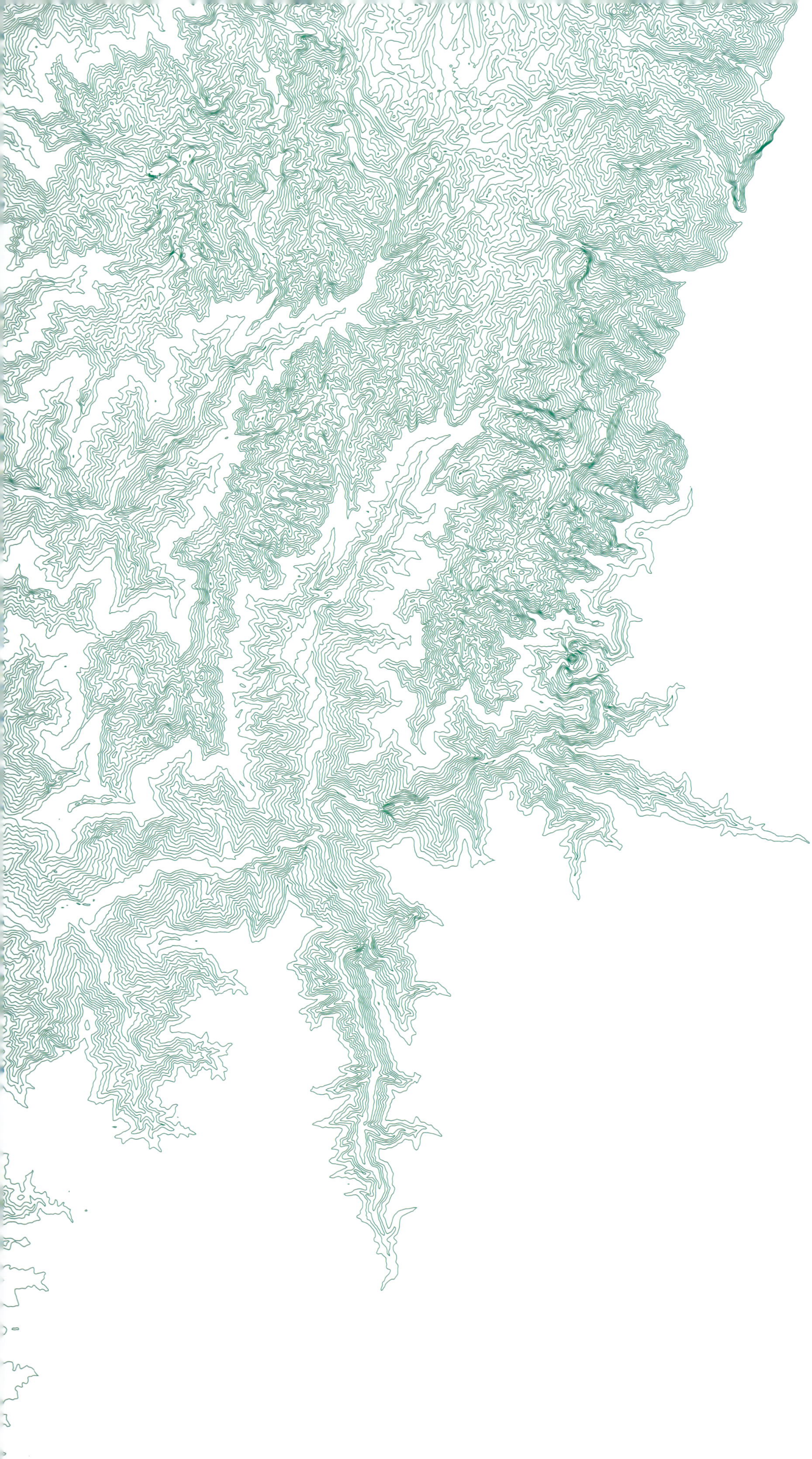

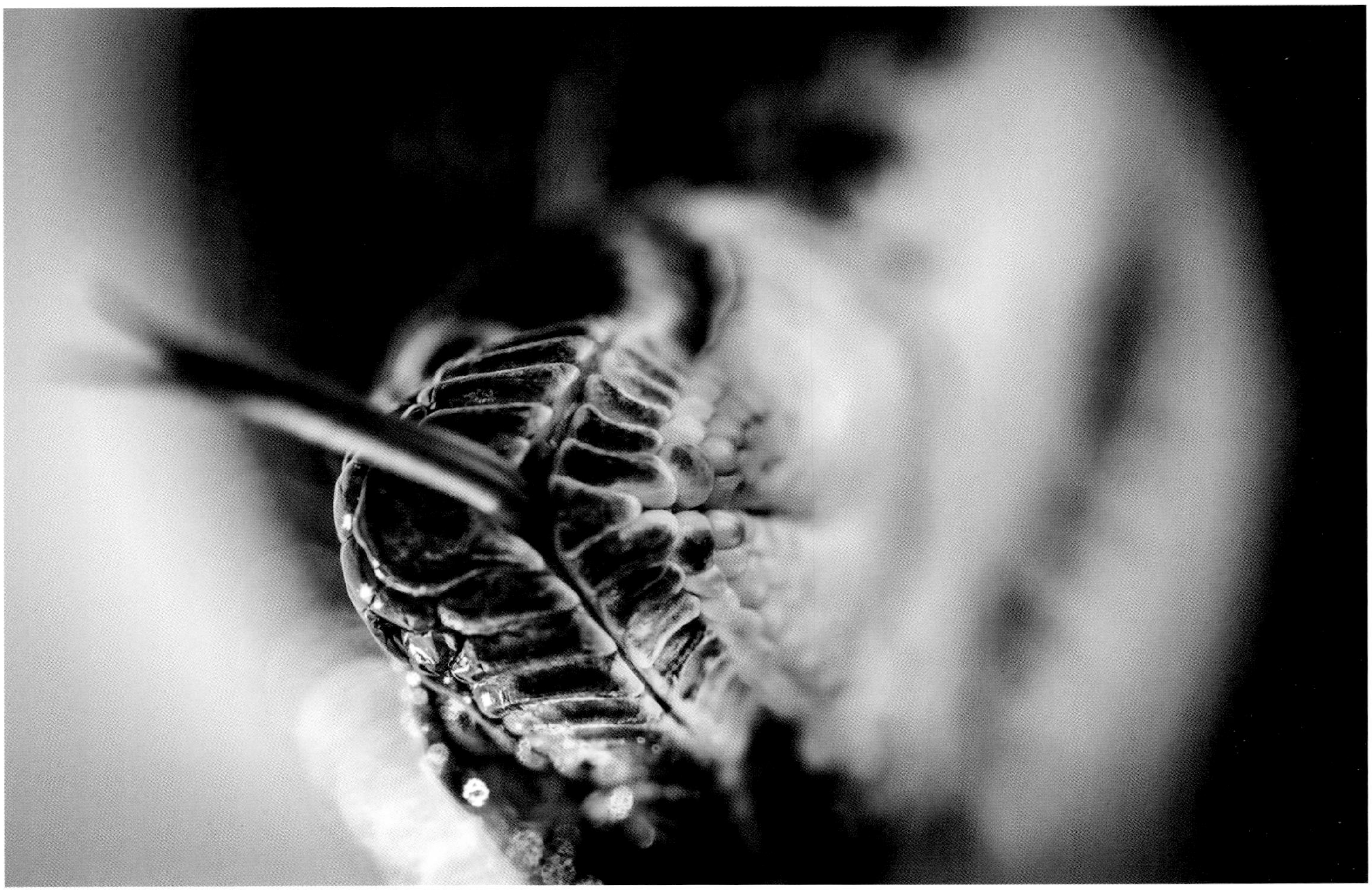
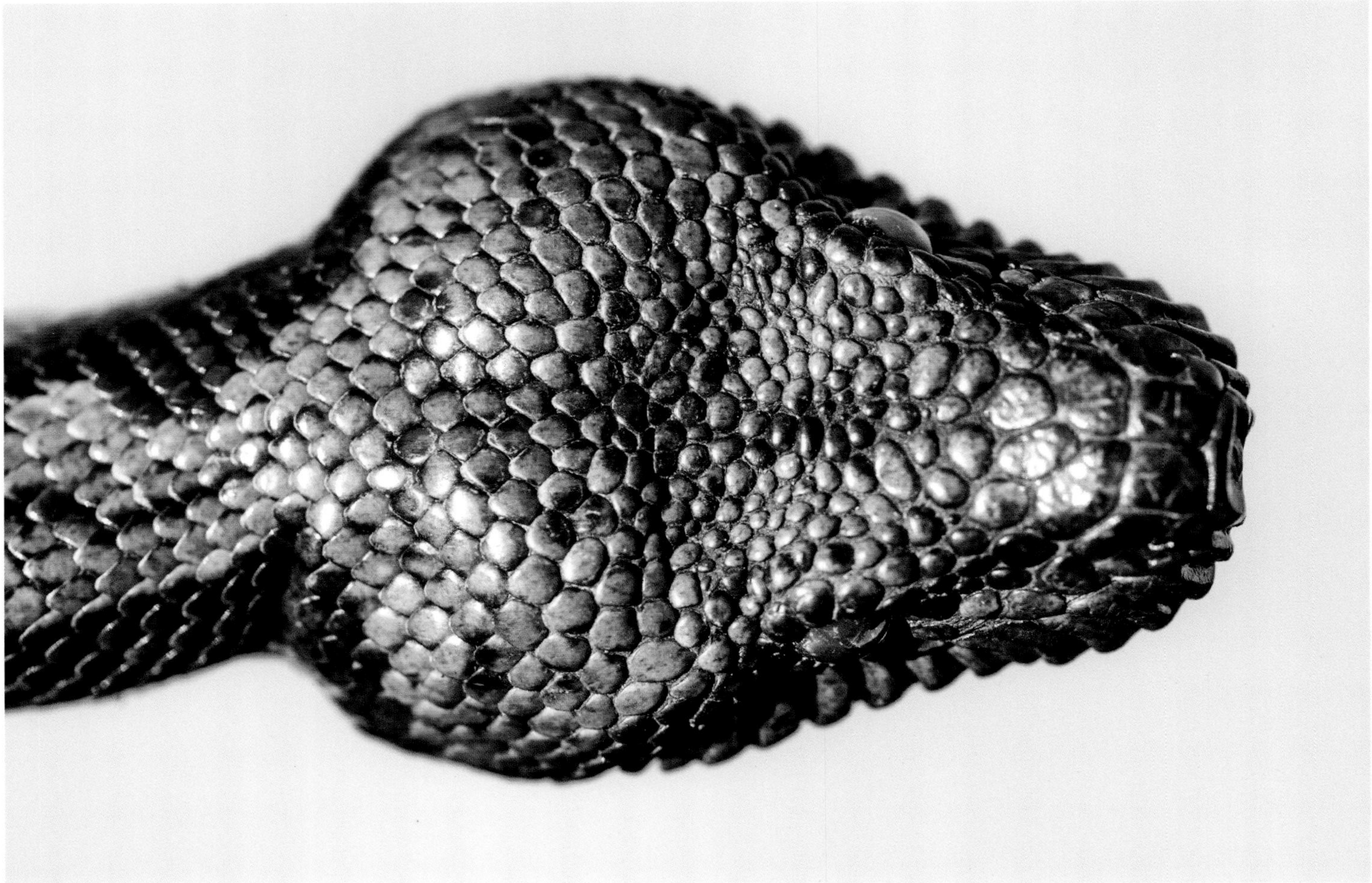

GECKO À QUEUE PLATE LIGNÉ
Uroplatus lineatus

Le gecko à queue à plate lignée est endémique de Madagascar. Ce petit reptile au regard strié est le spécimen le plus original de la famille des geckos. Il est nocturne et arboricole. Sa queue aplatie ressemble à une feuille en état de décomposition. Insectivore et inoffensif, il ouvre son museau et découvre une bouche rouge vif pour effrayer ses ennemis.
Son espérance de vie est de 15 ans. Il ne peut survivre que dans un milieu très humide. De couleur gris brun, il se camoufle facilement sur les arbres où il reste immobile la journée.
Son apparence très particulière et son aspect végétal en font malheureusement un animal de plus en plus prisé par les terrariophiles qui tentent de le domestiquer. Mais, chez les sujets prélevés dans la nature, le stress, les parasites et la déshydratation permettent difficilement la survie en terrarium. Cette espèce est menacée du fait de cette popularité. Préoccupation mineure.

GECKO À QUEUE PLATE DE GUNTHER
Uroplatus guentheri

Endémique de Madagascar, ce petit reptile dont l'ordre remonterait à 50 à 60 millions d'années a colonisé de nombreux biotopes. Les geckos nocturnes présentent une pupille à fente verticale, les diurnes une pupille ronde. Le gecko n'a pas de paupières mobiles. Les yeux sont protégés par une écaille transparente. Sous les pattes, il possède des coussinets adhérents qui lui permettent de grimper sur n'importe quelle surface.
Le gecko mue régulièrement. Espèce en danger.

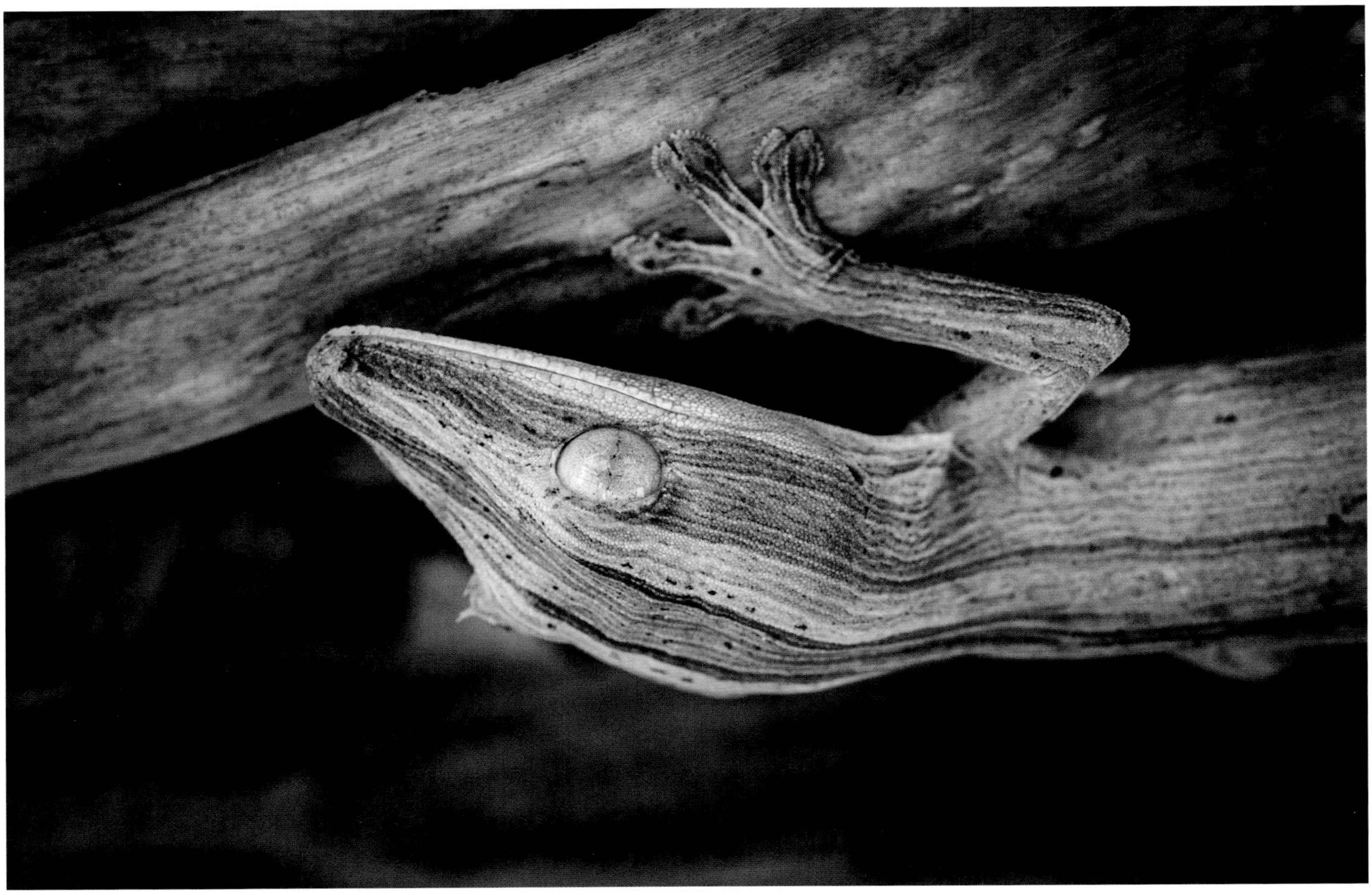
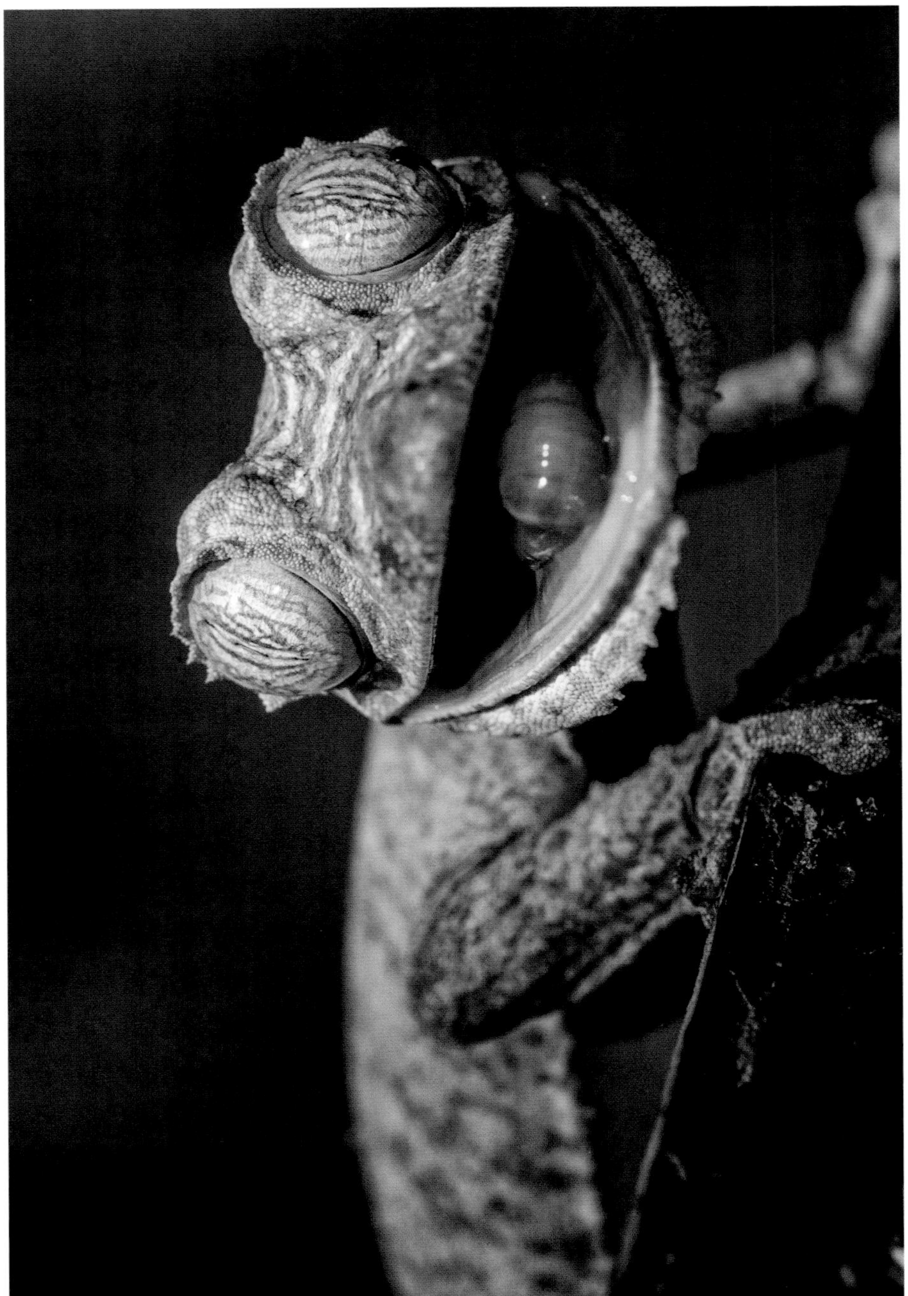

IGUANE VERT
Iguana iguana

L'iguane vert est une espèce très répandue de lézards du genre *Iguana*, que l'on rencontre sur une aire s'étendant du sud du Brésil et du Paraguay au nord du Mexique, jusqu'à certaines régions des États-Unis. On en trouve ainsi aux îles Caraïbes, dans le sud de la Floride, ou encore à Hawaï.

Selon sa région d'origine, il sera de teintes et d'aspects variables avec des nuances de vert aux aspects rosés, bleus ou orangés ; sa taille est globalement située entre 1,50 et 2 m de la tête à la queue. Il est reconnaissable par les anneaux noirs qui jalonnent sa queue, et sa crête d'épines dorsales. Il est herbivore, et son alimentation est constituée essentiellement de feuillages. Si on a pu constater qu'il passe près de 96% de son temps inactif, et le reste dans les arbres à se nourrir, il ne faut pas se méprendre : c'est un animal qui sait se montrer assez agressif lorsqu'il s'agit de défendre son territoire contre les autres mâles, surtout lors des périodes de reproduction.

L'iguane vert est très réputé (et donc chassé) pour sa chair tendre dont les qualités nutritives et gustatives sont largement reconnues. Cet attrait crée un marché dont les prix peuvent s'envoler, faisant de l'animal une cible de premier choix pour les trafiquants. Les amateurs qui le recherchent comme animal de compagnie s'ajoutant aux chasseurs, l'iguane vert a finalement dû être placé en annexe II de la CITES. Il y est stipulé que son commerce nécessite d'être contrôlé pour ne pas menacer l'espèce dans le futur. Cette décision est la conséquence des constats d'amoindrissement des populations locales. À titre d'exemple, on ne dénombre plus que 5% de la population d'origine dans l'état d'Oaxaca au Mexique. Plus grave encore, les chasses en Amérique centrale ciblent et capturent des femelles gravides, sans égards pour les modalités de ponte, très spécifiques, très rares et liées à l'environnement. Ces enjeux de préservation, couplés aux incidences de l'agriculture intensive, poussent de plus en plus de gouvernements à prendre des mesures pour restreindre la chasse de cet animal et tenter d'en maintenir les effectifs. Préoccupation mineure.

IGUANE RHINOCÉROS
Cyclura cornuta

Cette espèce de l'ordre des squamates est endémique de l'île d'Hispaniola (partagée entre Haïti et la République dominicaine). Cet iguane de grande taille mesure entre 0,60 et 1,40 m, et peut peser jusqu'à 10 kg. De couleur variant du gris au vert avec des nuances de brun, il est muni de petites protubérances osseuses caractéristiques qui lui ont valu ses deux noms (latin et vernaculaire). Essentiellement herbivore, il se nourrit de fleurs, de feuilles et de fruits, mais aussi parfois d'insectes ou de petits reptiles. Si son élevage en captivité fait de l'iguane du genre *Cyclura* une espèce très répandue à travers le monde, cela n'empêche pas qu'il soit en déclin à l'état sauvage. En effet, les prédateurs introduits sur l'île (chiens et chats notamment) sont un danger pour sa préservation à long terme. Espèce en danger.

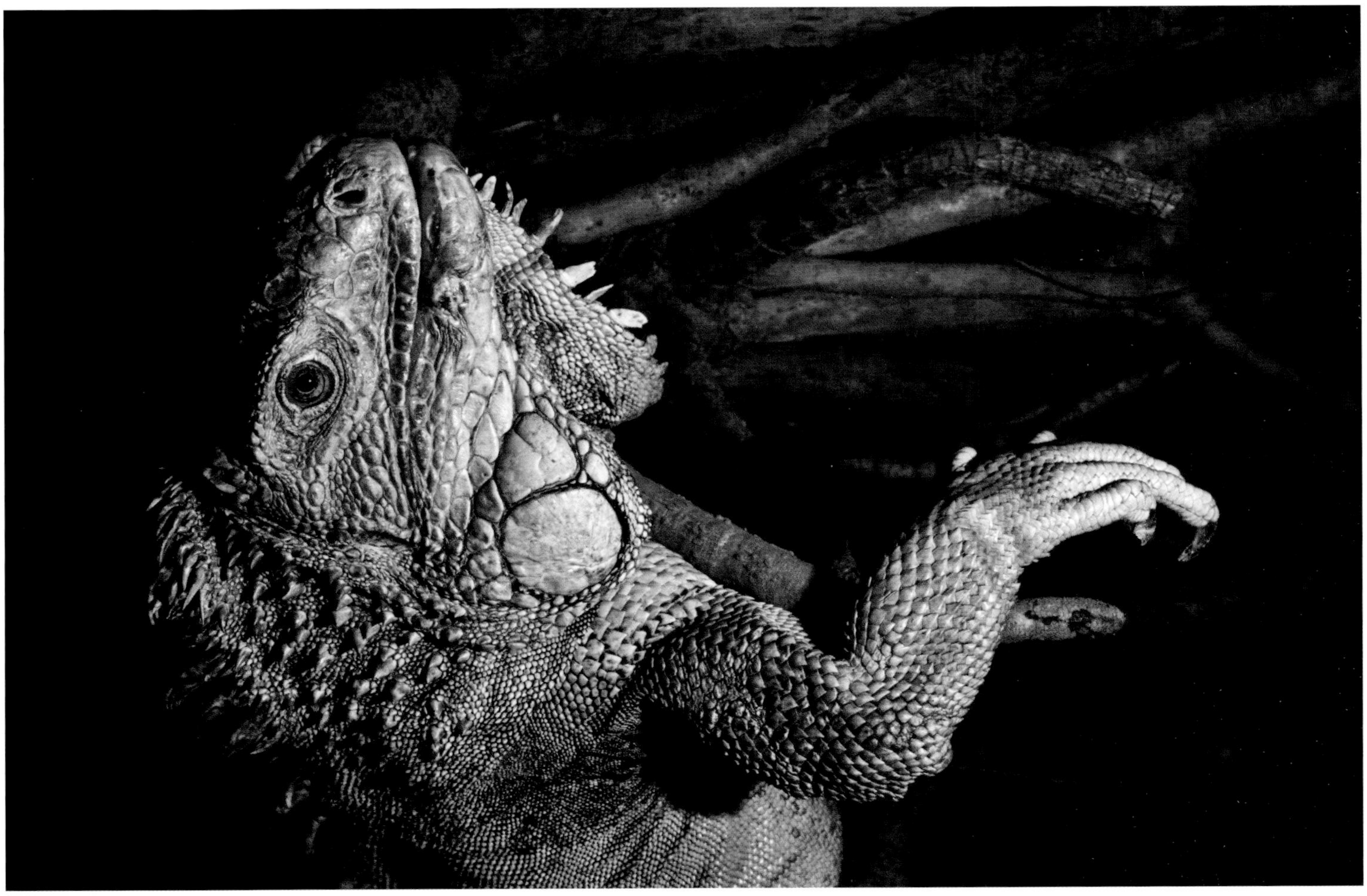

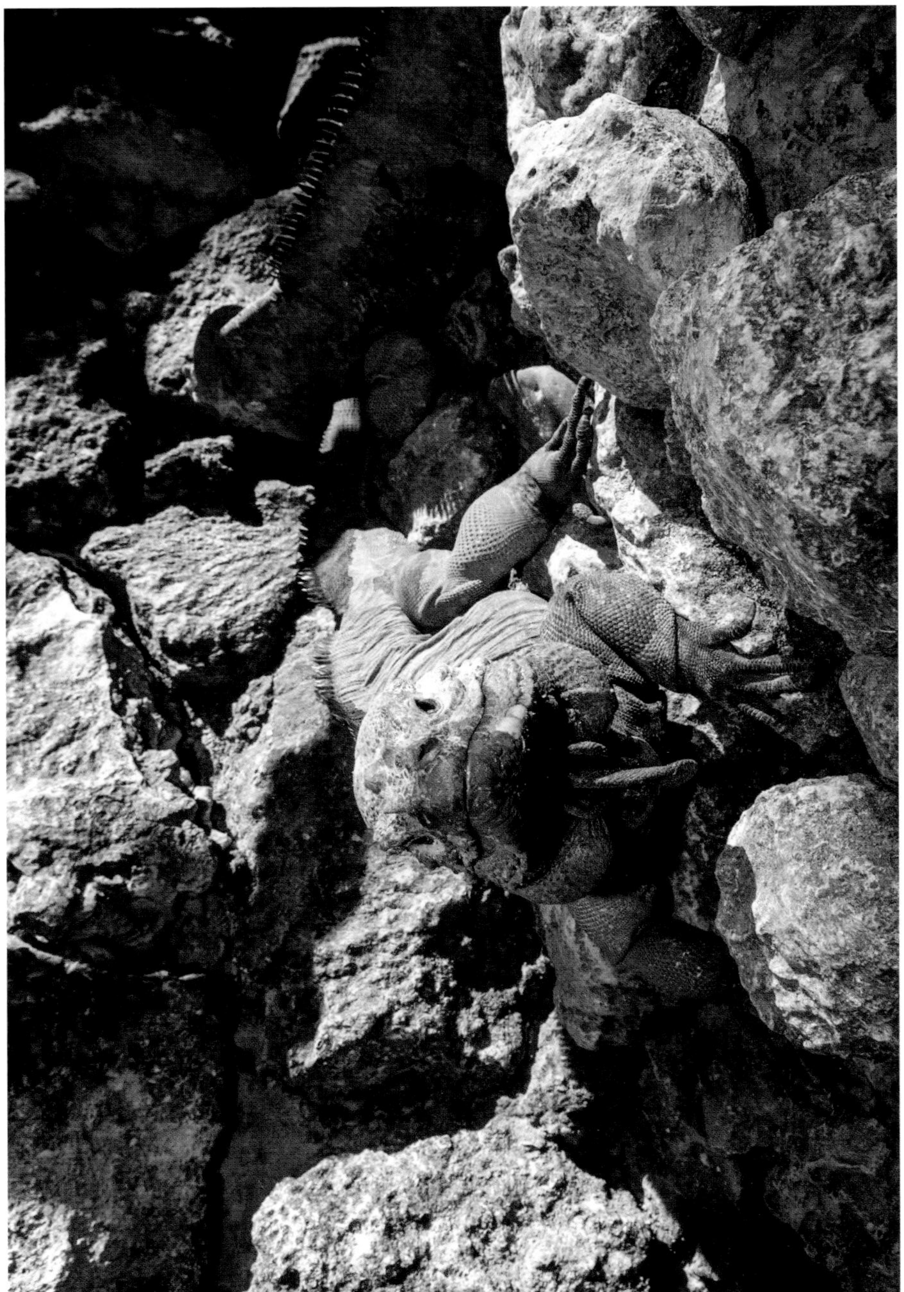

IGUANE DES PETITES ANTILLES
Iguana delicatissima

L'iguane des Petites Antilles est une espèce endémique que l'on rencontre dans la réserve protégée de Petite-Terre, également appelée l'île aux Iguanes. Ce reptile de la famille des lézards tient son allure de dragon de son imposante crête dorsale. Il utilise sa queue pour frapper, dans le cas où un combat viendrait contrarier sa nature paisible. Ses doigts prolongés de griffes le rendent particulièrement agile lorsqu'il s'agit d'escalader les murs et arbres. Lorsqu'il ne profite pas des bains de soleil, qu'il affectionne particulièrement, il se nourrit, en bon végétarien, de feuilles, de fleurs et des fruits des arbres. On reconnaît les individus les plus âgés à leur couleur, qui fonce avec les années.

S'il est inoffensif pour l'homme, la réciproque n'est pas vraie car c'est bien la destruction de son habitat par l'activité humaine qui est une des causes de sa disparition progressive de plusieurs îles. Il resterait à ce jour à peine 10 000 individus, menacés par la chasse, d'une part, et par l'introduction de l'iguane commun, qui le remplace progressivement.

Sa crête, composée d'écailles en forme d'épines, très saillantes, peut se redresser et lui assure une protection efficace contre ses prédateurs. Elle lui confère aussi une allure archaïque très singulière. Les épines dorsales peuvent atteindre 8 cm chez les vieux mâles et sont flanquées d'une rangée d'autres écailles plus courtes de part et d'autre. Avec la couleur des individus, la crête constitue un mode de différenciation sexuelle assez marqué, puisque les femelles et les jeunes en présentent des formes très peu développées. De plus, la crête du mâle se colore en orange à la saison des amours, lorsqu'elle est exposée au soleil. L'iguane possède enfin des écailles en forme de tubercules qui le protègent contre les morsures et le rendent plus impressionnant encore.

Chacune des pattes est constituée de 5 doigts prolongés de griffes. Les plus longs ont une fonction stabilisatrice et motrice lors des déplacements sur les branches et les plantes, alors que les plus courts servent à creuser la terre souple. Les écailles épidermiques cornées se renouvellent lors de la mue. L'iguane des Petites Antilles a la particularité de posséder un troisième œil, appelé l'œil pariétal, qui joue un rôle essentiel de thermorégulation. Il se trouve au-dessus de la tête et permet de sentir le soleil, les nuages, et les attaques éventuelles de prédateurs. Vestige d'un œil véritable, il est constitué de photorécepteurs qui détectent l'obscurité et la luminosité de l'environnement, et l'iguane adapte alors le contraste de sa robe. Espèce en danger critique.

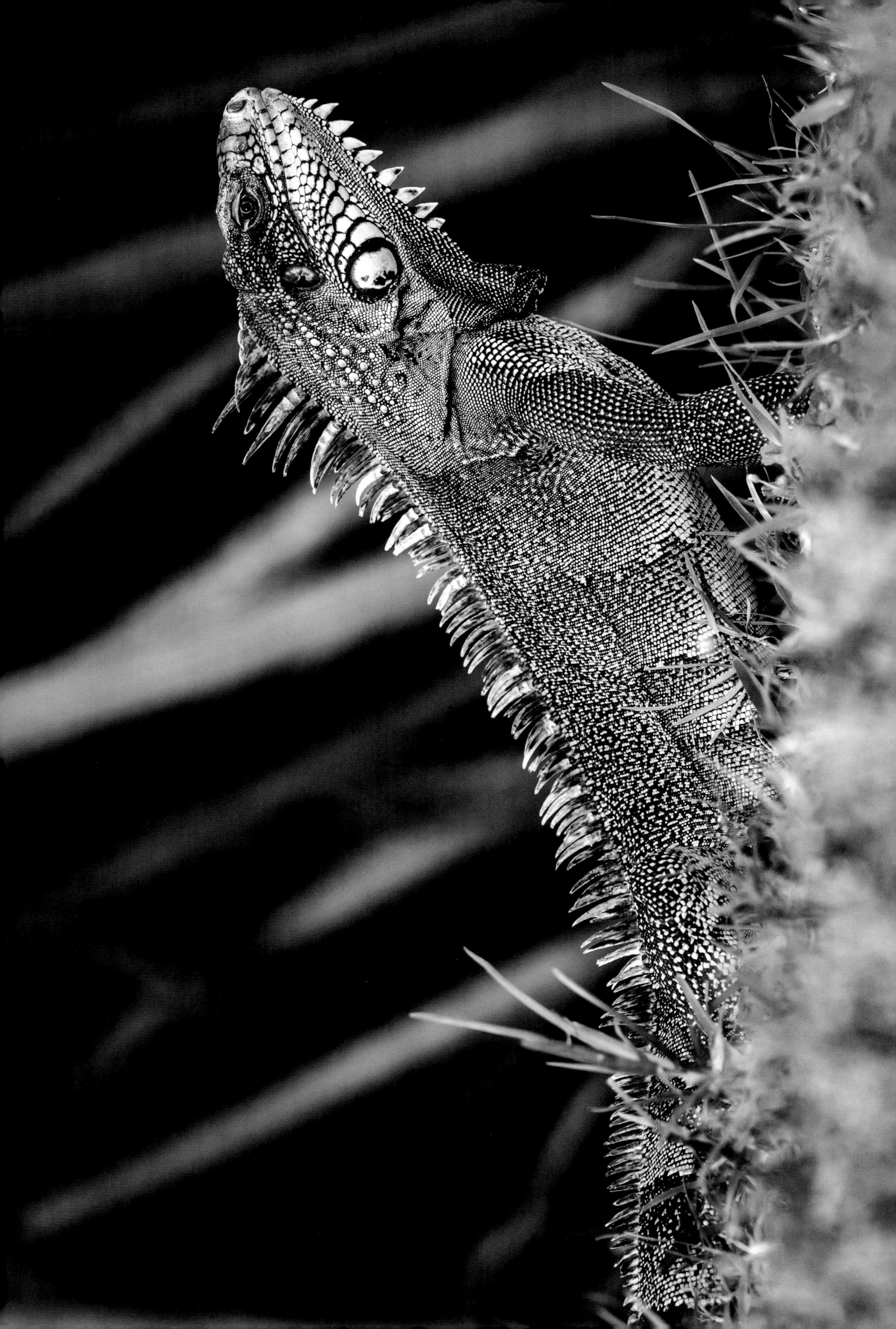

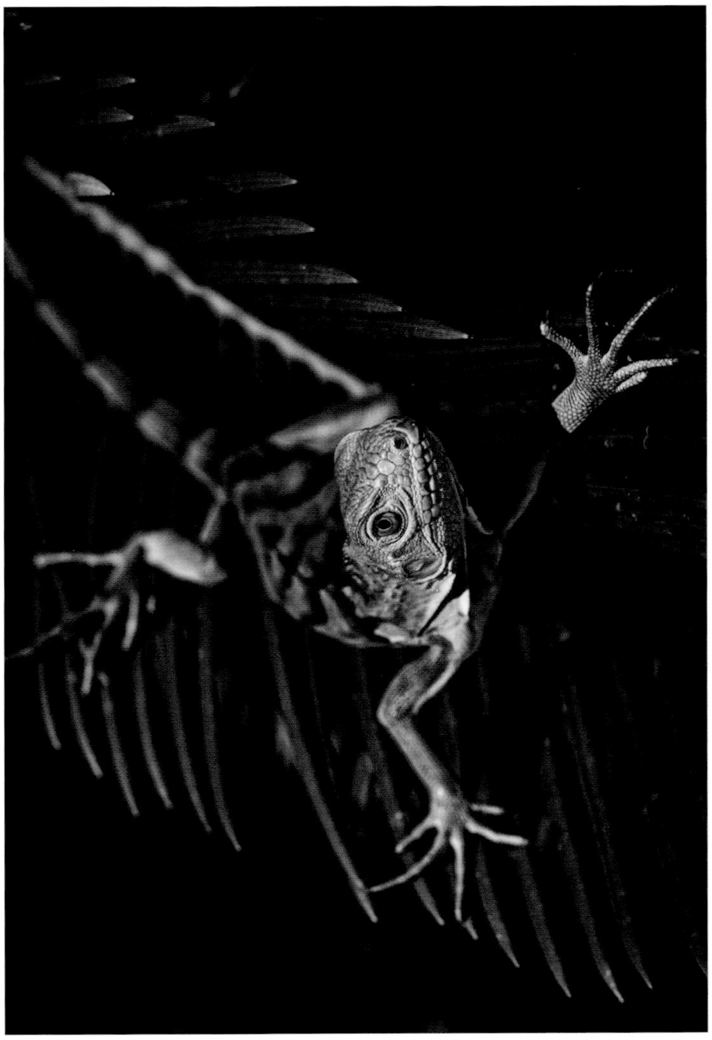

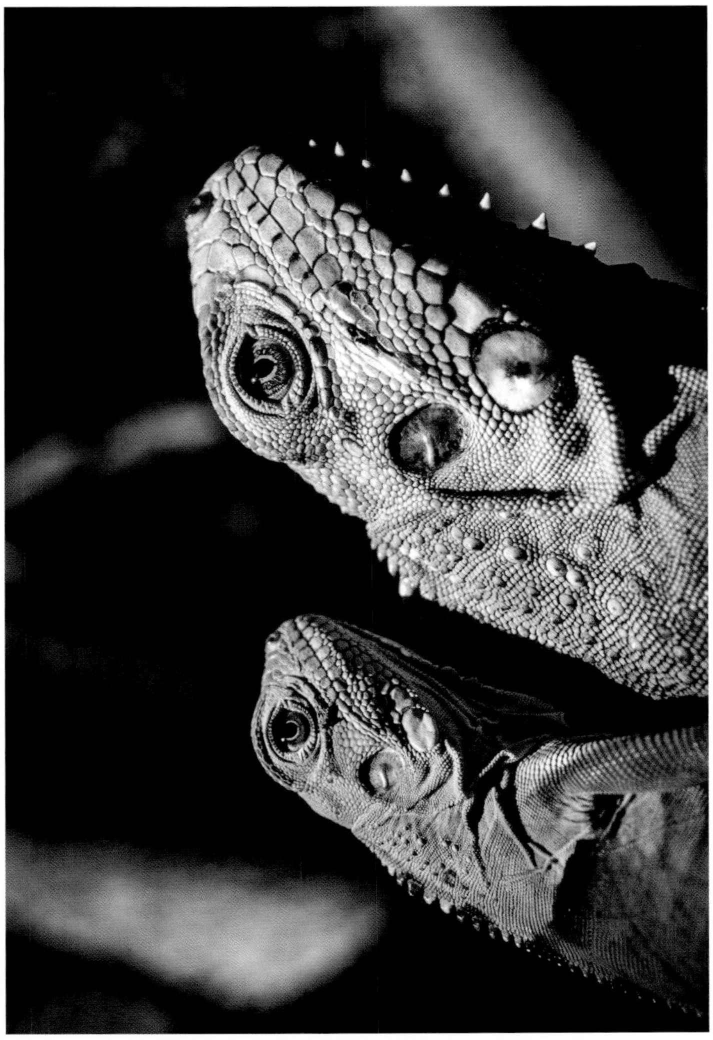

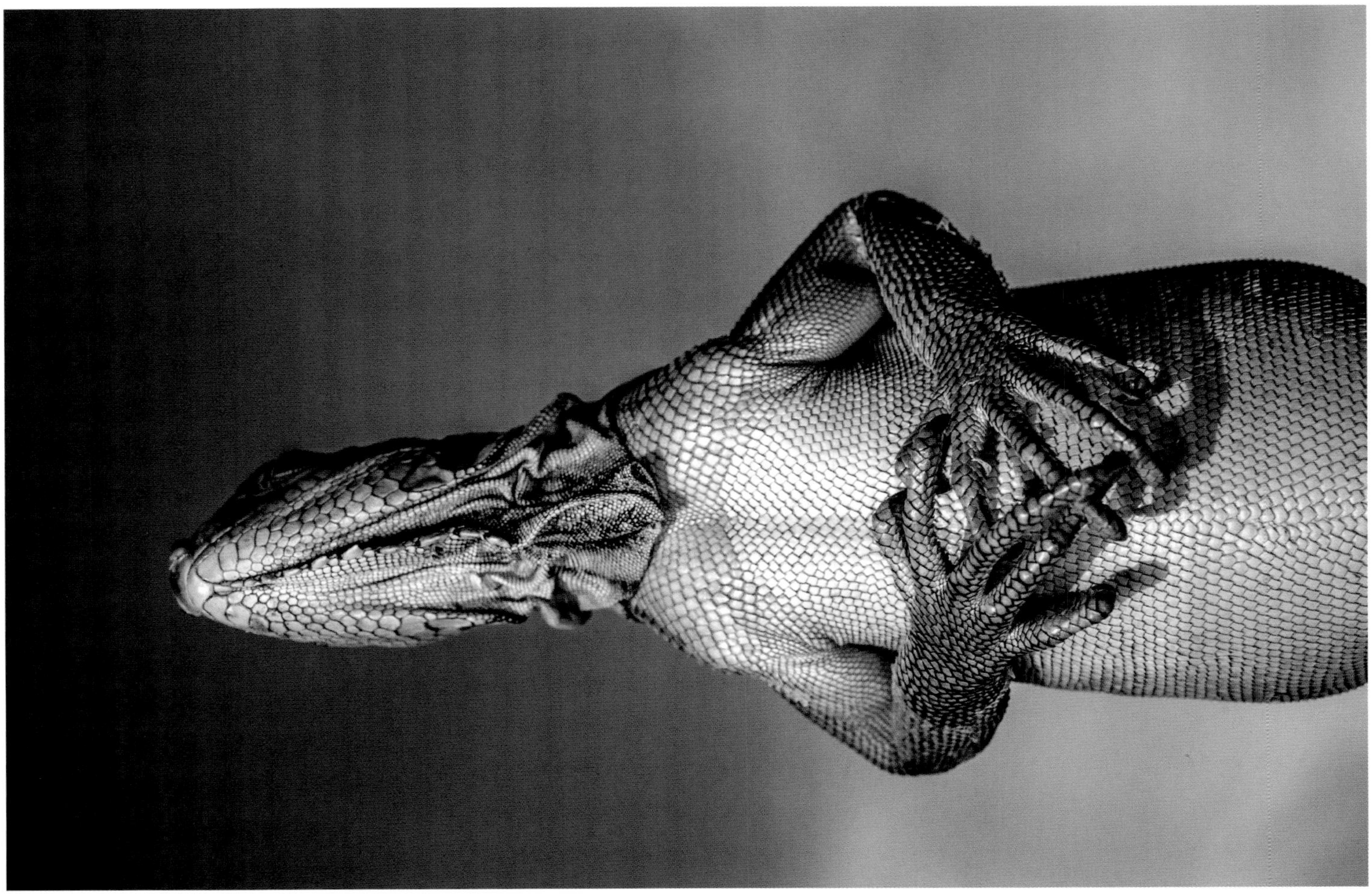

TORTUE ÉLÉPHANTINE
Aldabrachelys gigantea

Cette tortue terrestre géante, endémique des Seychelles, est la plus grande de la planète. La carapace brune de ce reptile présente une forme bombée. C'est une association de plaques cornées en kératine qui lui sert de bouclier, pour maintenir sa chaleur interne et stocker le calcium. Le reste de son corps est recouvert d'écailles. Sa peau est relativement souple et fait l'objet d'une mue. Les pattes sont trapues, courtes et très musclées car elles doivent soulever un poids qui peut atteindre les 350 kg. Elles sont composées à leurs extrémités de 5 doigts reliés entre eux et munis de griffes. Les pattes avant sont nettement plus fortes que les postérieures. Sa longévité va jusqu'à 150 ans, mais, malgré des actions de protection, cette tortue est menacée de disparition, à cause de l'homme, de la pollution et des pesticides. Espèce vulnérable.

IGUANE DES FIDJI
Brachylophus fasciatus

Ce saurien diurne présente un corps trapu qui peut mesurer jusqu'à 80 cm. La femelle se reconnaît à sa teinte vert clair uniforme, alors que le mâle présente des bandes transversales d'un même vert, qui tire vers le blanc. C'est un animal arboricole qui peuple les arbres des forêts tropicales des îles Fidji et Tonga. Ce végétarien enroule sa queue aux branches pour ne pas perdre l'équilibre lorsqu'il se nourrit et se déplace. C'est la réduction progressive de son habitat naturel, ainsi que la prédation des chats et des mangoustes qui le menacent d'extinction. Espèce en danger.

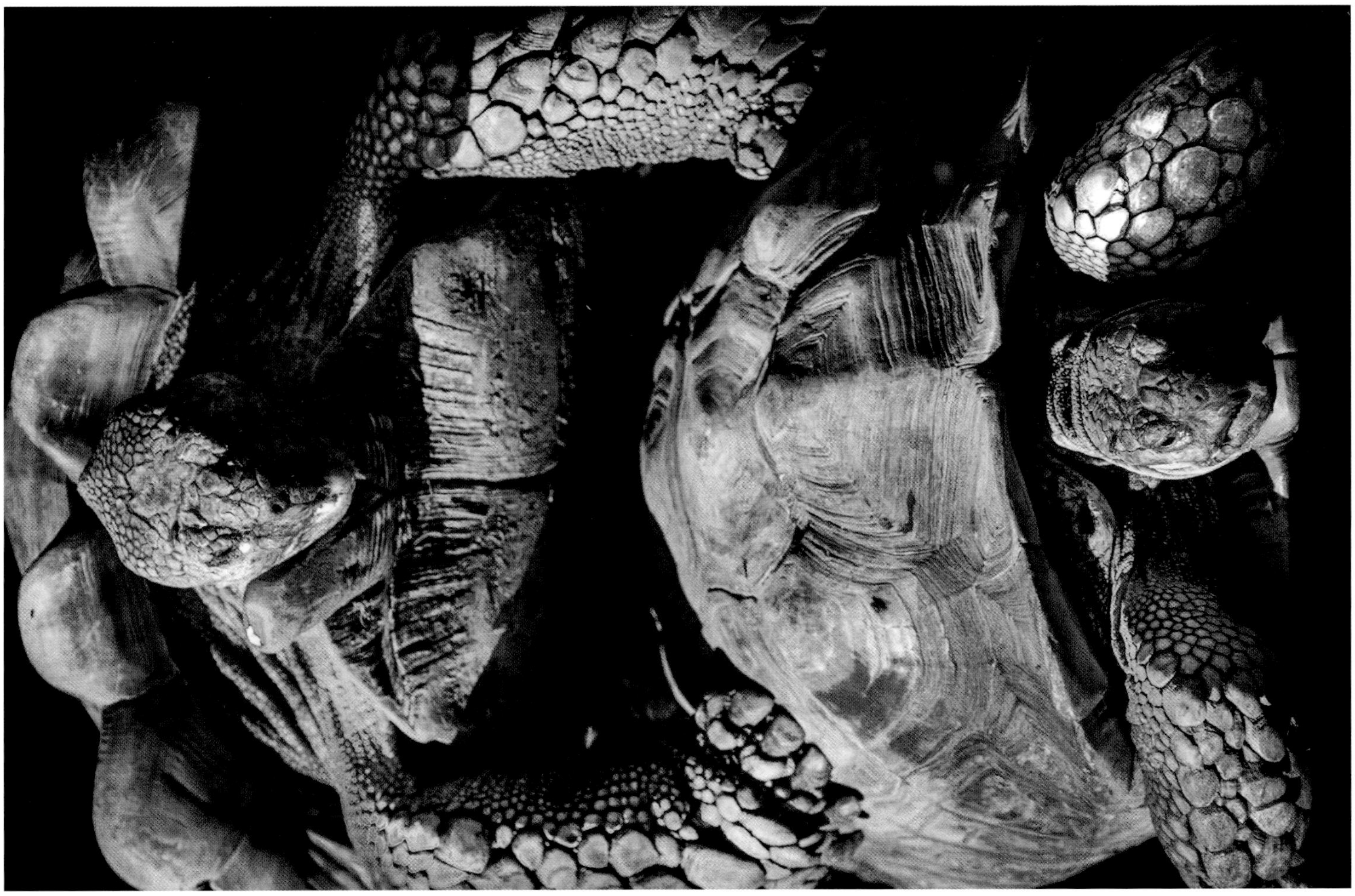

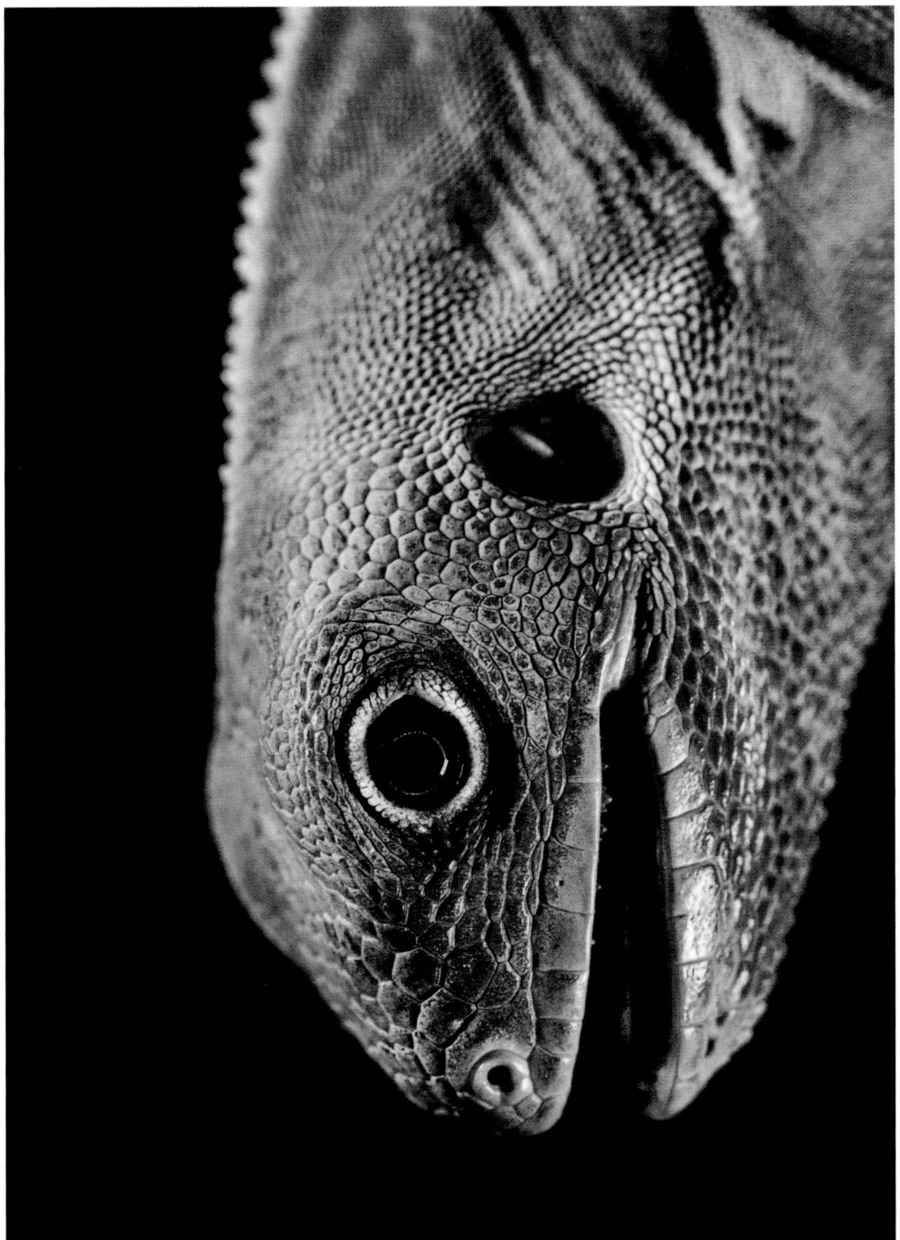

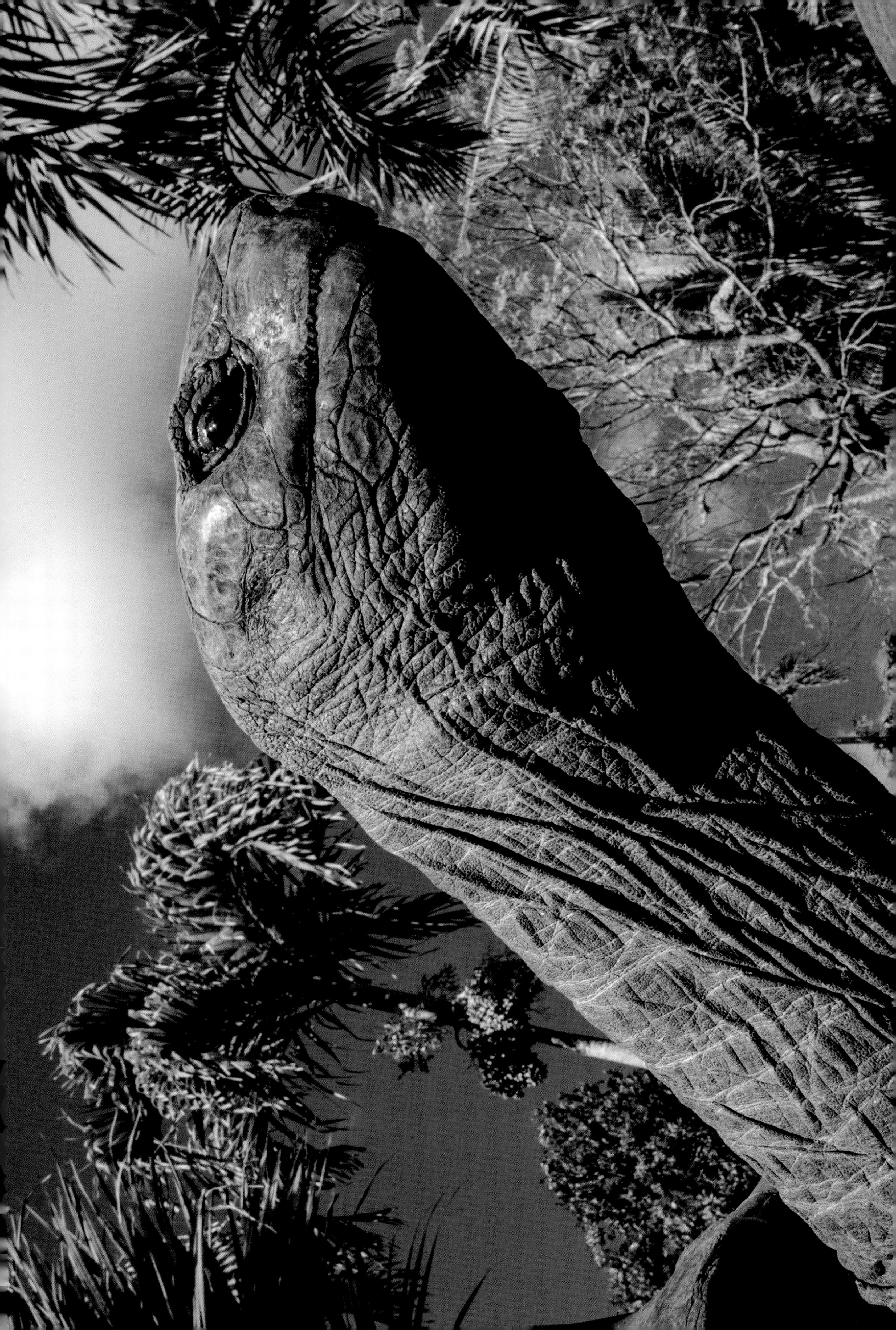

« À la frontière de la réalité qui s'estompe au fur et à mesure que le temps passe. »

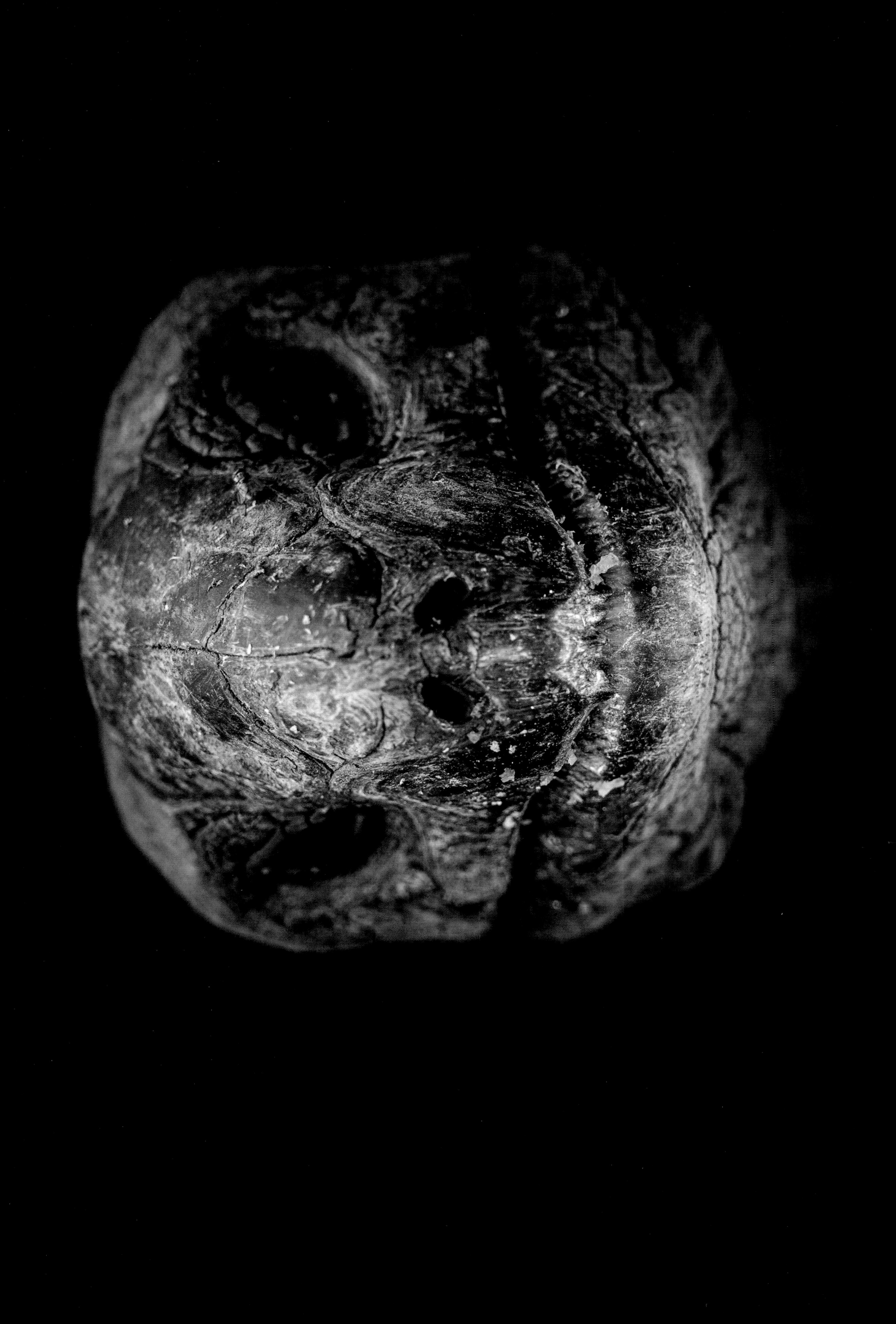

TORTUE VERTE
Chelonia mydas

C'est une tortue marine, qu'on appelle aussi tortue franche, présente dans les eaux tropicales de tous les océans. Elle est grande, environ 70 cm, pour un poids qui oscille entre 80 et 130 kg. Sa carapace ovale est aplatie pour favoriser son hydrodynamisme. C'est la plus rapide des tortues marines : sa vitesse approche les 35 km/h. Juvénile, elle est carnivore (œufs de poissons et petits invertébrés) puis, à maturité, elle se nourrit de plantes des herbiers marins et d'algues. C'est ce qui donne une couleur verdâtre à sa chair. Elle se rend à terre pour prendre le soleil sur les plages mais aussi en période de ponte. Elle doit faire face à de nombreux prédateurs lors de l'éclosion des œufs. Les crabes, les oiseaux et les mammifères sont particulièrement friands des petites tortues qui se frayent à toute vitesse un chemin vers l'océan. C'est un problème d'autant plus grave que les femelles ne pondent que tous les 3 à 6 ans. En mer, les poulpes, les calmars, les gros poissons et les requins l'attaquent. Elle peut vivre jusqu'à 80 ans à l'état sauvage. Mais à cause de la pollution, des hommes qui la chassent pour sa chair, et des filets de pêche, l'espèce est en danger d'extinction. Espèce en danger d'extinction.

TORTUE RADIÉE DE MADAGASCAR
Astrochelys radiata

Appelée aussi tortue rayonnée de Madagascar en raison des motifs qui apparaissent sur sa carapace, c'est une espèce très appréciée comme animal d'agrément. D'une taille comprise entre 30 et 40 cm, pour un poids de 15 à 20 kg, elle peut vivre une centaine d'années. La plus célèbre tortue radiée de Madagascar s'appelait Tu'i Malila, et avait été offerte à la famille royale des Tonga en 1777 par le capitaine James Cook. Décédée en 1965, elle détient le record de longévité de l'espèce. La tortue radiée est victime de la beauté de sa carapace qui fait d'elle la cible de braconnage et de récolte illégale d'œufs. En danger critique.

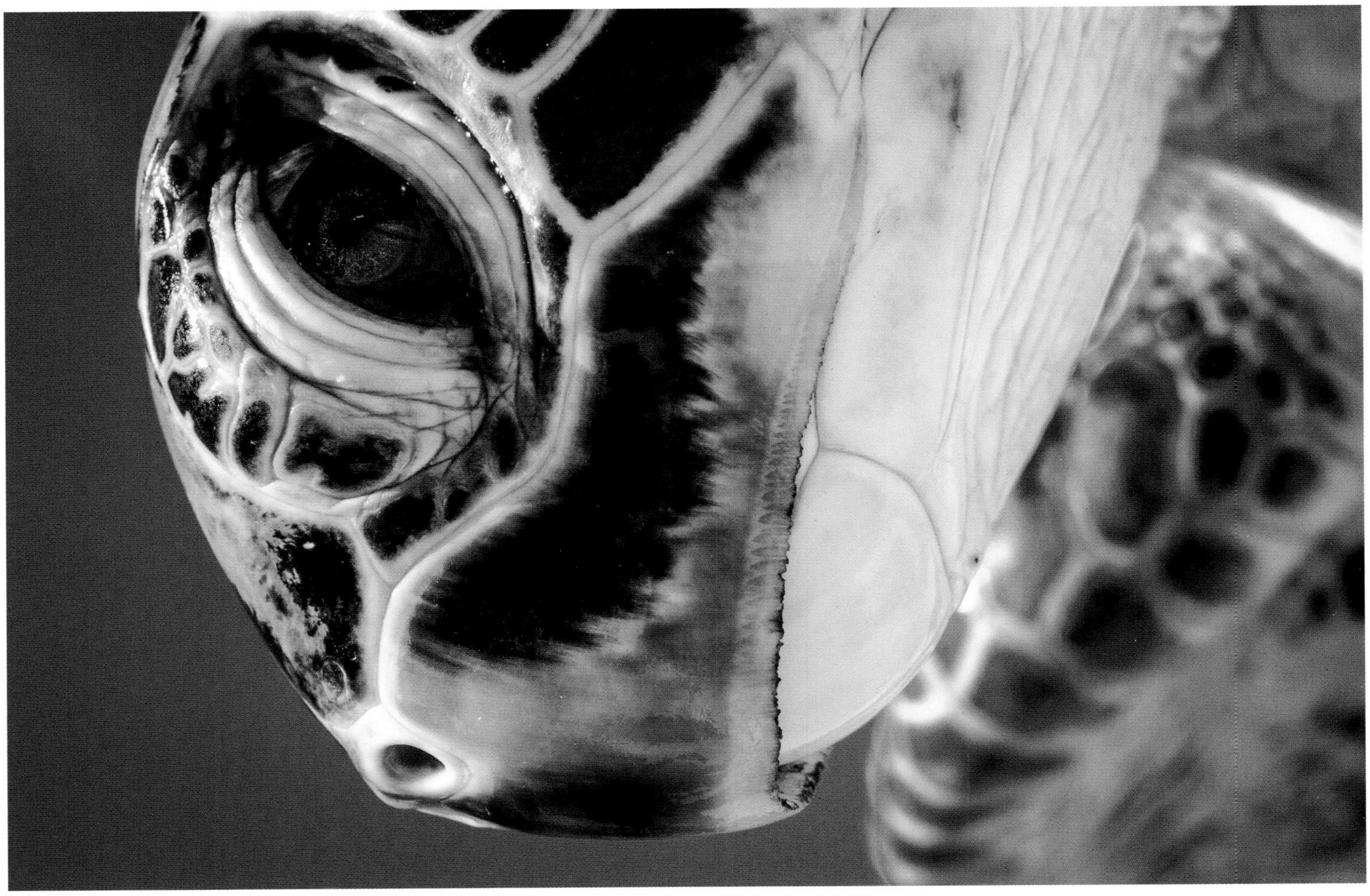

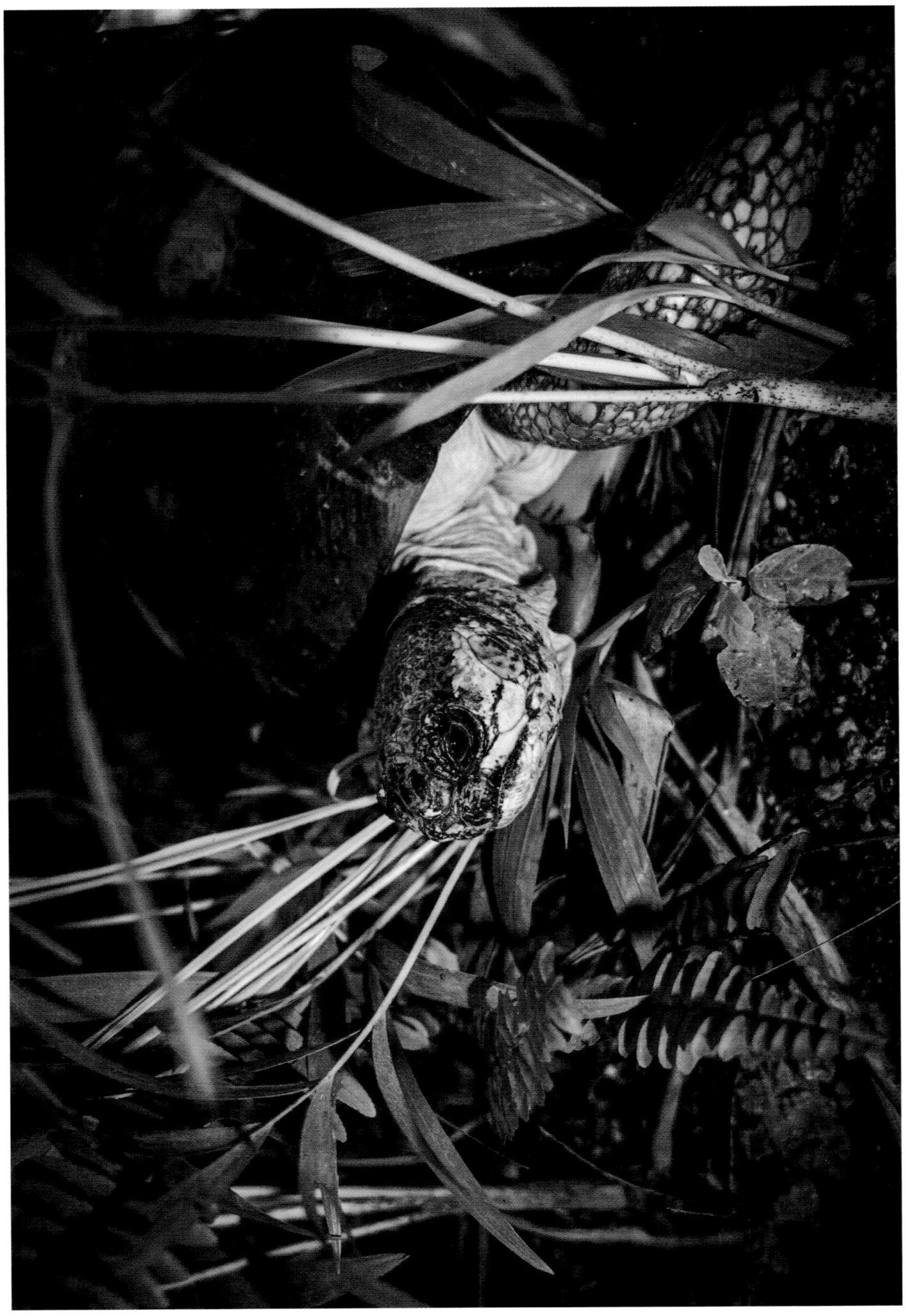

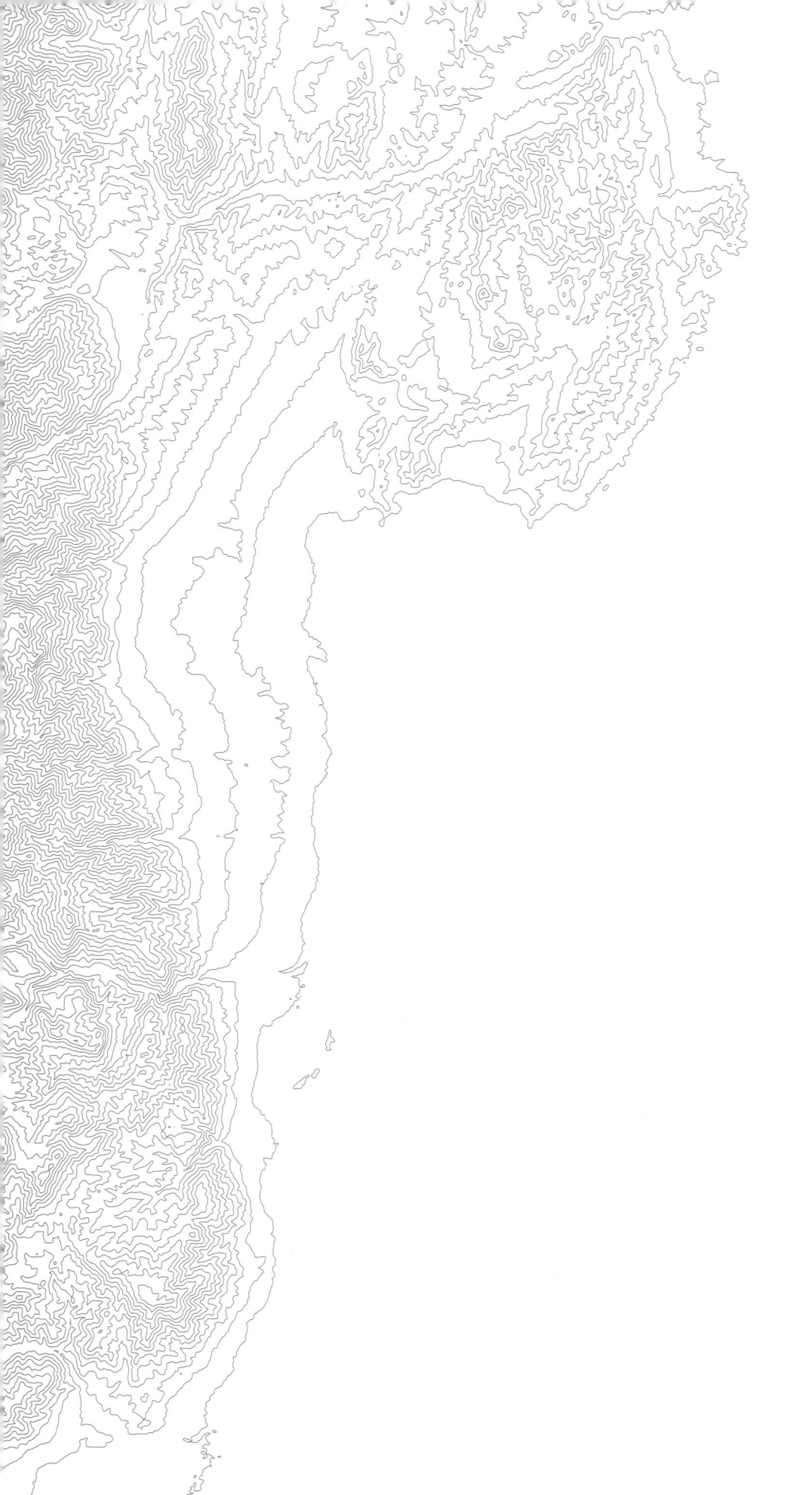

BOOMSLANG
Dispholidus typus

On retrouve le boomslang dans toute l'Afrique du Sud. Sa taille varie d'1 m à 1,80 m. Il possède de grands yeux et une tête en forme d'œuf caractéristique. La couleur de ce serpent, qui gonfle son cou lorsqu'il se sent menacé, varie selon son sexe. Ainsi, quand les mâles affichent un vert clair, tirant parfois sur le bleu ou le noir, les femelles, elles, sont plutôt brunes ou vertes.

Le boomslang s'épanouit dans une multitude d'environnements et sous divers climats : forêts de plaine, brousses, savanes et prairies, et fynbos. Il est familier des arbres ou des arbustes, et on le trouve rarement sur le sol. Ses crocs puissants et son venin hémotoxique font de lui un animal dangereux pour l'homme. Lorsqu'il mord, il injecte son poison dans sa proie, qui périt d'hémorragie. Chez l'homme, l'action de son venin est lente et il faut parfois 24 heures pour que les premiers symptômes apparaissent. Le boomslang est cependant un animal particulièrement timide et les morsures sont rares.

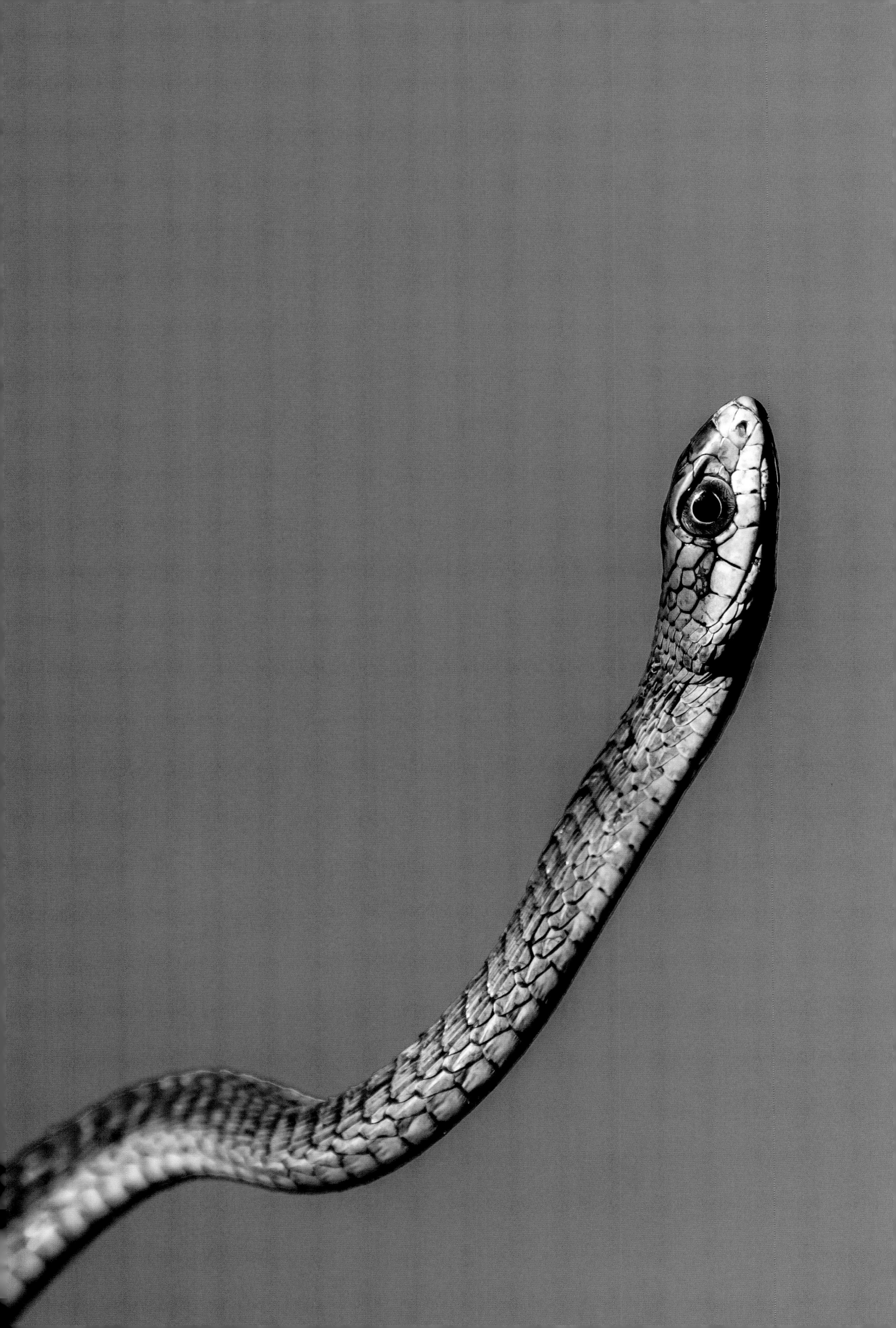

CAMÉLÉON DE PARSON
Calumma parsonii

Ce saurien insectivore d'une soixantaine de centimètres vit à Madagascar dans les arbres et les canyons irrigués par les cours d'eau. Les mâles ont une tête très massive, avec un casque plat dont la face supérieure évoque les oreilles d'un éléphant. L'extrémité rostrale du casque se prolonge par 2 excroissances dentelées. Une autre excroissance verruqueuse au bout du museau est utilisée par le mâle pour disputer une femelle à ses congénères. Lors d'un combat, il passe du bleu-vert au rouge. Sa robe du mâle allie 3 couleurs, le vert, le turquoise et le jaune, alors que la femelle est uniformément verte. Le caméléon possède 2 ou 3 bandes transversales noires ou grises, et ses cônes oculaires sont jaunes ou orange. Le saurien possède en outre une longue queue préhensile qu'il enroule autour de lui au repos. Les mains du caméléon sont formées de 2 ou 3 doigts fusionnés qui s'opposent en pince. L'espèce, quasi menacée, est victime de son succès commercial et de la déforestation.

VARAN DE PALAWAN
Varanus palawanensis

Le varan de Palawan est endémique des Philippines ; on le rencontre, bien sûr, sur l'île du même nom, ainsi que sur celles de Balabac, de Calamian, et de Sibutu, dans l'archipel de Sulu. Ce grand lézard, qui peut mesurer plus de 2 m de long, affectionne le bord de mer et les rivières d'eau douce. Il se nourrit de tout ce qu'il trouve sur son chemin : œufs d'oiseaux, insectes, poissons, rongeurs… Agiles, les varans de Palawan peuvent grimper jusqu'à la cime des arbres pour se nourrir, se déplaçant d'une branche à l'autre. Espèce classée en préoccupation mineure.

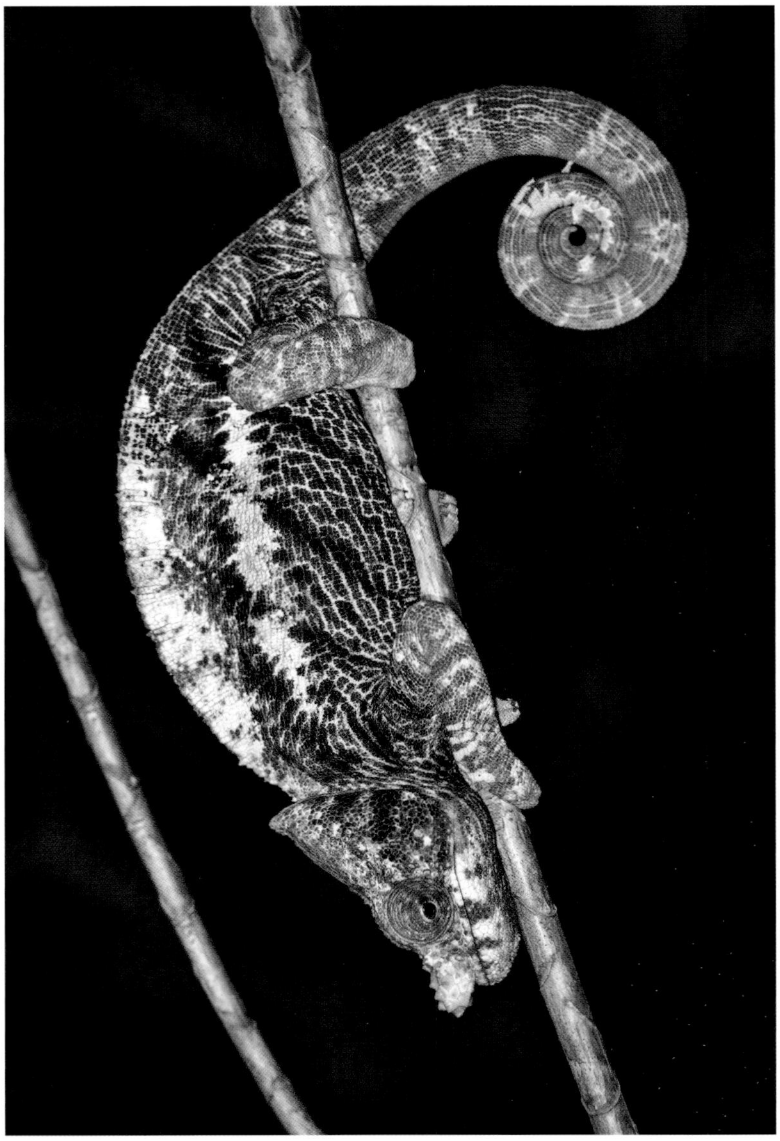

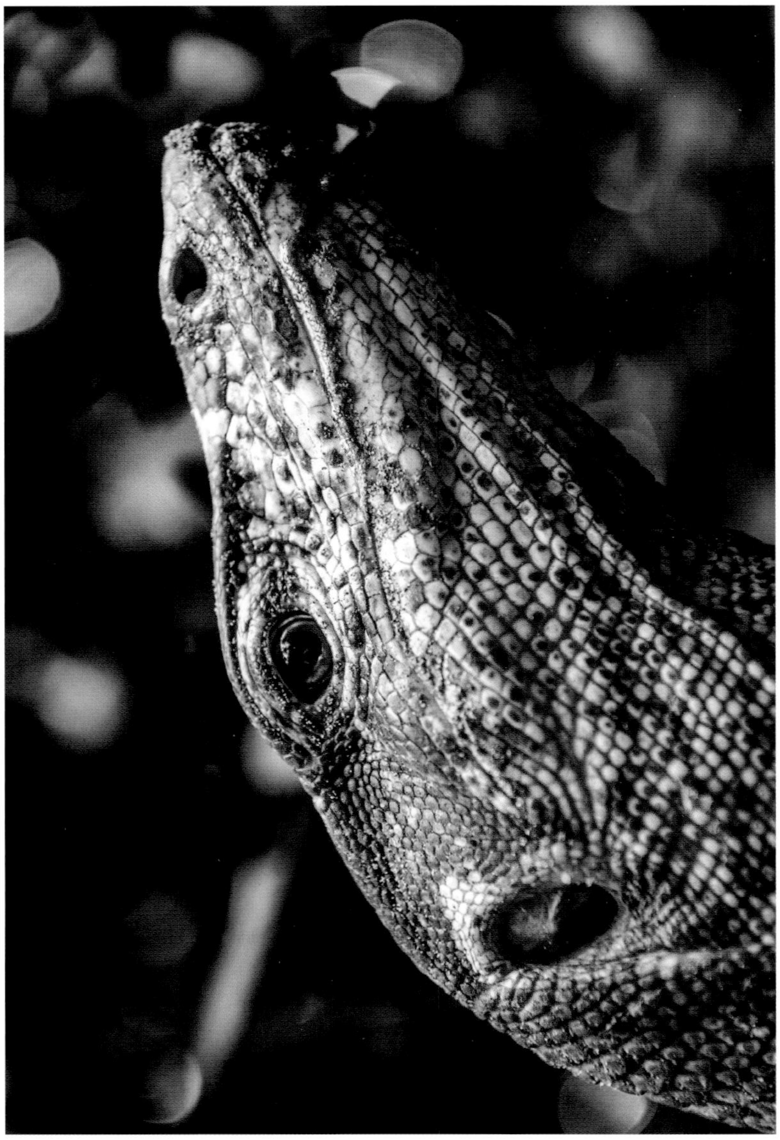

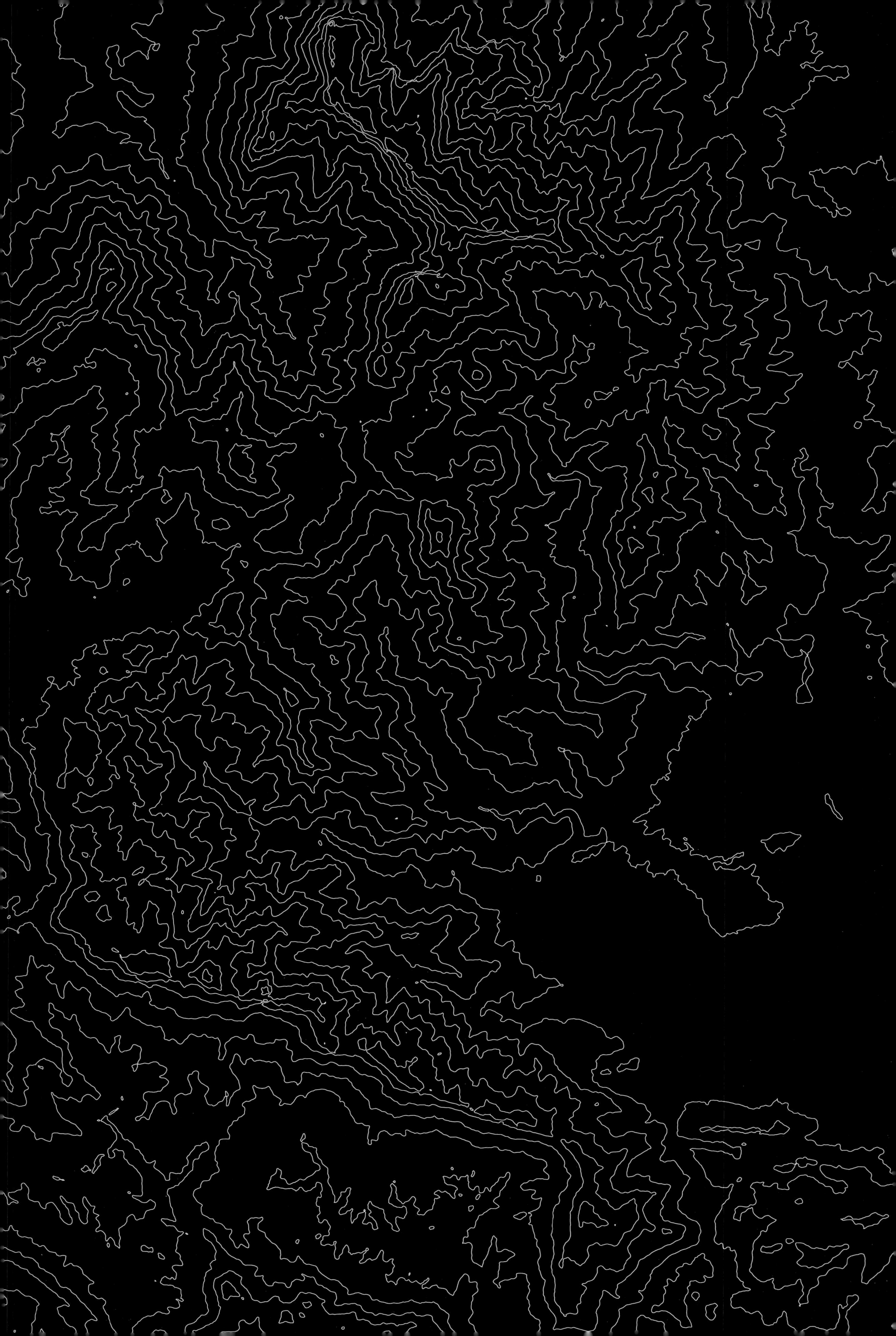

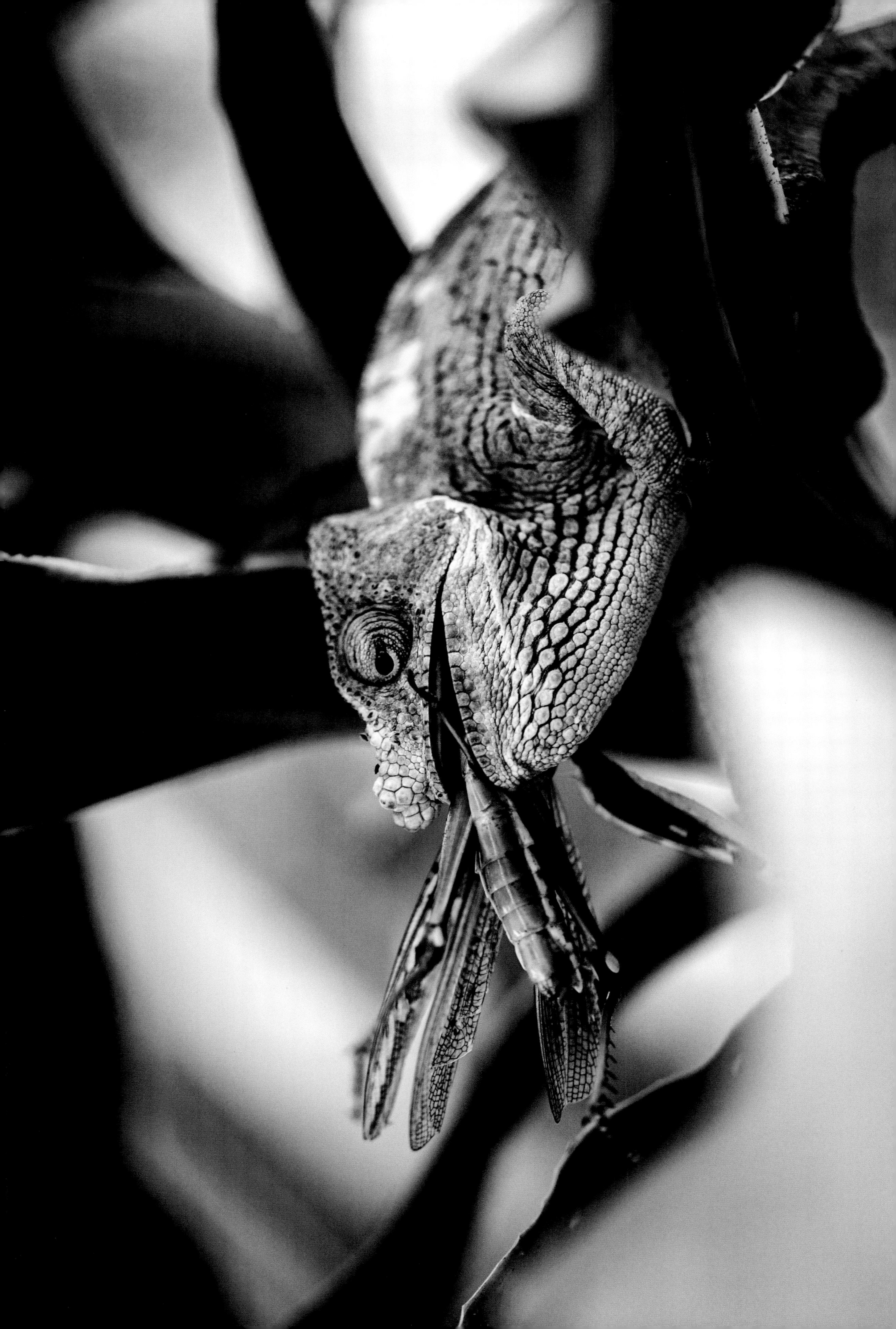

PYTHON MOLURE
Python molurus

Également appelé python indien ou python à queue noire, le python molure est une grande espèce de python non venimeuse que l'on retrouve dans de nombreuses régions tropicales et subtropicales du sous-continent indien et de l'Asie du Sud-Est. Ce serpent constricteur peut mesurer jusqu'à 3 m de long et se nourrit de mammifères, d'oiseaux et de reptiles. Il affectionne autant les prairies que les marais et marécages, les forêts et jungles ouvertes, ainsi que les vallées fluviales et les milieux rocheux. Chassée pour sa peau et parfois sa graisse, à laquelle on prête des vertus médicinales, l'espèce est quasi menacée.

MAMBA VERT
Dendroaspis angusticeps

Serpent fin, de couleur vert fluorescent, le mamba vert est un prédateur redoutable qui se nourrit de caméléons et d'oiseaux. Essentiellement arboricole, on retrouve cet animal diurne et solitaire dans les forêts et les savanes arborées. Capable de ramper sur de courtes distances à une vitesse de 10 à 20 km/h, ce serpent agile et rapide endémique de l'Afrique de l'Ouest foudroie ses proies au moyen de son venin neurotoxique, qui peut être fatal pour l'homme. Heureusement, leurs chemins se croisent rarement. L'espèce n'est pas considérée comme menacée, mais pourrait, à terme, souffrir de la déforestation.

CAMÉLÉON RHINOCÉROS
Furcifer rhinoceratus

Endémique des forêts sèches de Madagascar et aisément reconnaissable à son appendice nasal auquel il doit son nom, le caméléon rhinocéros est un petit saurien qui vit dans les végétations basses. Arboricole, ce reptile attrape les insectes en les happant au moyen de sa longue langue collante. Le caméléon rhinocéros mâle, 2 fois plus grand que la femelle, peut atteindre les 27 cm. Menacée par les feux de brousse et les activités humaines, l'espèce est classée comme vulnérable.

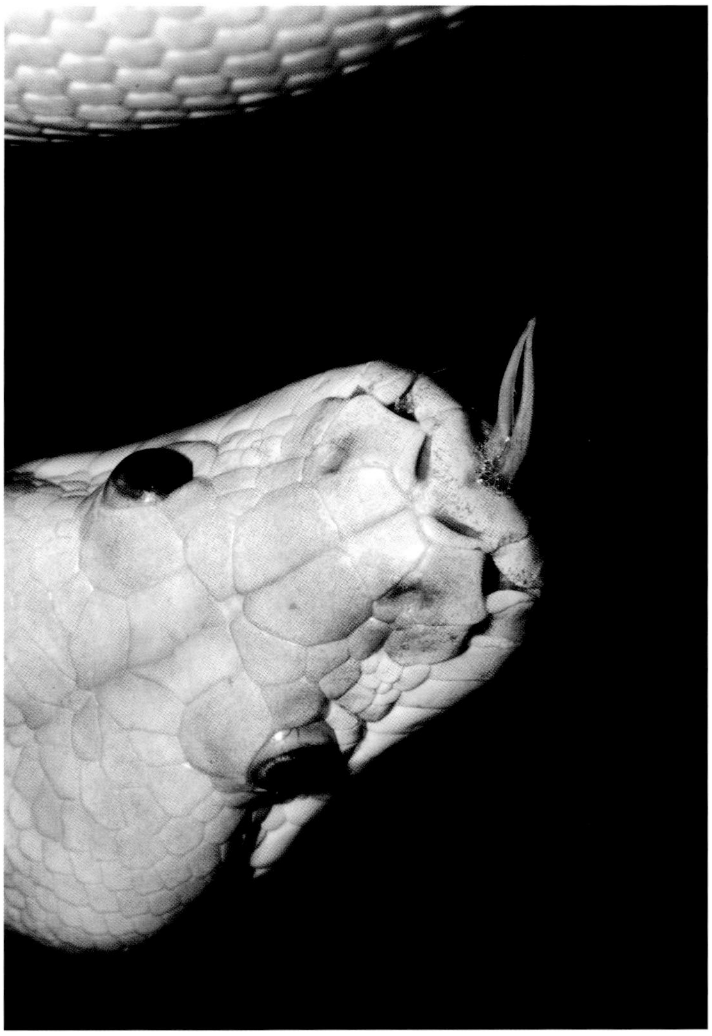
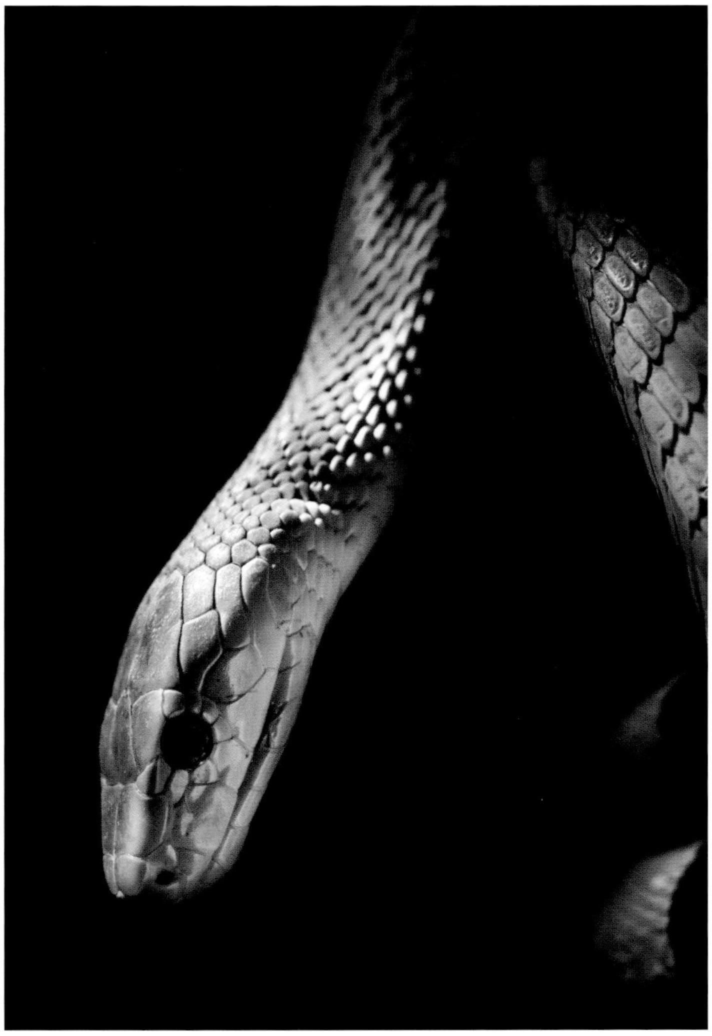
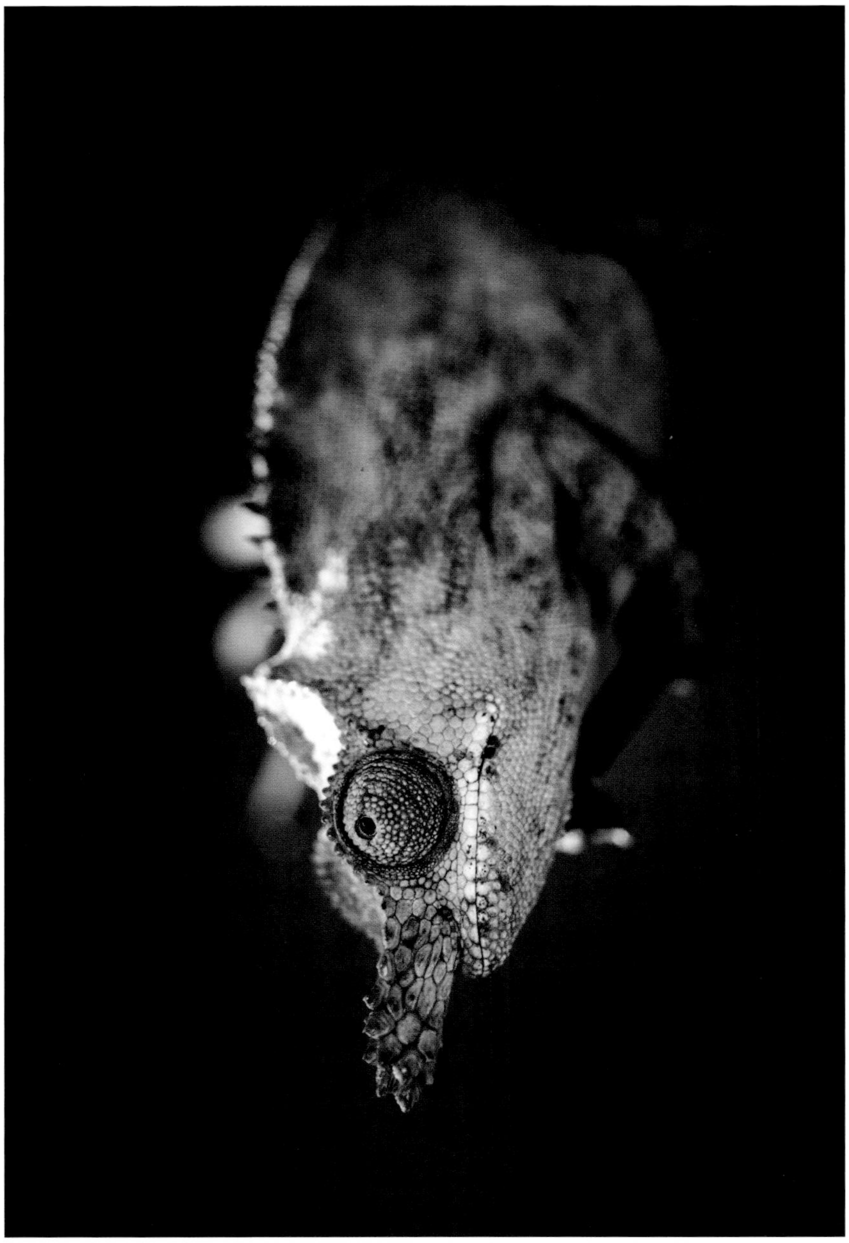

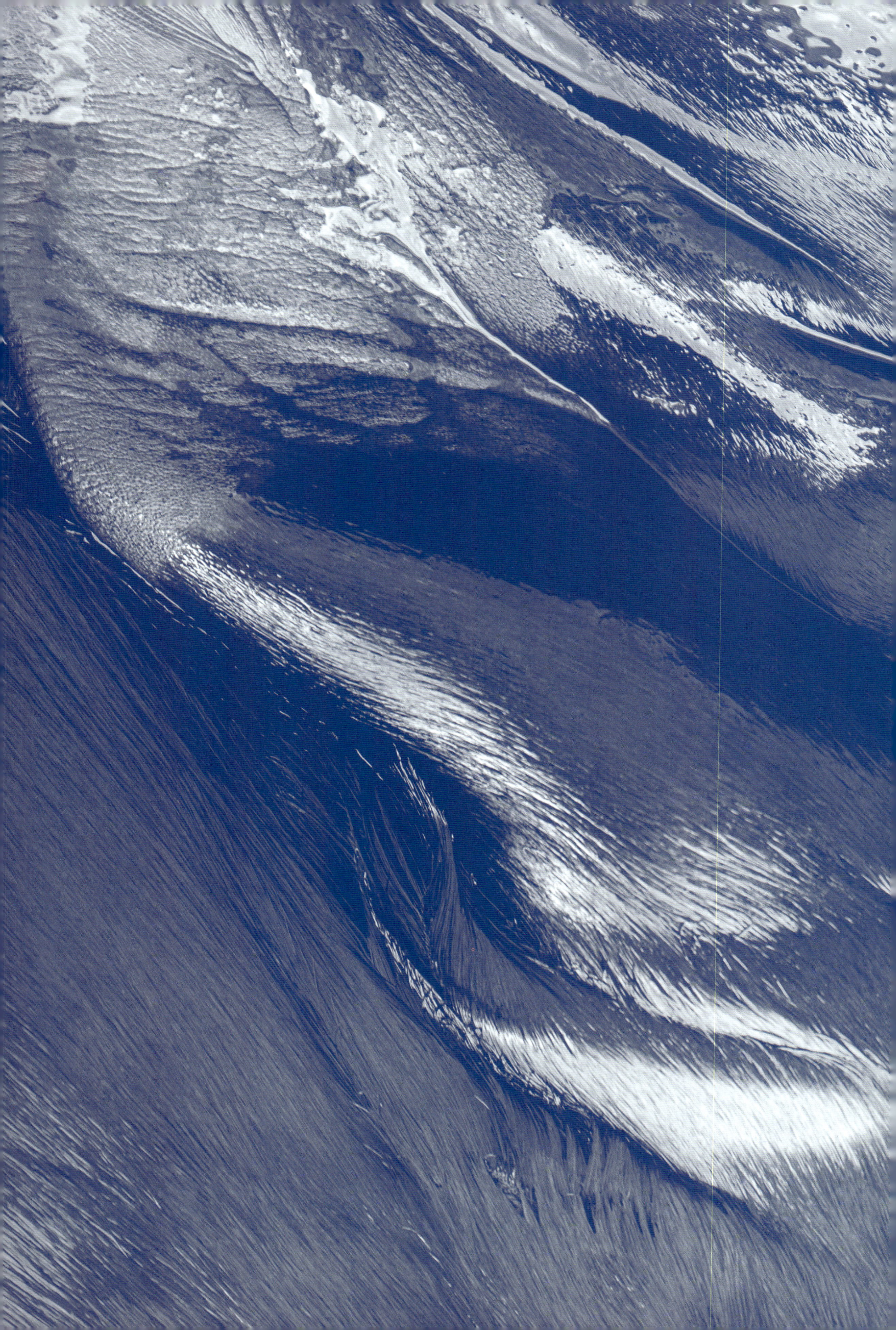

NAGEURS

RAIE FOUET
Pastenakis sp.

Cette espèce, de la famille des *Dasyatidae*, se rencontre dans l'Indo-Pacifique tropical. Ce que l'on distingue juste derrière l'œil de ce genre de raies pastenagues, ce sont les évents ou spiracles. Même posée sur le sable, la raie peut aspirer l'eau servant à la respiration par cet évent, la pomper dans la cavité branchiale et la rejeter par les fentes branchiales. Beaucoup de raies ont en outre la pupille en forme de croissant qui garantit une petite profondeur de champ et limite le flux lumineux sur la rétine. Le champ visuel est plus grand, permettant de mieux repérer les prédateurs ou les proies, tout en améliorant la résolution et augmentant le contraste. Espèce vulnérable.

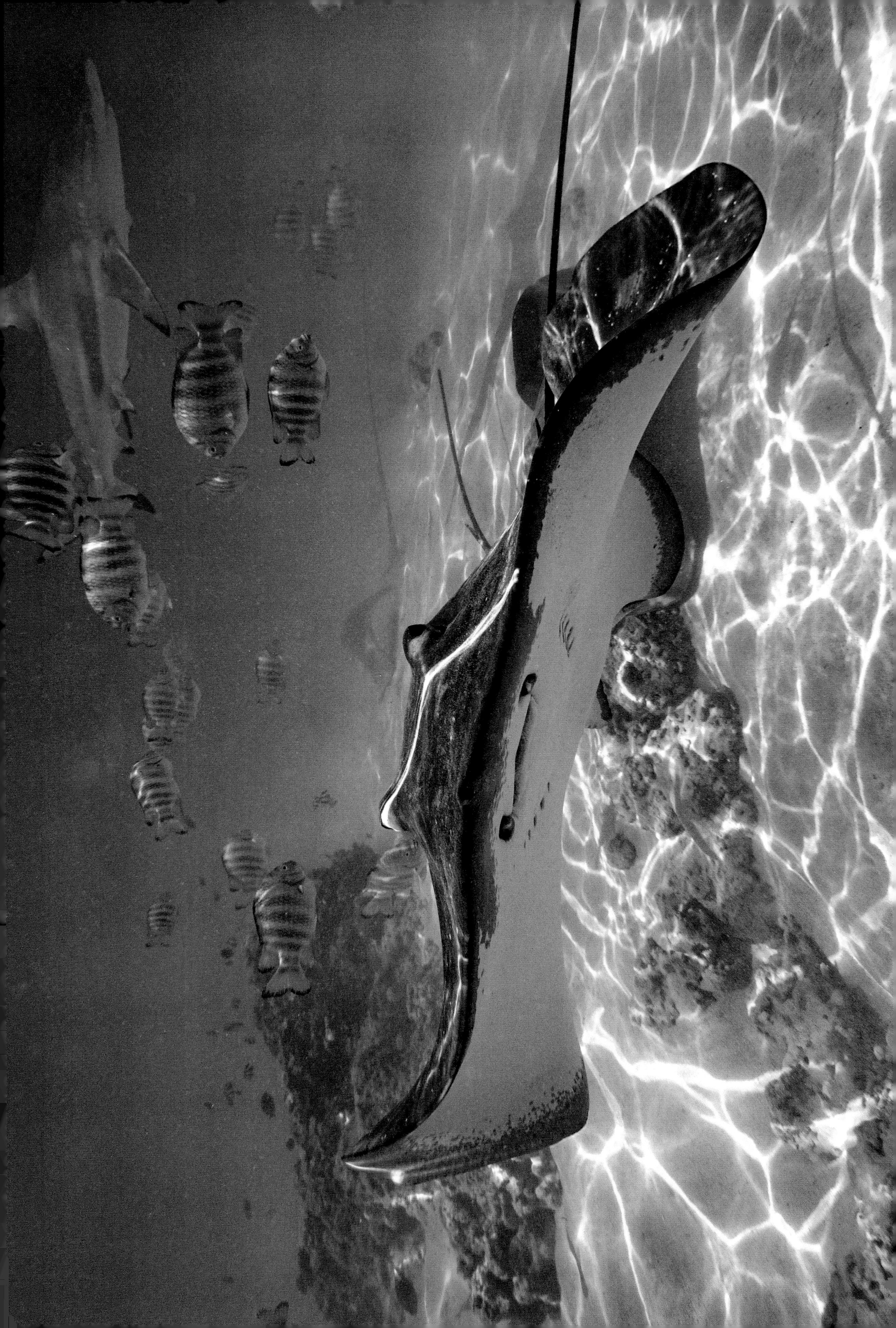

OTARIE DE STELLER
Eumetopias jubatus

Appelée aussi lion de mer, c'est la plus grosse des otaries, qui peut vivre plus de 50 ans. Les mâles sont 4 fois plus lourds que les femelles. L'otarie de Steller est un animal grégaire qui vit dans le nord de l'océan Pacifique, à proximité des côtes. Elle délimite son territoire par ses aboiements. Son corps massif et fusiforme au poitrail large est surmonté d'une sorte de crinière de poils durs. Son museau présente une série de longues vibrisses (qui ressemblent à des moustaches). Elle fait partie des espèces de prédateurs opportunistes, et possède des mâchoires puissantes pour se nourrir d'un grand nombre de poissons et d'invertébrés. Ses longues et larges nageoires pectorales lui permettent de se diriger dans l'eau et de se déplacer sur la terre ferme. Elle est chassée pour sa fourrure et sa graisse, qui forme une couche épaisse sous sa peau. Ses poils lui permettent de rester au sec même en plongée. L'otarie est un mammifère donc elle ne peut pas respirer sous l'eau, elle retient sa respiration quand elle chasse. Espèce quasi en danger.

RORQUAL COMMUN
Balaenoptera physalus

Le rorqual commun est, après la baleine bleue, le plus grand animal vivant au monde. Appartenant à la famille des baleines grises, ce cétacé qui mesure plus de 20 m est répandu dans tous les océans, de même que dans la mer Méditerranée. Ce n'est qu'à la fin du XIXᵉ siècle, avec l'avènement de la chasse à la baleine moderne, que les rorquals ont subi la prédation humaine. Difficiles à attraper, ils étaient jusque-là épargnés. Ils ont toutefois été rapidement exterminés par l'intensité de la chasse commerciale au XXᵉ siècle. Ils sont protégés dans l'hémisphère sud et le Pacifique nord depuis 1976, et dans l'Atlantique nord depuis 1990 ; seules quelques captures de « substance autochtone » persistent au large du Groenland. Cette prise de conscience a permis à leur population de doubler en 40 ans. Ainsi, de « en danger », l'espèce est passée au statut « vulnérable » sur la liste de l'UICN, petite note optimiste dans un contexte général qui y est peu propice. Les captures commerciales ont repris au large de l'Islande en 2006, mais là encore, aucun chiffre mesurable de déclin n'étaye un scénario de déclin mesurable de sa population, les études de marché et les retours des pêcheurs suggèrent que cette espèce est moins commune que par le passé. Espèce vulnérable.

REQUIN-LÉOPARD
Stegostoma fasciatum

Aussi appelé requin-zèbre, il tient son nom des zébrures qu'il présente au stade juvénile, et qui se transforment à la maturité en taches sombres. Ces requins se rencontrent dans les eaux tropicales et subtropicales dans l'océan Indien et l'océan Pacifique. Regroupés autour des récifs coralliens et sur les plateaux sablonneux alentours, ils nagent jusqu'à des profondeurs de plus de 62 m. Ce petit requin pacifique est susceptible d'être capturé dans de nombreuses pêcheries côtières. Il est alors débarqué entier et utilisé pour ses nageoires, sa peau qui est mise à sécher, sa viande et son cartilage. S'il est vrai qu'aucun chiffre n'étaye un scénario de déclin mesurable de sa population, les études de marché et les retours des pêcheurs suggèrent que cette espèce est moins commune que par le passé. Espèce en danger.

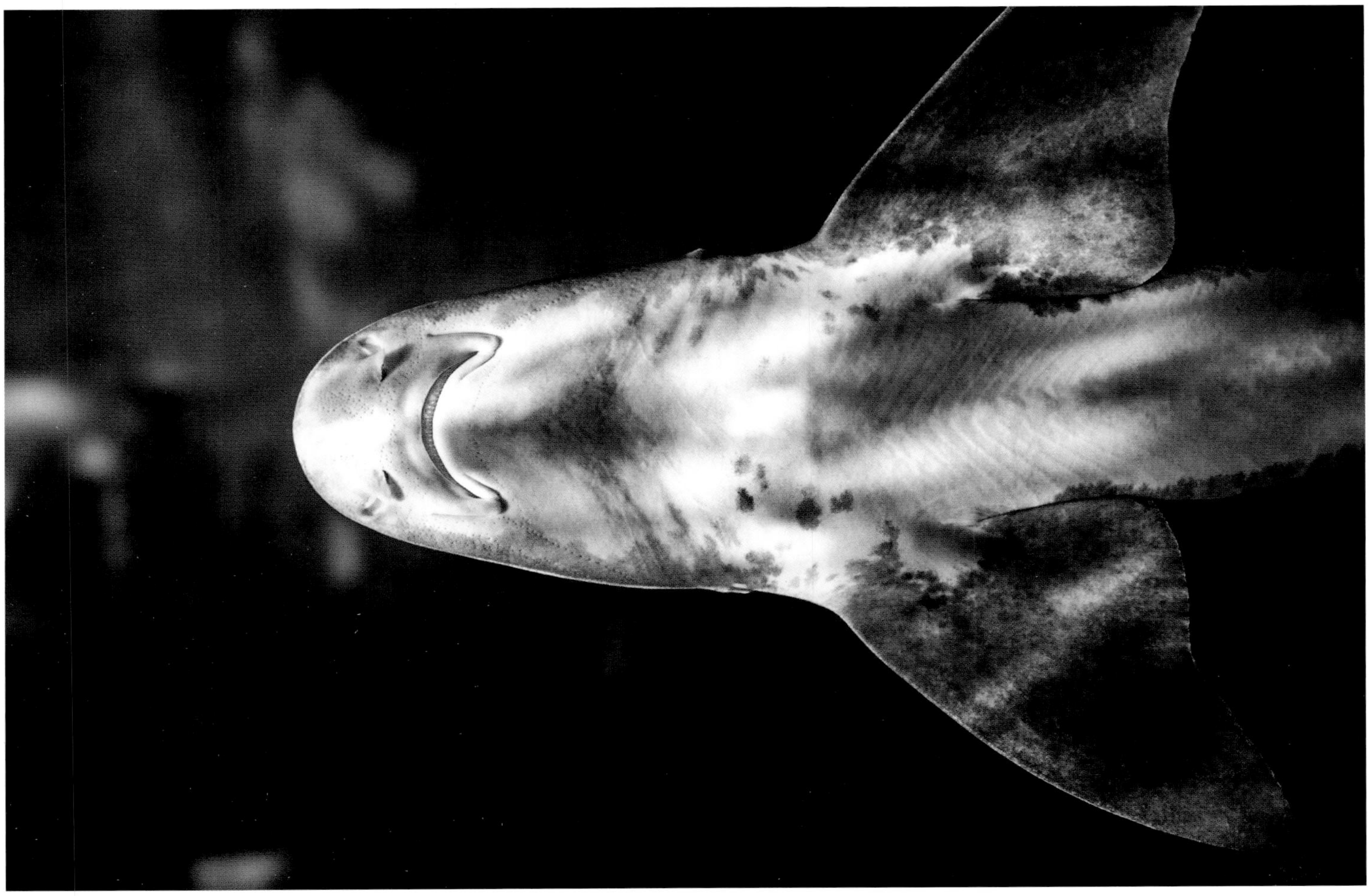
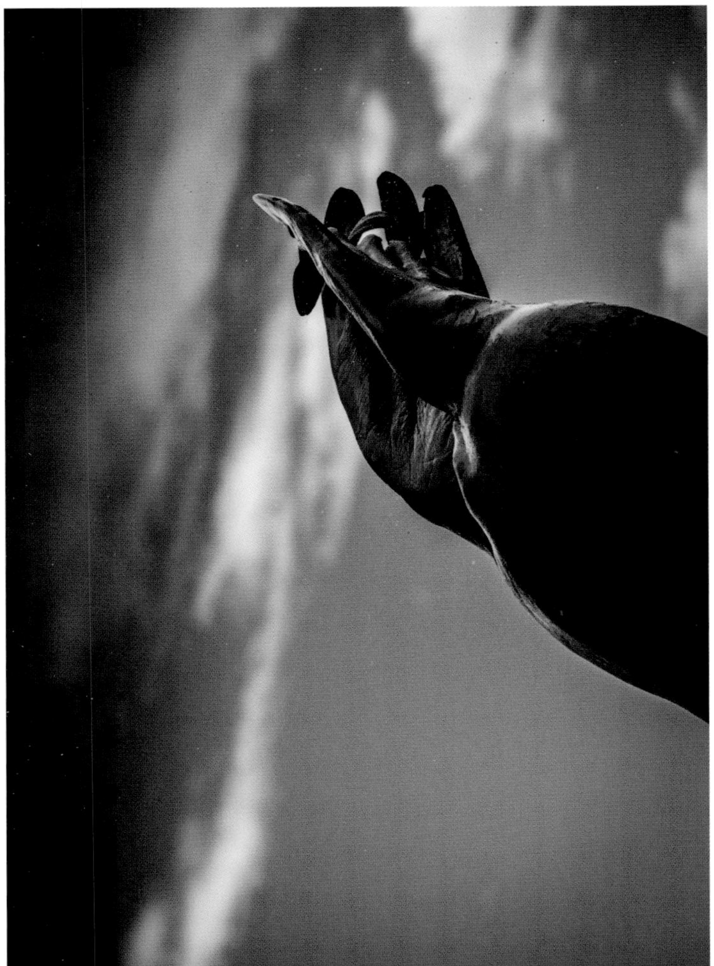
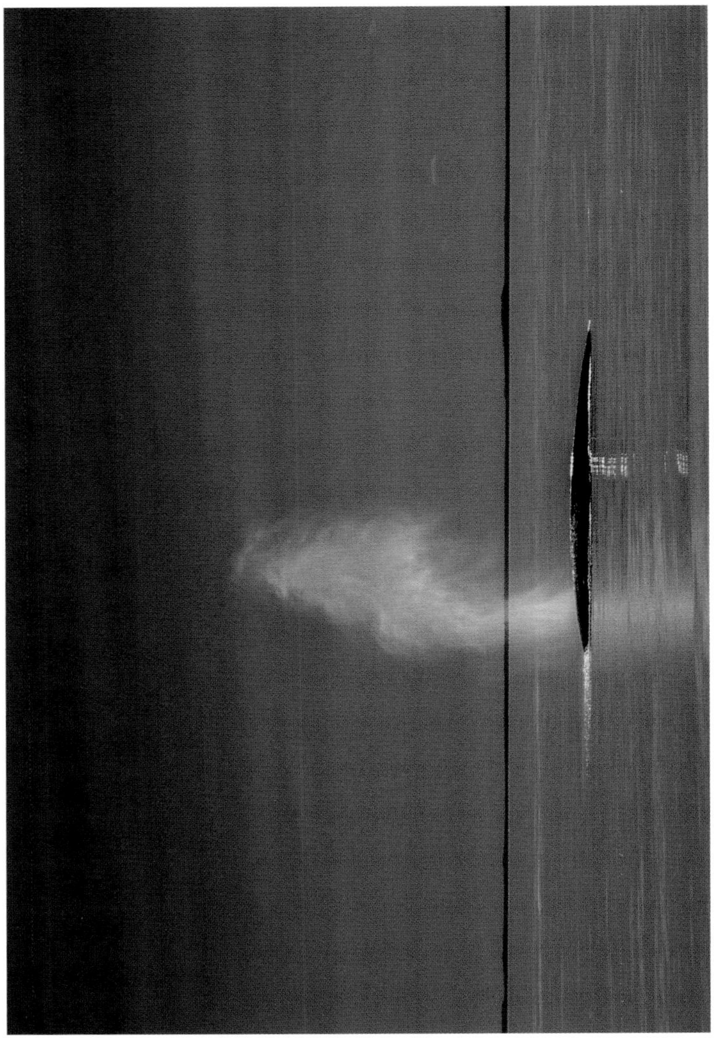

RAIE-PASTENAGUE ÉVENTAIL
— Taeniura meyeni

Cette cousine du requin vit dans les eaux tropicales côtières de l'Indo-Pacifique. Son corps aplati en forme de losange, pointu à l'avant, avec de grandes nageoires pectorales, lui permet de se mouvoir élégamment dans l'eau. Sa taille est généralement supérieure à 1 m. Sa queue à l'allure de fouet possède une épine dentelée reliée à des glandes venimeuses sous la peau. Son dos est lisse et sa face ventrale claire. Elle se nourrit de crabes, de crevettes et de petits poissons plats qu'elle broie avec ses dents en forme de meule, et qu'elle chasse à l'affût, dissimulée dans le sable. Espèce vulnérable.

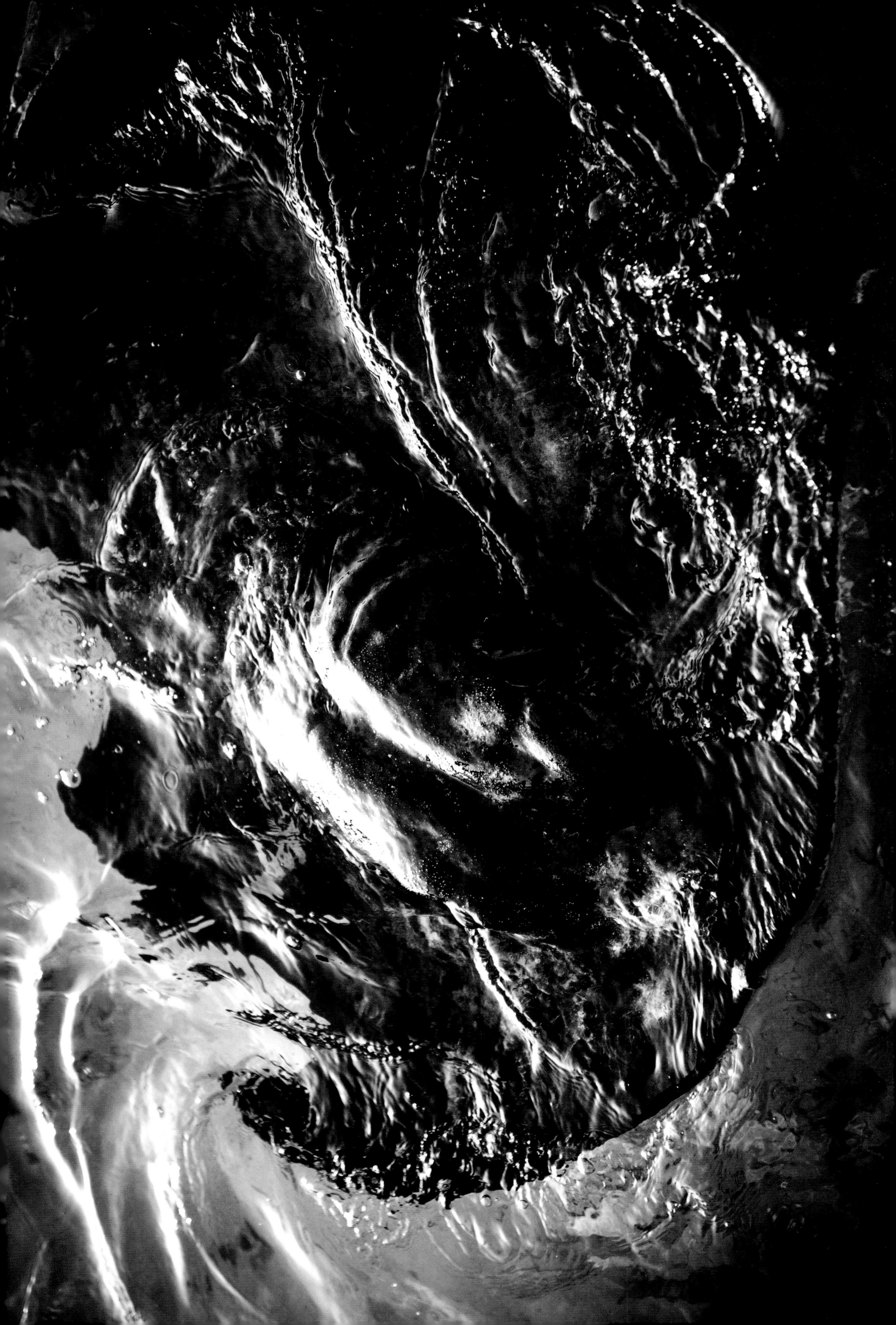

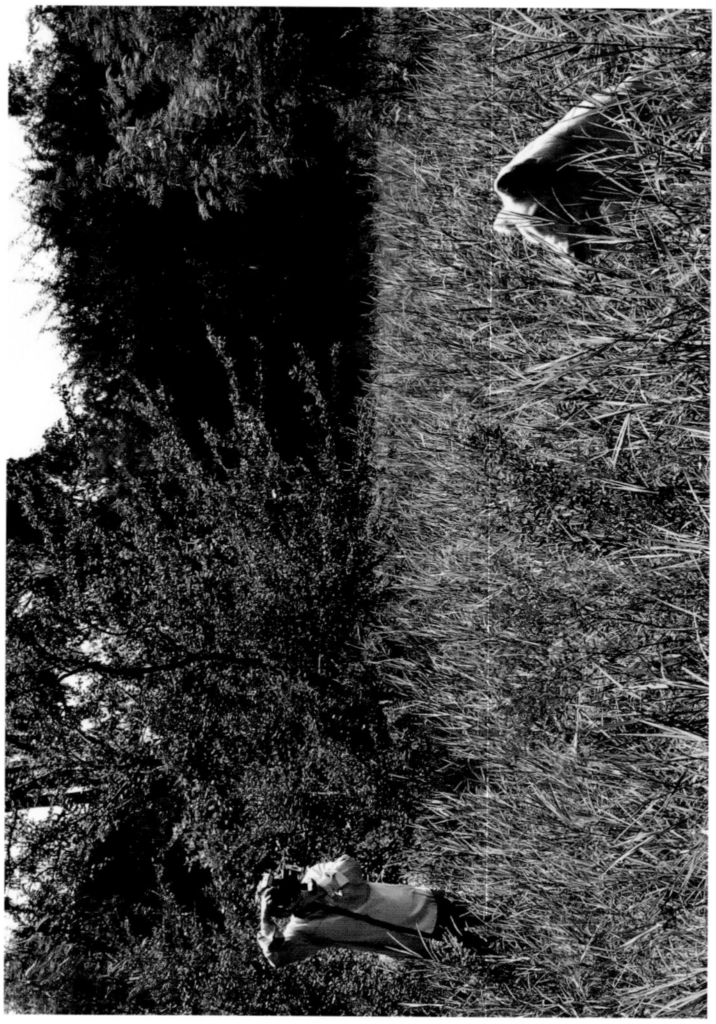
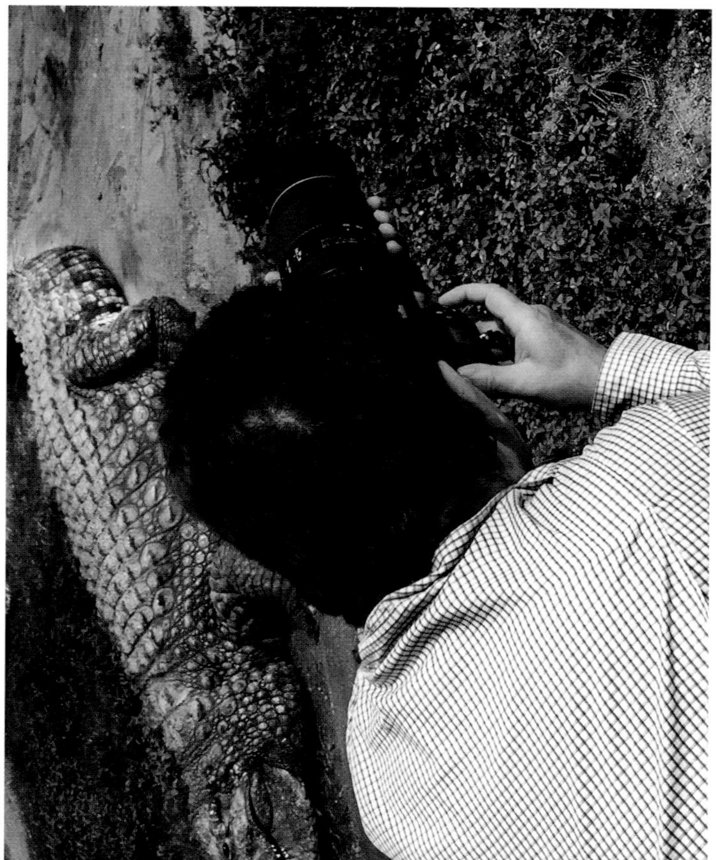
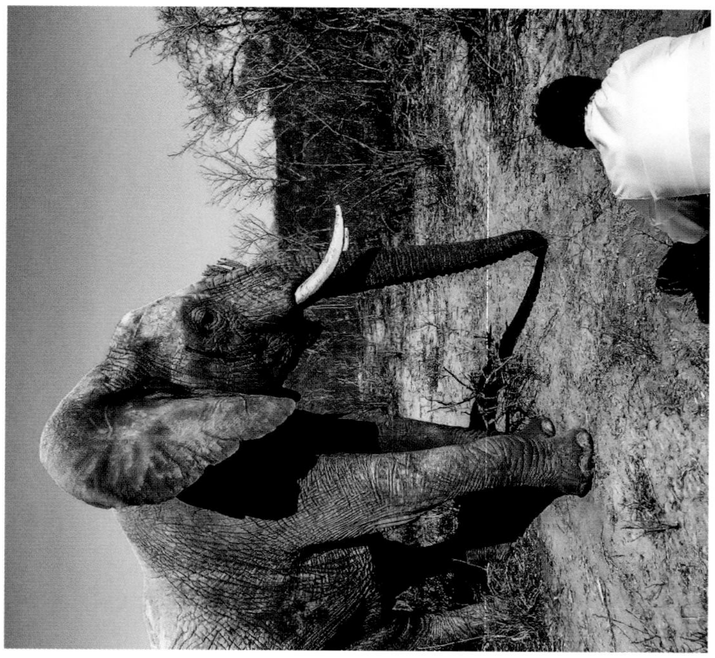
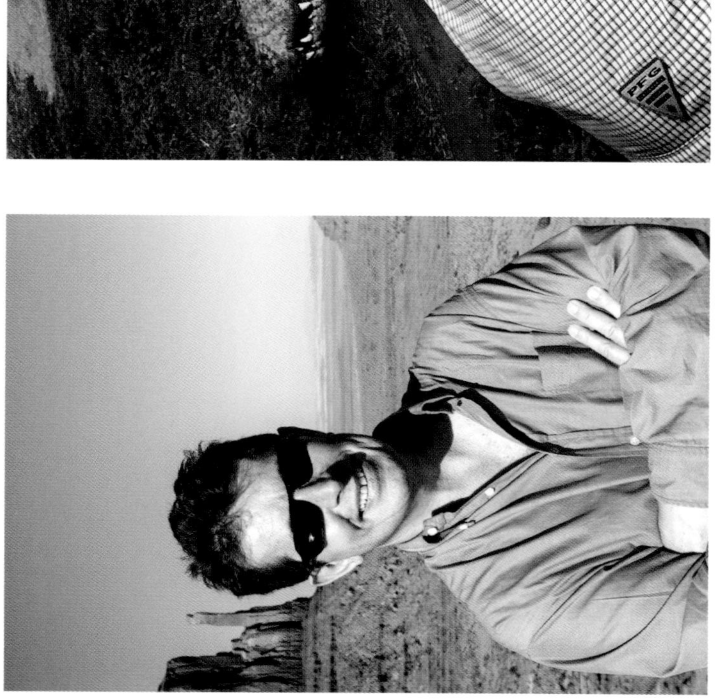

ALAIN ERNOULT

Globe-trotteur au regard aigu, à dix-sept ans seulement, mais déjà l'esprit d'aventure, Alain Ernoult se met en tête de rallier le Mali pour apporter des médicaments à une tribu et part pour une longue traversée de l'Afrique en auto-stop !

Une nuit, alors qu'il dort à même le sol, il sent quelque chose qui se glisse à ses côtés : c'est un serpent mamba qui recherche de la chaleur. Sa morsure est l'une des plus mortelles de la planète. Alain le sait, on meurt en une minute ! Il ne bouge pas et reste ainsi, tétanisé mais subjugué, durant d'interminables secondes.

Ce contact violent avec la nature est certainement à l'origine de sa passion pour la vie sauvage et de sa vocation pour la photographie. Observateur attentif, toujours à l'affût du moindre événement, il recherche la proximité, l'échange et la complicité. Mais il ne peut se contenter d'être un témoin passif : il lui faut aussi partager son regard et ses émotions. Une subtile osmose s'installe, entre la passion du naturaliste et le regard de l'artiste. Sa volonté de témoigner de la fragilité de notre héritage naturel rejoint son amour du beau.

Homme de rencontres et de convergences, il sublime la nature par ses images et nous force à changer d'échelle d'observation. On croyait la biodiversité immuable, mais la photographie est là, qui témoigne, et nous ne pouvons plus nous réfugier derrière notre cécité. Ces clichés nous imposent la mise en place d'un état d'urgence et nous confrontent à la nécessité de sauver ce fragile sanctuaire.

Alain Ernoult s'émerveille, part à la rencontre du mystère, découvre les infinies configurations du vivant. Son œil capte les splendeurs éphémères de notre monde et les transpose en images. Chacun de ses reportages est une quête de vérité, et sa démarche artistique conjugue authenticité et esthétisme. Il reconnaît qu'un photographe doit parfois prendre des risques, mais qu'il doit surtout observer, se montrer patient et savoir renoncer. Pour percer le mystère de l'animal, il doit y avoir une proximité, à la limite du contact, une relation de confiance ou d'acceptation sans laquelle il n'y aurait pas d'échange. Mais au bout du compte, c'est toujours l'animal qui décide. Un jour, une grue couronnée se pose à ses côtés et entame une danse, comme pour le séduire ; ils passent la journée ensemble, tels deux complices !

La persévérance et la patience sont les clés d'un bon reportage. Bien qu'il ait passé une grande partie de sa vie à parcourir et photographier le monde, le regard d'enfant et la curiosité naturelle d'Alain Ernoult sont intacts. Son travail apparaît dans des livres, dans les magazines les plus prestigieux et des expositions à travers le monde.

Né en Normandie, il s'installe à Paris. Peu de temps après, il commence à photographier la nature : une passion dévorante qui ne le lâchera jamais. Pendant plus de trente ans, il multiplie les reportages sur la vie sauvage, de l'Amazonie à l'Antarctique, et met en exergue la Terre et son histoire naturelle. Ses images véhiculent sa passion pour la nature et son émerveillement face à cette planète. La réputation d'Alain Ernoult, photographe des peuples, des paysages lointains et des espèces menacées, est le résultat d'un travail acharné et d'une démarche artistique qui va bien au-delà du simple témoignage. Ses photographies lui ont valu de plus de trente-cinq récompenses internationales, dont un premier prix Word Press Photo, la plus grande distinction mondiale pour un photojournaliste. Il a publié plus de 12 000 pages dans la presse mondiale, dont 400 dans Paris Match. Élu photographe animalier de l'année en 2012 et 2018, il est également l'auteur de vingt-trois livres. Il a été distingué officier national de l'ordre du Mérite.

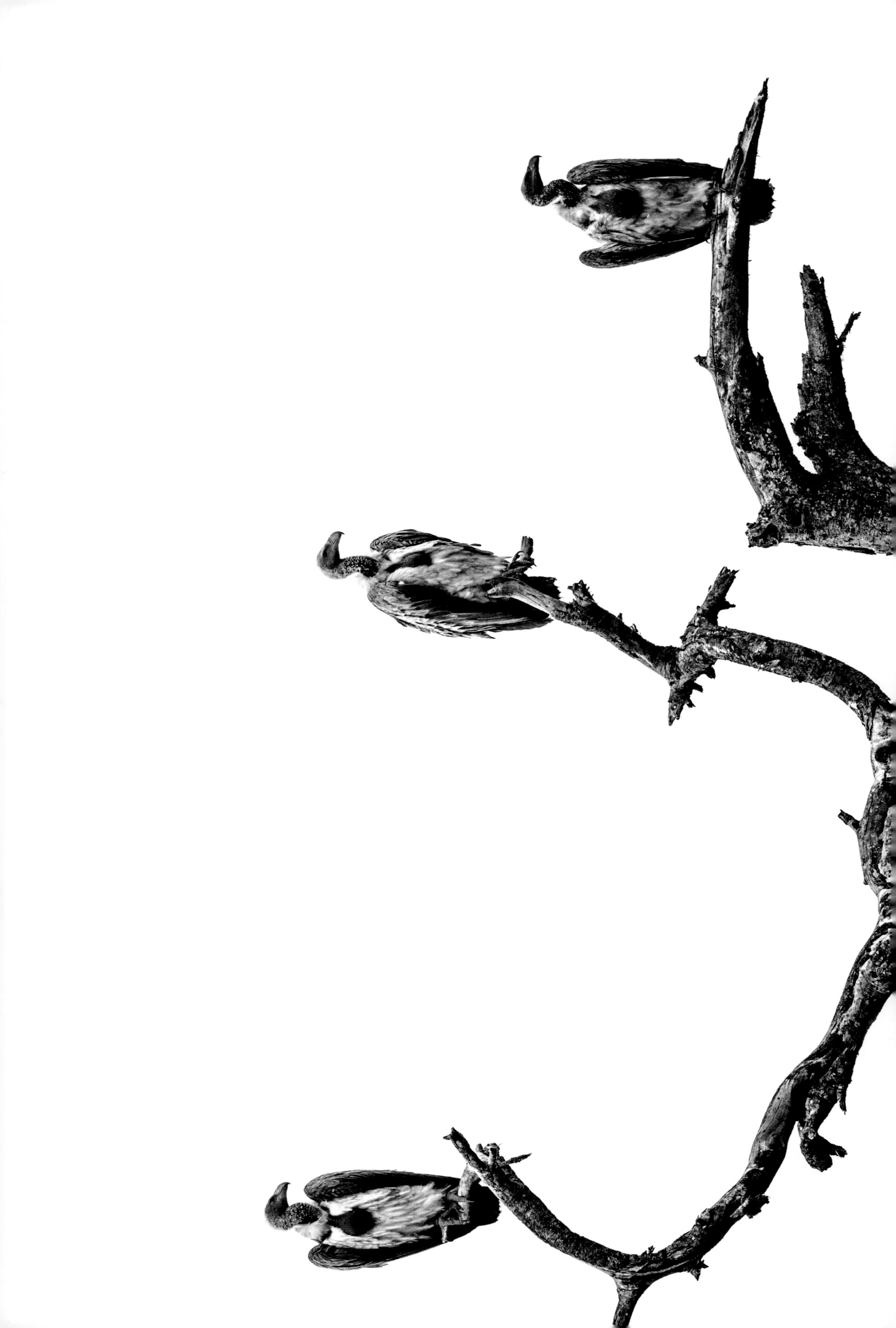

INDEX DES ANIMAUX

Aigle impérial	198
Aigle martial	200
Antilope topi	126
Ara militaire	204
Avahi laineux	106
Baleine à bosse	16
Bernache néné	166
Bison d'Amérique	12
Boa de Madagascar	216
Boomslang	236
Bucorve du Sud	202
Buffle d'Afrique	24
Cacatoès à huppe jaune	166
Cacatoès blanc	166
Caméléon de Parson	238
Caméléon Rhinocéros	242
Caracara de Forster	206
Cerf de Java ou cerf de Timor	146
Chameau de Bactriane	144
Chien de prairie	142
Chouette leptogramme	164
Cigogne épiscopale	194
Cobe defassa	148
Condor des Andes	164
Crocodile du Nil	76
Éléphant d'Afrique	32
Éléphant d'Asie	36
Faucon sacre	182
Flamant rose du Chili	180
Gavial du Gange	80
Gazelle de Thomson	128
Gecko à queue plate de Gunther	220
Gecko à queue plate ligné	220
Girafe	26
Gorille des montagnes	98
Goura Victoria	192
Grand Fourmilier	150
Grue couronnée	192
Grue du Japon	186
Guépard	92
Guépard royal	94
Harfang des neiges	196
Hippopotame	20
Hocco à pierre	166
Iguane des Fidji	228
Iguane des Petites Antilles	224
Iguane rhinocéros	222
Iguane vert	222
Inséparables de Fisher	184
Lémur catta ou maki catta	114
Lémur noir ou lémur macaco	110
Léopard	82
Lion	48
Lucane cerf-volant	182
Lycaon	90
Mamba vert	242
Manchot de Humboldt	206
Manchot du Cap	210
Messager serpentaire	210
Milan royal	200
Okapi	138
Orang-outan	118
Otarie de Steller	248
Ours blanc ou ours polaire	62
Ours brun	70
Panda géant ou grand panda	122
Panda roux	124
Pélican blanc	208
Percnoptère d'Égypte	160
Pronghorn	140
Pygargue à queue blanche	170
Pygargue de Steller	174
Python molure	242
Raie fouet	246
Raie-pastenague éventail	250
Renard volant	168
Renne	136
Requin-léopard	248
Rhinocéros blanc	42
Rhinocéros indien	40
Rorqual commun	248
Semnopithèque noir	108
Tamarin-lion doré	112
Tapir terrestre	148
Tigre blanc	60
Tigre du Bengale	58
Tortue éléphantine	228
Tortue radiée de Madagascar	234
Tortue verte	234
Varan de Palawan	238
Vari roux	106
Vautour à dos blanc	162
Vautour à tête blanche	160
Vautour charognard ou vautour néophron	158
Vautour de l'Himalaya	156
Vautour de Rüppell	154
Zèbre de Grant	132
Zèbre de Grévy	130

Direction : Jérôme Layrolles
Responsable éditorial : Boris Guilbert
Établissement des textes : Ludovic Pauchant
Direction artistique : Charles Ameline
Conception et réalisation graphique : Étienne Klépal
Relecture : Florence Collin
Fabrication : Stéphanie Vieux
Photogravure : Chromostyle

Ventes directes et partenariats : partenariats-epa@hachette-livre.fr
Relations presse : epa@hachette-livre.fr

© 2020, Éditions E/P/A – Hachette Livre
www.editionsepa.fr

Édité par E/P/A
58, rue Jean-Bleuzen
92178 Vanves Cedex
Achevé d'imprimer en Chine en juin 2020
Dépôt légal : octobre 2020
ISBN : 9782376711780
NUART : 3436384

REMERCIEMENTS

Ce livre est le fruit d'un travail de plusieurs années mené à travers le monde. Je suis profondément reconnaissant envers les personnes qui m'ont soutenu d'une manière ou d'une autre dans cette aventure. La chaleur de leur accueil ainsi que la confiance et l'amitié qu'elles m'ont témoignées m'ont permis de réaliser cet ouvrage.

Un grand merci à tous et en particulier à Frédéric Chesneau, Catherine Chevrel, Guillaume Clavières (*Paris Match*), Olivier de Kersauzon, Lyne Deshaies, Michelle Dumetier, Hervé Duxin, Élodie (187 com), Florence Fayolle (ministère de la Transition écologique), Jean-Marc Félix, Karine Foucaud (Hereban), Claude Foucault (Jetcom), Solange Fouqueray, Suzy Fournier, Yvan Gilbert, Denis-Pierre Guidot (Adobe), Philippe Lachot (Photo Denfert), Denis Lebouteux (Tanganyika Expéditions), Emmanuel Molia, Olivier Royant (*Paris Match*), Catherine Senecal (Travel Manitoba), Guy Schumacher, Sandra Teakle (Destination Canada), Laurence Theobald, Jacques-Olivier Travers et Talia Valenta (Tahiti tourisme).

Merci également à Astrig Boghossian, Manfrotto, Jean-Marc Crépin (Azur Drones), Cognisys Inc., Columbia, Jama et Handpresso.
Remerciements tout particuliers à Nicole Desbras.

Je dédie ce livre à toutes les personnes qui ont la passion de la protection des animaux et de notre planète Terre.
Et à ma fille Clara...